高等学校应用型特色规划教材

经济应用文写作
(第3版)

郭 莉 郝丽霞 编著

清华大学出版社
北京

内 容 简 介

本书在前两版的基础上,根据社会经济领域应用写作的具体实践,对社会经济生活中常用文体的文种特点、文章结构、写作要求、社会发展需求和文面格式等基本问题作全面细致的介绍,并依照最新党政公文处理条例,对公文写作部分做了较大的修订。同时对在新时期出现的新文种或老文种的新用法进行介绍和分析,这对广大高校各层次的学生、社会广大业务人员、各种有应用写作需要的人群,都会有所启发,并能带来实质性帮助。

本书共分 9 章,以经济活动为主,兼顾其他社会活动,分别介绍应用写作基础知识和公务文书、管理文书、报告文书、协约文书、交际文书、宣传文书、商务文书以及诉讼文书的写作实际,其中略去宏观的、高层的、与基层的实践结合不多且社会普通人群和学生对之较为疏远的文种,而尽量从基层出发、从最基本最常见的文种出发、从初学者出发来讲解分析,每个文种都分别配有一个或几个例文,以便于学习和借鉴。

本书不仅适合各级、各类高校的不同专业的学生学习,也适宜社会各类管理人员、业务人员参考。

本书封面贴有清华大学出版社防伪标签,无标签者不得销售。
版权所有,侵权必究。举报:010-62782989,beiqinquan@tup.tsinghua.edu.cn。

图书在版编目(CIP)数据

经济应用文写作/郭莉,郝丽霞编著. —3 版. —北京:清华大学出版社,2017(2024.1重印)
(高等学校应用型特色规划教材)
ISBN 978-7-302-46047-3

Ⅰ.①经… Ⅱ.①郭… ②郝… Ⅲ.①经济—应用文—写作—高等学校—教材 Ⅳ.H152.3

中国版本图书馆 CIP 数据核字(2017)第 005022 号

责任编辑:陈冬梅
装帧设计:王红强
责任校对:周剑云
责任印制:杨 艳

出版发行:清华大学出版社
网   址:https://www.tup.com.cn,https://www.wqxuetang.com
地   址:北京清华大学学研大厦 A 座   邮   编:100084
社 总 机:010-83470000   邮   购:010-62786544
投稿与读者服务:010-62776969, c-service@tup.tsinghua.edu.cn
质量反馈:010-62772015, zhiliang@tup.tsinghua.edu.cn
课件下载:https://www.tup.com.cn, 010-62791865

印 装 者:北京嘉实印刷有限公司
经   销:全国新华书店
开   本:185mm×260mm   印 张:20   字 数:483 千字
版   次:2010 年 3 月第 1 版 2017 年 4 月第 3 版   印 次:2024 年 1 月第 9 次印刷
定   价:58.00 元

产品编号:071631-02

第 3 版前言

转眼之间,又是几年过去了。社会的应用写作依然活跃,对写作的要求也越来越高。

首先,行政公文有了很大的变化,中办国办联合发文重新规范党政公务文书的写作和处理,这对我们的内容产生了很大影响,所以这次首先调整了这一部分,依照《党政机关公文处理条例》的要求重新解说。范文来自各政府机关官网,有一定的权威性和示范性。建议对这部分内容的学习不仅要注意写作,还要注意公文各文种的适用范围和相关处理过程、要求,因为这些是公文工作的必备知识,不了解这些是写不好行政公文的。

其次,在管理事务文书、经济协约文书部分作了些微调整,内容有所增删,既为写作学习的方便,也与社会上不同文书对应的不同领域或不同范畴有关。

各类经济报告及协约类文书是经济应用写作的重点,但也是专业特点最强的部分。为了便于各类学生学习,本章节只讲述最基本的结构,避免过深展开,旨在使学生通过本书的学习,了解这类文案的主要结构梗概,为以后的写作实践作铺垫,所以本章节着力点依然在此类文书的普遍性和共通性。还是吁请各位大家、内行在教学中除关注各文种的写法外,也要对它们的社会意义和约定俗成的规矩、相关法规等都加以关注学习,以增强对经济应用文写作严肃性的认识。

交际文书和宣传文书作了些分工,将原来安排在管理事务文书一章的新型知照类文书和新闻消息、微博微信都归入宣传一类,以期教学上文种之间更有联系。

由于在实际教学中,各校几乎无有针对外贸函电的写作课时,而专业学生另有专业课学习外贸函电,因此我们听从大家的批评建议,删去这部分而改为商务专用函电,依然欢迎各位在教学中对此进行检验。

诉讼文书是基础普及性的教学,所以更为简明、更具针对性,案例来自真实生活。

这次的调整,主要出于对社会应用写作的发展和应用文种发展的考虑,是否恰当,是否必要,深望有识之士指正、赐教。

每章的思考题可作为教学辅助、效果检查,亦可作为学生自测的依据。

愿在发展中继续与各位同仁共同探讨应用写作的新问题。

编　者

目 录

第一章 绪论 ... 1
第一节 经济应用文的概念和特点 ... 1
一、经济应用文的概念 ... 1
二、经济应用文的特点 ... 1
第二节 经济应用文的作用和种类 ... 3
一、经济应用文的作用 ... 3
二、经济应用文的种类 ... 4
第三节 经济应用文的写作要求、结构方法和语言要求 ... 4
一、经济应用文的写作要求 ... 4
二、经济应用文的结构方法 ... 5
三、经济应用文的语言运用 ... 7
思考与练习 ... 13

第二章 公务文书 ... 14
第一节 公务文书概述 ... 14
一、公务文书的概念和特点 ... 14
二、公务文书的作用和种类 ... 15
三、公务文书的格式 ... 18
第二节 通告、通知、通报的写作 ... 19
一、通告 ... 19
二、通知 ... 21
三、通报 ... 30
第三节 报告和请示的写作 ... 35
一、报告 ... 35
二、请示 ... 41
第四节 批复和函的写作 ... 45
一、批复 ... 45
二、函 ... 48
第五节 纪要的写作 ... 52
一、纪要的适用范围 ... 52
二、纪要的结构与写法 ... 53
三、纪要写作注意事项 ... 54
四、纪要和会议记录的区别 ... 54

思考与练习 ... 55

第三章 经济管理事务文书 ... 57
第一节 经济管理事务文书概述 ... 57
一、经济管理事务文书的概念和特点 ... 57
二、经济管理事务文书的作用和种类 ... 58
第二节 计划类文书写作 ... 59
一、计划类文书的概念、特点和种类 ... 59
二、计划类文书的格式 ... 60
三、计划类文书的写作要求 ... 62
第三节 总结类文书写作 ... 68
一、总结的概念、特点和种类 ... 68
二、总结类文书的格式 ... 70
三、总结类文书的写作要求 ... 71
第四节 规章制度类文书写作 ... 74
一、规章制度类文书的概念、特点和种类 ... 74
二、基层规章制度类文书写作 ... 75
第五节 简报的制作 ... 89
一、简报的概念、特点、种类 ... 89
二、简报的制作格式 ... 90
三、简报写作制作的要求 ... 91
第六节 大事记写作 ... 93
一、大事记的概念、特点和种类 ... 93
二、大事记的格式 ... 94
三、大事记的写作要求 ... 95
思考与练习 ... 97

第四章 经济报告文书 ... 99
第一节 经济报告文书概述 ... 99
一、经济报告文书的概念 ... 99

二、经济报告文书的种类、
　　　　特点及作用 99
第二节　经济调查报告写作 101
　　一、经济调查报告的概念、
　　　　特点和种类 101
　　二、经济调查报告的结构 103
　　三、经济调查报告的写作要求 104
第三节　经济活动分析报告和经济
　　　　预测报告 108
　　一、经济活动分析报告和经济预测
　　　　报告的概念、特点和种类 108
　　二、经济活动分析报告和经济预测
　　　　报告的结构 110
　　三、经济活动分析报告和经济预测
　　　　报告的写作要求 111
第四节　可行性研究报告 118
　　一、可行性研究报告的概念、
　　　　特点和种类 118
　　二、可行性研究报告的结构 119
　　三、可行性研究报告的写作要求 120
第五节　预算和决算报告 123
　　一、预算和决算报告的概念、
　　　　特点和种类 123
　　二、预算和决算报告的结构 124
　　三、预算和决算报告的写作要求 126
第六节　审计报告 130
　　一、审计报告的概念、特点
　　　　和种类 130
　　二、审计报告的结构 131
　　三、审计报告的写作要求 132
第七节　上市公司经营状况报告 138
　　一、上市公司经营状况报告的概念、
　　　　特点和种类 138
　　二、上市公司经营状况报告的
　　　　结构 138
　　三、上市公司经营状况报告的
　　　　写作要求 139

思考与练习 141

第五章　经济协约文书 143

第一节　经济协约文书概述 143
　　一、经济协约文书的概念和特点 143
　　二、经济协约文书的作用和种类 144
第二节　简单条据 145
　　一、简单条据的概念和种类 145
　　二、简单条据的特点和写作基本
　　　　结构 145
　　三、简单条据的写作要求 145
第三节　招标公告和投标函 146
　　一、招标公告和投标函的概念和
　　　　种类 146
　　二、招标公告的特点和写作基本
　　　　结构 147
　　三、投标函的特点和写作
　　　　基本结构 149
　　四、招标公告和投标函的
　　　　写作要求 151
第四节　意向书与经济合同 154
　　一、意向书与经济合同的概念和
　　　　种类 154
　　二、意向书的特点和写作
　　　　基本结构 154
　　三、经济合同的特点和写作
　　　　基本结构 156
　　四、意向书和经济合同的
　　　　写作要求 159
　　五、意向书、经济合同与协议书的
　　　　关系 159

思考与练习 163

第六章　交际文书 165

第一节　交际文书概述 165
　　一、交际文书的概念和特点 165
　　二、交际文书的作用及种类 166

Contents 目录

第二节　致词类交际文书写作 167
 一、致词类交际文书的概念和意义 167
 二、致词类交际文书的种类和适用场合 167
 三、开幕词和闭幕词的写作 167
 四、欢迎词、欢送词的写作 174
 五、祝酒词的写作 180

第三节　管理类交际文书写作 183
 一、管理类交际文书的概念和意义 183
 二、管理类交际文书的种类和适用场合 183
 三、请柬和邀请函的写作 184
 四、启事和声明的写作 191
 五、自荐信和引荐信的写作 197

第四节　礼仪类交际文书写作 202
 一、礼仪类交际文书的概念和意义 202
 二、礼仪类交际文书的种类和适用场合 202
 三、慰问信(电)的写作 202
 四、致谢致歉信的写作 206
 五、贺答信(词)的写作 210

思考与练习 214

第七章　宣传文书 215

第一节　经济宣传文书概述 215
 一、经济宣传文书的概念和特点 215
 二、经济宣传文书的作用和种类 216

第二节　管理宣传文书写作 217
 一、管理宣传文书的概念和特点 217
 二、管理宣传文书的写作格式 218
 三、管理宣传文书的写作要求 221

第三节　信息宣传文书写作 231
 一、信息宣传文书的概念和特点 231

 二、新闻消息的写作 231
 三、微博微信的写作 240

第四节　商业宣传文书写作 245
 一、商业宣传文书的概念和特点 245
 二、简介的写作 246
 三、产品说明书的写作 252
 四、商业广告文案的写作 256
 五、商业海报的写作 259

思考与练习 261

第八章　商务专用函电 262

第一节　商务专用函电概述 262
 一、商务专用函电的概念 262
 二、商务专用函电的种类 262
 三、商务专用函电的特点 262
 四、商务专用函电的写作要求 263

第二节　一般商务专用函电的写作 264
 一、建立关系和信用调查 264
 二、询盘、报盘、还盘和确认 268
 三、付款和索款 274
 四、索赔、理赔和拒赔 279

思考与练习 283

第九章　诉讼文书 284

第一节　诉讼文书概述 284
 一、诉讼文书的概念和特点 284
 二、诉讼文书的作用和种类 285

第二节　起诉状的写作 285
 一、起诉状的概念 285
 二、起诉状的写作要求 286
 三、起诉状的结构 286

第三节　上诉状的写作 290
 一、上诉状的概念 290
 二、上诉状的写作要求 290
 三、上诉状的结构 291

第四节　答辩状的写作 295

目录

一、答辩状的概念 295
二、答辩状的写作要求 295
三、答辩状的结构 295
第五节　申诉状的写作 300
一、申诉状的概念 300
二、申诉状与上诉状的区别 300
三、申诉状的写作要求 300

四、申诉状的结构 301
第六节　仲裁申请书的写作 306
一、仲裁申请书的概念 306
二、仲裁申请书的写作要求 307
三、仲裁申请书的结构 307
思考与练习 310

参考文献 311

第一章　绪　　论

本章学习目标：

- 了解经济应用文写作的一般概念与特点。
- 熟悉经济应用文写作的使用范围与基本要求。
- 掌握经济应用文写作语言的基本表达方式。

第一节　经济应用文的概念和特点

一、经济应用文的概念

经济应用文是社会各企事业单位、机关或团体以及个人在经济活动中为处理事务或解决矛盾而使用的，具有相对固定或惯用格式的实用文体。

应用写作，是人类最早的写作活动。从历史发展的角度说，国家的产生，孕育了公务文书；人类社会生活的发展，催生了事务文书；商品经济的繁荣，促成了契约文书；而矛盾纠纷的合理处置，又形成了诉讼文书。一切应用文书都是在社会生活的发展和变化中逐渐形成和日益完善的。另一方面，应用文书又促进了社会管理活动、商务活动等行为的规范性，有效性，辅助社会生生不息的运动有序、健康地发展。

当今中国，正处在经济发展的重要历史时期，改革开放以来的一切社会变化，世界经济格局调整的种种刺激，都为中国的发展走向带来诸多不确定因素，也为之带来了巨大的机会。为加强经济管理、促进经济发展、处理经济事务、传播经济信息、达成经济协作、解决经济纷争、记录经济过程，经济应用文的作用尤显重要。

二、经济应用文的特点

(一)实用性

实用性是经济应用文的最本质特性。无论是应用文的产生还是它的发展，都证明了经济应用文是与社会经济实践共生共存的，这一点决定了经济应用文天然地具有实用性。从写作动机上说，经济应用文是为了解决具体问题而写作的；从写作要求上说，经济应用文写作必须面对现实，客观地提出切实可行的方针政策、办法措施；从写作手法上说，经济应用文不宜用美文写作的多种积极修辞手法而应以消极修辞手法为主，谋篇布局或遣词造句以朴实无华为尚；从写作效果来说，经济应用文参与了社会经济生活的方方面面，对经济战略的研讨和指挥，对经济工作的展开和深入，对经济关系的协调与规范，都切实做出了贡献。可以这样说，如果不是实用的，经济应用文就没有了任何存在的意义和价值。

(二)真实性

经济应用文是反映社会经济生活的,社会经济生活真实状态如何,写作就必须,也只能作真实反映。倘失了真实,不仅使写作本身丧失了尊严和意义,还会给社会或企业带来极为不利的影响。经济应用文的真实性,首先要求写作者必须具有实事求是的认真态度,如实反映经济实践的过程和需求;其次要求写作的材料必须真实,包括时间、地点、数据、过程等,必须完全与事实一致;此外,真实性也指作者的观点结论的正确性,即叙事过程得出的结论符合人们的认识规律,反映客观事物的本质,而不是牵强片面的或者先验的。

(三)政策性

经济应用文的政策性表现在两个方面。首先,经济应用文是政策的载体。如经济公务文书,往往将决策层的意图、方针、措施体现出来。此时的经济应用文,就是表现政策、宣传政策的,这些文书会在经济活动中指导、约束、处理各种经济实践,从而也体现出这些文书的权威性。其次,政策性体现在经济应用文的内容上。由于经济应用文记载的是经济活动,而这些活动本身应该是合法、合理、合度的,所以文书的内容必然围绕法、理、度的要求展开而不能有与之相悖的东西。如烟草销售合同的签订,必须在国家有关烟草专卖的政策允许之下;劳动规章制度的制定,也必须在国家《劳动法》的框定下进行。只有文书的内容符合政策并传播政策,才有助于社会经济生活健康有序地发展。

(四)规范性

从写作形式来说,应用文是诸文体中最讲究并强调外在规范的了,这是由应用文的实用性特征所决定的,只有强调规范才能保证其实用。如党政公文的种类、写作格式、制文要求等,自2012年7月1日起,必须以《党政机关公文处理工作条例》(中办发〔2012〕14号)文件要求为准,这就是规范。

在写法上,经济应用文都有约定俗成的"套路",虽然许多并非官方明确规定,但整个社会都流行着常见的规范"套路",甚至行文中上下文衔接都有常用"官式",全国各组织、各团体,各企事业单位,其公文概莫能外。同时,经济应用文写作必须中规中矩,符合国家语言文字法的要求,符合语法修辞逻辑的常识,才能在使用中体现正确性和权威性。此外,在文书的处理环节上,经济应用文也讲究规范。不仅公务文书的行文要求、递送方法、阅读范围等要符合《党政机关公文处理工作条例》的有关规定;管理文书的形成和公布也须经法定程序方为正式;大部分应用文书都有时间限制;诸如此类。说明各种文书都有相应的规范,应用写作行为本身也有各种规范,这正是由经济应用文实用、求真实、讲政策的三大特性所决定的。

第二节 经济应用文的作用和种类

一、经济应用文的作用

(一)管理作用

在整个社会的经济实践活动中，无论从哪个层面来看，只有强化管理，才能保证整个经济活动的有序进行和高效运转。中央决策的贯彻，国家意图的实现，政府计划的落实，上级安排的执行，领导层、管理层对各行各级的管理，都需要通过应用文来体现。公文类的应用文，凸显了大政方针和各项决策；管理类的应用文则重在具体步骤和协调；各组织自身的实际情况，也要根据上述各项形成具体管理措施。所以，经济应用文的首要作用便是它的管理作用，正如应用文的产生是在人类社会有了管理的需要后一样。

(二)规范作用

经济应用文对经济行为有规范作用，尤其是计划、规章、契约等，其规范作用更为明显。在社会组织的运转中，必然会产生如计划安排、规章条约等文书，它们是对组织和人员的行为的一种制约，明确了哪些是"规定动作"，哪些情况下可以做"自选动作"，而哪些又是不能被认可或允许的。有些文书则从时间上或者是质量和技术上做出限制，明确了不同阶段的工作任务，每项工作或产品的质量等级和技术标准。这些文书一旦形成，便具有一定的权威性，如果在这些文书的执行过程中遇有阻力，则违规者必须受相应的制裁。即使文书确有应修订之处乃至已经到了应废止之时，也必须通过一定的程序来完成修订或废止，而决不能随便处置，这样就维护了这些文书的严肃性，保障了它的规范作用。

(三)沟通作用

社会是一个庞大的有机组织，为了让这个有机组织中的方方面面、层层次次能互相了解、互相协调，人们必须通过各种手段联系沟通，经济应用文就是沟通的主要手段之一。上下级之间的领导与服从、请求与答复；兄弟单位之间的商洽与合作、研讨与通气；主管部门对相关对象的知照与要求、关切与解释等，最终都以应用文体来表现其结果，这些应用文实际上就是保证并促使社会这台机器运转的纽带，即使是在通信手段高度发达的今天，应用文的联系沟通作用仍具有其不可替代性。

(四)依凭作用

长期以来，人们已然习惯以"文件"来指挥行为。文件，是人们办事的重要依凭。当今社会，无论是公文、契约、规章制度、诉讼申明等，一旦形成并经过某种形式的确认，便是相关行为人的行为依据，并据此产生相关责任。而有些文书又是为了记载、反映某些事件的发展过程而写作的，如会议纪要、大事记、意向书等，都具有很强的记录性。此外，当文书的现行作用结束后，它还可转化为档案资料文献，继续发挥反映社会生活发展轨迹的真实记录作用，为后世提供历史的参照依凭。

二、经济应用文的种类

经济应用文的种类极其繁杂，从文体、形式、作用等不同的角度，可以分出众多的种类。本书从学生学习的具体要求和教学的普适性出发，将其分为以下几类。

(1) 行政公文类。含《党政机关公文处理工作条例》阐释的各种公文，但本书主要介绍的是基层最常用的通告、通知、通报、报告、请示、批复、函和纪要的写作。

(2) 经济管理事务文书类。其中包含计划类、总结类文书；规章制度类的章程、规定、办法、细则和公约；沟通备存类文书如简报制作、大事记的写作。

(3) 经济报告文书类。包括市场调查报告、经济活动分析报告、经济预测报告、可行性研究报告、预算报告、决算报告、审计报告和上市公司经营状况报告的写作。

(4) 经济协约文书类。含日常便条、招标公告、投标函；意向书、经济合同和协议书的写作。

(5) 交际文书类。各类致词、请邀、告启、问贺、慰唁、引荐的文书均在此类。

(6) 宣传文书类。包括新型知照类文书、新闻消息、微博微信等新型宣传手段、商业广告、说明书、海报一类文稿的写作。

(7) 商务专用函电类。包括询盘、报盘、还盘、接受；索款、追查等业务往来函电的写作。

(8) 经济诉讼文书类。诉讼类的文书也是一个大项。本书主要介绍起诉状、上诉状、申诉状、答辩状的写作以及行政诉讼中的相关文稿的写作。

第三节 经济应用文的写作要求、结构方法和语言要求

一、经济应用文的写作要求

(一)努力提高思想水平和政策水平

经济应用文是社会经济生活的反映，它体现的是国家的大政方针、政策措施，反映的是社情民意，因此，这里的写作不只是单纯的写作技巧的把握运用，而是写作者思想水平、政策水平、业务水平的综合体现。它要求作者在进行这种写作时，应具有较高的思想理论修养和政策水平修养，惯于将理论与实践有机结合，能敏锐发现问题、科学分析问题、正确解决问题，否则，写出的文章不是假、大、空，就是学生腔的稚嫩和浅薄。当然，思想水平和政策水平都是需要在实践中慢慢增强的，这就要求我们必须始终保持对理论的浓厚兴趣，及时了解国家的大政方针，深入社会经济生活第一线，掌握第一手资料，这是对经济应用文写作者的根本素质要求。

(二)娴熟掌握业务知识

经济应用文写作是客观的生产、经营、管理实践的产物,写作者当然应熟悉自己文章中所反映的事实。只有熟悉和了解业务,才能了解领导意图何在,也才能了解民声民情为何作此反应;只有了解熟悉业务,才能不受表面现象迷惑,不被花言巧语蛊惑,不因事出突然惶惑,坚持己方立场,保证己方利益不受损害;也只有了解熟悉业务,才能发现问题,发现动向,作出恰切的应对回复。那些脱离实践写就的文章,往往带有盲目性或较大漏洞,甚至根本不具可行性,这种教训应该记取。

知识是触类旁通的,所以在掌握业务的同时,写作者应对社会实践有广泛的关注,并尽量密切跟踪,做好记录,做好储存,使自己的知识面日益广泛,眼界日益开阔,信息即时更新,这样写作时才不会囿于一点,而能从宏观角度来把握认识,使文章更有水平。

(三)不断提升语言表达能力

写作是用语言表达思想的过程,文章是这个过程的结果。要让这个结果取得满意的效果,必须用最为妥帖的、最为明了的语言方式来表达思想,文章的优劣与写作者的语言表达能力至关紧要。

语言表达能力主要体现在以下几个方面。

一是要有相当的词语积累。词语积累越多,写作表达的选择余地就越大,文章的表现力就更丰富。如果我们只掌握了一个"好"字,形容词副词都是"好",那么我们在表达时就会显得单调和平庸。应用写作的特性又使它对词语的表达要求甚高,个别词语的细微差别,往往在实践中具有极大差异。"领导既要有为,也要无为"和"领导既要有为,也要不为"两句,意思很不一样。前句并不妥当,领导一定不能"无为",但是领导是可以"不为"的。时机不成熟、政策不到位、市场不需要……都可以制约领导的"为",领导"不为"就是"为"。写作时应该仔细斟酌。

二是要注意强化语法修炼。由于网络的普及和跨文化交流的频繁,汉语表达受到很大挑战和冲击,加之很多用网络语言写就的文艺作品颇得人气,占据大部分市场,其作品特别的语言表达方法在社会上影响很大。但应用写作的特性使它必须警惕不规范、不合度的表达方法。写作者既不能墨守成规,拒绝一切语言表达的变化,更不能随心所欲,将一切社会存在的语言现象、语法变化都认作是可行于应用文的书面写作材料。因此,写作者要下大功夫、花大气力来学习和研究语法,也要学一点语言学基本知识,从理论上了解语言,增强自己对待母语的虔敬心态,正确使用母语,正确对待母语写作,这样才能提高经济应用文的准确性和权威性。

二、经济应用文的结构方法

(一)经济应用文结构的含义

文章的结构,亦即文章的布局谋篇,它既是文章的组织构造,也是作者安排这个组织

构造的思想和心理过程的反映。

经济应用文亦然。在安排经济应用文结构内容时，我们也要考虑如何确定文章的基本格式，如何安排全文的组织结构。因为基本格式是由应用文本身的意义、作用决定，并在社会实践中为社会所认同的，不同格式各有适用领域，不可混淆。至于经济应用文的安排过程，则与一般文章安排基本一致，主要是设计开头结尾，划分段落层次，布置过渡照应，决定详写略说等技巧的运用。有了这样的安排，作者就能通过恰当的结构形式来组织材料，使文章观点鲜明、材料翔实、逻辑清楚、行文和谐。

(二)经济应用文结构的原则

1. 为文章主旨服务

相对于美文写作的有感而发，应用写作都是有事而为。为了让这个"事"得到更鲜明的体现，更充分的说明，更有效的实施，在表现这个"事"的时候，必须考虑如何突出它，所以要养成从各个不同角度去阐述一个观点的应用写作结构思维习惯，利用应用文写作的规范性特点，在文章的起承转合中，顺势安排，凸显主题。

2. 为文章文体服务

应用文的基本格式在历史的发展中已形成约定俗成的程式，它的实用特性又规定了它的格式不能随意变化，这个便是应用文的文体特点。在安排应用文的结构时，不能忽视这个特点，而要服从这个特点的需要。这时的写作并不能随意地另辟蹊径、别出心裁。如"报告"，在公务文书文体和事务文书文体中就有不同的写法要求，即便都是公务文体，不同性质的报告也是不一样的，这时就应根据具体情况来决定结构，以求更适当、更明确、更规范的表达效果。

3. 为文章对象服务

应用文既是"应"实际需要之"用"，就一定有明确的写作目的，为明确的读者对象服务。所以在结构谋篇时，一定要有对象在胸，才能经得起实践检验。从人的思维习惯来说，概念、判断、推理是一般的形式逻辑基本过程，应用文结构就要遵循这样的过程；从人的兴趣关注来说，对与自己切身利益有关的事格外注意，应用文在结构时就应据此来安排详写略说；上行文与下行文的读者对象的立场、角度不一样，同样的问题，在上行文中可以这样安排，而在下行文中可能又另是一样。只有关心读者的需求，才能写出符合读者需要的文章。

(三)经济应用文结构的常式

尽管应用文具有形式上的规范化、程式化特性，但具体的文体、文种毕竟千差万别，所以并不能一以概之，只能介绍几种最基本的"常式"。

1. 总分式

顾名思义，总分，即总起分述。这样的结构，可以先总后分，可以先分后总，还可以总分总。先总，就是总体介绍，总的观点、问题的提出；后总，就是归纳、提升、综合或补充。而分，则是从几个不同的层面和角度来分说、分析、分辨，来为"总"服务。总是分的根据，分是总的证明。一般通报、报告、总结等常用这种结构。

2. 并列式

倘若文章要表达的事情各成一体，各具一定的独立性，可用并列式方法结构全文。即使如前面所说的"分"，各层面之间也是以并列的方法来"分"的。此外，条例、计划、契约等，也可以用分条并列的方法表现主旨。这样的结构特点清晰、明了，事情说得完整，读者看得明白。

3. 递进式

倘若文章要进行分析、说理，递进式结构就是较好的选择。各层次的内在意义在层层递进中被步步推进，最终得出令人信服的结论。递进结构也符合人类普遍的认识规律，可以体现思维认识的逻辑性、严谨性。

4. 连贯式

连贯式可单纯以时间为顺序，也可以事情的发展进程为顺序，但如果机械单调地以时间为线而罗列事实，就成了流水账，这是行文之大忌。因此要把握分寸，恰当安排重点和一般，详写和略说。这样，如果表现单一事件，写作时从时间纵向来安排材料，确实比较简捷可行。

但是以上四种结构安排的方式并不是在一篇文章中只能选择一种或一次，作为"常式"，它们可以根据行文需要作多种组合，综合起来反映文章主旨。任何文章的结构都是作者思维水平的体现，归根结底，作者思想水平高了，认识水平深了，文字功底厚了，才能正确选择结构方法，用最准确、简明、恰切的语言，表达自己的思想。

三、经济应用文的语言运用

(一)经济应用文语言的特点

应用文对语言有很高的要求。虽然，行政公文也可以写出激情；事务文书也可以写得生动；公关宣传文书更可以写出人情，但从总体来说，应用文有自己独有的语言特色。

1. 严肃规范

经济应用文的语言特点首先是严肃规范。严肃体现了它的权威性。经济应用文往往是权力机构的公文、协作单位的约章，事关重大，必须严肃认真表达；社会公开的文书，也须严肃地传达相关意思，倘失却了语言的严肃，会使内容的严肃大打折扣。

规范更是应用文写作的基本要求——经济应用文在社会中流通，它代表了社会主流语体，也体现了社会经济运行和社会管理的权威意志。如果本身规范性不足，不仅影响自己的权威形象，影响文书内容的理解执行，也会在社会语言使用中起到十分消极的影响甚或不良作用。

2. 信息量大

经济应用文语言的另一个特点是所承载的信息量大。它应以简约直接的文字传达丰富的内涵，不能说了半天还不见真正意思，而是要将事实、要求、趋势等尽可能说得既明白具体，又简洁精要。尤其在当今的信息化社会中，经济应用文的文字如果不能承载大量有效信息，是会被经济社会淘汰的。所以在实践中经济应用文往往直截了当、直陈其事。在修辞运用上，它主要采用消极修辞的手法，而一般不采用积极修辞的艺术，这也是为了更好地突出它的信息含量。

(二)经济应用文语言的要求

1. 准确精要

基于应用文语言的上述特点，经济应用文写作的要求首先便是必须准确和精要。准确，指语言的语法规范、文字正确、含义明晰。只有准确了，才能体现经济应用文语言的严肃规范，也才能保证它信息内涵的丰富有效。语言的准确，要求经济应用文的写作者不仅要努力学习写作，还要从语言学角度了解汉语知识，掌握汉语运用技巧，才能最准确地表达思想。精要，则指经济应用文写作语言应简约明确，要善于运用书面性的表达方式，善于以文章所涉行业的专有名词和准确的关联词语来遣词造句，组织文章，使文章晓畅清晰、言简义丰。

2. 得体周密

得体，既要得文章之体，也要得事件之体。如公务文书事涉公务，因此文章之"体"的要求是带权威口吻，不容误解、拖延，更不容歪曲。在这里公文代表着行政的严肃和强制。但同样是公文，面向基层群众的通报、关系群众利益的通告等，又要考虑到事件与阅读者的利害关系以及阅读者的文化水平、生活经验的不同，要注意行文的通俗、平直。因此，经济应用文的得体与内容所涉和阅读对象有很大关系，它不排斥亲民性，但是诸如"亲，别忘了及时缴纳税款"之类只能出现在手机的短信提示中，绝不能使用于正式的应用文书。而"筒子""童鞋"等以错为美的谐音滥用，也是经济应用文本要杜绝的。

行文得体，还要周密。所谓周密，是指语言的表达中没有不恰当、不严密的东西。如"严厉打击某省籍犯罪分子"的提法便是极不恰当、极不严密的。这种提法不利团结，不利和谐社会的建设，而且也并不利于打击犯罪分子，反而给坏人以可乘之机，所以在经济应用文中不能出现此种差错。凡提出的问题、归结出的关节点、提出的口号、做出的要求，都一定要严密，无懈可击。

(三)经济应用文语言的表达方式

经济应用文写作主要以消极修辞为表达手法，但各种修辞手法在适当的时候可以合理使用，并不是要绝对摒弃各种优秀的写作手法，而是要看是否"得体"。一般来说，在表达方式上，经济应用文主要使用叙述、说明和议论三种基本的表达方式。

第一章 绪论

1. 叙述

叙述,就是把事件所涉及的人物、时间、变化过程等作完整交代的一种表达方式,也是经济应用文写作时所运用的最基本、最常用的表达方式。经济应用文行文时一般采用的是顺叙,即以时间为序,叙述事物发生、发展、变化的过程。在叙述时,概括事物的基本面貌,着重反映事物发展的主要环节和本质特征的,叫作概述;而对事物发生的原因、过程及结果作较为具体的介绍的,叫作详述。概述使人了解主要精神,而详述则使人了解具体细节。写作时,应根据写作目的和需要安排概述或详述。

经济应用文在叙述时,应力求客观完整、线索清楚,使叙述最好地为主题服务。

【叙述】举例1

随着近期国家、本市不断出台利好地产市场的政策,市长兴岛开发办招商领导小组抓住契机,积极开展土地推介招商工作。

一是对部分考察长兴岛的房协会员进行回访,把握投资长兴岛的初步意向。二是瞄准知名度较高、实力雄厚的开发商进行点对点的沟通,近期先后接待了……等投资商。三是与市土地交易市场、市土地交易事务中心等沪上权威中介机构加强协调,在推介渠道、推介方式、推介资源等方面寻求支持。

下一步,市长兴岛开发办将把招商工作放到更为突出的位置,谋划整体方案,完善推介材料,认真筹备召开主题推介会,力争年内实现重点区域重点地块的出让。

(资料来源:上海市经济和信息化党建网)

【叙述】举例2

针对市委巡视组指出的一些经济城费用开支较大,违规列支请客送礼、考察旅游等费用,以及假发票报销等问题,嘉定区组织专门力量查清事实,已对13名相关责任人员进行立案调查。同时,对全区33个经济城费用管理情况开展专项检查,针对检查中发现的费用支出预算编制不细化、费用签批手续不完整等问题,责令相关街镇和经济城进行自我整改,要求专题招商活动应制定具体的活动方案,重大资金使用需经集体决策,重大事项实施报告制度。对市委巡视组指出的某镇资产公司存在的违反财经纪律的问题,嘉定区组织专门力量查清事实,已对5名相关责任人员进行立案调查。

(资料来源:东方网)

2. 说明

说明,就是以最明确的文字解说事物、剖析事理。说明的方法很多,常用的有定义说明——以定义的方式将此事物区别于其他事物的本质属性概括出来;诠释说明——以解释的方式说明事物;分类说明——将需要说明的对象按一定的标准分成各种类别后逐一说明;比较说明——把两个或两个以上的彼此有一定联系的或有相同点的事物,进行一定意义上的比较,以使人了解该事物的本质;比喻说明——以比喻的修辞方法将需要说明的某事物比喻为另一人们较为熟悉的、较为常见的事物来说明;举例说明——选取该事物的最具代表性的实例来说明其共同点或共同规律；引用说明——引用理论或实例来说明自己的观点有其根源性或合理性；数字说明——以实际数值或约估数字来说明事物的特征、功能或后果；图表说明——以图画或表格来配合文字，直观地向人们介绍事物的现状、历史、走向或影响。

经济应用文在使用说明的方法时，要做到实事求是、表达恰切、通俗明白。使人们在阅读之后切切实实地了解情况、掌握知识，不能误导读者，也不能说了半天，人们根本没听懂。

【说明】举例1

迪士尼小镇将由五个各具特色的区域组成——小镇湖畔、小镇市集、百食香街、百老汇大道与百老汇广场。每个区域凭借各自鲜明的特点，为游客提供丰富多彩的独特体验。迪士尼小镇的设计将经典中式元素及海派文化进行融合，海派石库门建筑风格被充分运用于迪士尼小镇。购物餐饮娱乐区是全球迪士尼度假区的重要特色之一，与世界级的主题乐园和酒店一起为游客提供全方位的度假体验。

上海迪士尼度假区的迪士尼小镇在开幕时将包含占地面积 46 000 平方米的步行区域，向公众免费开放。该区域紧邻上海迪士尼乐园，距上海迪士尼乐园酒店及玩具总动员酒店也仅几步之遥。在度假区于 2016 年春季盛大开幕时，迪士尼小镇将呈现近 50 家租户，为游客提供从高端、轻奢到年轻时尚的多元化且高质量的购物选择，以及和亲朋好友相聚的各类优质餐厅。

(资料来源：浦东新闻网)

【说明】举例2

从 6 月中旬以来，先是 IC 合约，而后是 IF 合约开始比较有规律的操作。IC1507 率先砸盘，负基差持续扩大，带动正股市场杀跌，先跌停的股票卖不出去，只能卖出尚未跌停的股票，造成 A 股市场的大面积跌停。泡沫加剧了屠杀的惨烈程度，可以看出步骤基本上是从反应中小盘的 IC 开始，而后是 IF，如果不救市，必然会蔓延到有大资金护盘的 IH。众所周知，股指期货是 T+0 交易，日内可以多次进出，理论上，开股票多头的，可以开股指期货的空头；开股票空头的，可以开股指期货的多头，一多一空，非常平衡，但这只是美好的幻想。当股市下行时，多头并没有增加，以 7 月 3 日的数据为例，主力合约 IF1507 最终下跌 3.24%。中金所的数据显示，IF1507 多空主力双方均呈现加仓态势，其中，多头主力加多 26 335 手，空头主力加空 31 440 手，净空单增至 13 968 手。

(资料来源：东方财富网)

3. 议论

议论，就是作者对客观事物进行分析、评价，以此表明自己立场的语言表达方法。议论包含论点、论据和论证三要素，并由立论和驳论这两大基本形式组成。

论点的提出和确立要注意两个问题：首先，是要提出正确鲜明的论点，必须有事实或理论做基础，而且必须明确要提出什么问题，要解决什么问题。其次，是确立论点必须有自己正确鲜明的立场，合乎科学的态度，并且是非清楚、爱憎分明。

论据就是论点的依据。它可以是事实的材料，如具体的事例、概括的史实或统计数字等；也可以是理论的材料，如被实践证明了的伟人或名家的至理名言、精辟论断或科学的公理、规律等。

用论据来证明论点的过程就是论证。最基本的论证方法有归纳法——从若干个别事例中得出共同结论以证明自己的论点；演绎法——从一般性结论出发推衍出个别具体的论断来；比较法——对事物进行不同比较而得出正确的结论，具体有对比论证、类比论证和喻比论证等多种不同的方式；因果法——通过分析事物产生矛盾的原因，揭示论据与论点之间的因果关系而使真理自明。

驳论和立论一样可以运用上述种种手段，并可运用反证法——根据排中律，先证明自己的观点是正确的，由此显现对方观点的错误；归谬法——从对方的观点出发做合乎逻辑的引申，从而暴露对方的错误或荒谬。从批驳的着眼点而言，驳论可以批驳对方的论点，可以批驳对方的论据，也可以批驳对方的论证方法。

【议论】举例1

维护资本市场稳定　有条件有能力有信心

资本市场平稳健康发展，事关经济社会发展全局，事关数千万投资者切身利益。应当说，股市涨涨跌跌本属正常现象。尤其是去年7月以来，A股市场已经累积了较大涨幅，本身也有调整整固的内在要求。然而，就此次调整的态势看，指数下行速率之快，个股下跌幅度之猛，在A股历史上都较为少见。大起大落不利于市场平稳健康发展，促使A股市场重新回归理性轨道，已成为当前市场发展的迫切任务。

维护资本市场稳定健康发展，我们有充分条件。就宏观经济运行而言，上半年总体平稳，结构调整步伐加快，新产品、新业态、新商业模式大量涌现，中国经济完全可以长期保持中高速增长，迈向中高端，这为资本市场发展提供了坚实的基本面；就市场本身而言，也已进入发展改革的"快车道"。大力发展多层次资本市场是一项战略任务，支持境内外长期资金入市，培育和壮大机构投资者，适时启动深港通、完善沪港通，积极稳妥推进股票发行注册制改革，加强上市公司监管，鼓励证券期货经营机构创新发展等，都将进一步夯实市场发展基础。综言之，当前，改革开放红利继续释放的趋势没有改变，宏观经济企稳向好的势头没有改变，市场流动性总体充裕的基本面没有改变，居民大类资产配置的格局没有改变，资本市场持续改革开放的进程没有改变。

维护资本市场稳定健康发展，我们有足够能力。最近一段时间以来，中国人民银行运用降息降准、连续逆回购等多种货币政策工具，促进市场流动性保持在合理水平；养老保险基金投资管理办法公开征求意见；中国证监会及相关机构密集打出"组合拳"，包括允许融资融券合约展期、优化融资融券客户担保物违约处置标准和方式、大幅调降A股交易费率、中国证券金融公司大幅增资扩股、严打市场违法违规行为及大幅减少新股发行等。随着政策举措效应的逐步释放，将对市场稳定形成强有力的支撑。A股市场已走过20多年的发展历程，在应对市场极端情况方面，我们已积累了不少经验，也有很多政策储备，

通过各方协调配合、形成合力，完全有能力促使市场摆脱一时之"危"。

对于资本市场稳定健康发展，我们也要有坚定的信心。信心比金子还宝贵。投资者对未来的预期如何，对于市场运行往往会带来重大影响。前一段时间，投资者对于杠杆因素产生恐慌情绪，但根据目前已公布的数据，证券公司融资融券业务运行正常、风险可控，场外配资的风险也已有相当程度的释放。市场经过近期大幅调整之后，内在稳定力量也在增强。对于广大投资者而言，此时需要的是信心而不是恐慌。在市场上涨时，非理性追涨很危险；在市场大幅调整后，非理性杀跌同样不可取。

风雨之后见彩虹。回首中国资本市场的发展之路，并非一条坦途。我们走过弯路，有过波折。市场正是在每一次总结教训、汲取经验中成长的。此次大幅波动对于市场是又一次洗礼，市场参与各方应认真反思，共同总结，共同努力，建设长期稳定健康发展的资本市场。

（资料来源：东方财富网）

【议论】举例2

深化股市制度改革 从根本上杜绝下跌发生

最近股市持续大跌，多项救市举措相继出台。在笔者看来，股市下跌原因众多，包括前期股市上涨过快过多、上市公司大股东套现等，究其深层次原因则是股市基础性制度存在天然缺陷，因此要进一步深化股市制度改革，堵塞其中漏洞。

救市主要是为了防止融资盘大面积爆仓，以及由此引发的连锁性危机，这有一定必要性，但我们也要充分认识到救市的负面作用。前期股市大幅上涨，融资盘充分享受了以小博大的好处，现在有危机了就要外力出手救助，这可能助长一些人杠杆赌博心理。另外，目前仍有一些大股东大幅减持，其持股成本极度低廉，救市将让其从市场套取更多的资金。

救市关键是要搞清楚股市为什么跌。有人怀疑是恶意做空者所为。7月2日，证监会微博表示要严打期指恶意做空，但7月3日股市仍然大幅下挫，笔者认为，这说明恶意做空或非本次股市下挫原因。违法做空当然要查处，但正常做空应该受到保护。正如市场人士所指出的，一些大额股票投资者不能在期指市场做空套保规避损失，就只能在股市抛售现货减亏，这或许加大了现货下跌压力。事实上，多头随时准备卖出就是潜在的空头，反之亦然。没有卖出得来的资金又哪能再次买进？打击做空其实也在打击下一步做多。股市下跌，主要是因为前期爆炒过度，一些主力借助借壳上市、重大重组或者借公司改变经营主业、公司改名等题材炒作，只管眼下连续拉升涨停，哪管今后洪水滔天。但这些题材只是引诱散户追高的诱饵，如此上涨显然缺乏上市公司经营业绩基础，泡沫崩溃是必然结果。

笔者认为，现在采取暂停新股发行等举措救市，一些庄家股又将趁机出动，鼓捣"自救"泡沫，散户又将成为炮灰。救市可以，但要对被救助者开出一定条件，尤其是针对其中的重要利益主体，不能无条件救助。笔者认为，救市期间，应禁止所有上市公司释放所谓的借壳上市、重大重组、重大事项、公司改名等信息，同时加大对市场操纵的打击力度。救市期间，禁止大股东、董监高减持，这些主体是 A 股市场最大的既得利益主体，救市资源有限，不能让他们再过度享受救市好处。救市绝不应仅仅着眼于救指数，救指数在某种程度上只是让较为集中领域、集中时间爆发的风险适度分散、平缓释放，但风险本身并没有消除。救市更应救"本"，这个"本"就是股市的基础性体制机制、基础运行模式，要从源头控制风险产生。

目前股市的运行模式在很多方面都有问题，不可持续。例如有些 A 股市场主力通过重大重组的坐庄模式不可持续，注入上市公司的资产盈利能力实际并不强。炒新模式也不可持续，新股上市后不分青红皂白都会经历一轮爆炒，然后估值水平再逐渐与其他老股接轨，其中主要是投机操纵作祟。过度融资杠杆推动股市上涨的模式不可持续，由于过度杠杆的使用，投资者和市场要为此额外背负更多的利息负担，反而让市场失血过度，为今后的下跌埋下伏笔。

总之，要在止住股市下跌势头的基础上，进一步深化股市制度改革，甚至对不可持续的运行模式推倒重来，要从制度根源上防止股市下跌频繁地产生。

(资料来源：作者：熊锦秋，东方财富网)

思考与练习

一、理解以下词语

经济应用文　文章主旨　总分式　并列式　递进式　连贯式　叙述　说明　论点　论据　论证　立论　驳论

二、简答以下问题

1. 经济应用文有哪些特点和作用？
2. 写作经济应用文有哪些基本要求？
3. 经济应用文结构的基本原则是什么？
4. 经济应用文有哪些最基本的结构"常式"？
5. 经济应用文的语言特点和要求是什么？
6. 在写作中怎样运用经济应用文的各种表达方式？

三、写作实践

1. 找若干经济应用文，分析其结构方式和语言特点。
2. 分别用不同的表达方式试写若干段应用性文字，体会应用写作的特点。

第二章 公务文书

本章学习目标：

- 理解公务文书的概念与特点。
- 了解公务文书的一般要求和文面版式。
- 掌握基层常用公务文书的用途和写法。

第一节 公务文书概述

一、公务文书的概念和特点

公务文书，简单来说，就是用于党务和行政事务的各类规范化文书，亦称之"党政公文"，简单可称之"公文"。1949 年以来，有关部门对它作过多次规范，其中党政公文曾有多次分合，2012 年 4 月 16 日，中共中央办公厅和国务院办公厅联合印发了《党政机关公文处理工作条例》，这是推进党政机关公文处理工作科学化、制度化、规范化的指导性文件，并已于 2012 年 7 月 1 日起实施。本章对公务文书的阐释，即以此为纲。

(一)公文的概念

《党政机关公文处理工作条例》指出，"党政机关公文是党政机关实施领导、履行职能、处理公务的具有特定效力和规范体式的文书，是传达贯彻党和国家方针政策，公布法规和规章，指导、布置和商洽工作，请示和答复问题，报告、通报和交流情况等的重要工具。"这个概念指导着各级各类党政机关的公务文书工作朝着科学化、制度化、规范化方向健康发展。

(二)公文的特点

1. 法定性

党政公文是用于处理党务和行政活动的文书，它的发文主体是法定组织而不能是任意的个人，它从撰写、制发、传递，到阅读、办理，每一个环节都体现出法定的特点。

首先，党政公文是由法定组织制发的，其法定作者是指依据有关法律和章程而成立，并能行使职权和承担义务的党政机关与其他社会组织，党政公文必须以这些机关的名义或其法定代表人的名义制发，一般个人或非正式组织无权制发党政公文。其次，党政公文一经发布，就有法定的现实执行效用，对受文者及其他有关方面的行为将产生不同程度的强制性影响。而且，除需要周知的公文外，党政公文的阅读者，也必须是法定的读者，因为党政公文的阅读范围也是有明确规定的。

2. 工具性

应用文都具有工具性，但党政公文的工具性尤其鲜明。首先，它是表达党务和行政管理者思想意志的工具，在制发过程中，它负责将党务或行政管理者的思想意志以特定的书面语言形式表达出来、传递出去；其次，党政公文又是党政管理的工具，文书的内容，就是党政管理者的施政或管理意向，在公文的执行过程中，要将党政管理意向变成行为，自然借助公文这个工具。所以，在执行过程中，公文就是执行的依据和准则，具有指导或规范人们行为的特点。

3. 规范性

为了对整个社会的党政公文做出有效的管理和监督，使公文工作朝着科学化、制度化、规范化方向健康发展，也为了更好地实现"文档一体化"，确保后期的档案工作顺利进行，有关部门对党政公文的写作和处理方面的一系列问题，包括文种、结构、格式等都做出了统一的要求。《党政机关公文处理工作条例》规定了15种公文作为法定的体裁，并对每一文种的适用范围做了说明，对公文的格式、用纸要求也作了明确规定。撰写者必须严格地照此办理，不得有任何随意的增删更改。公文的行文规则和处理方法，也按此规范行事，以确保党政公文的统一性与严肃性。

4. 时限性

作为法定的党政公文，它的内容关乎党政公务，这也就决定了它主要是针对党政公务活动中的具体情况，为及时解决实际问题而制发的。管理者发现党政公务中的情况和问题，迅速做出决策，并以党政公文形式下发或上达，以确保施政，利于管理。突出公文的时效性才能保证决策的迅速、快捷和工作的高效率，才能及时解决公务活动中的实际问题。所以在党政公文规范格式中设有"紧急程度""成文日期""印发日期"等项目，每一件公文还要限定制发、传递、执行的时间要求。

二、公务文书的作用和种类

(一)公文的作用

作为有效传递党政公务活动中所需信息的重要工具，党政公文具有多种作用。

1. 领导沟通作用

公文是传播信息的一种方式，也是最具权威性和正式性的方式。它传达党和国家的方针、政策及各项指示，是加强集中领导，实行有效管理，维护政令统一，保证工作步伐整齐一致的有效形式。

公文也是下级机关请示、报告工作，反映情况，沟通自下而上纵向联系的基本手段。此外，它也是机关之间横向联系的纽带，通过它，机关之间互通讯息、商洽事务、互相协调与配合。党政公文的这种传达沟通作用，是党政管理的重要辅助。

2. 发布记录作用

根据我国相关法律和行政惯例，必须用行政公文的方式才能发布行政法规或规章，因此行政公文在发布行政法规与规章，体现国家行政管理与维护社会秩序方面，发挥着重要作用。

公文的制作发布印证了制发者的合法身份，记录了各项党政管理活动的性质、状态，是党政公务活动的真实记录，受文机关可据此处理工作。有些公文在完成现行使命后，可转化为档案资料，供后人查考、研究和使用，党政公文的凭证记录作用不容忽视。

3. 宣传教育作用

由于公文具有较强的政策性和理论性，在社会各项事务活动中发挥着阐明事理、启发觉悟、提高认识等宣传教育作用，"学习文件"是我国社会教育的一种重要形式。

（二）现行公文的种类

根据《党政机关公文处理工作条例》阐释，公文种类主要有：

(1) 决议。适用于会议讨论通过的重大决策事项。

(2) 决定。适用于对重要事项做出决策和部署、奖惩有关单位和人员、变更或者撤销下级机关不适当的决定事项。

(3) 命令(令)。适用于公布行政法规和规章、宣布施行重大强制性措施、批准授予和晋升衔级、嘉奖有关单位和人员。

(4) 公报。适用于公布重要决定或者重大事项。

(5) 公告。适用于向国内外宣布重要事项或者法定事项。

(6) 通告。适用于在一定范围内公布应当遵守或者周知的事项。

(7) 意见。适用于对重要问题提出见解和处理办法。

(8) 通知。适用于发布、传达要求下级机关执行和有关单位周知或者执行的事项，批转、转发公文。

(9) 通报。适用于表彰先进、批评错误、传达重要精神和告知重要情况。

(10) 报告。适用于向上级机关汇报工作、反映情况，回复上级机关的询问。

(11) 请示。适用于向上级机关请求指示、批准。

(12) 批复。适用于答复下级机关请示事项。

(13) 议案。适用于各级人民政府按照法律程序向同级人民代表大会或者人民代表大会常务委员会提请审议事项。

(14) 函。适用于不相隶属机关之间商洽工作、询问和答复问题、请求批准和答复审批事项。

(15) 纪要。适用于记载会议主要情况和议定事项。

以上这 15 种公文也被称作"法定公文"。此外，按照不同的标准，上述公文又可划分为不同的种类，为了更好地学习理解公务文书，从不同的角度去认识它的种类很有必要。

1. 根据公文内容涉及国家机密的程度划分的种类

(1) 公布性公文。内容不涉及党和国家机密，可以直接公开发布的公文，如公报、公告、通告等。这种公文又分对外公开公文和国内公开公文两种。对外公开公文可以直接向国内外公开发布；国内公开公文的内容，虽不涉及国家机密，但不宜或不必向国外公布，只在国内公开发布。

(2) 内部使用公文。内容不涉及国家机密，但不宜对社会公开，而只在单位内部阅读与使用的公文，如通报等。

(3) 机密性公文。内容涉及国家机密的公文，需要在一定时期内限定阅读范围，以保障机密的安全。机密公文通常由指定的专人负责处理、递送和保管。根据内容涉及国家机密的程度，以及泄露后使国家安全和利益遭受损害的严重性又可分为三种：秘密公文，机密公文和绝密公文。

2. 根据公文行文方向划分的种类

(1) 上行文。具有隶属关系的下级机关向上级机关报送的公文，如请示、报告等。

(2) 平行文。同一组织系统的同级机关或不相隶属机关之间的来往公文，如函等。

(3) 下行文。领导机关对下级所属机关发送的公文，如命令(令)、决定、公报、公告、通告、通知、通报、批复等。

上述三种公文类型是从发文机关和收文机关之间的工作上来区分的。一个具体的机关收发的文件都有上行文、平行文、下行文。这三种公文的性质作用不同，分别反映了对于工作的领导与指导，互相协调与配合，请求给予批准、指示等不同的工作关系。

3. 根据公文时限要求划分的种类

(1) 常规公文。无特殊时间要求，可以按照常规处理的公文。

(2) 加急公文。内容重要并急需打破常规，迅速传递处理的公文。

(3) 特急公文。内容至关重要并特别紧急，已临近规定的办理时限，需要立即优先迅速传递处理的公文。

4. 根据公文来源划分的种类

(1) 收文。本机关收到的来自外部的公文。

(2) 发文。包括由本机关制成，并发往外部的公文和本机关制成但只供内部使用的两种公文。

5. 根据公文性质、作用划分的种类

(1) 指导性公文。由领导机关制成的，用于颁布方针、政策、法规，指导、布置工作，阐明工作的指导原则的公文，如决议、决定、命令等。

(2) 公布性公文。直接向国内外公开发布的公文，如公报、公告、通告等。

(3) 陈述呈请性公文。用于汇报工作、陈述情况、提出建议、请求指示或批准的公文，如议案、请示、报告、意见等。

（4）商洽性公文。无传递方向限制，用于探讨协商一般事项的公文，如函。

（5）记录性公文。用于将会议的基本情况、主要精神和议定事项择要整理的公文，如会议纪要。

三、公务文书的格式

由于公务文书在社会上的特殊作用，公务文书的外观规格形式也有严格规定，公文的各个组成要素在文面上有规定的位置或格式。这既有利于维护公文的严肃性，也有利于公文的阅读、传递、处理、保管和对相关人员进行考核。在自动化、数字化的社会背景下，公文格式的规范有利于网络化办公，也有利于现代技术管理文件和档案。

《党政机关公文处理工作条例》指出：公文一般由份号、密级和保密期限、紧急程度、发文机关标志、发文字号、签发人、标题、主送机关、正文、附件说明、发文机关署名、成文日期、印章、附注、附件、抄送机关、印发机关和印发日期、页码等组成。

（1）份号。公文印制份数的顺序号。涉密公文应当标注份号。

（2）密级和保密期限。公文的秘密等级和保密的期限。涉密公文应当根据涉密程度分别标注"绝密""机密""秘密"和保密期限。

（3）紧急程度。公文送达和办理的时限要求。根据紧急程度，紧急公文应当分别标注"特急""加急"，电报应当分别标注"特提""特急""加急""平急"。

（4）发文机关标志。由发文机关全称或者规范化简称加"文件"二字组成，也可以使用发文机关全称或者规范化简称。联合行文时，发文机关标志可以并用联合发文机关名称，也可以单独用主办机关名称。

（5）发文字号。由发文机关代字、年份、发文顺序号组成。联合行文时，使用主办机关的发文字号。

（6）签发人。上行文应当标注签发人姓名。

（7）标题。由发文机关名称、事由和文种组成。

（8）主送机关。公文的主要受理机关，应当使用机关全称、规范化简称或者同类型机关统称。

（9）正文。公文的主体，用来表述公文的内容。

（10）附件说明。公文附件的顺序号和名称。

（11）发文机关署名。署发文机关全称或者规范化简称。

（12）成文日期。署会议通过或者发文机关负责人签发的日期。联合行文时，署最后签发机关负责人签发的日期。

（13）印章。公文中有发文机关署名的，应当加盖发文机关印章，并与署名机关相符。有特定发文机关标志的普发性公文和电报可以不加盖印章。

（14）附注。公文印发传达范围等需要说明的事项。

（15）附件。公文正文的说明、补充或者参考资料。

（16）抄送机关。除主送机关外需要执行或者知晓公文内容的其他机关，应当使用机关全称、规范化简称或者同类型机关统称。

(17) 印发机关和印发日期。公文的送印机关和送印日期。

此外，《党政机关公文处理工作条例》同时指出：公文的版式按照《党政机关公文格式》国家标准执行；公文使用的汉字、数字、外文字符、计量单位和标点符号等，按照有关国家标准和规定执行。民族自治地方的公文，可以并用汉字和当地通用的少数民族文字；公文用纸幅面采用国际标准 A4 型。特殊形式的公文用纸幅面，根据实际需要确定。

上述这些基本格式，在公文处理中要特别注意。而正文是公文的主体，是发文的目的所在，尤其要谨慎对待。正文位于主送机关下一行开始，行文中段落要注意汉语文章的规范格式，数字、年份不能回行。正文中引用的外文必须注明其中文含义。正文较长，用数字表示其层次结构序数时，要根据国家有关部门的统一标准，即：

第一层用"一""二""三""四"……
第二层用"(一)""(二)""(三)""(四)"……
第三层用"1""2""3""4"……
第四层用"(1)""(2)""(3)""(4)"……

这是必须共同遵守的统一要求，不能随意改变，更不可用外文标注法来标注公文。

公文正文的开头部分，要用简洁明了的语言写明发文的目的，或起因，或根据。接着以不同的过渡语进入文章主体部分。

除某些综合性报告外，公文正文的主体应依照"一文一事"的原则，对正文事项详细阐述、明确解释、严密论证、充分说明。

在结尾部分，可根据行文关系的具体情况，或提出要求，或恳请答复，或以"特此……"作公文礼仪性结束表示。例如："以上报告，请审阅""特此请示，请予批复""特此函告"等。

有了这样的规范标准，才能确保公文的权威性和有效性。在校学生对此可能非常陌生，可先对这些基本知识作简单识记，以后在社会实践中就会有所体悟。

第二节 通告、通知、通报的写作

一、通告

(一)通告的适用范围

依照《党政机关公文处理工作条例》所述，通告"适用于在一定范围内公布应当遵守或者周知的事项"。通告也是一种公开发布的公文。

(二)通告的结构与写法

通告由于是向社会广泛发出的，所以一般也没有主送机关。它的结构主要是由标题、正文和结语、发文机关署名及成文日期组成。

1. 标题

通告的标题一般可用完整式,如《临江市人民政府关于对高污染车辆实施限制通行措施的通告》,也可用省略式的,如《青山市人民政府通告》,一些在单位内部使用或在较小范围内使用的通告,标题只要《通告》二字即可。

2. 正文

通告的正文应先交代缘起、目的或依据,并以"现通告如下"引起下文,接着就是具体事项。具体事项要明确,一般以条款式表示,因为这样更能说清问题。最后可用结语"特此通告"煞尾,但如前面用了"现通告如下"就不必重复了。

3. 发文机关署名和成文日期

发文机关署名和成文日期关系到公文的效用,所以应认真按公文处理要求办。公开张贴或登载的通告倘在标题中已有发文单位名称,落款可不写。

(三)通告写作注意事项

(1) 通告的内容要明确具体,尤其对牵涉社会面较大的事项,应该分条细述。
(2) 通告的文字应简朴规范,适应其内容所针对的受众对象。
(3) 通告行文也是有一定权限的,发文机关不能以社会上一些不规范的现象为据,随意将启事类的文稿冠以"通告"名。

【通告】例文 1

甘肃省人民政府关于禁止猎捕贩运销售旱獭的通告

各市、自治州人民政府,兰州新区管委会,省政府各部门,中央在甘有关单位:

鼠疫属于烈性传染病,传染性极强,病死率极高,不但危害人民群众身体健康和生命安全,而且也严重影响社会稳定和经济发展,被我国列为法定甲类传染病……为有效预防鼠疫的发生与传播,保护人民群众生命健康安全,促进经济社会和谐发展,根据《中华人民共和国传染病防治法》、《中华人民共和国陆生野生动物保护实施条例》、《国内交通卫生检疫条例》等法律法规的相关规定,现就禁止猎捕贩运销售旱獭通告如下:

一、任何单位和个人不得在甘肃省境内从事非法猎捕旱獭和非法加工、生产、经营、贩运、销售旱獭及其皮毛、肉、爪、油等制品的活动。……

二、各地政府及公安、交通运输、林业、农牧、卫生计生、工商、旅游、铁路、民航、邮政等部门要按照各自的职责,依法严厉查处猎捕、贩运、销售旱獭及其制品的不法行为。……

三、如发现有猎捕、贩运、销售旱獭及其制品行为,任何单位、个人均有义务向当地政府或卫生计生、公安、农牧、林业及工商等部门举报,……

四、怀疑或发生猎捕旱獭人员感染鼠疫,任何单位或个人应立即报告当地卫生计生行政部门或疾病预防控制机构,由当地政府统一领导,……

五、对违反本通告从事猎捕、贩运、销售旱獭及其制品活动，同时拒绝、阻碍对猎捕销售贩运旱獭行为进行监管的，……司法机关依法追究刑事责任。

六、对违反本通告……的，将根据《中华人民共和国传染病防治法》和《中华人民共和国动物防疫法》的有关条款进行处罚，……追究刑事责任。

七、各级政府、各有关部门要加强鼠疫防控知识及相关法律法规宣传教育，积极营造禁止猎捕、贩运、销售旱獭等疫源动物及其制品的舆论氛围，提高群众的法律意识。……

八、本通告自发布之日起执行。

特此通告。

甘肃省人民政府
2015年1月8日

【通告】例文2

深圳市公安局
关于禁止摩托车在福田、罗湖、南山、盐田四区内道路行驶的通告

为加强深圳市道路交通管理，维护交通秩序，保障交通安全畅通，现就禁止摩托车(含二轮、三轮及轻便摩托车，下同)在福田、罗湖、南山、盐田四区内道路行驶的相关事项通告如下：

一、禁止摩托车在福田、罗湖、南山、盐田四区内所有道路上行驶。

二、上述禁行时间为每日0时至24时。

三、上述禁行时间、禁行道路不适用于执行任务的特种摩托车(特种摩托车是指公安机关和承担抢修任务的供电、供水、燃气等部门使用的摩托车，以及报业集团在原特区外偏远地区投递报纸的专用摩托车)。

四、违反本通告规定的，按照道路交通管理法律法规予以处罚。

五、持有深圳合法有效牌照，但未在2007年11月1日至2007年12月31日到市公安局交警支队车辆管理所办理摩托车提前报废及补偿手续的摩托车，可以在坪山、龙华、大鹏新区非禁摩区域内行驶，但不得进入福田、罗湖、南山、盐田四区内或宝安、龙岗两区和光明、坪山、龙华、大鹏新区禁摩区域的道路行驶，具体规定详见《关于深圳市摩托车提前报废及补偿的通告》(深公通字〔2007〕8号)。

六、本通告自2015年7月1日起至2015年12月31日有效。

特此通告。

深圳市公安局
2015年6月29日

二、通知

(一)通知的适用范围

依照《党政机关公文处理工作条例》所述，通知"适用于发布、传达要求下级机关执

行和有关单位周知或者执行的事项，批转、转发公文"。

(二)通知的种类

根据《党政机关公文处理工作条例》，通知可分为以下几类。

(1) 指示性通知。为体现上级的决定或传达上级的指示，布置要求下级机关或有关单位办理、执行的事项，或主管部门向对口的下级指导业务等而发的通知。

(2) 知照性通知。指通过此通知让有关方面或有关人员普遍知晓相关事宜，如调整办事程序、设立机构等，也可以是要求受文单位在一定程度上参与的事宜。所以知照性通知是可平行，亦可下行的传达需周知事项的通知。

(3) 批转性通知。指上级机关将下级机关所上报的文件批转给相关单位。这样就使下级机关的文件戴上了上级的帽子，代表了上级机关的意志与权威。

(4) 转发性通知。指将上级或不相隶属的机关的文件转发给相关单位。

此外，在实践中，通知还有两大重要的种类：印发性通知和会议通知。前者是用以发布某些规章制度或下发某些文件的，如"中共中央办公厅国务院办公厅关于印发《党政机关公文处理工作条例》的通知"，就是印发性通知的代表；后者则是通知开会的。虽然在《党政机关公文处理工作条例》中没有专门分列，但事实上它们在社会上作用极大。另外，单位的人事任免事项的结果，一般也是用"通知"来公布的。

(三)通知的结构与写法

总的来说，通知的结构由标题、主送机关、正文和成文日期组成，但不同种类的通知又各有一些细部的不同。

1. 标题

通知标题的写法是由通知的种类来决定的。如指示性通知、知照性通知的标题一般以公文标题的常见格式写作，见下例：

《关于切实加强夏令生产安全防范的通知》；

《集团公司关于评选 2015 年度先进科技人员的通知》；

《关于召开 APX 技术研讨会的通知》。

如果对"通知"本身有说明一下的必要，也可在"通知"前加上相关定语，见下例：

《集团公司关于切实做好岗位聘任工作的补充通知》；

《财务处关于开展年终财务检查的紧急通知》。

倘批转、转发、印发性的通知，则应在标题中标明所批转、转发或印发的文件名称，见下例：

《集团公司批转<人事部关于加强新录用人员安全生产教育的意见>的通知》；

《省国税局关于转发<国家税务总局关于商品混凝土征收增值税有关问题的通知>的通知》；

《上海市人民政府办公厅关于印发<上海市政府部门网站评议考核试行办法>的

通知》。

有时，因通知内容所需，又把标题写得较复杂，也就较长，如：

《关于商务部、海关总署、环保总局 2007 年第 17 号公告中关于<2007 年加工贸易禁止类商品目录>的有关事项的补充通知》。

这个标题长而复杂，但是清楚，并恰当地省略了发文机关名称。当然，如果可能，通知的标题应尽量明确而简短，如：

《省国税局关于转发<国家税务总局关于商品混凝土征收增值税有关问题的通知>的通知》，不妨写成《省国税局转发国家税务总局关于商品混凝土征收增值税有关问题的通知》，少一层关系，反而更容易理解，排版也更方便。

2. 主送机关

由于通知一般涉及面较宽，所以通知的主送机关往往用统称，如"各下属单位"。也可逐一列出主送机关名称。

3. 正文

通知正文的开头一般应说明事项的原由、依据或目的。例如，"经公司董事会第 9 次全体会议决定……""目前已进入高温雷雨季节……""为了进一步贯彻省政府有关精神……"等，接着可用"现将有关事项通知如下"或"为此特作如下通知"等恰当的语句来过渡。如果是批转、转发、印发性的通知，就应说明所批转、转发、印发的文件名称。

正文的主体就是所要通知的事项。如果事项复杂，应逐一分条列出，单一事项也要写得清楚明白。问题、性质、要求、措施、时间、对象等重要因素都应完整交代。批转、转发、印发性的通知，还应说明这些文件被批转、转发、印发的意义。

通知的结语可根据内容灵活决定。可以做出强调、发出号召，也可只写"特此通知"，或者根据全文结束而自然结尾。

4. 成文日期

写明通知的发文机关和成文日期。

特别要指出的是，批转性通知、转发性通知和印发性通知中被批转、转发和印发的文件，不是附件而是正文的一部分，因此它不作附件说明，却直接跟在批转、转发、印发的发文机关和成文日期之后。

(四)通知写作注意事项

(1) 内容清楚明确。交代的事项、要求；所涉及的对象、时间都应准确。如一件事情按不同时间段分别通知，则后者更应明确与具体。

(2) 由于种类较多，写作时应先考虑文种对应的正确性，"批转"、"转发"或"印发"都有界限，不可随意使用。被批转、转发或印发的文件是通知的有机组成，不能将之视为附件。写作通知的标题时要谨慎，既要明确关系，又要简洁清楚，不能在多重关系的标题中混乱一片。

(3) 在外地举行的或多日性的会议,其会议通知应附有回执,以利于会议的组织者和与会者。

【通知】例文1(指示性通知1)

关于调整中央国家机关住房公积金个人贷款措施的通知

中央国家机关各部门、各单位住房公积金管理机构:

为贯彻国家宏观经济政策,落实住房城乡建设部等三部门《关于切实提高住房公积金使用效率的通知》(建金〔2015〕150号)要求,进一步发挥住房公积金个人贷款(以下简称贷款)保基本、保刚需的政策作用,支持缴存职工自住和改善性住房需求,现就有关事项通知如下。

一、加大贷款支持力度。职工购买首套自住住房申请贷款的,不再考虑近1年内是否提取过住房公积金,计算贷款额度时,个人住房公积金账户余额不足7万元均按照7万元计算。职工首次贷款结清后,即可再次申请使用贷款;第3次及以后再申请使用贷款的,需上一次贷款结清满5年。外地缴存住房公积金的北京市户籍的中央单位职工,在北京市购买首套自住住房的,可申请使用贷款。职工购买政策性住房和第二套住房的,仍执行原规定。

二、优化贷款服务措施。借款申请人及其配偶住房公积金月缴存额达到上限的,不再提供工作情况证明。职工可通过中央国家机关住房资金管理中心门户网站中的贷款试算器初步估算贷款额度。职工可关注中央国家机关住房资金管理中心官方微信公众号,提前预约贷款办理时间。

三、完善征信记录使用标准。借款申请人及其配偶有尚未偿还的逾期贷款,或有贷记卡、准贷记卡逾期透支未还的,不予受理贷款申请。借款申请人及其配偶在申请贷款前2年内,其他贷款(不含助学贷款)逾期连续达到3至5期的,其贷款最高额度在北京住房公积金管理委员会公布的贷款最高额度基础上下调20%。借款申请人及其配偶在申请贷款前2年内,其他贷款(不含助学贷款)逾期连续6期及以上的,不予贷款。

本通知自印发之日起执行。以前文件有不一致之处,以本通知为准。请及时转发所属在京单位,遇到问题,及时反映。

中央国家机关住房资金管理中心
2015年11月12日

【通知】例文2(指示性通知2)

关于金融支持服务滨海新区"8·12"爆炸事故施救工作的紧急通知

天津辖区各金融机构:

我市滨海新区"8·12"爆炸事故造成重大人员伤亡和财产损失。为全力做好事故施救工作的金融支持和服务,现提出以下措施要求。

一、各保险公司要立即启动财险和人身险的理赔应急工作机制,建立24小时值班制度,调动骨干力量向理赔业务倾斜。主动联系客户,排查出险情况,做好出险客户的施救和救助工作。开通绿色理赔通道,简化索赔手续,对因"8·12"爆炸事故造成的保险赔案取消事故证明材料，实施小额赔案"一站式"理赔服务。做好理赔资金调拨，对保险责任明确，可以确定最低赔偿金额的赔案要及时先行赔付或垫付。

二、各银行机构要确保受灾地区个人和企业正常的贷款需求有效满足，坚决不因事故发生而抽贷、惜贷。对因事故影响暂不能按时偿还各类贷款的单位和个人，暂不催收、罚息和作不良记录，允许贷款合理展期。对经营正常、信用良好，因事故造成偿债能力下降的单位和个人，要继续予以信贷支持。对贷款尚未偿还但恢复生产又有新的贷款需求的，在风险可控前提下适当追加授信额度。国家开发银行天津市分行要积极为受事故影响的企业和个人提供应急贷款。

三、滨海新区各金融机构在事故中受损的营业网点要尽快恢复正常营业，保障当地金融服务需求，确保金融服务质量不下降。有条件的金融机构要积极组织员工为当地受伤和有困难的群众提供志愿者服务。

四、天津辖区内各金融机构要立即开展一次信息科技系统和安全保卫工作大检查。要认真检查信息科技系统、后台服务中心、灾备中心、数据中心、自助设备等领域的正常运营情况，确保不因本次事故发生出现故障而影响广大客户的存款、取款、支付、转账等金融服务。要认真检查营业大厅、办公楼宇等人员密集场所的消防和防范各类事故发生的措施及责任落实情况，对不符合要求的要立即整改，确保对责任落实不打折扣，对安全检查不留死角、不走过场。

各金融机构要以高度的社会责任感支持服务"8·12"爆炸事故施救工作，积极协助配合当地政府和部门开展工作。要坚决克服困难，精诚合作，奉献爱心，在灾难面前积极出人出力出捐款，进一步提升金融行业整体形象和服务水平。

特此通知。

市金融局 人民银行天津分行 天津银监局 天津证监局 天津保监局
2015 年 8 月 14 日

(资料来源：天津政务网)

【通知】例文3(知照性通知)

市国税局关于发布境外旅客购物离境退税商店名单的通知

各区县税务局、市税务三分局、自贸区税务分局：

按照《国家税务总局关于发布〈境外旅客购物离境退税管理办法(试行)〉的公告》(国家税务总局公告 2015 年第 41 号)有关规定，现将已向上海市国家税务局办理备案手续的退税商店名单予以发布。

特此通知。

附件：上海市境外旅客购物离境退税商店名单

上海市国家税务局
2015 年 6 月 29 日

《上海市境外旅客购物离境退税商店名单》(略)

(资料来源：上海市政府网站)

【通知】例文4(批转性通知)

国务院关于批转发展改革委等部门法人
和其他组织统一社会信用代码制度建设总体方案的通知

各省、自治区、直辖市人民政府，国务院各部委、各直属机构：

国务院同意发展改革委、中央编办、民政部、财政部、人民银行、税务总局、工商总局、质检总局制定的《法人和其他组织统一社会信用代码制度建设总体方案》，现转发给你们，请认真贯彻执行。

国务院
2015年6月11日

法人和其他组织统一社会信用代码
制度建设总体方案
发展改革委　中央编办　民政部　财政部
人民银行　税务总局　工商总局　质检总局

按照《国务院机构改革和职能转变方案》和2015年《政府工作报告》要求，为理顺代码管理体制机制，建立覆盖全面、稳定且唯一的以组织机构代码为基础的法人和其他组织统一社会信用代码(以下简称统一代码)制度，提出本方案。

一、基本情况

(一)现有主要机构代码构成。

我国现有机构代码分为两类。一是"原始码"，即由登记管理部门在法人和其他组织注册登记时发放的代码，主要包括工商部门的工商注册号、机构编制部门的机关及事业单位证书号、民政部门的社会组织登记证号等。二是"衍生码"，即在法人和其他组织注册后，相关部门发放的管理码，如组织机构代码管理部门的组织机构代码、人民银行的机构信用代码、税务总局的纳税人识别号等。

……

二、统一代码设计方案……

三、统一代码制度改革方案……

四、组织实施……

附件：法人和其他组织统一社会信用代码构成……

【通知】例文5(转发性通知)

天津市人民政府办公厅关于转发市市场监管委拟定的
天津市加强节能标准化工作实施方案的通知

各区、县人民政府，各委、局，各直属单位：

市市场监管委拟定的《天津市加强节能标准化工作实施方案》，已经市人民政府同意，现转发给你们，请照此执行。

天津市人民政府办公厅
2015年11月5日

天津市加强节能标准化工作实施方案

市市场监管委

为贯彻落实《国务院办公厅关于加强节能标准化工作的意见》(国办发〔2015〕16号),进一步推进我市节能标准化工作,结合我市实际,制定本实施方案。

一、总体要求

认真贯彻落实国家关于加强节能标准化工作的各项要求,充分发挥市场在资源配置中的决定性作用,更好地发挥政府职能部门的作用,创新节能标准化管理机制,健全节能标准体系,强化节能标准的实施与监督,有效支撑我市节能减排和产业转型升级,为生态文明建设奠定坚实基础。

二、工作目标

发挥节能标准对产业转型升级的倒逼作用和对节能环保等新兴产业的引领作用,加快完善节能标准体系,强化节能技术研发与标准制定的结合,促进节能科技成果转化应用。到2020年,我市节能标准化管理机制趋于完善,节能标准体系基本健全,主要高耗能行业实现能耗限额标准全覆盖,节能标准有效实施与监督的工作体系基本形成,产业政策与节能标准的结合更加紧密,节能标准对节能减排和产业结构升级的支撑作用更加明显。

三、重点工作

(一)健全工作机制。……

(二)完善节能标准体系。……

(三)强化节能标准实施。……

(四)强化节能标准化服务。……

(五)加大节能标准实施监督力度。……

四、保障措施

(一)加大节能标准化科研支持力度。……

(二)加快节能标准化人才培养步伐。……

【通知】例文6(印发性通知)

北京市人民政府办公厅关于印发《北京市政府机关使用正版软件管理办法》的通知

各区、县人民政府,市政府各委、办、局,各市属机构:

《北京市政府机关使用正版软件管理办法》已经市政府同意,现印发给你们,请结合实际认真贯彻落实。

北京市人民政府办公厅
2015年9月23日

北京市政府机关使用正版软件管理办法

第一条 为深入贯彻落实《国务院办公厅关于印发政府机关使用正版软件管理办法的通知》(国办发〔2013〕88号),进一步规范全市政府机关使用正版软件行为,建立长效机制,确保政府机关使用正版软件工作常态化、规范化、制度化,结合本市实际,制定本办法。

第二条 本办法所称正版软件是指具有合法授权,应用于台式计算机、便携式计算机、平板式微型计算机、掌上电脑、服务器等计算机办公设备及系统上的操作系统软件、办公软件和杀毒软件等三类通用软件。

第三条 全市各级政府机关的计算机办公设备及系统必须使用正版软件,禁止购买、安装、使用非正版软件。……

第四条 全市各级政府对本地区政府机关、各级政府部门对本部门使用正版软件工作负总责,其主要负责人是使用正版软件工作的第一责任人。……

第五条 全市各级政府机关应每年组织开展著作权法律法规、正版软件安装使用等培训,普及相关知识,提高政府机关工作人员的知识产权意识。

第六条 全市各级政府机关要按照勤俭节约、确保政府信息安全的原则,科学合理编制软件采购年度计划和预算。各级财政部门要将政府机关软件采购经费纳入本级财政预算予以保障。

第七条 市、区县政府集中采购机构负责组织实施本级政府机关软件集中采购工作,及时公布软件集中采购招标结果。区县政府机关可共享市级政府机关集中采购招标结果。……

第八条 全市各级政府机关购置计算机办公设备时,应当采购预装正版操作系统软件的计算机产品,并对需要购置的办公软件和杀毒软件一并作出购置计划。

第九条 全市各级政府机关要将软件正版化工作作为信息化建设、信息安全的重要组成部分,列入信息化建设项目验收、信息安全检查等专项工作中统筹推进。

第十条 全市各级政府机关应按照《固定资产分类与代码》(GB/T 14885—2010)等有关国家标准和规定,将软件资产纳入部门资产管理体系,建立台账,并按时报送本级著作权行政管理部门。……

第十一条 市使用正版软件工作联席会议负责组织、协调和指导全市政府机关使用正版软件工作,牵头组织针对软件安全性、兼容性等方面的测评工作,发布正版软件使用指导目录,并建立全市统一的软件正版化工作管理平台。……

第十二条 全市各级著作权行政管理部门会同推进使用正版软件工作机制各成员单位负责政府机关使用正版软件情况的日常监管、督促检查及培训工作。……

第十三条 全市各级政府机关应制定年度软件正版化工作计划和实施方案,并于每年10月底前向本级著作权行政管理部门报送资金保障、软件采购、软件资产管理等推进使用正版软件工作情况。……

第十四条 全市各级政府机关应将使用正版软件工作纳入年度考核,建立考核评议制

度和责任追究制度,定期对使用正版软件工作进行考核、评议。……

第十五条 政府机关以外的其他国家机关、事业单位、人民团体和免予登记的社会团体使用正版软件工作,参照本办法执行。

第十六条 本办法由市使用正版软件工作联席会议办公室负责解释。

第十七条 本办法自印发之日起施行。

【通知】例文7(会议通知)

关于召开全市2015年度政府采购信息统计工作布置及系统应用培训会议的通知

各市级预算单位,各区县财政局,市政府采购中心,市教委教学仪器设备供应中心:

为贯彻落实财政部对政府采购信息统计工作整体部署和要求,进一步做好我市2015年政府采购信息统计工作,定于11月中下旬组织召开全市2015年度政府采购信息统计工作布置及系统应用培训会议。现将有关事项通知如下。

一、会议内容

(一)部署2015年度政府采购信息统计工作;

(二)地方政府采购信息统计管理系统应用培训。

二、会议时间和地点

(一)会议时间:

市级预算单位培训定于11月19日上午9:00—11:00;

各区县财政局、市政府采购中心和市教委教学仪器设备供应中心培训定于11月20日上午9:00—11:00。

(二)会议地点:市财政局后四楼会议室(和平区曲阜道4号)。

三、参会人员

市级预算单位负责政府采购信息统计工作人员1名;各区县政府采购监管部门负责人及信息统计工作人员各1名;市政府采购中心、各区县政府采购中心、市教委教学仪器设备供应中心负责信息统计工作人员各1名。

市财政局政府采购处联系人:刘一凡,联系电话:23303766。

市财政局政府采购处

2015年11月13日

(资料来源:天津市政府采购网)

【通知】例文8(任免通知)

天津市人民政府关于南智猛等任免职务的通知

各区、县人民政府,各委、局,各直属单位:

市人民政府决定:

南智猛任天津市国有企业监事会主席;

刘基智任天津市司法局副局长(试用期一年);

李桂峰任天津市体育局副局长(试用期一年);

刘斌任天津职业大学校长;

廉军任天津师范大学副校长(试用期一年);

吴之辉任天津公安警官职业学院副院长(试用期一年);

段焕春任天津华北地质勘查局副局长;

郭春奎任天津华北地质勘查局副局长;

郭鹏志任天津华北地质勘查局总工程师(试用期一年);

张洪涛任天津物产集团有限公司副总经理、总会计师;

免去陈庆和天津市财政局(天津市地方税务局)副局长职务;

免去董刚天津职业大学校长职务;

免去刘斌天津医学高等专科学校校长职务;

免去段焕春天津华北地质勘查局总工程师职务;

免去郭春奎天津华北地质勘查局总经济师职务;

免去王建东渤海钢铁集团有限公司副总经理职务;

免去张洪涛天津市旅游(控股)集团有限公司副总经理职务。

天津市人民政府
2015 年 10 月 23 日

三、通报

(一)通报的适用范围

依照《党政机关公文处理工作条例》所述,通报"适用于表彰先进、批评错误、传达重要精神和告知重要情况"。无论表彰或批评或传达,一个"通"字使我们认识到,通报是一种具周知性的下行文。

通报往往是领导机构为了将自己的意志下达而发文的,因此它具有较强的导向性。表扬或批评都是为了树立一种导向性的标志,起到宣传或警戒的作用;而情况通报则是对具有普遍意义的事情做出指导意见。由于通报具有导向性,因此在实践中它必然地具有了政策性。下级机构和群众往往从通报中读出有关的要求和政策,作为自己行动的依据。可见,通报的写作必须实事求是,注重具体事件,用事实来教育群众、引领群众。

(二)通报的种类

我们从通报的适用范围来区分它的类型,可分为三种,即表彰性通报、批评性通报和情况通报。

(1) 表彰性通报。主要用于表彰那些在各自不同的岗位上作出优秀成绩的集体或个人。可以是一贯的、常规的工作岗位上的先进,也可以是在突发事件中涌现的好人好事。表彰性通报有利于激发群众的热情和积极性。

(2) 批评性通报。用于对各种违纪、违规现象和错误、消极行为的批评。可以针对个人，也可以针对组织。批评性通报通过对较具典型性的错误现象或错误行为的批评而起到教育广大群众的正面作用。

(3) 情况通报。情况通报是将一个阶段内的某一重要情况向相关方面通气、告知，既可起到上情下达、此情彼达的信息交流作用，更可体现上级意志，统一认识，相互协调，更好地贯彻执行有关的方针政策。

(三)通报的结构与写法

通报由标题、主送机关、正文、成文日期组成。

1. 标题

通报的标题可以三要素具备，也可酌情适当省略。在通报的标题中应明确此份通报的类型性质。例如，《集团公司关于表彰"5·25"抢险事件功臣的通报》、《关于 3 号基地违规操作事件的通报》、《公司财务处关于第一季度控制差旅费用实施情况通报》。

2. 主送机关

通报是下行文，而且一般都是普发文件，所以主送机关就是发文机关的所有下属单位。有时，为了让广大群众都了解情况，受到教育，通报直接面向群众，这时，主送机关就不必再写了。

3. 表彰性和批评性通报正文

表彰性和批评性的通报写法基本一致。一般层次为：

(1) 序言。概说事件和结论以表明发文者的基本态度，接着用过渡性语言，如"现通报如下"或"特作如下通报，望各单位引以为戒"等引出下文。

(2) 事件。将所要通报的事件作简明而具体的介绍。时间、地点、所涉人员、事件经过、结果等都应准确无误，以彰显发文机关的权威性，并使群众信服。

(3) 评论。无论表彰或批评，都不能简单就事论事，而应有发文者的简洁有力的评论，以正确导向，引领群众。评论必须恰如其分，切中要害。既不能小题大做，也不能无限上纲。

(4) 结论。对被表彰或被批评的对象做出表彰或批评的决定。应写明具体的结果，如什么样的奖励、什么样的处罚，并可根据具体情况将表彰或批评分成几种不同的层次，分别对所涉人员做出。也可根据事实，做出"予以通报表扬"或"予以通报批评"的决定，因为被"通报"本身就已是一种组织意志、组织认定的体现。

(5) 结语。通报的结语视情况而定。一般表彰性通报，可以向群众发出学习的号召，而批评性通报则可以要求群众引以为戒，结语不宜太长。

4. 情况通报正文

情况通报的正文有两种写法。一种是普通的情况通报，即把发生的事情做实事求是的通报，但不作评论，也较少提要求，或只作简单提示和警告。这种通报往往是定期的，有鲜明的业务范围限制的。写法也可简化，标题下直接反映情况即可。这种情况通报可不写主送机关和发文机关。

另一种是针对出现的非正常情况做出通报，是发文机关根据当前工作的需要而随机决定发文的通报。它主要由三方面内容组成。

(1) 提出问题。将发生或发现的所要通报的情况作一番简明扼要的介绍，使受文者了解事情的基本过程和目前状况。

(2) 分析问题。即对上述基本情况进行仔细、透彻的分析，加深受文者对问题性质的认识，提高受文者的觉悟水平，使他们对发文机关的意志有更强的认同感。

(3) 解决问题。在分析之后，对问题做出结论或决定，并具体提出解决的方案、措施。同时也对受文者提出要求和希望。

这类情况通报一定要以正式公文的形式制发。

5. 成文日期

最后是发文机关的名称和成文日期。在对内的、面向基层群众的张贴式通报中，如在标题中已有发文机关名称，最后也可省去发文机关的名称而只写成文日期。

(四)通报写作的注意事项

(1) 无论是什么种类的通报，都必须具有典型性。只有具典型性的事例才会对工作起到有实际意义的作用。

(2) 各种通报都有说理的地方，但通报总体来说不是说理性的文种，理论的阐述只需在进行分析时恰当充分即可，切忌空洞的理论说教。另外，通报也不能只摆事实，不讲道理，这样不利提高群众的认识，不利教育广大干部群众。

(3) 通报要及时。不仅定期的情况通报不能脱期，而且随机的通报也由于社会生活的节奏加快，问题也呈多样性，无论是正面的还是负面的情况，都应及时通报，及时告知，使广大干部群众及时了解好的现象、坏的问题、新的事件，对此有正确的认识，并及时得到正确的指导，这有利于事情的健康发展，也避免因信息不及时而造成混乱。

【通报】例文1(表彰性通报1)

关于表彰2014年度局机关先进单位和先进个人的通报

局属各单位：

2014年，在市委、市政府的正确领导下，全局干部职工围绕"打造株洲农业发展升级版"的战略目标，认真学习贯彻党的十八大精神，扎实推进局机关党的群众路线教育实践活动，以争创文明单位和一流工作业绩为目标，积极转方式、调结构、创特色，团结一心，奋力拼搏，锐意进取，创先争优，圆满地完成了各项工作任务，涌现出不少的先进单位和先进个人。为表彰先进，推动工作，经局考核领导小组考核推荐，局党组研究决定，对局计划财务科等6个先进单位、沈植宁等14名先进个人给予表彰。

希望受表彰的单位和个人认清形势，戒骄戒躁，励精图治，再创辉煌。全局广大干部职工要学先进、赶先进、努力工作，积极开拓创新，不断提高我局"三个文明"建设水平，为实现株洲"三农"工作又好又快发展做出新的贡献。

附件：株洲市农业局机关2014年度先进单位和先进个人名单

株洲市农业局
2015年2月9日

株洲市农业局机关2014年度先进单位和先进个人(略)

【通报】例文2(表彰性通报2)

省人民政府关于表彰奖励×××等优秀科技人员的通报

各市、县人民政府，××地区行政公署，省政府直属各单位：

在不久前举行的全国科学进步表彰大会上，我省×××等同志荣获多项大奖，这是我省科研工作的重大突破，也是我省科研水平的巨大进步！为进一步促进我省科学研究开发事业的发展，鼓励科学技术人员和广大干部群众努力攻克技术难关，攀登科学高峰，省人民政府决定给予这些同志奖励。

授予国家科技进步一等奖获得者×××"省劳动模范"称号，给予通令嘉奖，并奖励人民币一百万元；

给予国家科技进步二等奖获得者××、×××各记大功一次，并奖励人民币五十万元；

给予国家科技进步希望奖获得者×××记大功一次，并奖励人民币十万元。

省人民政府号召全省各行各业、各条战线要向以上获奖人员学习，在各自的岗位上为中国的和平发展，为实现宏伟的中国梦，为科技强国、科技强省，为促进国家的科学繁荣做出贡献。希望科技战线的同志再接再厉，不断进取，再立新功。

××省人民政府
××年×月×日

【通报】例文3(批评性通报)

市食品药品监督局关于对抽查月饼质量不合格企业的通报

日前，我局协同有关工商部门对在本市生产销售月饼的企业进行了月饼质量抽查，此次共抽查了61家企业145批次月饼成品，结果总体较好，但是有8家企业共21批次的月饼有不同程度的质量问题，其中最突出的问题是菌落总数超标和添加剂不合标准。××××食品厂和××酒楼糕点部在此次抽查中被要求暂停产品上市，限期整改；××食品联营公司和××××食品连锁店被列入动态跟踪重点监督对象。现将此次抽查中发现的不合格产品的生产厂家和产品名称、问题及批次通报如下：

(名单略)

……

食品安全是关系和谐社会建设，关系人民群众生命安全的大事，绝不能掉以轻心！各

月饼生产企业应引以为戒，严格依法经营，按章操作，加强内部管理，提高产品质量，保证广大市民食无忧。

特此通报。

××省××市食品药品质量监督局
××年×月×日

【通报】例文4(情况通报)

临高县人民政府办公室
关于2014年度全县安全生产工作责任目标考核结果的通报

各镇政府、国营农场、县安委会成员单位，各有关企业：

根据临高县人民政府办公室《关于印发临高县安全生产工作责任目标考核办法的通知》(临府〔2009〕35号)，按照县政府与各镇政府、国营农场、县直有关部门和单位、重点企业签订的《2014年度临高县安全生产工作目标责任书》，经县政府同意，2014年12月22日至12月31日，县安全生产委员会办公室组织有关部门人员组成考核组，分别对各镇政府、国营农场、县安委会有关成员单位、各有关企业2014年度安全生产责任目标履行情况进行了考核。现将考核情况通报如下：

一、总体情况

2014年，各镇政府、国营农场、县安委会成员单位、各有关企业高度重视安全生产工作，严格落实领导班子成员安全生产"党政同责、一岗双责"有关要求，建立健全安全生产责任体系，认真开展安全生产暗查抽查工作、"八打八治"打非治违专项行动，加强重点行业领域的专项整治，排查整改各类隐患。深化安全生产宣传教育培训工作，完善事故应急救援预案，加强应急救援演练，依法严肃查处各类生产安全责任事故，全县安全生产形势保持了总体稳定。今年省政府下达我县的安全生产事故死亡控制指标为10人，其中：生产经营性道路交通6人，工矿商贸3人，铁路交通1人，较大事故1起，重大事故0起。1月至12月，全县共发生各类事故145起(其中：道路交通66起，消防火灾76起，工矿商贸3起)，控制指标内死亡8人(其中，生产经营性道路交通死亡5人，工矿商贸事故死亡3人)，占年度安全生产事故死亡控制指标的80%，受伤96人，直接经济损失210.7万元。同比事故起数下降21.9%，死亡人数上升14.3%，受伤人数下降52.8%，直接经济损失下降34.9%。没有发生较大以上事故。我县各类事故指标控制较好，死亡控制指标没有超出省下达的指标任务。

二、考核等级评定结果(按考核得分高低排名)

(一)安全生产工作优秀单位：……

(二)安全生产工作良好单位：……

(三)安全生产工作达标单位：……

(四)安全生产工作不达标单位：……

三、存在的问题

一是安全生产形势不容乐观。全县生产安全事故统计四项指标呈"三降一升"趋势，

第二章 公务文书

安全生产事故死亡控制指标并未超标,各类事故得到有效遏制,但安全生产形势依然严峻,监管工作有待进一步加强。

二是个别单位对安全生产工作的重要性认识不够,责任制落实不到位……

三是安全生产监管体制不健全,监管力量薄弱。大部分单位安全生产监管人员力量不足,工作经费少,监管装备落后,各镇安监所需尽快配齐监管人员。

四是安全生产宣传教育培训工作滞后。有些单位没有开展宣传教育培训工作,或宣传培训不到位。

五是安全生产应急救援体系建设滞后,应急救援能力严重不足,难以适应全县经济社会发展的形势。

六是中小企业普遍存在安全意识淡薄和安全基础薄弱的问题,有些企业没有落实主体责任,没有认真开展隐患排查治理,导致发生生产安全事故等。

四、工作要求

各单位要通过这次考核,全面贯彻落实科学发展观,自觉坚持安全发展指导原则和"安全第一、预防为主、综合治理"方针,切实加强对安全生产工作的组织领导,求真务实,真抓实干,巩固已取得的成绩,纠正存在的问题。在新的一年里,要夯实监管基础,落实安全生产责任制,深化重点行业专项整治,构建安全生产长效机制,努力完成好2015年的安全生产各项工作。

一要提高认识,认真落实安全生产责任制。……

二是要提高企业安全生产管理水平。认真学习和宣贯新修订的《安全生产法》,落实企业的安全生产主体责任,……

三要继续深化安全生产宣传教育培训工作。精心部署宣贯新修订的《安全生产法》,不断深化"安全生产月"集中宣传教育活动的成果,开展各类安全生产培训,提高企业三级教育培训的质量,提高从业人员的安全意识。

四要继续深化隐患排查治理工作。……

五要加强安全生产应急管理工作,提高应急处置能力。各镇、各部门和各企业要及时修订生产安全事故应急救援预案,并组织相关的应急演练,加强政府和企业的衔接,提高事故现场处置能力。

临高县人民政府办公室

2015年3月24日

(资料来源:临高县人民政府网)

第三节 报告和请示的写作

一、报告

(一)报告的适用范围

依照《党政机关公文处理工作条例》所述,报告"适用于向上级机关汇报工作、反映情况，回复上级机关的询问"。从这段表述中我们可以了解，报告是一种上行文。

报告的目的是为了让领导机关了解情况，而汇报制度是下级机关一项基本的工作制度，因此报告的使用面较宽，使用频次也较高。由于工作的不同阶段会产生不同的问题，报告的发文时间较为随机，可在事先，可在事后，也可在事中；既可定期发出，也可间隔较长时间。但报告要及时，不要拖延，不要反应迟缓，要让上级尽早地掌握新的情况，也让自己尽早地得到上级的指导和帮助。

(二) 报告的种类

根据报告的如上特点，我们可以将其分为以下几类。

(1) 工作报告。工作报告是指向上级机关汇报工作的报告，也叫综合报告。综合报告的内容较全面，是一段时间内的总体工作情况。

(2) 情况报告。情况报告也叫专题报告。情况报告是对发生的某一正面或负面的情况进行专门的分析报告。如果突然发生了重大情况，也应立即将突发情况报告给上级，这时它也叫突发事件报告。

(3) 回复报告。回复报告是针对上级机关的询问进行回复。包括回复上级领导人的批示，汇报自己如何处理上级文件，或汇报自己完成上级交办事项的过程和结果。

(三) 报告的结构与写法

报告由标题、主送机关、正文和成文日期组成。

1. 标题

报告的标题一般由发文机关、事由、文种完整组成，如《市场部关于上半年东区外聘人员管理工作的报告》；专题性的报告也可以直接由事件和文种组成，如《关于营销部擅自组团出国问题的报告》《"5·17"安全事件善后处理报告》。

2. 主送机关

报告是上行文，所以主送机关一定是对口的直接领导机关。

3. 正文

不同的报告，正文写法稍有不同，但基本结构是一致的。

首先是缘由，说明报告的缘起或目的，概括报告的主要内容，给人一个基本印象，并以"现将情况报告如下"等过渡性词语引出下文的主体。

主体部分有多种写法。内容较复杂、篇幅较长的报告，可以分成几个部分，每部分可设一独立小标题，将所报告的事项一一写清。内容简单、篇幅短小的报告，可依据事情发生发展的顺序来写。无论哪种写法，都要有事实、有分析、有独立的意见。回答领导的询问时，要针对领导关切的问题写，不可问此答彼。

结语可用"特此报告"、"以上报告，请审阅"之类的公文用语，但注意不能用"请批复"。

4. 成文日期

写明报告的发文机关和成文日期。

(四)报告写作注意事项

(1) 报告要突出重点，详略得当。综合报告要将最主要的问题凸显于文章中，专题报告要将问题的关键凸显于文章中。不能面面俱到，也不要避重就轻、避非就是。

(2) 报告要分析入理，寻求规律。不要就事论事，不能罗列现象，堆砌数字，要从现象中归纳出规律，找出发展方向。领导往往从下级上行的报告中得出印象，了解情况，并可能依此做出结论，甚至做出决策，所以，理论性强的报告是优质的报告。

【报告】例文 1(工作报告)

市发改委 2014 年政府信息公开年度工作报告

市政府：

现将我委 2014 年信息公开年度工作报告如下。

一、信息公开工作基本情况

(一)工作机构情况

按照委政府信息公开领导小组分工，分管办公室的委领导是全委政府信息公开工作的负责人，办公室牵头协调统筹推进，各处(室)按照职能分工落实专人负责各领域政府信息公开工作。

(二)政府信息更新情况

2014 年，我委重点开展了委门户网站的清理工作。按照……，针对……等情况，我们及时提出优化方案……同时，按市政府统一要求，把审批、核准的投资项目、项目招标投标公示以及招标投标结果公示集中在委门户网站的"工程建设领域项目信息公开专栏"上公开，年内公开项目信息 13 606 条。

(三)主动公开、依申请公开和不公开信息情况

1. 主动公开政府信息。……2014 年通过不同渠道和方式主动公开政府信息 610 条。

2. 依申请公开政府信息。得益于大力推进信息主动公开工作，今年我委受理依申请公开事项共 36 件，同比下降 45%，均在规定时限内答复申请人。

3. 行政审批事项公开。……接受社会公众监督。

4. 招投标信息公开。结合招标投标各环节信息公开内容、公开程序、公开责任单位、公开渠道等，我委牵头会同有关部门梳理全市招投标信息公开情况，强化招标、开标、中标、招标代理机构信息和招标投标政策法规对外公开力度，及时公布招标投标违法违规信息。……

5. 政策公开。2014 年，根据党的十八届三中全会《决定》提出的"深化投资体制改革，确立企业投资主体地位"的要求和市委 2014 年改革重点任务要求，我委牵头起草《关于进一步深化投资体制改革的意见》等一系列深化投资体制改革的文件。……

(四)政府信息公开载体的建设运行情况

2014年,我委着力打造"阳光发改委"政务平台,推进阳光行政,提升服务效能。其中,通过"阳光政务"子系统,推行政府信息公开,主动接受社会公众监督。全年高效接办政务热线咨询4000余次;在线受理群众公开信箱来信1348件,网站点击人数达到657万人次。……

二、信息公开主要做法

(一)分类处理主动公开和依申请公开。……

(二)开展政府信息公开保密审查。……

(三)实行招投标信息共享。……

(四)定期开展新闻宣传。……

三、收费及减免情况

2014年我委政府信息公开无收费情况,对全部依申请公开免收工本费以及邮寄费。

四、申请行政复议、提起行政诉讼情况

2014年,申请人对我委信息公开行政行为向国家发展改革委提出行政复议案件2件。国家发展改革委经审理,依法维持我委行政行为2件。我委作为复议机关共审理信息公开类行政复议案件4件。经审理,依法确认被申请人具体行政行为违法2件,终止2件。全年发生信息公开类行政诉讼案件1件,一审法院判决驳回诉讼请求。

五、存在的主要问题和整改建议

(一)存在的主要问题

政府信息公开方式以委门户网站为主,虽及时更新但方式较为单一,方便群众获得政府信息的形式不够丰富,政府信息公开针对性还有待加强。

(二)改进措施

2015年,我委将在市政府信息公开工作领导小组的领导下,按照国家和市委、市政府关于推进政府信息公开工作的要求,理清工作思路,突出工作重点,加大工作力度,不断提高政府信息公开的质量和水平。

一是创新工作思路,拓展信息公开渠道……

二是紧跟国家和我市行政体制改革步伐和转变政府职能要求,着力抓好我委网上行政审批系统与全市网上行政审批系统对接融合和"阳光发改委"相关子系统建设……

(资料来源:重庆市发改委网站)

【报告】例文2(情况报告)

关于国庆期间全市旅游情况的报告

市政府:

2015年国庆节假日,重庆天气总体晴好,秋高气爽,适宜出游。全市旅游活动丰富,旅游接待增幅较大,旅游市场平稳有序,无旅游安全责任事故,圆满实现国庆节假日旅游"安全、秩序、质量、效益"四统一工作目标。现将情况报告如下。

一、旅游接待

据初步统计测算,假日期间,全市共接待海内外旅游者 2087.22 万人次,同比增长 12.38%;实现旅游总收入 65.04 亿元,同比增长 13.16%。

二、手机漫游

全市手机漫游共 2322.45 万台次,同比增长 2.84%。

(一)入渝漫游 976.49 万台次,同比增长 7.94%。入渝漫游前 5 名是:四川 374.43 万、广东 103.66 万、贵州 85.99 万、湖北 62.35 万、浙江 45.61 万。

(二)离渝漫游 1345.96 万台次,同比下降 0.57%。离渝漫游前 5 名是:四川 389.14 万、广东 138.95 万、贵州 116.6 万、湖北 82.1 万、浙江 67.35 万。

三、交通接待

航空:离港班机共 2675 架次,离港旅客共 33.74 万人次,同比分别增长 8.9%和 17.8%;入港班机共 2680 架次,入港旅客共 34.84 万人次,同比分别增长 9.3%和 12.8%。

铁路:发送列车共 1171 车次,发送旅客 90.1 万人次,同比分别增长 43.2%和 3.1%;抵达列车共 1171 车次,抵达旅客 80.16 万人次,同比分别增长 43.2%和 2.9%。

水运:发送客船共 170 船班,发送旅客 1.44 万人次,同比分别下降 11%和 25.8%;抵达客船 168 船班,抵达旅客 1.25 万人次,同比分别下降 7.7%和 2.3%。

公路:发送车次共 54 819 班,发送旅客 160.42 万人次,同比分别增长 0.8%和 2.1%;抵达车次 49 791 班,抵达旅客 146.32 万人次,同比分别增长 0.8%和 1.4%。

四、旅游特点

(一)旅游节庆活动丰富。……

(二)都市旅游和乡村旅游交相辉映。……

(三)古镇旅游成旅游接待亮点。……

(四)温泉和红色旅游表现不俗。温泉旅游方面:……;红色旅游方面:……

(五)五大功能区旅游接待齐头并进。

1. 都市功能核心区和拓展区:……

2. 城市发展新区:……

3. 渝东北生态涵养发展区:……

4. 渝东南生态保护发展区:……

五、旅游宣传报道

据初步统计,国庆假日期间,各大媒体共刊发、播报我市各类旅游新闻 400 余(次),影响受众上千万人次。

六、旅游咨询投诉

国庆节假日期间,市旅游局、市旅游监察执法总队和 12301 旅游咨询热线共接听旅游咨询旅游投诉电话 217 个,其中咨询电话 99 个,已全部及时答复;投诉电话 118 个,已按照旅游投诉受理流程及时、有效处理。

七、旅游安全

市旅游局节前向各区县旅游部门和旅游企业下发了《关于认真做好 2015 年国庆节假

日旅游工作的通知》，要求各区县和旅游企业认真贯彻习近平总书记、李克强总理等中央领导同志关于安全生产工作的一系列重要指示精神，牢牢树立"安全第一"的理念，全面落实旅游安全责任，严格落实各项防范措施，严防重特大旅游安全事故发生。节中10月4日又向各区县旅游管理部门下发《重庆市旅游局关于继续做好旅游安全工作确保国庆期间平安稳定的紧急通知》，要求国庆节假日后期切实加强旅游景区安全检查及公共安全工作，重视和加强涉旅交通道路安全工作，严禁景区超最大承载量接待游客，全面做好旅游安全事件(事故)报告工作。国庆假日期间，市旅游局加强安全应急值守工作，刘旗局长和王定国副局长带班，相关处室具体负责国庆节旅游安全应急值守工作，全市无旅游安全责任事故发生。

重庆市旅游局
2015年10月9日

(资料来源：重庆市政府网站)

【报告】例文3(回复报告)

关于气体分厂"6·21"爆炸事故的报告

公司董事会：

6月21日17时20分，我分厂改扩建项目试车过程中发生爆炸事故，造成9人重伤、11人轻伤的严重后果。事故发生后，公司董事会责成我分厂迅速稳定人心，妥善安排善后，彻底查清原因，根除事故隐患，切实记取教训，并派李魁同志亲自来我分厂指导事故调查处理等工作。根据"尽速汇报情况"的指示，经初步调查分析，现将"6·21"爆炸事故有关情况报告如下。

一、事故简要经过

我分厂改扩建项目于今年4月开始单机试车，5月5日单机调试完毕，由公司组织项目验收。6月10日2号单机调试完毕。6月21日14时30分，开始正式投料试车，先开2号机组，引入混合气体，逐级向2号机段送气试车。17时20分，2号机段出口管线突然发生爆炸，气体泄漏引发大火，造成9人重伤，其中3人至今尚未脱离生命危险，11人轻伤。事故还造成部分厂房顶棚坍塌和仪表盘烧毁。

二、事故原因初步调查分析

(一)事故发生的直接原因

经初步分析判断，排除了化学爆炸和机口超压的可能，爆炸为物理爆炸。事故发生的直接原因是2号机段出口管线存在强度不够、焊接质量差、管线使用前没有试压等严重问题，导致事故的发生。

(二)管理上存在的主要问题

1. 现场管理混乱。公司关于《作业现场管理条例》中强调的"一清二远三净四查"的操作要求未被执行。(略)

2. 安全教育不够。工人主要是征地农民工，缺乏应有的安全知识。(略)

3. 试车前论证不足。(略)

(三)整改措施

这次事故给了我们深刻的教训。我们班子成员通过对事故的调查分析，发现了自身的严重问题，并已分别在党委会、支部会和分厂经理办公会议、分厂安全生产会议等一系列会议上作了检讨，对相关责任人和事故主要负责人的责任认定工作已经展开。目前我们初步拟定的整改措施如下。

(1) 从源头上严格把关。一定要严格按照《危险化学品安全管理条例》、《危险化学品建设项目安全许可实施办法》、《国家安全监管总局关于危险化学品建设项目安全许可和试生产(使用)方案备案工作的意见》等法规、规章文件和《公司安全条例》的规定和要求，设立安全试生产(使用)方案备案。(略)

(2) 加强建设项目工程管理和试车安全管理。组织管理和参与试车的人员都要经过安全技术培训，熟悉生产工艺、操作方法和紧急处置措施。(略)

(3) 举一反三、吸取教训，切实推进安全生产。主动接受董事会及公司领导层的监督和指导，近期拟专门就此召开职工代表大会特别会议，严肃查找安全生产隐患，制定进一步的整改方案和措施，一定要提高企业安全管理水平。(略)

特此报告，请指示。

气体分厂厂长办公室
××年×月×日

二、请示

(一)请示的适用范围

依照《党政机关公文处理工作条例》所述，请示"适用于向上级机关请求指示、批准"。请示，是向直接的领导机关请示，所以请示必然是上行文。

请示的目的各有不同，有请求指示的，有请求批示的，有请求审核的，有请求解决的，有请求帮助的，还有请求批转的，可见请示的第一特点就是使用的广泛性。请示又是期盼回应的公文，凡本机关无法解决或无权解决的问题，均应请示上级，并一定要得到上级的明确答复方可行事，所以必须在事先请示。此外，所请示的事项必须是上级机关权限之内的事，否则上级不可能答复。请示也不应凡事都请示，下级对在自己责任和业务范围内的事应主动努力做好，而不该不负责任，动辄请示。

(二)请示的种类

请示虽然有不同的目的，但其基本性质和写法都是一样的。从它的内容来看，大致可分为以下几类。

(1) 求示性请示。用于请求上级给予指示、指导或裁决。当工作中遇到按上级原有的政策、规定难以解决的问题需要变通执行时，或者对上级的有关规定不理解时写作的请示，就是求示性请示。

(2) 求助性请示。用于请求上级给予支持、帮助。比如在工作中遇到困难，需要请求上级增补经费、添置设备、修改指标时，所写的就是求助性请示。

(3) 求准性请示。用于请求上级批准、同意。凡是超出本机关、本单位工作职权范围的事项，或者按规定必须由上级批准方可办理的事项，应当事先上报请示。不得先斩后奏。

(三)请示的结构与写法

请示由标题、主送机关、正文、成文日期四部分组成。

1. 标题

请示的标题应该明确所请示的事项，表达要准确完整。如《第一分厂关于追加 QRX 项目投资资金的请示》、《关于调整夏季工作时间的请示》等。注意不要省略问题前面的动词，否则就会似是而非，如将上述标题中"追加"和"调整"省略了，意思就不明确了。

2. 主送机关

请示事关下级等待答复的问题，又涉及上级主管部门的权限，因此主送机关一定要准确，并且只能有一个主送机关而不能多向请示。

3. 正文

首先是请示缘由，说明自己遇到什么问题或什么困难了。在说明缘由的同时应阐述理由，即请示不是简单地向上级要政策要物质，也是将自己目前的状况、已做的努力等向上级汇报，起到下情上达的作用，争取上级的理解和支持。

接着可以写所请求事项的具体要求。这里要写得明白清楚、详细实在。如果是求示，就应将事态表达全面；如果是求助，就说明物质的品名、价格、数量等可感的数据；而若是求准，则须将自己的计划、安排的理由和事项的结果坦诚陈述。但是不宜啰唆、不宜罗列，更不必吞吞吐吐，说许多"假大空"的套话。

请示的结尾用语能起到强化请示的急切心情的作用，也是请示全文结束的标志。应该另起一行，可写"以上请示当否，请批复"或"以上请示如无不妥，请予批准"等；也可简单地写"特此请示"。

4. 成文日期

写明请示的发文机关和成文日期。

(四)请示写作注意事项

(1) 请示必须一文一事，一个主送。切不可在一份请示中请示几件事情，也不能多头主送。受双重领导的单位在发文时，要根据请示内容分清主送机关，而将另一个领导机关作为抄送对象，此请示由主送机关答复。请示也不得越级行文。

(2) 请示的目的必须明确。在向上级做出请示时，对自己的问题、要求等应心中有

数。不能什么都不知道，心里一团糟就来请示。不能也不该指望上级来帮你理清思路，替你算清账目，再来为你指出方向。

(3) 请示的语气要恰当。作为上行文，语气应注意文书通用礼仪。可以用"拟……"或"请……"等词，不能用"应该……"或"务必……"等词，语气中不能有强求或教训的意味。

(五)报告与请示的区别

报告和请示都是呈请性公文，都是上行文，但它们是两个不同的文种，有着明显的区别。

(1) 写作目的不同。报告是为了反映情况、汇报工作，让上级了解相关事项，并不要求领导一定为此作出答复、批示或评论。而请示则是为了得到领导的指示、帮助或准许，一定要得到领导的答复以后才能行动。领导机关无论同意与否，也都一定要答复。

(2) 内容构成不同。报告主要是报告事实，以及人对事实的认识，其中不含有请示的内容。倘在汇报中涉及某些应请示的事项，应另行文请示。而请示是为了解决现实的问题，陈述的是理由，最后一定会要求答复。报告虽然也强调公文行文的"一文一事"要求，但一些综合性的报告中可以有相关的多项事件，而请示是绝不允许这样做的。

(3) 写作时间不同。报告写作的时间比较自由，可以根据实际情况，在事情发生之前，在事情发生之后，在事情发生的过程当中，都可能有写作报告的必要。而请示只在事前，从工作纪律到行文规则，都不允许先斩后奏。

【请示】例文 1

关于实施市属下放集团所属企业改制工作的请示

区人民政府：

为促进市属下放集团(以下简称下放集团)所属放小企业资产的合理流动，加快企业改制工作，防止在企业改制中资产流失，确保职工合法权益不受侵害，拟采取以下实施方案。

一、建立制度　严格程序

企业改制是一项政策性很强的工作，在改制中必须建立严格的审批制度和工作程序。

审批制度：(略)

工作程序：(略)

工商行政管理部门和房地产权证登记部门须按照区体改办企业改制批准文件和产权交易合同，受理工商执照变更登记和房地产权证变更登记。

二、抓住关键　严格把关

放小企业在实施改制过程中，必须严格把关，防止资产流失。重点把握好资产的"清理、审计、评估、处置、公示、交易"六个关口。

资产清理：(略)

资产审计：(略)

资产评估：(略)

资产处置：(略)

资产公示：(略)

产权交易：(略)

三、加强领导　有序推进

下放集团要高度重视所属放小企业的改制工作，全面领会和贯彻国务院有关规定精神，加强领导、精心组织，有计划、有步骤地继续推进企业改制工作，及时总结经验，发现和纠正工作中存在的问题。

在改制工作中要确立实事求是、坚持原则、按程序操作的工作准则，维护资产的安全、完整。依法保护债权人的利益和维护职工的合法权益，正确处理好改革、发展、稳定的关系，使企业改制工作依法、规范、有序、健康地深入进行。

本方案拟由区体改办负责实施并解释。

以上请示妥否，请批复。

区体制改革办公室
××年×月×日

(资料来源：上海南汇区政府网)

【请示】例文 2

关于推进村级财务规范化管理的请示

镇人民政府：

为了贯彻中共中央和国务院有关指示精神，按照市委、市府及区委、区府有关文件精神，进一步加强和完善村集体经济组织财务管理制度，提高村务公开质量，使村集体经济组织财务管理规范化、制度化、长效化。结合区府对我镇的考核要求，在年内对除市试点村以外的 15 个行政村全面实行村级财务规范化管理，具体事项如下。

一、建立以村书记为组长，主任或有关副主任为副组长，联村会计和村报账员等为组员的民主理财领导小组。

二、建立以村有关领导为组长，党员代表、群众代表、生产队长、联队会计为组员的财务监督、民主理财小组。

三、根据实际情况，由镇有关部门统一制定村级财务规范化管理的 12 项财务管理制度。目录如下。

(1)执行会计制度；(2)预算和决算制度；(3)民主理财制度；(4)村民代表大会制度；(5)重大投资决策与固定资产管理制度；(6)财务日常运行和审批、审计制度；(7)现金银行存款管理制度；(8)债权债务管理制度；(9)资产台账管理制度；(10)票据管理制度；(11)会计档案管理制度；(12)财务公开制度。

特此请示，请批复。

坼囵镇人民政府经营管理站
××年×月×日

(资料来源：上海奉贤区政府网站)

第四节　批复和函的写作

一、批复

(一)批复的适用范围

依照《党政机关公文处理工作条例》所述，批复"适用于答复下级机关的请示事项"。批复的首要特点就是它是被动行文的，即必须是请示在先。而且一旦有了请示，上级机关应该予以认真批复，无论是肯定还是否定，都要回答。批复也是一种针对性很强的下行公文，作为对下级的请示的反应，批复不能给出似是而非的，或是模棱两可的含糊回答。在回答的同时，批复还应对下级做出一定的指导。即使是求准性的请示，也不是简单表态了之，在可能的情况下，给下级指导、支持、鼓励，将会给下级带来超出批复本身的影响。

(二)批复的种类

批复的种类很简单，从它的内容来看，可分成针对求示性请示的指示性批复、针对求助性和求准性请示的批准性批复；而从它的答复态度来看，又可分成肯定性批复和否定性批复两种表态性回答。

(三)批复的结构与写法

批复由标题、主送机关、正文和成文日期组成。

1. 标题

批复的标题应将请示的内容表现出来，如：
《董事会关于调整境外办事处人员津贴问题的批复》。
有时也可将批复者的态度在标题中表现出来，如：
《公司安全生产指挥部关于同意基建处缩短夏季中午户外工作时间的批复》。
批复标题的层次要清楚，问题要明确。

2. 主送机关

批复是针对性的下行文，主送机关就是原来提出请示的下级。

3. 正文

批复的正文一般不太长，总是由引言、主体和结语组成。
(1) 引言。批复的引言应该先说明对方所递交的请示文件的情况，如：
"你处《关于调整境外办事处人员津贴的请示》(2015年8月19日)收悉"；
又如：
"你处《关于缩短夏季户外工作时间的请示》(基办〔2011〕15号)收悉"。
接着可以写"经研究，现批复如下："或"经……会议研究，作如下批复："等，还可以将请示中的问题概括一下,再写"现批复如下"。这样的写法,既是公文的普遍格式,也是公文收发的衔接交代,并由此引出下文。

(2) 主体。主体是顺着引言而下的。在简单的表态性批复中,可以紧接着"收悉"写"经研究……"表示同意,也可以说"考虑到……"而表示否定。

如果是指示性的批复,就应该明确完整地做出回答。在"如下"之后具体说指示内容,如政策怎么解释,问题怎么认识,情况怎么处理等,可以分条逐一说明。

(3) 结语。批复的结语根据引言的情况而定。如果引言有"批复如下"的说法,可以在文末自然结束,也可提出希望、要求、鼓励,或者再次强调等;如果是以"经研究……"而直接表态的,则可在文末另起一行写"特此批复"或"此复",以与前文呼应。

4. 成文日期

写明批复的发文机关和成文日期。

(四)批复写作注意事项

(1) 内容要针对。既然是给下级以答复,就应该针对问题,明确而具体地批复,不要泛泛而谈,尽是大道理,不着边际。

(2) 态度要鲜明。即明确地表明自己的态度或立场。指示性批复,政策要易于解读,指导要切实可行;表态性批复,态度要明朗。倘回答"原则同意",就应该说明原则同意之外的具体意见。倘部分同意,则要将同意和不同意的部分都明确说清。

(3) 语气要恰当。批复的语气首先要严肃,以显现公文的权威性。不必莫名谦虚,亦不需虚假套话;其次要肯定。无论是与否,都应该是肯定的,毋庸置疑的;再者要谨慎。一旦批复给下级,就是作为对下级的工作指导了,所以要谨慎批复,把握好政策导向。

【批复】例文 1(指示性批复)

重庆市人民政府关于北碚茅庵县级自然保护区范围及功能区调整的批复

北碚区人民政府:

你区《关于调整茅庵自然保护区功能区划的请示》(北碚府文〔2015〕15 号)收悉。现批复如下。

一、北碚茅庵县级自然保护区于 2000 年 11 月由北碚区人民政府批准成立,位于北碚区东部,主要保护对象为亚热带森林生态系统和野生动植物及其栖息地。保护区总面积 1898 公顷,其中核心区面积 380 公顷、缓冲区面积 664 公顷、实验区面积 854 公顷,地理坐标为东经 106°35′50″~106°40′1″、北纬 29°50′8″~29°55′3″。

二、为进一步保护北碚茅庵县级自然保护区,促进资源保护与经济协调发展,同意对北碚茅庵县级自然保护区范围及功能区作以下调整。

(一)将 654 公顷火烧迹地茅庵村片区调出保护区,其中核心区 40 公顷、缓冲区 259 公顷、实验区 355 公顷;将毗邻保护区北侧生物多样性丰富的卫东村片区 654 公顷区域调入实验区。将白果屋基一兰花岩面积 38 公顷区域由核心区调入缓冲区;将官子坪一大沟岩面积 65 公顷区域由核心区调入实验区；将燕子岩—石伞山和倒坐岩—芊子槽沟面积共 143 公顷区域由缓冲区调入核心区；将两块田梁梁—老蛇坪和大沟岩—官子坪面积共 80 公顷区域由缓冲区调入实验区；将倒坐岩—吊咀和八角庙—燕子岩面积共 134 公顷区域由实验区调入缓冲区。调整后的保护区总面积为 1898 公顷，其中核心区面积为 380 公顷、缓冲区面积为 354 公顷、实验区面积为 1164 公顷。

(二)调整后的保护区范围涉及北碚区三圣镇、复兴镇和柳荫镇。具体位置为二岩—双山—双水井—狮子田—六角檐—张家院子—碑岚垭—桂花屋基—野猪凼—长岭岗—兰花岩—老山土庙—大沟岩—文王洞—堰塘湾—大石沟—杉树湾—火烧山—新屋基—龙家沟—水口—大沙坪—屋基坪—铁厂沟—白龙寺—白龙咀—洞子口。

(三)调整后的保护区功能区边界。

核心区边界：石顺槽—中咀—芊子檀沟—观音庙—雷炉石—白果屋基—矿场—白岩—油坊沟—团标寺—倒坐岩—吊咀—石顺槽，形成一个闭合的范围。

缓冲区边界：碑岚垭—长岭岗—两块田梁梁—兰花岩—石伞庙—汪家台—凉水井—八角庙—二岩口—鸡公咀—狮子堡—白岩蚌—三道拐—碑岚垭，内接核心区界，形成一个闭合的范围。

实验区边界：二岩—双山—双水井—狮子田—六角檐—张家院子—碑岚垭—桂花屋基—野猪凼—长岭岗—兰花岩—老山土庙—大沟岩—文王洞—堰塘湾—大石沟—杉树湾—火烧山—新屋基—龙家沟—水口—大沙坪—屋基坪—铁厂沟—白龙寺—白龙咀—洞子口—二岩，内接缓冲区界，形成一个闭合的范围。

调整后的保护区地理坐标：东经 106°35′51″～106°40′57″、北纬 29°50′8″～29°57′24″。保护区类型及主要保护对象不变，范围及功能区调整以附件为准，文字描述作为参考。

三、你区要于 2016 年 3 月 30 日前完成北碚茅庵县级自然保护区勘界和立标工作，标明区界，并在市级主要媒体上公布保护区面积、范围和功能分区情况。

四、你区要采取有效措施，确保调整后保护区性质和功能不变，生态系统和生态过程的完整性不受影响，主要保护对象得到有效保护。调出保护区的区域要作为外围保护地带加强保护，采取措施恢复生态功能，严禁建设污染环境及威胁生物多样性的资源开发项目，确保该区域生物资源得到维育和保护。

五、你区要妥善处理好自然保护区与当地经济建设和居民生产生活的关系。保护区属禁止开发区，不得在保护区核心区和缓冲区内开展旅游活动及建设任何生产设施。在保护区实验区内按规定建设项目，必须进行生态影响评价并依法履行审批手续。

六、保护区一经调整应保持稳定，5 年内不得再次进行调整。

附件：北碚茅庵县级自然保护区范围及功能分区图

重庆市人民政府
2015 年 8 月 20 日

附件：(略)

(资料来源：重庆市政府网站)

【批复】例文 2(表态性批复 1)

重庆市人民政府关于江津区人民政府驻地迁移的批复

江津区人民政府：

你区《关于江津区人民政府驻地迁移的请示》(江津府文〔2015〕78 号)收悉。现批复如下。

一、同意江津区人民政府驻地由几江街道滨江大道中段 60 号迁至几江街道圣泉路 99 号。区人民政府驻地迁移后，行政区域不变。

二、所需搬迁经费由你区自行解决，搬迁手续按程序办理。办公用房标准必须严格执行《中共中央办公厅国务院办公厅关于党政机关停止新建楼堂馆所和清理办公用房的通知》(中办发〔2013〕17 号)的有关规定，不得突破区级机关办公用房标准。

重庆市人民政府
2015 年 10 月 10 日

(资料来源：重庆市政府网站)

【批复】例文 3(表态性批复 2)

关于暂不扩大 A3 产品试验许可的批复

科技处：

你处《关于扩大 A3 系列产品试验范围的请示》(科办发〔2011〕12 号)收悉。考虑到 A3 系列产品对试验环境的极高要求和目前公司的财力，经公司经理办公会议研究决定，暂不扩大 A3 系列产品的试验范围。你处宜继续做好已批准项目的试验，仍遵守一月一次的上报制度，并应关注市场需求变化。

特此批复。

公司新项目研究开发管理办公室
2015 年 11 月 1 日

二、函

(一)函的适用范围

依照《党政机关公文处理工作条例》所述，函"适用于不相隶属机关之间商洽工作、询问和答复问题、请求批准和答复审批事项"。函，是使用范围广泛的、可用于不相隶属机关之间的平行文种。它不具有指示指挥等权威性作用，却适用于公务联系的多种场合，适用于各种层次，使用灵活。

(二)函的种类

函有多种分类法。根据函的内容来分，可分为以下四种。

(1) 商洽函。内容为不相隶属机关之间洽谈业务、商调人员、联系参观学习等商洽、联系性事宜的。

(2) 问复函。内容为不相隶属机关之间询问或答复问题的。

(3) 请准函。内容为行政上不相隶属,但业务上有主管与被管关系的机关之间请求批准和答复审批事项的。

(4) 通知函。内容为发文机关就某事向有关方面(包括上级、下级或平级)发出的要求照办的事项。

(三)函的结构与写法

函由标题、主送机关、正文和成文日期组成。

(1) 标题。函的标题要注意表明函的行文方向,即写明"函"或"复函"。例如,《开发部关于商调王建平同志的函》或《财务处关于科研经费使用问题的复函》。

(2) 主送机关。函的主送机关较为单一,一般也不会是普发性公文。复函的主送机关就是去函的机关。

(3) 正文。函的正文因函的内容不同而稍有不同。通知函、询问函、商洽函的正文开头应先交代去函的原因、目的;而复函的开头则应先引叙来函的标题和文号,如"你处《关于在建项目资产核查的函》(后资〔2011〕5号)已于4月7日收悉"等。

正文的主体要说明发函事项的具体内容,阐明发函者的观点和意见。如事项较复杂,就应分条细述。倘为复函,要针对来函所提的问题给予明确回答。

去函的结语常用"特此函告""专此函达,盼复"或"特此函请审批"等;而复函的结语都习惯用"特此函复"等。

(4) 成文日期。写明发函机关名称和成文日期。

(四)函的写作注意事项

(1) 语气应得体。函是在不相隶属的机关之间行文,所以语气应平和礼貌,不能盛气凌人,不能用命令、警告口吻。

(2) 规格要对等。去函和复函的规格应该是对等的,不能不予理睬。但函是公文,所以不能使用一般社会上的信函格式。

(五)函与请示、批复的区别

函在作用上与请示和批复很相像。它们的区别在于:

函用于请求批准时,主送机关是与发文机关无隶属关系的、平级的,甚至级别较低的,但是却是在工作职能上的主管机关;而请示则是向与发文机关有隶属关系的上级请示。

函用于准予答复时,是因行使其主管职能而答复,具有的特性是标准性;而批复则是上级部门的答复,具有的特性是权威性。倘上级授权给某职能部门代为答复某下级请示的问题,代为答复的机关应使用"函"答复。

【函】例文1(商洽函)

营销部关于商调刘中兴同志的函

公司财务部：

　　最近，公司领导层多次要求我营销部加强会计审核力度，但我部现有人员力量远远不能满足工作发展的需要，经考虑，拟调你部刘中兴同志来我部会计科工作，我们与刘中兴同志已有接触，他亦表示如果财务部同意，可以调到营销部工作。请财务部研究此事，并予以支持。

　　特此函商，盼复。

××公司营销部
××年×月×日

【函】例文2(询问函)

第一分公司关于境外劳务输出工人津贴问题的函

公司财务部：

　　根据总公司统一安排，我分公司目前已有65人作为劳务输出，前往境外工作。这些工人多为家在农村的农民工，由于境内外工资结算的差别，造成他们的家庭存在一些暂时困难，个别家属对此不能理解，并对境外工人的情绪造成较大负面影响。为解决目前问题，我处拟给予这些工人适当援外津贴，作为对他们家庭的补助，直接发给家属。但我处缺乏此举的政策依据，也不知这笔钱应该怎么入账。请财务部予以指点和帮助。

　　特此函告。

××公司第一分公司
××年×月×日

【函】例文3(通知函)

北京市发展和改革委员会 北京市财政局关于中小学教师资格
考试收费标准的函

市教委：

　　市教委《关于申请北京市中小学教师资格考试收费标准的函》(京教函〔2015〕300号)收悉。根据国家发展改革委、财政部《关于改革全国性职业资格考试收费标准管理方式的通知》(发改价格〔2015〕1217号)，经研究，现将市教委所属北京教育考试院和北京教育学院在组织本市中小学(含幼儿园)教师资格考试时收取教师资格考试费等有关问题函复如下。

　　一、教师资格考试费(收费编码：173060001)。执收单位向考生收取的教师资格考试费标准由本市组织报名考试的考试费及上缴教育部考试中心的考务费组成。本市考试费标准：笔试费50元/人科，面试费200元/人。上缴教育部考试中心的考务费按国家有关规定

执行。

二、市教委应按照行政事业性收费网上公示制度的要求,在政务网站上向社会公示教师资格考试费执收单位名单及收费相关内容。执收单位应同时在本单位网站、报考简章及收费场所向社会公示收费项目、收费标准、优惠政策等相关内容,严格按照规定收费,不得擅自增加收费项目、扩大收费范围,自觉接受价格、财政、审计等部门和社会的监督。

三、教师资格考试费执收单位在收取教师资格考试费时,应使用市财政部门统一印制的收费票据。

四、本市城乡低保人员,参加中小学教师资格考试免交本市考试费部分。

五、本函自发文之日起执行,试行三年。试行期满后,由市教委重新申报收费标准。市发展改革委、市财政局《关于教师资格考试收费标准的函》(京发改〔2007〕690号)同时废止。教育部考试中心的考务费标准调整情况,请市教委及时通报市发展改革委、市财政局。

专此函复。

北京市发展和改革委员会

北京市财政局

2015年8月25日

(联系人:收费处 何军;联系电话:66415588-0931)

(资料来源:北京市政府网站)

【函】例文4(请准去函)

园区管委会关于请批筹建园区海归人才子女学校的函

苏州市教育局:

为更好地解决海外归国创业就业人才的后顾之忧,增强园区及苏州对海归人才的吸引力,进一步营造招才引才的良好环境,经深入调研,结合地方实际,园区拟筹办一所海归人才子女学校。有关情况如下。

一、园区海归人才子女学校的基本定位与设想

1. 学校名称

学校名称暂时未定。待确定合作方后,结合品牌名称及学校定位,再行商议。

2. 学校选址

学校拟选用新加坡国际学校校园内南侧约60亩的地块,该地块为CSSD所有,属于教育用地性质。

3. 招生对象

招生对象主要为以下两大类:一是在园区及苏州创业就业的海归紧缺人才、高层次人才及一般人才子女;二是在学额宽裕的情况下,招收有入读意愿的外籍人员子女及有接受国际教育意愿的中国学生。

4. 招生学段

鉴于园区目前提供国际课程的学前教育资源比较宽裕，学校的招生学段拟为 1～12 年级，即小学、初中与高中。

5. 课程设置

课程设置注重中西融合，面向中国公民的义务教育段课程在开设国家规定课程的基础上，注重国际课程与国家基础性课程的整合，国际课程倾向于美式课程。高中段引进完整的国际课程。

6. 投资方式及管理模式

采用引进民间资本投资建设的方式，学校采用董事会领导下的校长负责制，由投资各方组成董事会，进行学校重大决策，聘用职业校长负责学校的日常管理。

7. 合作模式

CSSD 拟以土地入股和参与部分建设投资方式参与学校的经营。由 CSSD 负责商务谈判，招募合作投资者及经营者，确定合作对象及股份构成等事项。

二、急需市教育局支持的政策

1. 关于学校的设立和审批

学校性质为民办学校，学段为从小学到高中，学校的资质审批、筹建设立急需市教育局的大力支持。

2. 关于义务教育段课程设置

海归人才子女中有些已经加入外籍，有些还是中国公民，根据义务教育法的规定，中国公民必须接受义务教育，学校必须开设好国家规定课程。同时，为满足相当部分海归人才子女对接受国际课程及海外升学的需求，学校也要留出足够的时间与空间开设国际课程。因此，请示给予学校在满足义务教育课程标准的前提下，享有探索中西课程融合的自主权，课程报园区教育局备案后予以实施。

3. 关于初中毕业考试与升学考试的两考分离

鉴于学校课程开设的独特性及大部分学生有海外升学的需求，为使学校更灵活地办学，请给予学校毕业考试与升学考试两考分离改革的自主权。经园区教育局审核和监管，学校可自主组织毕业考试，并发给统一的初中毕业证书。有继续升读国内高中意愿的学生，按苏州市中招要求，统一报名参加全市中考。

特此函告，请予批准为盼。

苏州工业园区管理委员会

2015 年 3 月 13 日

（资料来源：苏州工业园区官网）

第五节 纪要的写作

一、纪要的适用范围

依照《党政机关公文处理工作条例》所述，纪要"适用于记载会议主要情况和议定事

项"。可见它实际就是会议纪要。作为会议的产物,纪要是扩大会议功能的手段之一。它的特点有:一是纪实性。它是会议基本情况的纪实,必须保持会议的真实面貌和真实结果。二是概括性。所反映的应该是"要",而不是细碎的过程。三是指导性。即纪要应该成为会后传达贯彻会议精神的重要文件,是开展工作的依据,对会后的各项相关工作有重要的指导作用。四是知照性。纪要行文灵活,可上可下,对有关各方了解会议很有帮助。

二、纪要的结构与写法

纪要的结构与一般公文有所不同,它由标题、成文日期、正文和署名几部分组成。

(一)标题

纪要的标题可以写成《××会议纪要》;也可写成《关于市场营销问题的四方联席会议纪要》,这样明确了会议的中心问题和会议形式,有时也可写成复合式标题:《抓住机遇再创辉煌——公司第四届职工代表大会纪要》。

(二)日期

一般纪要在标题下方居中用阿拉伯数字表示日期,并以圆括号括起。它可以是纪要的成文时间,也可以是会议的开会时间。在网上公布的纪要,有时可不写日期,读者自可从网页公布时间得知。

(三)正文

纪要的正文由会议概况、会议内容和结语三部分组成。

1. 会议概况

介绍会议的正式名称、召开时间和会期、开会地点、会议主办单位或会议主持人、出席者以及主要领导人和来宾,并介绍会议主要议题、会议主要活动、会议发言讨论情况和会议的基本结果。

2. 会议内容

介绍会议所进行的各项议题开展情况。可以从时间发展角度写,可以从议题逐一展开写。较大型的会议可以分成若干小段,再标以小标题,如果主要从发言者的言论角度写,也应将发言者的意见综合、归纳成相对集中的小段表现。但无论怎样写,都要高度集中,准确反映,如实"纪"会议之"要"。

3. 结语

纪要的结语可将会议提出的诸如问题的严峻性、形势的发展性、群众的关切性或前景的鼓舞性等再作强调,并提出号召、希望或要求。也可顺着内容的展开自然结束,不再另加结语。

(四)署名

纪要的署名有几种情况。一是几方开会,会议纪要作为会议结果由几方共同签署;一是由会议主席团或秘书处作为纪要的责任人签署;也可以不签署。

会议纪要可以不加盖印章。

三、纪要写作注意事项

(1) 会议纪要应该记录会议议定的事项。在会议中可能有很多问题被提出,有些并未被会议议定,随便在纪要上写出,可能造成某些误解、混乱,所以,只写议定的事情。

(2) 会议纪要应该准确。纪要,自然是概括的,但不能因为概括而失真。这对写作者的思想水平、分析能力是个挑战,也是写作者的职业道德的体现。不能曲解、误读,更不能歪曲、篡改。

(3) 会议纪要应该条理清晰。会议纪要一般较长,写作时一定要层次分明,并适时以"会议指出"、"会议认为"、"会议强调"、"会议要求"、"会议决定"以及"会议号召"等提领词语作为段落的开首词语,使全文既清晰,又连贯。

四、纪要和会议记录的区别

(1) 文体性质不同。会议纪要是正式的公文文种,可以下发而成为工作的指导性文件;会议记录只是普通的会务材料,不具正式性。

(2) 内容组成不同。会议纪要的内容是选择、概括、加工整理的结果,它是浓缩的、精要的、本质的;而会议记录的内容只是原始的、散在的、全盘的。

(3) 形成时间不同。会议纪要只能产生于会议结束,得出会议的结果之后;会议记录却是与会议过程同步产生的。

【纪要】例文

全市打击侵犯知识产权和制售假冒伪劣商品专项行动领导小组
会 议 纪 要

4月7日上午,市政府副市长、市打击侵犯知识产权和制售假冒伪劣商品专项行动领导小组组长余阳春主持召开了全市打击侵犯知识产权和制售假冒伪劣商品专项行动(以下简称"双打")领导小组成员会议。市商务局局长、领导小组副组长邓淑斌,市政府办公室副主任、领导小组副组长郭伙生,市商务局副局长、领导小组办公室主任卢愉,以及专项行动领导小组成员单位有关领导参加了会议。会议听取了由市商务局、市公安局、市农业局、市工商局、市质监局、市新闻出版(版权)局负责同志牵头的6个督查组所作的情况汇报;会上,对我市前一阶段专项行动工作进行了总结,对近期专项行动工作进行了研究部署。现纪要如下:

会议认为，我市自开展"双打"专项行动工作以来，各县(市、区)人民政府和市直有关单位按照上级部署要求，建立了"整体联动、相互协调、密切配合"的工作机制，坚持整体推进、突出重点、打防结合、标本兼治、力求实效，抓住薄弱环节和突出问题，有针对性地开展了专项整治工作。

一是加强了专项行动领导，组织得力。……

二是细化了专项工作方案，措施得力。……

三是严查了"双打"重大案件，整治得力。……

四是加强了职能协作，配合有力。……

会议指出，我市前一阶段"双打"行动虽然取得一定成效，但与中央、省里的要求相比，与人民群众的期望相比，还存在差距，主要表现在对专项行动的重视程度不够，宣传力度还不够大，各地工作进展不平衡等。这些问题必须引起各地、各有关部门的高度重视，并在下一步工作中切实加以改进。

会议强调，我市专项行动工作正处于一个重要时期和关键阶段，各县(市、区)、市直有关单位要结合自身特点和职能，进一步明确工作重点，狠抓落实，务求实效。

第一，要进一步统一认识，继续深入推进"双打"专项行动。……

第二，要进一步抓好宣传造势，提高"双打"专项行动的影响力和知晓度。……

第三，要进一步突出工作重点，强化"双打"专项行动的部门履职。……

第四，要进一步加大查处力度，形成"双打"行动的震慑力。……

第五，要进一步积极部署安排，推进软件正版化工作。……

第六，要进一步抓好协调配合，加强督促检查，确保完成"双打"专项行动目标任务。……

会议要求，各地、各有关部门要以此次会议为新的起点，再接再厉，进一步统一思想，明确责任，通力协作，加强协调，形成合力，圆满完成"双打"专项行动各项目标任务。

(资料来源：江西吉安商务之窗网站)

思考与练习

一、理解以下词语

党政公文　公文文种　上行文　下行文　平行文　通告　通知　通报　报告　请示　批复　函　纪要

二、简答以下问题

1. 党政公文有哪些特点和作用？

2. 公文怎样分类？

3. 怎样拟就公文标题？

4. 公文正文的层次结构序号应该怎样表示?

5. 报告与请示有什么区别?

6. 函与请示或批复有什么区别?

7. 会议纪要与会议记录有什么区别?

三、写作实践

1. 根据自己的实际情况,分别练习拟写本章各类公文。

2. 分析下列公文,肯定其正确之处,并修正其错误。

兴隆区人民政府关于扶持广爱商务大厦招商引资工作的批复

隆府办(2015)第 12 号

广爱时装有限公司:

贵公司呈报的《关于加大兴隆街道扶持广爱商务大厦招商引资工作的报告》收悉,经区长办公会议研究,为配合本区楼宇经济发展规划,充分利用本区综合交通枢纽的功能定位,发挥广爱商务大厦引进创意产业、中介服务业的作用,决定扶持贵公司的商务大厦招商引资工作,有关事项批复如下:

1. 凡广爱大厦招商引进的注册企业属专业及中介服务业,按相当于企业营业税实缴数的 45%、企业所得税实缴数的 20% 及个调税实缴数的 10% 的比例给予注册企业扶持基金奖励,此奖励专款专用,一定三年。若与上级政策有矛盾的,则以上级政策为准。

2. 贵公司在出租广爱商务大厦时引进注册企业的,以引进注册企业年度纳税额属区地方实得财力为标准,按 5% 奖励给贵公司;凡引进跨国公司区域性总部或经区投资发展局认定的国内著名大企业集团,给予贵公司一次性奖励 10 万元。

3. 广爱街道应加强与贵公司的联系,指导广爱商务大厦的招商引资工作,协调各方关系,落实招商注册及有关奖励、配套服务等工作。

特此批复。

×省×市兴隆区人民政府
二零一伍年 9 月 25 日

第三章 经济管理事务文书

本章学习目标：

- 理解经济管理事务文书的概念和特点。
- 了解经济管理事务文书的一般要求和格式。
- 掌握基层常用经济管理事务文书的适用范围和写法。

第一节 经济管理事务文书概述

一、经济管理事务文书的概念和特点

经济管理事务文书是流行在社会各方的又一种常见的文书类型。在党政公务文书以外，各经济实体必然还有大量的产生于本单位运作流程中的党务管理、行政管理、生产业务管理过程中的文书材料。它们弥补了法定公文涵盖面的不足，是整个社会的文书统一体中各呈风姿而不可或缺的一员。

(一)经济管理事务文书的概念

经济管理事务文书是各经济实体和经济管理部门用以制订计划、总结工作、规范行为、交流信息、记录保存的常用文体。

(二)经济管理事务文书的特点

1. 工具性

这类文书是经济管理的工具之一，所以工具性是经济管理事务文书的首要特点。与党政公文的工具性不同，经济管理事务文书的工具性虽然也表现为表达或记录管理者意志，将管理者的要求、意愿以书面形式表达出来、传递出去或记录在案，但应该注意的是，这里的"管理者"并不都是经法定程序任命的或选举产生的决策者，同时也可以是有关岗位上的职能人员。而且，经济管理事务文书的工具性主要表现为对实际事务的促进、解决、反映和记录，因此它更具可行性。它并不像党政公文那样有法定作用，若要使它具有法定权威性，还必须借助于党政公文对它的批转或转发、印发等手段。所以，经济管理事务书的工具性是宽泛的、日常的。

2. 日常性

如果说党政公务文书有"法定性"这一在各文体中的独具特点，经济管理事务文书则更具日常性特点。日常性首先表现在它的作者不像行政公文的作者要求那么严格。它的作者可以是高级的管理部门、高级的管理者，也可以是一般的业务职能部门、普通的管理人

员；日常性的另一个表现是它的内容可以十分宏观博大，也可以十分微观细致，要根据作者的地位和写作的出发点来判断；再者，经济管理事务文书的日常性还表现在它可以是定期制作的，即在日常工作中定期地针对工作内容写作相关文书。

3. 灵活性

党政公文必须讲究法定格式，讲究传递方法、讲究时间限制等，经济管理事务文书虽然也有这方面的要求，但总体来说要灵活得多。格式上，经济管理事务文书主要按照的是约定俗成的格式；传递方法可以依据作者自身的要求自行决定；而时间限制也是依据作者的需要，或随机，或定期。此外，在文字要求上，经济管理事务文书也更灵活，有时可以用图表、用描写等多种方式来写作，文字也可以根据文种的特点而更见通俗。

二、经济管理事务文书的作用和种类

(一)经济管理事务文书的作用

1. 规划指导作用

每个经济组织都有自己的发展目标、工作计划，以及阶段总结、全面总结等文书，这些文书的主要作用就是对下一阶段工作进行安排和统筹，以保证程序进行的有条不紊；或者对前一阶段的情况做出总结，从而发扬成绩，纠正错误，找出差距或者调整目标。这类文书的内容一般也应对某项工作或某项政策的执行情况做出反应，以便于政策的调整或进一步完善。

2. 规范制约作用

经济管理事务文书的规范制约作用，主要表现为规章制度的制定。规章制度的制定是管理的重要环节，制定规章制度不仅是管理思想、管理手段的体现，也是写作水平的体现。通过各种规章制度来分别规范不同人群对象的相关行为，以保证组织任务的完全实施，使组织的利益得到最大的实现。每个经济组织都有自己的行为规范性的文书，写作这类文书是经济应用文的必然内容。

3. 交流解释作用

各类经济管理事务文书实际上都具有交流传递的作用，因为它们的内容往往是含有大量内部信息的。而像"简报"一类的文书，又是以相对固定的周期发出，将一定时间内的动态、进展、问题以及内部的新闻消息、好人好事、文体活动等集中传递出来，这样就使一个经济组织内的情况信息有了相对固定而可信的渠道，这是管理行为中的一个非常重要的手段，也是经济管理事务文书非常重要的作用。时下许多单位的简报类信息借助现代网络和通信手段发出，更见其及时迅捷。

4. 记录留存作用

经济管理事务文书中，一些文种具有记录作用，如"大事记"，本身就是为了记录事

件才写作的,因此它的记录作用是它的首属作用。党政公文的记录作用是在公文的现行作用之后,即在公文的内容事务处理完毕以后,公文继续保留它的意义,这才使它具有了记录作用。可见,党政公文的记录作用是次生的作用,事务文书的记录性更甚于它。此外,指导性、规范性的经济管理事务公文也具有记录性的次生作用。记录的留存,为今后的社会发展保住了珍贵的史实。

(二)经济管理事务文书的种类

经济管理事务文书的种类很多,可以从不同的角度分出许多种类来,本书从经济生活的实际和教学的需要,将经济管理事务文书的种类作如下分类。

计划、总结类事务文书,如计划、规划、方案、预案;小结、总结等。

规章制度类事务文书,如规定、办法、细则、公约等。

沟通记录留存类事务文书,如简报、大事记等。

第二节 计划类文书写作

一、计划类文书的概念、特点和种类

(一)计划类文书的概念

"凡事预则立,不预则废"的古训,反映了自古以来,人们就将行事有否预先的安排作为衡量一个人能力的标准之一。计划类文书就是党政机关、社会团体、企事业单位根据相关的方针政策,结合自身具体客观条件而预先对一定时期内的工作、学习、生产等目标进行条理化、具体化的部署及安排的事务文书。对企业来说,计划就是为完成一定的任务而事先拟订的目标、措施和要求。有了计划,工作就有了明确的目标和具体的程序,便于领导和监督,也利于各环节抓住重点,发挥主观积极性。计划是工作有条不紊、循序渐进,从而取得最佳效果的保证。

(二)计划类文书的特点

1. 先导制约性

计划类文书是对尚未实施的事项做出事先安排,这种安排是基于对事项本身的各项因素的准确把握,是从指导思想、客观情况、主观条件、目标追求等多方面来考虑的。因此计划类文书不仅是"先"的,更是"导"的,即要对今后一段时间里的事项起导向作用。尤其是一些较宏大、较高远的规划性文书,更是今后工作的指导方针性的文件。计划类文书的这一特点,使人们在制订计划时,都要做好调查研究工作,使计划符合实际;而在实施过程中,计划又对工作产生制约性,人们必须按计划行事,以保证计划确实达到预期效果,保证各项工作顺利进行。

2. 科学可行性

计划是为实践而制订的,所以一定要具有可行性,不可行的计划是完全没有意义的东西。脱离实际胡思乱想或者不顾后果、弄虚作假,都不是科学的制订计划的态度。另一方面,计划也不能不求上进、懒惰保守,而应该积极安排,保证工作顺利圆满进行。虽然计划往往将目标定得较高,但那是在科学的基础上,对工作提出的要求,这是一种基于科学和开拓创新精神的可行性的体现。计划要求人们在制订之时考虑多方因素,既科学又勇敢地向着目标一步一步踏实前进。

3. 关联协调性

计划不是横空出世的东西,而是工作实践的反映,任何工作都有前因后果,所以计划必然带有关联和协调性。计划的这一特点既表现为前期、后期的纵向关联,更表现为事理的、逻辑的横向协调。一段时期内的主题工作、指导思想、大政方针、法规制度以及风调雨顺或天灾人祸等都会对计划的制订、执行、修正调整产生影响,计划只能是具体时间和具体实践相关联的客观产物,所以也必然会体现它对各种关系的协调特点。

(三)计划类文书的种类

在"计划"这个统称之下包括规划、安排、纲要、设想、打算、要点、方案、预案等,这是由其所包含的时间长度、内容宏细而形成的不同名称。在通常情况下,"规划""纲要"是指长远计划,其时间跨度长、内容概括广;"安排"适用于较具体的单项性的目前工作;"设想""打算"可用于内容尚待进一步完善的预想性事项,"要点"主要作原则性规定而不作具体安排;"方案"可作专业性较强的全面细致布置;而"预案"则是各级政府和各级责任部门、各级职能部门根据自身的工作范围和特点,针对自己工作中可能发生的意外情况,在一定的指导思想之下,事先预备好防范应对的具体措施。

从不同角度出发,计划还可分出许多种类。如:

按性质可分成综合性计划和专题性计划等。

按内容可分成生产计划、科研计划、销售计划、培养计划等。

按范围可分成国家计划、地区计划、部门计划、单位计划、个人计划等。

按时间可分成长期计划、中期计划、短期计划以及年度计划、季度计划或月计划、周计划等。

按形式可分成文件式计划、表格式计划、文件表格结合式计划等。

在实际工作中,一份计划往往不是单纯的,如《××公司2016年安全生产工作安排》就兼有多种属性:它是单位的、年度的、专题的、安全的具体计划。本节从计划的形式来谈其拟写要求。

二、计划类文书的格式

计划类文书并无绝对的格式规定,一般对时间跨度长、内容含量大的计划采用文件形式，以利于作具体说明，其中又可辅以条款，以便于详细解释；而要求简单，承接着以前的工作，不需多加说明，或主要以数字表现的计划，则宜用图表形式，使目标任务昭然于眼前；对那些既需有大量文字说明，又需用数字补充说明，或仅以文字表达较难使人一目了然的计划，则应以文件与图表结合形式拟写。无论采取何种写法，计划都包含标题、正文和落款三部分。

(一)标题

标题写在第一行正中，字体可稍大。根据不同情况，标题可以是完整式，如：《华丰纺织品集团公司2016年度销售计划》。

计划标题的组成部分应严格按照"单位名称+时限+事由+文种"的顺序，不要颠倒。有时也可以省略其中一两项，如省略单位名称或时限等，但文种必须明确。有时可将制定日期完整置于标题正下方，使之成为标题的一部分。若计划是未定稿，应在标题后或标题下方注明，如"草案""讨论稿"等，并用圆括号括起。

(二)正文

正文是计划的主体，主要由导言和具体事项两部分组成，也有由导言、具体事项及结尾三部分组成的。

1. 导言

导言不宜过长，主要介绍制订计划的理论依据、事实依据、行为目的或相关的背景分析，以及对计划本身的说明或执行计划的要求。导言要言简意赅，不能长篇大论，过多渲染。一般以"为了……"或"根据……"开首，而以"为此，特制订以下计划"为转入下文的过渡。

2. 具体事项

这是计划的最核心部分，要将目标(做什么)、措施(怎么做)和步骤(何时完成)"三要素"科学明确、主次分明地表达出来。

1) 目标

目标是指计划要达到的工作要求或要完成的任务指标，务必写得具体、明确。这个目标的制定必须是实事求是、科学慎重的，应该经过充分的考虑、论证以后再决策。计划中提出的质量上的标准、数量上的要求都必须准确清楚，并应注意留有余地，以备形势变化或突发事件，使计划确实成为下一阶段工作的指导，而又具有切实的可操作性。

2) 措施

措施指围绕目标所进行的组织分工、物质保证、手段运用等一系列活动，这是计划实现的保证，要细致、全面地说明在什么方面、由什么人、用什么方法来做事，以确保计划实施。尤其是各种预案，一定要细致，环环落实，事事明确，以保证预案的应急性、可行性和效用性。计划在这里的另一重要方面是写明督查要求，使工作在一开始就有督查，就处在被监控之下，以避免或减少问题发生。

3) 步骤

步骤指实施计划的具体时间安排，由整体工作程序和各环节时间分配两部分组成。必须既考虑总体的把握，又充分保证每一环节衔接合理、张弛有序。

在具体写作安排上，计划可以把目标、措施、步骤分三部分逐一说明，也可具体列出工作内容后，再一一详细说明目标、措施和步骤。

3. 结尾

很多计划并无专门的结尾，当最后一项内容说完便可自然结束。但也有在最后一项内容说完后，再缀一简单的结语。结语主要用以强调重点，但更是为了重申注意事项，起到警诫作用。当然结语也可适当展望前景，以鼓舞人心。

(三)落款

落款指计划的制订者名称和制订日期，应置于正文末尾右下方，有时可加盖公章以示郑重。若日期已在标题处显示，则不必重复出现于落款处。

单纯以表格式表现的计划，往往是常规工作安排，所以不必有导言结语，只将下一阶段目标、步骤列入表中，措施也不必在表中罗列填写。落款则与文件式计划相同。

文件与表格结合式的计划，拟写方法及要求与文件式计划相类似，只是在行文必要处辅以表格说明，以增加计划的可感性与明确性。

三、计划类文书的写作要求

(一)计划要与宏观形势相一致

既然计划具有先导制约性，那么只有与宏观形势一致，才能真正发挥计划的先导制约作用。所以拟订计划时首先要了解掌握相关的政策方针、法律法规；还要了解掌握当下的经济动态或市场走向；更要对未来的形势有正确的认识和把握。如果只是就事论事地拟订计划，那也许对一些微观、具体的短期计划的拟订无碍，却一定不能把握时间跨度较长的计划。因此计划拟订时一定要有宏观的眼光，尤其在制订重大计划时，应充分考虑多种因素，并为计划的随时调整留有充分的余地，是计划写作时必须注意的重要问题。

(二)计划要明确可行

拟订计划既要考虑工作发展的需要，也要考虑实践环境是否有条件实施。任何计划都是为实施而制订的，如果脱离了实际环境就毫无意义。此外，计划应该具体明确，所有措施、步骤都要切实可行，具有可操作性。不能目标笼统空洞，分工职责不清，措施含糊费解。这样的计划不仅执行时使人不得要领，也造成检查计划落实情况时缺少可行依据的尴尬。

(三)计划的表达语言要简明规范

写作计划时应以叙述和说明为主要表达方式,体现这种方式的语言应该是简明扼要的,切忌在计划中大发宏论,将"意义"、"精神"之类大作阐发。在写作时要用浅显明确的词语来叙述、说明或解释,涉及的概念、术语一定要规范准确。条理的安排要合理,无论由大到小或由简到繁都应环环相扣,清晰明了。

【计划】例文1(年度计划)

北京市国土资源局 2015 年工作计划

2015年是全面深化改革的关键之年,是全面推进依法治国的开局之年,是全面完成"十二五"规划的收官之年。2015年国土资源工作总体要求是:在市委、市政府和国土资源部的正确领导下,深入贯彻落实党的十八届三中、四中全会和习近平总书记视察北京重要讲话精神,按照市委十一届五次、六次全会和今年北京市"两会"的部署安排,稳中求进、改革创新、依法行政,主动适应经济发展新常态,认真履行国土资源管理职责,实现国土资源管理规范有序,资源保障坚强有力,服务民生持续有效,不断提升国土资源管理法治化水平,为首都经济社会持续健康发展做出积极贡献。

一、深入学习贯彻习近平总书记视察北京重要讲话精神,积极推动京津冀协同发展

一是按照首都城市战略定位优化用地布局,研究制定适应首都特点的"瘦身健体"差别化供地政策。……推进重大项目加快落地,积极支持首都新机场、2022年冬奥会、2019年北京世界园艺博览会等重点项目建设。依托市政府发布的新版基准地价,开展工业用地价格调研,研究和制定工业用地差别化地价政策。……

二是着力破解国土资源领域的人口、资源、环境协调发展难题,统筹落实市委、市政府部署的治理"城市病"各项任务。……继续落实"十二五"单位GDP建设用地下降30%的目标,完善开发区用地评价动态更新机制。……

三是做好跨行政区、跨领域规划对接,着力推进京津冀协同发展。配合市规划委完成城市总体规划修改,探索"三规合一",形成统一衔接、功能互补、相互协调的规划体系,搭建统筹实施的平台和政策机制。……

二、突出重点,积极稳妥推进国土资源领域改革

一是全力做好集体经营性建设用地入市国家试点工作。……认真研究制定试点工作方案,研究拟订试点管理办法,……同时要继续推进集体建设用地各项改革工作,……继续推进集体土地租赁住房试点工作,加强试点项目筛选论证。支持推进重点小城镇、新农村、城乡接合部、新型农村社区试点建设。……认真梳理解决历史遗留的轨道交通、市政道路工程补办用地手续问题。

二是抓紧协调推进不动产统一登记。组建市级层面不动产统一登记机构,……研究制定我市不动产统一登记工作方案,并为起草地方法规作准备。……健全完善不动产登记信息数据库,开展统一登记发证的业务操作系统软件建设。

三是进一步简政放权,深化行政审批制度改革。完善职能配置,加快建立权力清单、

责任清单和负面清单。认真做好行政许可和全部非行政许可审批事项调整和精减工作。……

三、全面推进依法行政，切实提高国土资源管理法治化水平

一是切实加强国土资源法制建设。加强国土资源重点领域立法，……切实规范行政执法行为，提高违法案件查处透明度。……强化政策宣传和舆论引导，多层次、多渠道、利用好新媒体广泛宣传国土资源管理工作。

二是合理规范做好土地供应工作。科学制订、有效执行 2015 年土地供应计划，合理引导市场预期。梳理在施储备开发项目进展情况，……规范国有土地使用权划拨工作，对代征地供应、基础设施项目用地手续办理等问题进行专题研究。……

三是坚守耕地保护红线。健全耕地保护责任机制、激励机制，强化地方政府履行耕地保护责任。……全面查清耕地后备资源的面积、类型、权属和分布情况。

四是加强土地批后监管，加大闲置土地处置力度。……完善闲置土地处置工作机制，加大闲置土地处置工作力度，本着"依法依规、促进利用"的原则，年内对 173 个闲置土地项目进行全面清理和处置。

五是加强国土资源执法监察。继续发挥"早发现、早报告、早制止、早处置"机制优势，强化打击新增违法违规用地建设行为。……

六是加强矿产资源保护和合理开发利用。……科学编制本市"十三五"时期地质勘查发展规划。严格矿产资源开发审批管理、矿产资源补偿费征收、采矿权出让价款确认收取工作，……加强地质公园建设和地质遗迹保护，协助房山区和延庆县做好申办 2018 年第八届世界地质公园大会的相关工作。……

七是进一步夯实依法行政基础工作。……

四、着力保障和改善民生，切实维护群众利益

一是做好保障性安居工程用地供应。确保保障性安居工程用地供应"应保尽保"。……

二是深入开展农村集体土地确权登记发证及土地调查工作。……

三是加强常态化地质灾害防治。及时更新地质灾害隐患点台账，汛前向社会公布。……

五、深入推进惩治和预防腐败体系建设，提升党建和干部管理科学化水平

一是深入推进党风廉政建设和反腐败工作。……

二是加强机关党建工作。……

三是深化干部人事制度改革。……

（资料来源：首都之窗政务网）

【计划】例文 2（方案）

重庆市深入推进智慧城市建设总体方案
(2015—2020 年)

建设智慧城市有助于实现城市从管理到服务、从治理到运营、从零碎分割到协同一体

的革命性转变,对全面促进新型工业化、信息化、城镇化、农业现代化融合同步发展,提升城市核心竞争力和可持续发展能力具有重要意义。为深入推进智慧城市建设,制定本方案。

一、工作目标

到 2020 年,信息基础设施更加完善,3G/4G/WLAN 网络覆盖能力进一步加强,……基本建成新型工业化、信息化、城镇化和农业现代化融合同步发展,智慧化水平和网络信息安全保障能力国内领先的国家中心城市。

二、工作思路

充分发挥政府规划引导和规制标准的调控导向作用,……以"平台先行、行业示范、分建共享、集中服务"为路径,实施信息基础设施建设、社会管理、公共服务、新兴产业发展和网络信息安全"五大行动计划",加快推进我市国家智慧城市、信息惠民、信息消费等试点工作,促进数据开放和规范应用,深入推进重庆智慧城市建设。

——平台先行。……

——行业示范。……

——分建共享。……

——集中服务。……

三、智慧城市信息基础设施建设

全面推进网络信息基础设施、信息共享基础设施建设,打造国内一流的光网城市、高速无线城市及具有国际影响力的大数据枢纽,完善社会公共信息资源基础数据库,搭建智慧城市公共信息平台,建成水土政务资源数据中心,改造升级城市智能感知设施,加快构建宽带、融合、泛在及信息共享的智慧化基础设施,基本实现城市中人、物相互感知和互联互通,全面提升全市信息基础设施承载能力及服务水平。

智慧城市信息基础设施建设重点(略)

四、智慧城市社会管理

重点推进政务共享服务、政府决策支持、政府数据开放、信用体系建设、社会综合治理、城市治安管理、应急管理、电子口岸管理、食品药品安全监管、生产安全监管、生态环境监控、城乡规划管理、城乡建设管理、税务管理、市政管理、国土管理、水资源管理等系统建设,推动政府职能转变,创新政务服务和社会管理,提高透明度及业务办理效率,实现服务手段智慧化、管理过程精细化、管理方式多样化,确保城市可持续发展。

智慧城市社会管理重点(略)

五、智慧城市公共服务

采用云计算、大数据、移动互联网等新一代信息技术,促进……以人为核心的智慧化体系建设,加快便民利民信息资源汇集,……提升全市城乡居民幸福感。

智慧城市公共服务重点(略)

六、智慧城市新兴产业发展

顺应"互联网+"和"中国制造 2025"的发展趋势,全面推进信息化与工业化深度融合,加快发展工业互联网、现代农业装备制造、智能物流、大数据、物联网、北斗导航等

新兴产业,突出市场主体、政产学研用相结合,着力突破一批关键核心技术、研发一批高端智能产品、培育一批知名自主品牌、打造一批领军龙头企业,不断提升产业核心竞争力,推动新兴产业集群发展。

智慧城市新兴产业发展重点(略)

七、智慧城市网络信息安全

落实国家信息安全等级保护制度,强化网络和信息安全管理,综合利用法律、行政、经济、技术等手段完善网络信息安全保障体系,加紧建立坚固的网络安全防控体系及科学实用的全程访问控制机制,确保智慧城市建设和网络安全保障体系同步规划、同步设计、同步实施。建立重要信息使用管理和安全评价机制,强化重要信息系统、重点工业控制系统的安全防护和网络空间治理,着力提升智慧重庆整体安全防护能力和自主可控水平,确保网络信息安全。

智慧城市网络信息安全重点(略)

八、保障措施

(一)建立工作推进机制。……

(二)拓宽融资服务渠道。……

(三)加大创新支持力度。……

(资料来源:重庆市政府网站)

【计划】例文3(预案)

西湖管理区食品安全突发事件应急预案

一、总则

(一)工作目的

为建立健全应对食品安全事故的运行机制,有效预防、及时控制和减少食品突发事故的危害,保障公众健康和生命安全,指导和规范突发食品安全事故的应急处置工作,维护正常的社会秩序,促进我区经济发展和社会稳定,特制定本预案。

(二)工作原则

1. 以人为本,最大限度地保护人民群众的饮食安全,将危害程度降到最低。

2. 预防为主,群防群控。对各类各环节可能引发食品安全事故的,要建立、完善预警机制,做到早发现、早报告、早控制。

3. 全区统一领导,各乡镇人民政府负责,部门指导协调,各方联合行动。严格履行各自职责,开展食品安全事故应急处置工作。

4. 反应及时、运转高效。对食品安全事故迅速反应,准确决策,及时启动应急预案,有效开展应急工作。

(三)编制依据

依据《中华人民共和国食品安全法》、《突发公共卫生事件应急条例》、《国务院关于进一步加强食品安全工作的决定》等法律法规,制定本预案。

(四)适用范围

本预案适用于在食物(食品)养殖、种植、生产加工、仓储、运输、流通、消费等环节中发生食源性疾患,造成社会公众病亡或者可能对人体健康构成潜在的重大危害,并造成严重社会影响的食品安全事故。

二、指挥机构及职责

(一)应急组织机构与职责

1. 区食品安全应急指挥部(略)

2. 应急指挥部主要职责(略)

3. 各成员单位及职责(略)

(二)区应急指挥部办公室及职责(略)

(三)应急处理小组职责

食品安全事故发生后成立现场指挥部,负责指挥、协调、现场应急处置工作。现场指挥部下设事故调查组、事故处理组、医疗救治组、案件查办组、专家咨询组和综合组。

……

三、预警和预警机制

(一)建立监测系统

加强食品安全信息管理和综合利用,构建各部门间信息沟通平台,实现互联互通和资源共享。农经部门发布有关初级农产品农药残留、兽药残留等检测信息;质监、工商、卫生和食品药品监管 4 个部门联合发布市场食品质量监督检查信息。食品药品监管部门负责收集汇总、及时传递、分析整理,定期发布食品安全综合信息。建立畅通的信息监测和通报网络体系,形成统一、科学的食品安全信息评估和预警指标体系。

(二)预警机制与支持

区农经、教育、经贸、卫生、工商、质监、食品药品监管等部门,应当按照各自的法定职责,建立健全食品安全信息报告系统,加强对重点品种、重点环节、重点场所,尤其是高风险食品种植、养殖、生产、加工、包装、贮装、运输、消费等环节的食品安全日常监管,对食品安全事故风险及时预警,并保障系统的有效运行。

(三)建立食品安全事故报告制度

区应急处理指挥部办公室应会同有关部门建立、健全食品安全事故报告系统。

1. 食品安全事故发生单位报告:……

2. 下级向上级报告:……

3. 责任报告单位和责任报告人:……

(四)通报制度

有关部门接到食品安全事故报告后,应当在 2 小时内向同级应急指挥部办公室通报;经应急指挥部办公室确认后,在 2 小时内向同级人民政府和相关部门通报。

(五)举报制度

任何单位和个人有权向政府相关部门举报食品安全事故及其隐患,以及相关责任部门、单位或者人员不履行或者不按规定履行食品安全事故监管职责的行为。相关部门接到

举报后，应当及时组织或者通报有关部门对举报事项进行调查处理。

四、应急查处、救援状态的级别和启动

(一)应急查处和救援状态的级别

突发食品安全事件应急和查处救援工作状态分三级：

一级应急查处和救援状态：……

二级应急查处和救援状态：……

三级应急查处和救援状态：……

(二)应急查处和救援状态启动

……

五、善后处置

各乡镇人民政府负责组织食品安全事故的善后处置工作，包括人员安置、补偿，征用物资补偿，污染物收集、清理与处理等事项。尽快消除事故影响，妥善安置和慰问受害和受影响人员，尽快恢复正常秩序，保证社会稳定。

六、应急保障

(一)信息保障：……

(二)人员保障：……

(三)物质保障：……

(四)资金保障：……

(五)宣教培训：……

七、突发事件的处理程序

(一)建立24小时值班制度；

(二)接到突发事件报告时，值班人员应详细询问疫情和事故发生的情况，并认真填写报告时间、报告人、联系电话，同时应立即向领导小组组长报告；

(三)领导小组确认必须启动应急程序的，应立即派出应急小分队赶赴现场展开调查处理，同时应向有关部门通报情况，争取配合和支持。

(资料来源：湖南省常德市人民政府网站)

第三节　总结类文书写作

一、总结的概念、特点和种类

(一)总结的概念

人类的发展过程就是不断总结经验教训而进步的过程。总结是各机关、团体、企事业单位及个人对过去一段时期内的工作、生产、学习进行全面系统的回顾、分析、研究，在平时实践的零星感性的认识中找出规律性的东西，使之升华为反映事物本质的、理性的认识，进而成为今后实践的指导或借鉴的文书。就企业工作而言，总结是对计划的检验，是对实践的分析，也是对写作者理论水平、认识水平的一种考验。通过总结，总结者可以吸取教训、获得经验；上级可以了解下情、掌握动态；其他单位可以借鉴经验、共同提高。总结是人们在实践中检查工作、获取经验的一种有效的方式。

(二)总结的特点

1. 实践性

总结的实践性表现在两个方面：首先，总结是总结者在具体的工作、学习、生活中的切实体会，真实心得，没有总结主体的实践，就不会有体会和心得，自然也就无从总结；其次，总结只能源自自己的实践，只能是第一人称的文书，不用第一人称就不是总结，可能是调查报告之类。所以总结一定要根据实践者自己的实践过程来写，说成绩不夸大，说问题不掩饰，看未来有依据，不人云亦云，不唯上、不唯书，只唯实。这样才能真正体现"这一份"总结的"这一种"价值意义。

2. 理论性

如果只是将具体的工作介绍一番，就事论事地反映一下，是不能起到由点带面、触类旁通的效果的。总结就是要将一次实践的得失、一种局部的做法、一个个人的体会扩大为对其他、对全局、对他人都有益的经验，这就决定了总结必须具有理论性。它要求作者从具体实践出发，还要从具体实践里走出来，运用科学的理论对自己的实践进行合理的分析解释，寻找其中的因果关系、得失规律，从而使这些经验变成一种宝贵的工作水平或人生财富，并对其他相关事物有普遍借鉴意义。

3. 启发性

总结的意义并不停留于对实践有理性认识，更是为了对今后的实践有启发、有指导。通过总结，我们可以提高认识，可以加深理解，从而再接再厉，继续战斗；也可以在原有的基础上调整或整顿，避免重蹈覆辙，从而打开工作的新局面。有时，后人还可以通过总结来认识当事人所处的时代和环境，从当时的实践中寻找对今天有益的启发和帮助。

(三)总结的种类

和计划一样，在"总结"这个统称之下也包括诸多的种类。我们可按其性质的不同分为综合性总结和专题性总结等；可按其内容的不同分为经济工作总结、销售总结等；可按范围的不同分为单位总结、个人总结等；也可按时间的不同分成年度总结、半年总结、季度总结等。可以这样说，有什么种类的计划，就有什么种类的总结。一般时间跨度较大，涉及面较宽，篇幅较长的我们称之为总结；而将时间跨度较短，涉及事件单一，篇幅较小的称为"小结"。在实践中，一份总结往往兼有几方面的属性，如《丰收科技工贸集团公司 2015—2016 年度市场总量调节攻略总结》、《2015 年资金缩减工作总结》就兼有上述多种属性。本节从写作角度出发，以综合性总结和专题性总结为例阐述。

综合性总结要求内容"全"，它反映出一个单位、一个部门或一个人在一定时期内实践活动的全貌。其内容涉及较广，应充分反映实践活动的概况和取得的成绩、存在的问题、得到的经验教训和今后的改进提高方向。而专题性总结是对一定时期内某项工作或某个方面活动的总结，应着重总结工作中的相关经验教训，以利其他工作、其他方面学习借鉴。

二、总结类文书的格式

总结类文书与计划类文书一样，并无绝对的格式规定。但是在实践中，总结一般都是以文件式的方法进行结构谋篇的，其总体构成包括标题、正文和落款三部分。

(一)标题

总结的标题总体要求与计划相同，其组成部分也有顺序要求。具体根据内容、目的不同，可有多种写法：一是由单位名称、时间、事由和文种组成的完整式标题，如《环球进出口公司 2015 年外贸工作总结》；二是由时间、文种或事由、文种以及单位名称、文种组成的标题，如《2016 年第二季度小结》、《销售工作总结》、《华新集团公司工作总结》，它们是在完整式标题的基础上的省略；三是新闻式标题，即以文章的中心议题为标题或以正副标题方式共同组成的复合式标题，如《关注市场 了解市场 把握市场》、《实践领先 理论为骨——财经干部学习班工作总结》、《决胜恰在危机时——2015 年 AS 产品市场抢滩情况总结》。

(二)正文

总结的正文结构可以时间为主线纵式安排，亦可以事理逻辑安排横式结构。无论是何种结构方式，总结都应包括以下几点内容。

(1) 基本情况交代。即通过简要介绍实践活动的基本过程和结果，交代在什么时间段、什么背景下、做什么、怎么做、有哪些主要收获。这部分根据情况可长可短，可以是独立一节，也可以是一两个自然段落，但必须高度概括。

(2) 取得的成绩和经验。即本着实事求是的精神，具体明确地说明在实践中的主要的做法、取得的成绩以及从中得到的体会和经验。应注意不可罗列堆砌、面面俱到，而应在事实材料的基础上作理论分析。如果事项较多，应该分条逐一分析详述。

(3) 存在的问题和教训。在找出成绩、经验的同时，必然还会发现实践中存在的问题与不足。要对这些问题、不足作详细分析，寻找问题、不足的成因，正确评估其危害或消极影响，但不应过分强调客观困难或大叹苦经。

(4) 今后努力的方向。总结是为了推广先进、借鉴经验、吸取教训，从而把以后的工作做得更好。因此在正文的最后，提出今后努力的方向是十分必要的，也可将这一部分内容写在问题和教训的部分。但这毕竟是今后的事，不宜作为总结的重要成分，所以要简要，只需说明大的方向即可，一般不必在总结中大力展开。

若将正文四部分按上述结构排列成文，便形成总结的三段式结构，即工作概况、经验教训、今后打算，这是总结最常见的基本结构。在实践中，我们对这几部分内容还可根据综合性总结或专题性总结的不同，做结构上的变化。一是总分式，即围绕主旨，将正文分成若干部分——总结，并分别冠以小标题引领该部分内容。这种方法概括性强、脉络清楚，适用于综合性总结。二是条文式，即在基本情况交代后，将主要内容按主次分列成几部分，再逐一条分缕析。这种写法层次分明、关系明确，适用于专题性总结。若为内容简单、篇幅短小的"小结"之类，则可一气呵成，除了自然段落外，不必特意分成几块几条，而主要以内在逻辑为上下文的贯通脉络。

(三)落款

总结的落款有不同的表现法。以主要负责人的名义所做的总结，署名在标题下；以单位部门名义所做的总结，署名可在标题下，也可在文末；若标题中已出现了单位名称或个人姓名，可不另署名。文末署名应在正文右下方；而标题处署名则或置于标题下居中部位，或可置于标题下偏右侧。落款处日期可以加上圆括号置于标题下居中部位，亦可不加括号置于文末右下方。

三、总结类文书的写作要求

(一)在熟悉材料的基础上写作

总结要实事求是地发现成绩和问题，寻找经验和教训，首先要握有充分的材料。但又不是只要有了材料就一定能写作总结了，总结写作前先要对整个工作环境、工作过程、相关背景、相关人员、相关数据都有充分的理解熟悉，理解熟悉了这些材料才能懂得这些材料所反映的事实的价值意义，才能对这些事实做出实事求是的评价。我们之所以认为总结都是以第一人称写作的，一个因素就是因为只有"我"或"我们"才真正知道这些材料给"我"或"我们"的正负影响是什么。

(二)以理论的眼光分析

总结不能堆砌材料，而要在材料中得出独特的结论，使之上升为规律性的东西。规律性的东西不是靠词语表示，而是靠理论的逻辑的力量来显现的。所以，写作者应具有理论知识和水平，善于归纳，善于提炼，善于从得失中寻根问底，找出此事物与他事物的联系，使个别现象显现出一般的意义，起到对一般事物都有借鉴作用的效果。事实上，衡量评价总结类文书写作水平的优劣高下，就是看文稿的理论体现如何。

(三)用叙议结合的方式阐述

总结写作要介绍基本情况、主要做法和成绩，这需要的方式是叙述；而归纳问题、分析原因、总结经验教训，这又需要议论。可见，叙议结合是总结写作的主要方法。叙述可根据具体情况或概括，或具体，但都应围绕中心事件，配合议论展开，从而形成自己的得失论或成败观。总结的语言要严肃得体，在词语的选择上应注意其色彩、情感的分寸，并遵循实事求是的原则，不溢美掩饰，也不无限上纲。

【总结】例文 1

市档案局政府信息公开整改提升月活动工作总结

根据安庆市政府办《安庆市人民政府办公室关于开展全市政府信息公开整改提升月活动的通知》(宜政办传〔2015〕69 号)和《安庆市人民政府办公室关于做好 2014 年全省政务公开考评反馈问题整改工作的通知》(宜政办传〔2015〕91 号)文件精神,结合档案政务公开工作实际,市档案局认真学习、精心组织,扎实开展"政府信息公开整改提升月"活动。

一、认真学习,提高认识

为使"政府信息公开整改提升月"活动有序开展,取得实效,接市政府办《安庆市人民政府办公室关于开展全市政府信息公开整改提升月活动的通知》后,我局从加强组织保证和提高每名干部职工意识入手,确保整改工作落到实处。一是召开了全局干部职工动员大会,从思想上高度重视政府信息公开整改提升月活动。二是及时对政府信息公开领导小组人员进行调整,进一步明确分工,责任到人,专项整治。三是以落实整改为导向,认真查摆问题,分析原因,明确整改时限。

二、制定方案,扎实部署

认真研究推进政务公开深化发展的措施,制定了《安庆市档案局政务公开提升月活动实施方案》,明确了问题反馈、制定方案、整改落实、监督检查等各阶段的主要工作任务、目标和完成时限。

三、认真清查整改,务求工作实效

在问题反馈阶段,各科室根据方案要求,结合各自的工作职能,对照市档案局政府信息公开网页上各栏目的内容认真梳理清查,一查公开内容有无疏漏;二查公开内容是否准确、及时;三查已公开的法律法规有无更新、废止;四查链接信息网址是否有效。各科室清查出的问题由政府信息公开领导小组建立台账,通过清查,发现我局政府信息公开存在更新不及时、废止的业务标准未及时删除等问题,针对存在的问题,采取"定整改人、定整改措施、定整改时限"的"三定"方法,逐项进行整改。

四、严格制度,建立长效机制

为避免活动流于形式,使政府信息公开工作常态化、规范化开展,严格执行《安庆市档案馆政府信息公开查阅点信息查阅制度》、《安庆市档案局政府信息发布协调制度》、《安庆市档案局政府信息公开保密审查制度》、《安庆市档案局政府信息公开考评制度》、《安庆市档案局政务公开责任追究制度》等局政务公开工作制度。同时,强化了制度的落实和监督,由局政府信息公开领导小组办公室负责对各科室的政务公开工作情况进行经常性监督检查,及时发现和解决工作中存在的问题。对工作不力、影响政务公开工作顺利开展的,严肃进行批评,限期整改,追究相关科室和个人的责任。

五、及时做好活动材料的报送和公开工作

根据文件要求和局政务公开工作专题会议精神,积极报送局开展活动所形成的方案、信息、总结等文件材料，并及时在市档案局政府信息公开网上公开。

安庆市档案局办公室
2015年6月4日

（资料来源：安庆市政府网）

【总结】例文2

徐汇区人力资源和社会保障局2014年工作总结

2014年，我局紧紧围绕区委、区政府重点民生工作，以筹备入驻行政服务中心为契机，深入贯彻落实科学发展观，践行党的群众路线教育实践活动，坚持创新求突破、提升促发展，全面实施积极的就业政策，全面构建和谐劳动关系，不断加大人才工作力度，逐步提高社会保障水平，切实提升公共服务能力水平，圆满完成全年各项工作任务。

一、坚持就业优先发展战略，就业形势保持基本稳定

始终将促进就业作为改善民生的首要工作任务，坚持就业优先战略，下大力气推进各项工作。2014年失业人数始终控制在指标数20 600人内，且每月增、减幅度基本保持平稳。帮助成功创业666人，累计带动就业6673人。完成新增就业岗位47 818个。

(一)坚持目标引领，积极推进创业型城区创建

……

(二)坚持各方联动，聚焦高校毕业生和青年就业工作

……

(三)坚持扩大就业和政策托底，积极开展各类公共就业服务

……

(四)坚持帮助提升就业能力，积极开展职业技能培训

……

二、主动适应经济转型发展，人事人才工作不断加强

(一)加强规范管理，优化公务员队伍结构……

(二)配合改革，规范事业单位管理……

(三)注重服务，优化人才发展环境……

三、社会保障体系不断完善，保障水平逐步提高

(一)工伤认定与劳动能力鉴定等工作平稳有序……

(二)城镇居民社会养老保险工作稳步推进……

(三)医疗保险管理和服务水平不断提高……

四、部门联动机制不断完善，劳动关系总体保持和谐稳定

(一)统筹协调，进一步发挥劳动关系维权协调平台作用……

(二)严格执法，维护人力资源市场秩序……

(三)多管齐下，提升调解仲裁工作实效……

(四)服务大局，切实做好各类劳动关系工作……

五、深化改革，统筹推进入驻区行政服务中心工作

根据区工作要求和安排，一是梳理并整合局系统公共服务窗口。同时对公共服务事项进行模块化整合，设置公共就业(人事人才)服务、劳动关系协调维权平台和社会保障服务三大公共服务功能区，将现有的80个公共服务窗口整合归并至51个，其中入驻46个窗口，承载办事事项143项，其中窗口事项71个，包含行政审批事项7个，公共服务事项64个。二是协调对接信息化方案。与区府办、万达信息公司多次就入驻办事事项信息化系统进行对接，基本明确了窗口布局、窗口信息化设备和信息化流程，初步研究了叫号系统、网上预约和网上办事的基本需求和实现方案。落实专网搬迁、数据落地及系统整合等工作，信息化相关工作取得一定进展。三是进行固定资产清理。在各入驻行政服务中心部门清理固定资产、摸清底数的基础上，按"利旧"(用在窗口或后台办公室)、"待报废"、"无法或无须搬迁"等分类进行细化汇总。通过清理，一方面摸清家底，为入驻行政服务中心做好基础性工作；另一方面，逐步解决固定资产混用的问题，做到账实相符，进一步提高固定资产管理水平。四是结合入驻工作，积极思考明年的改革思路。包括公共就业创业的服务创新、人社系统公共服务场所整合及布局等。以入驻工作为契机，进一步转变政府职能，提升区域人力资源和社会保障工作能级。

(资料来源：上海市政府网)

第四节 规章制度类文书写作

一、规章制度类文书的概念、特点和种类

(一)规章制度的概念

规章制度是各机关及各职能部门、社会各类团体、各企事业单位为实施管理，规定工作程序和职责范围，规范有关人员行为而依据国家法律法规制定，并在其职权范围内发布实施的、具有行政约束力的行为规范性文书。

(二)规章制度的特点

1. 颁行的合法性和执行的强制性

规章制度的颁行都有一定的程序，一般应经过组织成员充分讨论，再经过一定权力层次的会议通过，有些也应经过上级机关的审批。所以，规章制度具有权威意义，未经一定程序而颁行规章制度并开始实施，是有悖于我国社会民主化发展要求的。尤其重要的是，一切规章制度的内容必须以有关法律法规为自己的根本依据，绝不能与现行法律法规有丝毫相违背之处，倘依据的法律法规本身有了改动，规章制度则应立即随之调整。由于颁行的严肃和慎重，所以规章制度一旦颁行，就具有强制性的特点，必须严格按照相关要求行事，倘有违背，便要受罚。即使随着实践的发展，有些问题会发生变化，但也不允许随便改变和放弃，而仍需经相关程序来修改或作其他决定。

2. 内容的周密性和操作的可行性

规章制度的内容必须是周密的，它在对事物进行表述时应该做到无懈可击、绝无歧义，这样才能保证它的严肃性和权威性。对内容所涉及的事情，要详细规定，充分考虑执行过程中可能出现的问题，使规章制度的每一项都显得明确可行，便于操作。而且，规章制度一旦颁行，应该有相对的稳定性，不能朝令夕改，常常变化，这样才能真正起到规章制度的制约规范作用。如果一份规章制度在实践中不具可行性，它的权威性就毫无意义，也就谈不上严肃性了。

3. 形式的条款性和发布的知晓性

规章制度都是用条款形式发布的。条款式便于规章制度在实践中的引用、对照、查找和记忆，同时，条款式也便于规章制度从不同角度、不同方面、不同层次来阐释本身的要求，增强人们对内容的认同感和执行自觉性。在颁行规章制度时，一定要让所有对象都了解知晓规章制度的内容，往往要通过传达、张贴、解释等手段来配合规章制度的宣传，以便贯彻执行，达到管理的目的。

(三) 规章制度的种类

"规章制度"是对此类文书的总称，在实践中，具体可将规章制度分成以下几类。

(1) 规范性规章制度。包括章程、制度、守则、规则等。它们一般用于各单位、各组织阐明自己的宗旨、原则和向自己的成员提出必须共同遵守的要求。如《丰兴科工贸集团公司科研基金会章程》。

(2) 法规性规章制度。包括条例、规定、办法、细则等。它们是领导机关或有关部门针对某些法规、法令、法律的具体实施而制定；或针对某具体事项的处理而颁布的。如《宇辰科技集团公司关于职工子女义务教育阶段奖学金发放的规定》。

(3) 规约性规章制度。包括须知、公约等。这些可以面向社会公众，一般是就某些具体事项向社会人群或特定对象提出做法或要求。例如《鑫岚汽车维修公司购房补贴申领须知》。

考虑到本书主要面向基层的管理工作人员，所以侧重在基层常写的规定、办法、细则和公约，而章程、条例由于基层较少直接制作，故略而不讲。

二、基层规章制度类文书写作

(一) 规定

1. 规定的适用范围

规定是对有关事项做出政策性限定的法规性公文。规定制定的权限较宽，上至高级领导机关，下至基层职能部门，都可根据工作实践的需要制定规定。而规定的内容涉及范围又是针对性很强的，一般都是为解决或回答具体问题而制定的。在基层的工作活动中，规

定的实际用途很广泛。它可以对特定范围内的工作、事务或问题制定具有约束力的措施条款;也可用于对有关人员的某些行为的规范;还可用来解释其他重要法规政策;并可用以补充有关文件。无论用于何处,规定都应该具有鲜明的针对性。

2. 规定的写作结构

1) 标题

规定的标题主要由事由和文种组成,事由前可说明规定的制发单位或规定的使用范围,文种前又可加上相关定语。如《华兴科工贸集团公司关于职工带薪休假的暂行规定》、《关于差旅费报销的若干规定》。倘有题注,其位置在标题下居中加圆括号。

2) 正文

规定的正文写法可稍灵活些。一般由序言和事项组成。序言可列为第一条,说明制定本规定的缘由、目的或制定本规定的必要性等。接着应将具体事项逐一写明,可以先说规范的原则要求,再说具体的约束措施。安排时应注意由主而次,不要一条重一条轻地无主次之分。最后应该交代规定的生效时日,倘标题下未加题注而又应作说明的,则可在最后说明批准本规定通过的会议名称或上级机关名称和日期。

在布局上,规定可采用章断条连的方式,即分章后每个条款的序码连续排列;也可以分条一贯而下。本节下面的例文 1 是不分章而分条一贯到底的结构,例文 2 则是章断条连的结构。

3. 规定的写作要求

(1) 规定要有针对性。针对性是规定的最大特点,规定一定要明白地就具体事项阐明要求,明确指出"是"与"否",不能只作原则的表述。针对的目的是为了可行,规定的允许和不允许都应该是易于执行、便于操作的,这才有利于规定的实施。

(2) 规定要有严密性。规定不是原则性的而是操作性的,因此每一条都要与现行的相关法规政策相吻合,尤其一些解释或补充性的规定,一定要体现被解释或被补充政策的原则精神,不能另行其事,更不能与之矛盾。

(3) 规定要有稳定性。规定产生于实践,它的时间限度一般并不长,总带有较明显的阶段性,有时从它的名称上就体现了这一特点——"暂行规定"。但规定不能因此朝令夕改,没有稳定性,在基层的实践工作中也应尽量少发尚不成熟的政策性文件。即使不得已而必须针对某些问题作暂时规定,也要保证它相对的稳定性,从而体现规定的严肃性,显现它的约束力量。

【规定】例文 1

《安庆市血防所药品采购管理暂行规定》

为进一步加强我所血防专科医院药品采购管理,规范药品采购工作程序,建立健全管理制度,杜绝医药购销活动中的不正之风,根据所药事管理委员会有关会议精神,并结合所血防专科医院实际情况,特规定如下。

一、药品采购以保证临床用药安全、高效、经济为原则，合理选择用药品种，按规定程序采购，并进行规范管理。

二、建立血防专科医院临床用药目录。医院常用药品由医院组织临床医师，结合《安徽省晚期血吸虫病病人医疗救治管理方案》的有关要求和医院临床用药实际需要，以用药对症、有效、安全为宗旨，制定血防专科医院治疗血吸虫病临床用药目录；新增药物品种应由院长召集临床医师进行评价，并通过药事委员会审议后，方可列入采购目录。停止采购可有可无的药品。

三、规范医院进药、临床用药的程序。药房每月月初应根据本院临床用药需要和本院基本用药目录制订药品采购申请计划，用药计划应根据临床实际用药量的大小，以不超过临床一个月用药量为宗旨，并保持药房药品总量每月库存不超过 10 万元为原则，采购计划应由分管院长、分管所长签字审批，不得私自采购药品。对特殊情况下临床急需用药的少量药品，根据病人的病情需要和用药量的大小，由医院相关负责人及时报告分管所长，经同意后方可采购。药品采购应以 2014 年安徽省医疗机构网上采购平台的 2014 年中标目录及价格为依据，严禁采购 2014 年中标目录以外的药品。对新农合、城镇居民医保、职工医保人员的用药，应按照安庆市医疗保险管理局规定的有关药品目录执行。药品报销时应根据药品采购计划，经药房、分管院长、分管所长层层签字报所长审批。

四、建立药品每季度盘存制度。药房对购进药品必须及时入账、销账，建立真实、完整的出入库记录，建立健全台账登记，并于每季度底进行盘存一次。

五、加强药品采购监管力度。所纪检监察部门应加强对药品采购流程进行监督，医院与医药企业签订购销合同，必须同时签订医疗机构医药购销廉洁协议书，并报纪检监察部门备案。在药品采购活动中，严禁以任何形式收受贿赂及各种"回扣"，自觉接受所内外群众的监督。如发现药品采购或其他人员存在违规现象要严肃处理。

六、无特殊情况，药事委员会会议原则上每季度不少于一次。

七、本规定自下发之日起执行。

安庆市血吸虫病防治所
2015 年 5 月 18 日

（资料来源：安庆市政府网站）

【规定】例文 2

《国家物资储备管理规定》

第一章　总　则

第一条　为了规范国家物资储备活动，保障国家物资储备有序发展并及时有效地发挥作用，制定本规定。

第二条　国家建立物资储备制度，适应国家安全和发展战略需要，服务国防建设，应对突发事件，参与宏观调控。

第三条　本规定适用于国家物资储备的管理和监督活动。本规定所称国家储备物资，是指由中央政府储备和掌握的，国家安全和发展战略所需的关键性矿产品、原材料、成品油以及具有特殊用途的其他物资。国家另有规定的除外。国家储备物资是国家财政资金的实物形态，所有权属于国家，任何组织和个人不得以任何方式侵占、破坏和挪用。

第四条 国家储备物资实行目录管理，明确品种和规模，定期评估，动态调整。

第五条 确定国家储备物资的品种和规模，应当综合考虑下列因素：

(一)国家发展战略需要；

(二)国内外资源状况；

(三)供应风险和经济风险情况；

(四)需要考虑的其他因素。

第六条 国家发展改革委负责国家物资储备工作。国家发展改革委国家物资储备局(以下简称储备局)及其所属储备物资管理局办事处具体履行国家物资储备管理和监督职责。财政部负责国家物资储备财政管理及相关行政事业单位国有资产管理，配合国家发展改革委开展国家物资储备有关工作。

第二章 国家储备物资的收储、动用、轮换

第七条 国家发展改革委会同财政部等部门拟订国家物资储备发展规划，报国务院审批。

第八条 储备局建立监测预警制度，为国家储备物资收储、动用等提供决策支撑。

第九条 国家发展改革委依据国家物资储备发展规划等，会同财政部等部门拟订年度国家储备物资收储计划，报国务院审批。储备局依据国务院批准的年度国家储备物资收储计划组织实施。

第十条 发生下列情形，储备局向国家发展改革委、财政部提出动用建议，报国务院审批：(略)

储备局拟订国家储备物资动用预案，做好动用国家储备物资的准备。

第十一条 国家发展改革委会同财政部建立国家储备物资轮换机制，明确轮换条件、程序等。……

第十二条 国家储备物资的收储、动用、轮换，一般应当通过市场化方式进行。……

第十三条 国家储备物资入库一般实行送货到库制，出库一般实行到库提货制。

第十四条 交通运输部门组织有关港航、铁路、公路运输企业优先安排国家储备物资的装卸和运输。

第十五条 国家储备物资的收储、轮换计划应当与部门预算相衔接。……

第三章 储存管理

第十六条 储备局应当按照布局合理、经济便捷、安全适用的原则，选择承储单位储存国家储备物资。……

第十七条 储备局应当依照有关法律、行政法规、部门规章、规范性文件、国家标准和技术规范制定和健全各项管理制度，对国家储备物资实行有效的监督管理，做到账实相符。

第十八条 承储单位应当严格执行国家有关法律法规、规章、规范性文件、标准规范

以及储备局制定的相关制度，严格执行国家储备物资入库、出库指令，接受有关部门和单位监督，保证国家储备物资数量准确、质量合格、储存安全。

第十九条 国家储备物资日常管理及轮换费用和国家物资储备仓库设施设备维护费用，经财政部依法审定后列入中央财政预算。……

第二十条 探索建立以政府购买服务方式储存管理国家储备物资的新机制。

第二十一条 国家储备物资或者资金不得用于担保或者清偿债务。……

第四章 安全保障

第二十二条 国家物资储备的安全保障工作遵循安全第一、预防为主、综合治理的方针。……

第二十三条 国家物资储备仓库安全保卫和安全生产工作实行地方政府和上级主管部门双重领导，以地方政府为主的体制，接受当地公安、安全生产监督管理等部门的指导、监督。

第二十四条 国家物资储备仓库应当在地方政府的统一组织下，积极会同政府有关部门与周边村镇、街道、企业、事业单位成立保卫工作联防组织。……

第二十五条 国家储备物资的运输应严格执行国家有关规定，确保运输安全。

第二十六条 储备局根据安全保障工作需要和国家有关规定，设定国家物资储备仓库重点保护区域和范围。……

第二十七条 国家物资储备仓库及其工作人员应当按照安全保障工作制度和规范的要求认真履行职责，保证国家储备物资和仓库的安全。

第二十八条 任何组织和个人不得从事下列妨害国家物资储备安全的行为：(略)

第二十九条 储备局应当建立突发事件预警机制，健全突发事件应急预案体系和应对体系。……

第三十条 涉及国家物资储备的组织和个人，应当按照国家有关规定，保守国家秘密。……

第五章 监督检查

第三十一条 国家发展改革委、财政部或其委托的机构，对国家物资储备进行监督检查。……

第三十二条 检查内容主要包括：……

第三十三条 承储单位应当对国家发展改革委、财政部或其委托机构的监督检查予以配合。……

第六章 罚 则

第三十四条 违反本规定第二十八条规定行为之一的，依照《中华人民共和国治安管理处罚法》等有关法律法规的规定追究相应责任；涉嫌犯罪的，依法移送司法机关处理。

第三十五条 承储单位违反本规定，有下列行为之一的，依照《中华人民共和国行政处罚法》等有关法律法规的规定，由国家发展改革委、财政部对其进行警告、罚款，并责令其改正：(略)

第三十六条 任何单位和个人在国家物资储备管理和监督活动中，骗取、截留、挤

占、挪用国家财政资金的，根据《财政违法行为处罚处分条例》等规定查处。

第三十七条 有关行政管理部门工作人员在国家物资储备管理和监督活动中，玩忽职守、滥用职权、徇私舞弊的，依法给予行政处分；涉嫌犯罪的，依法移送司法机关处理。

第七章 附 则

第三十八条 本规定由国家发展改革委、财政部负责解释。

第三十九条 本规定自 2015 年 6 月 1 日起施行。

（资料来源：国家发改委网站）

(二)办法

1. 办法的适用范围

办法是对某项工作或事务在处理的次序与过程、手续与要求等方面作比较具体的规范或安排。办法的内容既有指导原则，又有具体做法，不仅是各级领导机构的常用文书，也是基层工作经常使用的有效的规范性文书。它可将上级的原则精神具体化，依据上级原则文件，再从本地本单位的客观情况出发制定实施方法；或者是基层在遇到一些新的、上级又暂时没有条例或规定来规范的情况或事务时，用"办法"先实践起来，既可使具体情况的处理有了一定的章法，又可为后来的成熟管理摸索经验、奠定基础，所以"办法"既便于操作，又可作具有探索意义的先导性文件。

2. 办法的写作结构

1) 标题

基层所制定的办法，可以直接以事由加"办法"组成，如《新职工住房补贴发放办法》、《退休职工医药费报销办法》。

有时需要在事由前加上某些限定，如《2016 年援外职工奖金发放办法》、《第三分公司实施集团公司<优秀青工奖励条例>的办法》。

标题的含义要让人一目了然。如有题注，应位于标题下正中，以圆括号括起。

2) 正文

办法的正文总是从因由写起。先说明制定办法的依据、目的，再分条细述具体做法。也可直接将目的依据列为第一条，具体做法再依次排列。要注意具体排列顺序的逻辑性、合理性，不要将同一系列或相同层面的事项割裂开来，也不要将主次混杂在一起。条款之间也要照应平衡，内容太多的条款应该分开叙述，在可能的情况下，不要一条大一条小，造成有些条款大点套小点，显得很复杂，而有些条款又过于简单。标题下未有题注或题注中未作说明的，则应在最后一条中说明办法的制定、通过和生效等有关事项。

在布局上，办法与规定一样，可采用章断条连的方式，即分章后每个条款的序码连续排列；也可以分条一贯而下。例文便是章断条连的结构。

3. 办法的写作要求

(1) 办法要合法合理。无论是对上级原有精神的实施性解释性办法，还是基层自己制

定的办事规则,都应该具有合乎法规、合乎法度、合乎事理的性质。不能以"办法"的名义在有关原则之外另行一套。办法只能是原则的体现而不能是对原则的曲解。

(2) 办法要具体细致。办法,尤其是对上级下达的要求作实施性处理的办法,一定要具体细致,才能真正体现出它对原则精神的解释和贯彻,使基层真正能据此办事。因此写作办法,要着重说明对条件、程序、手续等的要求。基层制作的原生性的"办法",也应强调具体做法而不能只是情况说明。内容的编排上也要便于查对检索。

(3) 办法要恰当周密。办法是操作性的文书,所以每一条都应该是恰当周密的。制定时要考虑执行起来是否妥当,是否能取得预想的效果,对实施后的可能后果应有预测,避免引起次生矛盾。办法也应具相对的稳定,以保证它在实践时的严肃性。

【办法】例文

电力安全生产监督管理办法

第一章　总　则

第一条　为了有效实施电力安全生产监督管理,预防和减少电力事故,保障电力系统安全稳定运行和电力可靠供应,依据《中华人民共和国安全生产法》、《中华人民共和国突发事件应对法》、《电力监管条例》、《生产安全事故报告和调查处理条例》、《电力安全事故应急处置和调查处理条例》等法律法规,制定本办法。

第二条　本办法适用于中华人民共和国境内以发电、输电、供电、电力建设为主营业务并取得相关业务许可或按规定豁免电力业务许可的电力企业。

第三条　国家能源局及其派出机构依照本办法,对电力企业的电力运行安全(不包括核安全)……水电站大坝运行安全和电力可靠性工作等方面实施监督管理。

第四条　电力安全生产工作应当坚持"安全第一、预防为主、综合治理"的方针,建立电力企业具体负责、政府监管、行业自律和社会监督的工作机制。

第五条　电力企业是电力安全生产的责任主体,应当遵照国家有关安全生产的法律法规、制度和标准,建立健全电力安全生产责任制,加强电力安全生产管理,完善电力安全生产条件,确保电力安全生产。

第六条　任何单位和个人对违反本办法和国家有关电力安全生产监督管理规定的行为,有权向国家能源局及其派出机构投诉和举报,国家能源局及其派出机构应当依法处理。

第二章　电力企业的安全生产责任

第七条　电力企业的主要负责人对本单位的安全生产工作全面负责。电力企业从业人员应当依法履行安全生产方面的义务。

第八条　电力企业应当履行下列电力安全生产管理基本职责:(略)

第九条　发电企业应当按照规定对水电站大坝进行安全注册,开展大坝安全定期检查和信息化建设工作;对燃煤发电厂贮灰场进行安全备案,开展安全巡查和定期安全评估工作。

第十条　电力建设单位应当对电力建设工程施工安全和工程质量安全负全面管理责

任,……

第十一条 供电企业应当配合地方政府对电力用户安全用电提供技术指导。

第三章 电力系统安全

第十二条 电力企业应当共同维护电力系统安全稳定运行。……

第十三条 各级电力调度机构是涉及电力系统安全的电力安全事故(事件)处置的指挥机构,发生电力安全事故(事件)或遇有危及电力系统安全的情况时,电力调度机构有权采取必要的应急处置措施,相关电力企业应当严格执行调度指令。

第十四条 电力调度机构应当加强电力系统安全稳定运行管理,科学合理安排系统运行方式,……

第十五条 电力企业应当加强发电设备设施和输变配电设备设施安全管理和技术管理,……

第十六条 发电机组、风电场以及光伏电站等并入电网运行,应当满足相关技术标准,符合电网运行的有关安全要求。

第十七条 电力企业应当根据国家有关规定和标准,制订、完善和落实预防电网大面积停电的安全技术措施、反事故措施和应急预案,……

第四章 电力安全生产的监督管理

第十八条 国家能源局依法负责全国电力安全生产监督管理工作。国家能源局派出机构(以下简称"派出机构")按照属地化管理的原则,负责辖区内电力安全生产监督管理工作。……

第十九条 国家能源局及其派出机构应当采取多种形式,加强有关安全生产的法律法规、制度和标准的宣传,向电力企业传达国家有关安全生产工作各项要求,提高从业人员的安全生产意识。

第二十条 国家能源局及其派出机构应当建立健全电力行业安全生产工作协调机制,及时协调、解决安全生产监督管理中存在的重大问题。

第二十一条 国家能源局及其派出机构应当依法对电力企业执行有关安全生产法规、标准和规范情况进行监督检查。……

第二十二条 国家能源局及其派出机构对现场检查中发现的安全生产违法、违规行为,应当责令电力企业当场予以纠正或者限期整改。……

第二十三条 国家能源局及其派出机构应当监督指导电力企业隐患排查治理工作,按照有关规定对重大安全隐患挂牌督办。

第二十四条 国家能源局及其派出机构应当统计分析电力安全生产信息,并定期向社会公布。……

第二十五条 国家能源局及其派出机构应当依法组织或参与电力事故调查处理。……

第二十六条 国家能源局及其派出机构应当依法组织开展电力应急管理工作。……

第二十七条 国家能源局及其派出机构应当组织开展电力安全培训和宣传教育工作。

第二十八条 国家能源局及其派出机构配合地方政府有关部门、相关行业管理部门,对重要电力用户安全用电、供电电源配置、自备应急电源配置和使用实施监督管理。

第二十九条　国家能源局及其派出机构应当建立安全生产举报制度，……

第五章　罚　则

第三十条　电力企业造成电力事故的，依照《生产安全事故报告和调查处理条例》和《电力安全事故应急处置和调查处理条例》，承担相应的法律责任。

第三十一条　国家能源局及其派出机构从事电力安全生产监督管理工作的人员滥用职权、玩忽职守或者徇私舞弊的，依法给予行政处分；构成犯罪的，由司法机关依法追究刑事责任。

第三十二条　国家能源局及其派出机构通过现场检查发现电力企业有违反本办法规定的行为时，可以对电力企业主要负责人或安全生产分管负责人进行约谈，情节严重的，依据《安全生产法》第九十条，可以要求其停工整顿，对发电企业要求其暂停并网运行。

第三十三条　电力企业有违反本办法规定的行为时，国家能源局及其派出机构可以对其违规情况向行业进行通报，对影响电力用户安全可靠供电行为的处理情况，向社会公布。

第三十四条　电力企业发生电力安全事件后，存在下列情况之一的，国家能源局及其派出机构可以责令限期改正，逾期不改正的应当将其列入安全生产不良信用记录和安全生产诚信"黑名单"，并处以1万元以下的罚款：(略)

第三十五条　电力企业未履行本办法第八条规定的，由国家能源局及其派出机构责令限期整改……

第三十六条　电力企业有下列情形之一的，由国家能源局及其派出机构责令限期改正；……(略)

第六章　附　则

第三十七条　本办法下列用语的含义：(略)

第三十八条　本办法自2015年3月1日起施行。原国家电力监管委员会《电力安全生产监管办法》同时废止。

(资料来源：国家发改委网站)

(三)细则

1. 细则的适用范围

细则是比办法更具体、更详细的实施性规范文书。细则一般应依附于其上位文件，如相关法规性文件或上级意见性文件，对上位文件精神和要求作具体化、操作化解释，并结合本地区本部门的具体情况作细化安排，使基层在执行有关法规或上级指示时更可感可知，规范合度，也更方便可行。

在实践中有时也会看到一些基层在制定具体措施要求时直接用"细则"，其实"细则"的"细"是相对比自己更高层、更宏观、更原则的上位文件而言，没有上位的"宏则"便不必用"细则"，只要用"办法"即可。如果是对外的工作实施办法或办事程序，也可以叫作"须知"。

2. 细则的写作结构

1) 标题

细则的标题也是事由加"细则"这种普遍的标题表示法。要在标题中表明细则所规范的事项对象。有时细则是对某上位文件的整体细化，有时细则又只是对上位文件的某一部分的细化，因此细则的事由应该准确清楚、明白无误。如《女职工孕产期休假规定实施细则》，是对女职工孕产期休假的相关规定的整体细化；又如《新职工岗位培训实施细则》，是就新职工的岗位培训问题，对职工岗位培训的相关规定的部分细化。如有题注，标注法与"办法"相同。

2) 正文

细则的正文首先要说明自己所依据的上位文件是什么，是依据它作整体的细化还是部分细化，以及此细化所适用的时间、地点或场合、状况等对象性问题和制作细则的目的。接着逐条展开具体内容。在表述具体内容时，也应依照上位文件的章节或条款一一进行，最后说明解释权或生效日期。本处例文的结构是一贯到底的。

3. 细则的写作要求

(1) 细则的依据要明确。写作细则之前一定要充分理解上位文件的精神实质，掌握政策尺度。细则是依附性很强的规章，写作时要交代所依据的上位文件是什么，而且也应该交代此细则的制发者、解释者，以显示细则制作的规范性和严肃性。

(2) 细则的解释要明细。细则既是针对上位"宏则"而言，就一定要明确细致地解释，不能用原则解释原则，以概括解释概括。必要时应对上位文件作补充，以更好地体现上位文件的精神实质，针对本地区、本单位的具体做法要切合实际，容易推广，便于操作。

(3) 细则的语言要严谨。规章制度的语言要求总是"严谨"，这是规章制度具有严肃性和权威性使然。但细则的语言严谨更有独特处，即写作者应该循着上位文件严肃规范的语言风格，同时又有通俗明确的解释，在表述具体规定的时候还应该语气肯定、语义单一，以增强细则的确信度。

【细则】例文

杭州市高层次人才引进落户政策实施细则

为深入实施创新强市和人才强市战略，推进信息经济和智慧经济发展，进一步优化全市高层次人才引进落户工作，提升高层次人才引进服务保障，根据市委、市政府《关于杭州市高层次人才、创新创业人才及团队引进培养工作的若干意见》(市委〔2015〕2号，以下简称《意见》)，特制定本实施细则。

一、高层次人才范围

本细则所称高层次人才是指在我市用人单位(不含省、部属在杭单位)工作，忠于祖国，遵守宪法和法律，具有不断创新的科学精神和良好的职业道德，符合《杭州市高层次人才分类目录》，并经认定的，具有中国国籍的国内外顶尖人才(A类)、国家级领军人才(B类)、省级领军人才(C类)、市级领军人才(D类)及高级人才(E类)。

二、高层次人才认定机制

符合《杭州市高层次人才分类目录》规定的A、B、C、D、E类条件的人员，可以通过所在用人单位，申请我市高层次人才分类认定，按隶属关系分别由相应的部、委、办、局负责受理。……

市委人才办会同市人力社保局负责核准A、B、C、D类人才和市属用人单位E类人才认定结果；……

三、高层次人才引进落户政策

(一)A、B、C类高层次人才落户，不受年龄和市域范围工作地的限制，允许随迁配偶、未成年子女。……

(二)A、B、C类高层次人才本人已在杭落户的，其配偶及未成年子女不……

(三)A、B、C类高层次人才在市区有合法固定住所的，其父母……

(四)D、E类高层次人才，符合年龄在65周岁以下，且在市区落实工作单位并办理养老保险条件的，可在市区落户，并允许随迁配偶和未成年子女。……

四、高层次人才审批权限和流程

(一)审批权限。……

(二)审批流程。……

五、高层次人才落户申报材料

(一)A、B、C类人才落户所需材料：(略)

(二)D、E类人才落户所需材料：(略)

(三)家属投靠或随迁所需材料：(略)

杭州市公安局户政支队
2015年2月16日

(资料来源：杭州市政府网站)

(四)公约

1. 公约的适用范围

公约是指行业、单位、团体之间或行业、单位、团体内部人群为了达到共同的目的而经协商后一致认定的道德或行为的规约性文书。如《××地区经济管理人才合理流动公约》就是因为当时社会上经济管理人才奇缺，许多单位纷纷出招挖走别单位的人才，而经济管理的这些人才不仅走人，还将原单位的一些客户或商务秘密也带走，针对这个现实，该地区一些单位协商后共同约定了一些规则，既保障人才的流动自由，又保障各用人单位人员的稳定性，还使单位内部商务秘密得到保障。可见，公约是相关单位或相关人群共同的约定。但是公约与其他规章制度有很大的区别。因为公约主要是约定的，这约定的过程只要让各方的意见得到充分的表达和尊重即可，一般并不需要法律或行政上的批准，即使有些公约是在某些重要会议上通过的，它也不具有法规性质或行政约束性质，一般只是限制什么，提倡什么，对它的执行主要依靠约定者的道德，却很难对违约行为进行制裁。

2. 公约的写作结构

1) 标题

标题应表明公约所约定的主题。如《公司员工宿舍文明公约》，是表示该公司员工在宿舍生活区应提倡文明风尚的共同约定。也可在标题中省略被规约的对象，如《浴室卫生公约》、《厂区水电节约公约》等。公约如果标有题注，往往是说明什么会议通过，或制订颁行日期，但一般都可省略。

2) 正文

公约因为是约定的结果，所以在正文表述中先要说明为什么约定，用什么方法约定的，有哪些对象参与了约定，然后用"特制定本公约"之类的语句引起下文。接着表述公约经约定的具体内容，一般以条款式表述居多，较复杂宏大的可用章断条连式结构，如本节下面的例文 1。用于社会广泛宣传的社会公共公约，可以写成口号式的简短公约，以便于宣传领会，如例文 2。公约的每一条都应明确，都应该是各方的共识。最后可以约定生效时间，也可以写上勉励性的句子做结语。

3. 公约的写作要求

(1) 公约要合法。公约虽不具法律或行政效力，但制定时也一定要在法律法规和其他相关规章制度的约束之下，不能与之相违背。否则会造成事与愿违的消极后果。如有地方制定了某商品价格联动公约，结果却涉嫌价格垄断，给参加约定的企业带来意想不到的麻烦。

(2) 公约要协商。公约是群众协商讨论的结果，不能用行政命令制定下达，要求下级照办，每一条内容都应为参加商讨的各方一致认同，词语要恰当，要求要可行。

(3) 公约要明确。不能因为是提倡性、提醒性的文书，公约用语就过于概括、过于笼统。要注意明确、通俗，使被规约对象能理解和把握，能在具体工作或生活中照办执行。

【公约】例文 1

中国银行卡行业自律公约

第一章 总 则

第一条 为促进我国银行卡行业的规范健康发展，维护银行卡市场公平有序的竞争环境，根据国家有关法律、法规及监管要求，结合银行卡业务实际，制定本公约。

第二条 中国银行业协会银行卡专业委员会(以下简称"银行卡委员会")是银行卡业务自律管理的专业组织，银行卡委员会成员单位(以下简称"成员单位")通过成员大会参与自律管理。

第三条 银行卡业务自律的宗旨是：依法合规经营，抵制不正当竞争，防范业务风险，保障客户利益。

第四条 成员单位自律的基本原则是：科学发展、合作共赢、防范风险、优化服务。

第五条 本公约适用于银行卡委员会成员单位及其银行卡业务从业人员。

第二章 自律约定

第六条 成员单位应严格遵守国家有关法律、法规和规章，建立完善的银行卡业务内部控制和信息管理制度。

第七条 成员单位及其从业人员应自觉遵循商业道德，不得以任何形式诋毁其他成员单位的商业信誉，不得利用任何不当手段干预或影响银行卡业务市场秩序。

第八条 成员单位应加强对从业人员的监督和管理，加强职业操守教育和业务能力培训，不断提高从业人员职业道德水平和业务素质。

第九条 成员单位应树立科学、可持续发展的经营观，共同营造良好的银行卡发展环境，规范银行卡营销行为；加强对外部营销的监督检查，加强授信风险管理，严格按照风险可控原则审批授信。

第十条 成员单位应严格按照相关法律、法规和监管要求，遵循公平、公正、统一的原则发展特约商户，不得通过错配商户类别恶意降低商户结算手续费费率等方式发展商户。

第十一条 成员单位应加强自助设备的安全管理，POS机具、ATM等自助设备的布放不得无序竞争，并必须符合联网通用的业务规范和技术标准，定期对特约商户进行POS机具管理和操作的培训。

第十二条 成员单位必须依法合规开展催收业务，并建立配套的申诉机制，妥善和及时处理催收相关纠纷。

第十三条 成员单位应加强银行卡使用和风险防范方面的公众宣传工作，保证客户对银行卡业务计息、收费标准及相关风险享有充分的知情权和选择权。（略）

第十四条 成员单位应努力提升信用卡服务质量，为持卡人提供人性化的用卡服务，倡导各信用卡发卡行建立信用卡还款"容差服务和容时服务"或对贷记卡透支额在免息还款期内已还款部分给予利息减免优惠：（略）

第十五条 当持卡人在到期还款日(含)前还款金额不足最低还款额时，成员单位可收取滞纳金。滞纳金不应超过国家规定的标准。

第十六条 成员单位应对客户信息严格保密，国家法律、行政法规另有规定的除外。成员单位应建立完善的客户档案管理办法并认真实施。

第十七条 成员单位应建立完善的投诉渠道，加强服务投诉管理，保障客户权益。

第十八条 成员单位应严格遵守国家有关法律法规，科学测算业务成本，合理制定银行卡业务服务收费标准，避免不正当竞争。

第十九条 成员单位应共同促进多层次信用体系建设，在催收、保全、专案管理等方面紧密合作，加强对银行卡违法犯罪案件、不良持卡人、不良商户等有关风险信息的资源共享及银行卡业务风险联动防控。

第二十条 成员单位应建立信息沟通与共享机制，及时向银行卡委员会报送业务数据和信息,促进成员单位间的业务交流及合作。

第二十一条 成员单位愿意积极配合和支持银行卡委员会和监管部门的工作,积极参加银行卡委员会组织的各项工作。

第三章 监督与管理

第二十二条 银行卡委员会应代表成员单位积极与监管部门开展沟通交流,定期、不定期向监管部门反映银行卡业务相关信息、风险状况和监管规范建议等,协助监管部门开展必要的调查研究工作。

第二十三条 银行卡委员会鼓励成员单位互相监督,成员单位及非成员单位均可向银行卡委员会举报违反本公约的行为。

第二十四条 银行卡委员会定期组织银行卡业务状况评估,并发布行业发展报告。在成员大会同意的情况下,对公约的执行情况进行评估,并通报评估结果。

第二十五条 银行卡委员会应本着公正、公开、客观的原则,维护成员单位的正当权益,维护银行卡市场稳定健康发展。

第二十六条 成员单位违反本公约的,经银行卡委员会查实后可根据违约程度采取以下措施:(略)

第二十七条 成员单位对银行卡委员会依据第二十六条所采取的措施有异议的,可以向中国银行业协会反映。

第二十八条 成员单位银行卡业务从业人员有违反本公约的行为,由成员单位按照相关管理制度采取惩戒措施,有异议时,可向银行卡委员会反映情况。

第四章 附 则

第二十九条 本公约经银行卡委员会成员大会审议通过后生效,报中国银行业协会备案,其中第十三条、第十四条、第十五条,自2013年7月1日正式实施。

第三十条 本公约生效后,取得中国银行业协会银行卡专业委员会成员资格的单位,自取得成员资格之日起,视为自愿加入本公约。

第三十一条 本公约与国家法律、法规和监管部门规章不一致的,依有关法律、法规和监管部门规章执行。

第三十二条 本公约由银行卡委员会负责解释和修改。

(资料来源:中国银行业协会网站)

【公约】例文2

首都市民文明公约

一、热爱祖国 热爱北京 民族和睦 维护安定
二、热爱劳动 爱岗敬业 诚实守信 勤俭节约
三、遵守法纪 维护秩序 见义勇为 弘扬正气
四、美化市容 讲究卫生 绿化首都 保护环境
五、关心集体 爱护公物 热心公益 保护文物

六、崇尚科学 重教尊师 自强不息 提高素质
七、敬老爱幼 拥军爱民 尊重妇女 助残济困
八、移风易俗 健康生活 计划生育 增强体魄
九、举止文明 礼待宾客 胸襟大度 助人为乐

(资料来源：首都之窗网站)

第五节 简报的制作

一、简报的概念、特点、种类

(一)简报的概念

简报是单位或部门内部将近期工作的情况动态、总结的典型经验、发现的存在问题等编印成的简明报道。它可以定期或不定期地编发，既要上报，也要下发，并可转发给平级单位，起到一种反映情况、传播信息、交流经验、指导工作的作用。在实际使用中一般被具体地称为"情况简报"、"工作简报"、"近期动态"或"每周厂讯"等。简报可以使上级领导部门及时了解简报编发单位的新成就、新经验，及时掌握出现的新情况、新问题，并以此作为制定方针政策的参考或依据；简报也可使平级单位了解借鉴简报编发单位的做法和经验，又可使基层单位或部门及时知道动态和领导意图。

在这里我们强调"制作"而不是"写作"，是因为简报内容的写作其实就是一些新闻性的、纪要性的和讲话性的文稿，这在相关章节中各有论述。而"简报"本身的性质是一种管理性的文书，它是企事业单位、各经济组织的管理工具之一，所以我们将之归为管理事务文书，并主要对它的制作格式做出解释。

(二)简报的特点

1. 内容广泛

简报的内容十分广泛。无论是常规的工作反映、及时的信息传递，还是重大事项报道、突发情况汇报，都可以成为简报的内容。有些单位的简报，还特地反映报道一些本单位的文化生活方面的内容，以满足不同阅读对象的阅读兴趣。

2. 反映及时

定期简报的内容都是最近这个周期内的事情，不定期的简报是在有信息材料必须报道的情况下随时编印发出的，所以不论什么简报，它的又一大特点就是反映一定是及时的。只有及时的反映，才能显现简报作为交流信息、辅助决策的重要手段的意义。

3. 内部使用

简报产生于单位、组织自己的管理活动中，是为了让有关方面和人员了解情况而制发的文书，所以简报是内部的材料，它的读者对象也是有一定限定的。在编写简报时，应该考虑简报的这个特点,内容的宽窄深浅都应以这个为衡量依据之一,以区别于对外的宣传报道。

(三)简报的种类

简报因编发的目的不同而各有其内容侧重,也就有了不同的种类。一般来说可分成综合性简报、专题简报和会议简报三种。

综合性简报是定期编发的,内容涉及本单位各个方面的工作情况,一份简报往往既有重大事项的报道,又有较为轻松的服务性消息。这种简报其实也连贯地反映了单位组织在一段时期内的生存状态。这种简报的名称往往是"每月情况"、"每周信息"或"每旬动态"之类的,在时间限定后面加上性质名称。

专题简报一般不定期编发,主要反映某一方面情况、动态或问题。往往一份简报只反映一件事情、一个问题,根据实际需要而强调某一点。这种简报一般称为"市场动态"、"销售信息"或"产品通讯"等,以专题性质加上简报性质为简报名称。

会议简报是在大型会议期间,由会议秘书处围绕会议进程编发的定期或不定期报道。主要反映会议的组织工作、分组活动、观点意见等。会议简报的名称一般就是直接叫作"××会议简报"。

二、简报的制作格式

(一)报头

简报的报头部分包括编号、密级、名称、期号、编发机构、编发日期等。这些内容位于简报首页上方约 1/3 至 1/4 的版面。

(1) 编号。即每份简报的印制顺序号,类似公文的份号,这是有密级要求的简报必须具备的。它应标注于左上角,以利于登记、签收、传阅和清退。但一般简报不必设此项。

(2) 密级。有保密要求的简报应标明秘密等级,即在右上角印上相关密级。有些简报内容虽不严格保密,但因涉及组织内部情况,不宜或不必向外界传播,则应在右上角标明"内部文件,不得外传"或"会议文件,会后清退"等字样。

(3) 名称。这是简报报头的主要成分,一般位于首页页面图文生效区上方居中大字排列,也有将之位于首页左上方或右上方竖排的。但竖排的页面须调整编号和密级的位置,以形成统一美观的格式。

(4) 期号。期号是简报编发的流水号,位于名称正下方小字排列。期号可从总期数流水排列,不受自然年份的影响,亦可一年一流水,每年从"第 1 期"开始,期号一般用圆括号括起。会议简报的期号总是以会议的起讫时间来编一个简报期号系列。

(5) 编发机构。编发机构指编写印刷并发放简报的部门或机构名称。一般为单位的办公室或会议的秘书处。编发机构的名称标注于期号的左下方。

(6) 编发日期。编发日期是指简报实际发出日期的年月日,其中数字用阿拉伯数字表示,位于期数的右下方,恰与编发机构形成左右对称。

在这些内容要素之下,画一条分隔线。分隔线贯穿整个页面,一般用红色。

(二)报核

报核是简报的文稿部分,也是核心部分,是简报的具体内容和思想的体现。在制作上,要注意标题和按语的恰当安排,以既突出内容,又美观醒目。

标题在制作时字号应稍大,以引领下文。综合性简报往往有多条重要的或较长篇幅的信息,可各在其标题引领下表现。一些简短的、散在的消息可归纳为"简讯"或"简明动态"、"文艺信息"之类,分条列出,每一条之间应空一行,并可在第一个字前打一个题花。

专题性简报常常只有一件事情,但篇幅却不短,一般都是比较重要的讲话发言或比较重大的事件,所以常常须对此加上"编者按"。编者按就是编发此简报的机构因内容重要而加发的按语。编者按一般都是根据领导的意见写就的,所以具有指导性。编者按要将简报内容的重点、关键提出来,并可根据具体情况,或发出号召要求,或做出提醒强调。在排版时,"编者按"应以黑体字表示,加冒号;后面的内容不需加黑,但应以另一字体排版,一般用楷体。整段编者按部分应左右各缩进几个字,以与正文区分,既凸显其地位,又能美化版面。

在"编者按"下面,可空一行开始正文。正文可以是调查报告式的,可以是新闻报道式的,也可以是领导讲话稿;会议简报还可以是会议的纪要或决议;有时内容又是花絮集锦式的。但无论什么内容,都要注意与本单位本部门的工作实际紧密结合。

(三)报尾

简报的报尾在简报末页的最下端。通常以上下两条贯穿整个页面图文生效区的横线夹衬,分行注明简报的报、送、发范围,对象和印刷份数,现在很多单位为了明确责任,又在这一部分标明编辑、打字、校对等人员的姓名。

其中"报"指发向上级单位,也可直接给领导个人,"送"则给相关的平级单位,而"发"则指发向下属单位。

印刷份数一般用圆括号括起,置于最右下侧。而若有编校人员名字,应在左侧。

三、简报写作制作的要求

(一)简报的写作要求

从简报的文稿写作要求来说,简报要简、快、真,即简明地反映,快速地传播,真实地记录。这三者是联系在一起的。简报姓"简",一切洋洋洒洒的鸿篇巨制不是简报所提倡的,也不是简报能承当的。但是不能简而不明,要明了、明确地反映事实。简报要快,即时性是简报的属性。简报不能将过时的、已经没有新闻意义的"旧闻"来做"钩沉",这不是简报的应有功能。简报由于反映的都是读者对象自身的事情,所以它只能是真的,一切人为的歪曲和对事实的误读,都不能真正发挥简报的作用,却会造成更大的混乱。

(二)简报的制作要求

从简报制作的方面来说，简报一要勤、二要美。"勤"是指出版周期不要拖得太长，有的单位半年或一年才出一期简报，新闻早已成了旧闻，会议事项早已落实，这是一种很不好的现象。"勤"还要"以人为本"。简报虽然以上报为主，但也是本单位本部门的群众了解本单位本部门情况的途径之一，所以不能光考虑领导意愿，只反映领导意志，眼睛里应该有最广大的群众，要关心群众的呼声，反映群众的意见和要求，也可专辟"群众建议"的专栏。"美"是指版面要美观朴素，并且要办出特色。在题花、字号、字体等方面要多作考虑。简报虽然在功能和意义上跟报纸完全不同，却同样能办得有声有色。

【简报】样式

海茂集团公司每月简讯
(第12期)

海茂集团公司办公室编印　　　　　　　　　　2015年12月15日

　　　　　　　××××××××××
××××××××××××××××××××××
××××××××××××××××××××××
××××××。

　　　　　　　××××××××
××××××××××××××××××××××
××××××。

　　　　　　　××××××××××
××××××××××××××××××××××
××××××。

　　　　　　　×××××××
××××××××××××××××××××××
××××××。

　　报：××××××××××××
　　送：××××××××××××
　　发：××××××××××××

　　打字　×××　　　　　校对　×××　　　　　（共印××份）

【会议简报】样式

会议资料 　　　　　　　　　　　　　　　　　　　　　　　　　注意保管

质检工作年会会议简报

(第 5 期)

年会会议秘书处编印 　　　　　　　　　　　　　　　　　　2015 年 12 月 21 日

统一质检标准　　　接轨国际市场
——与会代表热议质检标准统一化问题

　　编者按：统一质检标准之所以引起广大与会者的热议，首先是因为它代表了国内各大企业的重要利益。在全球化经济背景下，如果我们仍然只以自己并不那么科学，也并不那么先进的质检标准和质检体系来进行"自家的质检"，是不可能与国际接轨而让我们的企业走出国门，做大做强的……

　　统一质检标准近日成了会议的关键词语。在大会演讲中，小组发言中，在代表的书面意见中，统一质检标准的呼声随处随时都可听到。××

　　报：××××、××××、××××。

　　发：各代表小组。

(共印××份)

第六节　大事记写作

一、大事记的概念、特点和种类

(一)大事记的概念

　　大事记是各经济组织、各机关团体以简明扼要的文字将本单位、本部门发展过程中的重大事项或活动按时间先后顺序做出记载的一种管理事务文书。

(二)大事记的特点

(1) 见证性。大事记所记载的是一个经济组织或一个机关团体的发展过程，所以它是该单位的发展见证。大事记的作用并不在当时而在今后，它是为今后的活动或事务留下历史的记录，留下相关的史料。

(2) 积累性。大事记所记之"事"，不是为写作而产生的，它在漫长时间里随实践的发展而渐次发生，因此大事记是写作者在每一事件发生时，立刻就将之客观严肃地如实记录下来，逐一积累，年终时做一梳理调整，慢慢形成的记录。

(3) 重要性。既为"大事记"，其"事"一定是"大"的，重要的。大事记所记载的必须是有影响的、重要的、本质的事情，能反映一个组织的发展轨迹和发展脉络，并以此折射出整个社会的发展动态。

(三)大事记的种类

在内容上，大事记的种类可分为两大类，即组织性的大事记和事项性的大事记。前者是指以单位组织为大事记的主体，说这个单位组织在一定的时间内发生了什么事情；而后者则以事项的展开为主体，说这个事项在一定的时间内发展到了哪一步。

在时间上，大事记也可分为两类，即短期的和长期的。短期和长期并没有绝对的界限，只是相对而言。大事记一般以年份为写作时间范围，一年一份。但事项性的大事记往往也以一个发展阶段为写作时间范围，这可能长于一年，也可能短于一年。

二、大事记的格式

大事记是在平时积累的基础上整理而成的，所以它的写作首先在平时的记录。正式形成文稿时，一般由标题和正文组成。

(一)标题

根据大事记的不同类型，大事记的标题可写为：《隆通贸易集团公司2015年大事记》或《阳明贸易集团公司股份制改革大事记》。任何大事记标题都由大事记主体、时间或事件、文种组成。

(二)正文

大事记的正文用条款形式表现。一般先写具体时间，在时间后面表述事件。应根据时间的先后一事一记，每事独立成段。如同一时间段内有几件大事，要分条逐一记述；而如果一件大事时间跨了好几天，应将时间从头至尾记清，并将事件列于最后一天记载。

大事记正文的内容要写得恰当明了，主要记述的事件如下。

(1) 本单位本机构的成立或撤销、兼并情况。

(2) 本单位本机构的领导变动、行政调整情况。

(3) 重大成果、重大事故或重大案件发生和奖惩处理情况。

(4) 重大活动或重大会议举行情况。
(5) 重要政策或重要文件的制定、颁发情况。
(6) 上级领导机构或领导成员在本单位本机构的重要活动情况。
(7) 反映本单位本部门生存与发展的其他重要信息或重大活动。

三、大事记的写作要求

(一)记大事

大事记所记载的事件不是每天都会发生的,常态性的生活和工作也确实没有什么"大事"会时时出现。但是不能因此用一些琐细的、常规的事件来充抵大事。大事记一定要掌握好记载原则,每个单位部门可因此制定有关要求,力求做到记录重要节点,反映本质。而不是遇事必录,巨细无遗。

(二)记客观

大事记主要是留下真实的印记,为今后留下一份可资参考借鉴的材料,因此一定要客观地记载事实而绝不能有任何粉饰、添加、含糊。要站在对事实负责和对历史负责的高度来看待大事记的写作意义,不能将"小事"敷衍成"大事",更不能将"坏事"演绎成"好事"。事实所涉及的时间、地点、人物、数据;起因、过程、结果等,都要核对准确,不能有丝毫出入和差错。

(三)记完整

大事记并不是随生随记,一般都是在一年或一个阶段结束后才回顾记录,所以平时应注意积累,将发生的事实经过相关材料都收集起来,在最终整理时,先确定什么是"大事",一旦确定了应记载的事件,就要对事件仔细辨析,剔除枝蔓细节,完整记录。大事记一般采用条文化的写作方式,说了事情概况即可,注意不要将事件的表述文章化。

【大事记】例文

2015年上半年经济大事记

3月5日

国务院总理李克强在十二届全国人大三次会议上所作的政府工作报告首次提出要制定"互联网+"行动计划。并要把"大众创业、万众创新"打造成推动中国经济继续前行的"双引擎"。

3月26日

国土资源部就《不动产登记暂行条例实施细则(草案征求意见稿)》公开征求社会意见,这意味着不动产登记进程再进一步。不动产统一登记之后,房屋所有权证和土地使用权证合二为一。不动产权登记是申请登记,并非强制登记。旧证、新证同时都具有法律效力。权利不变动,证书不更换。

3月30日

央行联合住建部、银监会发文下调二套房个贷首付比例:二套房商业性贷款最低首付款比例调整为不低于40%,同时调整了住房公积金贷款政策,首套普通自住房公积金贷款最低首付款比例为20%。

4月3日

经中国证监会上市公司并购重组审核委员会审核,中国南车股份有限公司与中国北车股份有限公司合并之重大资产重组事项获得无条件审核通过。合并后的中车公司不仅将成为全球高铁技术的最大供应商,更将巩固合并后的中车公司作为全球最大轨道运输设备制造商的地位。

4月14日

国务院总理李克强主持召开经济形势座谈会,在回应企业代表关于"互联网+"的建议时,他专门提到网费贵、网速慢的问题,并敦促有关部门负责人要研究把流量费降下来,把网速提上去。

4月21日

中国(广东)自由贸易试验区、中国(天津)自由贸易试验区、中国(福建)自由贸易试验区同步挂牌,标志着我国自贸区建设正式迎来"2.0"时代。加上上海,我国由南到北四大自贸区"连点成线",勾画出改革开放、创新发展的新格局。

4月30日

中共中央政治局召开会议审议通过《京津冀协同发展规划纲要》。推动京津冀协同发展是一个重大国家战略,"协同发展"是目前京津冀区域经济的核心主题,为破解地区经济发展差距、公共资源配置不均衡、资源环境制约等难题提供"钥匙"。

5月19日

国务院印发《中国制造2025》的通知,这是我国实施制造强国战略的第一个十年行动纲领。

6月12日

上证指数开盘大涨,登上5178点,为本轮牛市最高点。与年初相比,暴涨近2000点。创业板指数创出历史最高纪录4037点,与年初的1429点相比,5个月暴涨182%。

6月24日

国务院常务会议通过《中华人民共和国商业银行法修正案(草案)》,删除了贷款余额与存款余额比例不得超过75%的规定,将存贷比由法定监管指标转为流动性监测指标。

6月27日

央行宣布自28日起定向降准并同时下调存贷款基准利率。调整后,一年期存贷款基准利率下调0.25个百分点,分别至2%和4.85%。今年以来,央行频频出手,2月4日,下调金融机构人民币存款准备金率0.5个百分点;2月28日,下调金融机构人民币贷款和存款基准利率0.25个百分点;4月20日,下调各类存款类金融机构人民币存款准备金率1个百分点;5月11日,下调金融机构人民币贷款和存款基准利率0.25个百分点。

6月29日

《亚洲基础设施投资银行协定》签署仪式在北京举行。亚投行57个意向创始成员国财长或授权代表出席了签署仪式。中国政府正式提名金立群为亚投行候任行长中方候选人。亚投行的运营将有望增强对"一带一路"项目的融资支持。此前，在3月28日，《推动共建丝绸之路经济带和21世纪海上丝绸之路的愿景与行动》正式发布。

（资料来源：中国财经新闻网）

思考与练习

一、理解以下词语

经济管理事务文书　规定　办法　细则　公约　计划　预案　小结　总结　简报　大事记

二、简答以下问题

1. 经济管理事务文书有哪些特点和作用？
2. 计划有哪些特点和种类？如何安排计划写作的结构？
3. 计划写作的重点在哪里？有哪些写作要求？
4. 总结有哪些特点和种类？
5. 总结写作的基本结构是什么？可有怎样的调整变化？
6. 总结有哪些写作要求？
7. 规章制度类文书有哪些特点和种类？
8. 规定适用于哪些情况？它的写作结构和要求是什么？
9. 办法适用于哪些情况？它的写作结构和要求是什么？
10. 细则适用于哪些情况？它的写作结构和要求是什么？
11. 公约适用于哪些情况？它的写作结构和要求是什么？
12. 简报有哪些特点和种类？
13. 简报的报头、报核和报尾各有哪些要素？怎样安排？
14. 简报"编者按"有什么作用？如何安排"编者按"？
15. 简报的写作和制作各有哪些要求？
16. 大事记有哪些特点和种类？
17. 大事记主要记载哪些事项？
18. 大事记的写作要求是什么？

三、写作实践

1. 根据自己的实际情况，分别练习拟写本章各类经济事务管理文书。
2. 回顾过去两年的学习、生活和工作，制作一份大事记。
3. 根据大事记的内容，试制作一份简报。
4. 分析下文优劣，并修改补充下文。

2016年工作计划

2016年已经到来。在这新的一年里,我们专项科召开了迎新会议,专门讨论了"2016怎么办"的问题。通过学习,大家一致认为,要发扬我局一贯以"服务群众为宗旨"的优良作风,按新的要求和新的思路来开展工作。

一、以人为本,在监督理念、方式、手段上体现人本思想;在监督内容上体现关注民生和社会发展,加大对"新农合、教育、社保"等方面的监督力度。

二、加强两项重点工作,一是加强对财政政策实施情况的监督,规范政策执行行为,加强对涉及经济发展的重点支出的监督。二是加强对土地收入的监督,检查土地征用是否符合规定,收支是否纳入预算,资金使用是否符合政策。

三、加强财政资金三性检查,即规范性、安全性、有效性的监督。

四、做到四个结合,即事前、事中、事后监督检查相结合,财政监督与财政具体业务管理相结合,日常监督与专项检查、抽查相结合,处理事与处理人相结合。

我们专项科是新成立的科室,经验不足,有许多事情现在也许无法预计,但我们一定在党中央的引领下,在上级党委和局领导的指导下,做好我们的本职工作,努力为全局争创"为民服务标杆"出力。

第四章 经济报告文书

本章学习目标：

- 理解各类经济报告的概念、特点。
- 了解各类经济报告的用途和要求。
- 掌握各类经济文书的基本结构。

第一节 经济报告文书概述

一、经济报告文书的概念

就社会的各类经济组织而言，"报告"是写作活动中的常用文种。但是我们必须分清这里的"报告"，它有别于党政公务文书的法定文种"报告"，后者是"适用于向上级机关汇报工作、反映情况，回复上级机关的询问"的上行文，而本章所言之"经济报告"，是指为反映经济活动的状态、经济行为的实施、经济运行的效果、经济法规的执行而写作的文书，其目的是让有关对象了解经济运行状态，监督经济行为过程或对未来形势作出判断并依此进行决策。

二、经济报告文书的种类、特点及作用

(一)经济报告文书的种类

各种经济报告文书产生于社会经济生活实践，它们的类别也依据经济生活的实践而区分。本书将经济报告文书分为两大类，即预测类报告文书和送审类报告文书。

1. 预测类报告文书

顾名思义，预测类报告文书是对经济实践的未来发展做出预测的报告文书。这类文书主要有经济调查报告、经济活动分析报告、经济预测报告以及某些可行性研究报告等。这些报告文书立足于现实经济生活，通过科学的分析、判断，准确指出经济实践的未来趋势，为决策提供有力依据。

2. 送审类报告文书

送审类报告文书是指把经济运行中将产生或已经产生的状况向上级有关部门或各不同层次的代表大会报告，以期得到批准的报告文书。这类文书主要有可行性研究报告、预算决算报告、审计报告以及上市公司经营状况报告等。这是经济写作中独特的一类，即主要依据各类不同的数据来说明问题的应用写作文体。

(二)经济报告文书的特点

1. 体现政策

经济报告文书在整个撰写过程中必须体现国家法律法规和相关领导部门的方针政策，并受这些方针政策的制约。无论是预测类报告还是送审类报告，都应在法律法规的指导下写作。诚然，经济报告文书反映的是客观经济生活，但是面对经济实践，必须有正确的认识和引导，在今天经济市场化向纵深发展的过程中，我们面临着许多新情况新问题，如果没有法律法规和方针政策，我们的经济报告可能会出现错误估计、片面分析，或畸形评估，这可能引起混乱，激起更多的矛盾，不利于经济健康有序地发展。而送审类报告文书更要在法规政策的引导下如实反映情况，审查者对这类文书的审查本身就是运用法规政策这一主要工具来进行的。只有体现政策，才能写出符合经济发展方向的报告文书，起到此类文书应有的作用。

2. 目的鲜明

之所以强调经济报告文书的政策性，还在于经济报告文书目的鲜明。预测类报告和送审类报告都是有明确目的的。为了把握经济发展走向，探索其规律，我们必须对经济表现做出各种判断，以调控经济，把握发展。这时候，预测类报告给决策者提供各种依据，既体现和验证决策本身，又为下一步决策奠定基础。送审类报告更是为了使相关经济行为得到认可才写作的，它的目的就是要通过审查和批准，使想做的事能顺利进行，使已做的事能修正偏差，健康发展。可见，在政策的指引下，经济报告文书根据自己的鲜明目的而进行具体的写作，以更好地促进经济生活的健康发展。

3. 准确规范

经济报告文书既要讲究表述的准确客观，又要讲究外在格式的规范统一。在进行此类写作时，要充分掌握具体真实的材料，并倚仗政策的指导对材料进行科学的筛选取舍，从而找出最精准的数据，做出最客观的评价，得出最正确的结论。除了内容的真实、结论的准确之外，经济报告文书还要在格式上体现真实准确，这是指它的规范化要求。经济报告文书在长期实践中形成了独特的外在形式，这些形式有助于经济报告文书更好地表达思想内容，随着社会经济生活的发展、传播手段的进步，经济报告文书也正在发生着一些形式上的变化。正是为了保证此类文书作用的充分发挥，保证其思想内容的完整性和严肃性，我们才特别强调它的规范性。规范性不是阻碍它形式的发展，而是要使这种发展有序、健康，既合乎社会生活进步的需求，也利于写作者个人形成健康的行文风格。

(三)经济报告文书的作用

经济报告文书的特点，决定了它在经济生活中有特定的作用。

1. 测报作用

经济报告文书无论是预测类的还是送审类的，其实都具备经济测报作用。经济生活必须时刻关注市场动向以及制约市场的诸多因素的变化。具有深远的眼光，广阔的视界，运用科学理论对经济生活做出预测并报告给各有关决策部门或关联单位，是经济报告文书的首要作用。及时和准确的测报可以帮助决策，使之提高全面性和准确性，也可以提高决策的前瞻性。同时，经济报告文书的测报作用也反过来要求经济报告文书的写作不能就事论事，更不能肤浅虚假，以保证其测报作用的充分体现。

2. 监管作用

经济报告文书可以帮助领导部门加强对经济生活的监管，体现其指导作用。在市场经济环境中，要通过法制手段来制约经济行为，也要通过行政手段来引导经济行为。各类经济报告文书给这些手段的实施提供了基础。当报告将经济生活中的事实如实反映出来之后，监管部门可以立即据此采取相应的措施。对预测类的经济报告文书，监管部门可以通过它来了解市场经济的趋势，对未来可能发生的问题做出预警或总结出可资借鉴推广的做法或经验；对送审类经济报告文书，监管部门则可以及时调整计划，控制流通节奏，把握经济发展的主流。经济报告文书的监管作用，在实践中也帮助人们发现经济行为中的不正常现象，以便于人们及时阻止这些现象的继续发生，保证经济秩序的良性运行。

3. 知晓作用

经济报告文书还有知晓作用。对各级代表大会做出的预算决算报告、上市公司经营状况报告，乃至审计、查账等报告，都应具知晓作用。这样既让有关方面或有关人士了解相关情况，同时，也是为了让经济活动永远处于群众监督之下。群众对涉及自己切身利益的经济行为天然地拥有知晓权，只有让群众知晓了，理解了，才能取得群众的信任和支持，所以，很多经济报告文书都需要在大会上宣读，经过与会者的充分讨论，再经由大会批准。这样做，尊重了群众的主人翁地位，也体现了群众的民主权利，并使经济行为始终处于群众的集体监督之下，保证经济的正常发展。

第二节　经济调查报告写作

一、经济调查报告的概念、特点和种类

(一)经济调查报告的概念

调查报告是一种广泛使用的应用文体，它通过对一定范围内的相关事件的调查、分析，再作出书面报告。它是社会公众了解情况的途径之一，也是决策者分析解决问题的依据之一。而经济调查报告则是诸多调查报告中的一种，它以经济活动为对象，通过各种不同的调查方法，对整个经济业态发展、对生产和销售环节、对原材料和成品价格、对供应和需求关系、对经济从业人员等做出研究分析，并就此提出相关的建议、对策，使社会公众知晓，并供决策者参考。

(二)经济调查报告的特点

1. 真实典型性

首先，经济调查报告必须是真实的。这里的真实，既包含材料数据的真实，也指作者客观的实事求是的态度。经济调查的目的是为决策层作决策依据，也给社会公众以启发，如果缺乏真实性，势必导致决策的错误，也会造成对公众的错误导向。所以经济调查报告不仅必须材料真实，事实确凿，而且要分析正确，结论科学，应对方案合理。

在强调真实的同时，不能忽视它的另一面，即典型性。如果是一般泛泛的真实，显然不具说服力，经济调查报告还要求所表述事件应在同类事件中具有较强的代表性，能集中地反映这个层面上的共性的问题。要做到这一点，在经济调查报告的写作中，就必须透过表面的真实看其本质，从表面材料中找出最具代表性的本质问题，这样的经济调查报告才有意义。如果只是就事论事地让受访者打钩画叉，再由这些钩叉记号形成调查报告，那就不是有价值的经济调查报告，而只是一些信息汇总罢了。

2. 现实针对性

经济调查报告是为了解情况、解决问题进行的写作，它自然必须具有现实的针对性。经济调查报告是现实经济生活的反映而不是历史的回顾，是在实践的基础上对未来的预测和调整而不是浪漫大胆的揣测，所以，经济调查报告反对行文"假大空"和不着边际的渲染虚构，而要循着政策的导向，寻求解决问题的途径。从明确调查目的，确定调查对象，到选准调查范围，设计调查方案，都应从实践出发，针对经济生活中和市场运转中的具体情况，有的放矢地进行调查和写作，这样才能真正回答市场经济活动中给我们提出的问题，真正有助于各种矛盾的化解，并使决策者及时把握和了解市场动向，做出正确的判断，确保市场的健康有序发展，也有利于相关单位和部门调整策略，适应市场。针对性要求写作者在进行调查时，就要针对不同对象采用不同手法，而不能仅以个人好恶或习惯来决定用什么方法向受访者进行调查。

3. 时机限定性

经济活动从来就不是按人的意志运转的简单受控对象，而是循着其自身的规律，不以人的意志为转移地向前发展，这与人们的主观愿望往往形成较大矛盾，因此经济调查报告才尤显其重要性。为了把握市场经济的发展，经济调查必须经常进行，可以定时，也可以随时。但这个时间期限必须主要是依据市场规律做出，而不能主要是调研人员依据自己的工作节奏来安排。时机的限定，也指它的时间效率。经济调查报告总要对市场经济的发展做出及时的反映，力图抓住经济现象的主要矛盾，以保证自己在未来的经济发展中能更主动，更自由。讲究时效，也指要对经济活动有直接的指导作用，不能报告是报告，市场是市场，二者分离。经济调查报告总是既有宏观眼光又有微观关注的调研分析结果，来凸显时机效率的特点。

(三)经济调查报告的种类

经济调查报告的种类很多,如市场需求调查报告、竞争对手调查报告、经济政策调查报告、业态及从业人员调查报告,以及宏观经济调查报告和微观经济调查报告等。从不同的角度又可分出若干种类。本处试作如下分类。

1. 业态发展经济调查报告

业态发展经济调查报告是指对业态状况进行调查。各行各业根据自己的经济运转特点,调查与自己有关的业态发展变化,如业态环境、业态竞争、业态发展趋势、从业人员状况,以及与该业态发展有关的资源市场等。

2. 消费性经济调查报告

消费性经济调查报告对经济组织的运作起重要的牵制作用。消费市场的需求既反映社会的经济水平,也反映社会的审美时尚和健康理念。由于办公自动化程度和操作工艺自动化程度快速提高,人们对办公类、宣传类的各种电子或其衍生产品的消耗越来越大,耗材是需求量大,供应周期短,周转轮次密的商品,与一般社会生活消费品有很大不同,市场竞争也更加激烈。所以耗材市场调查报告也是日渐被重视的一个门类。

3. 服务类经济调查报告

社会服务业正随着社会生活的发展而日渐兴旺,所以服务类市场也大有可为,要了解服务市场的变化,首先要了解哪些人群有被服务的需求,以及他们对服务品种的兴趣要求。这其中包括政策服务内容,如各地自贸区兴立,可以考虑如何为自贸区客商服务的问题;而随着我国社会老龄化问题的凸显和"二胎"政策的调整,人们对旅游服务、金融服务、医疗服务、养老服务、亲子服务、陪伴服务等,都有极大的需求。调查此类经济活动的发展,及时做出调查报告,具有非常重要的现实意义。

二、经济调查报告的结构

(一)标题

调查报告虽是一个文种,但"报告"却不一定在标题上出现,可以写成"……调查","报告"只是在写作的结构方式上体现。常见的经济调查标题有如下几种写法:《2014年度新能源经济的调查》、《高龄养老服务市场调查》、《利益胶着 竞争激烈——便利店生存状态调查报告》。

可见,经济调查报告的标题是根据文章内容和文章作者的写作意图而灵活拟就的。一般包含调查的对象或调查的内容、调查的范围,也可将调查中发现的主要问题或基本状况提到主标题上再以副标题说明内容等。但不管什么写法,"调查"总要在标题部分显现,以表明这是"调查"的结果。

(二)正文

(1) 总说。总说主要起交代和引领作用。可交代调查的缘起、目的、时间、范围、对象和所调查的内容、所用的调查方法等。有时也可视需要交代参与此次调查人员的组成情况。总说部分也应提出作者的基本观点或总体结论，这是总说重要的引领作用的体现。它可以在文章开头起先声夺人的效果，或鼓舞，或警诫，引起阅读对象的注意，也奠定全文的基调。

(2) 主体。主体是全文的主干，一般是情况介绍、问题分析和预测或建议这三大块组成。结构上可以时间为线索纵向叙述，亦可以事理为线索横向叙述。问题复杂、篇幅较长的调查报告应将时间和事理结合，纵横交合地进行叙述，以展现市场状况的波澜壮阔。

在进行纵横交合式写作时，要把握住主线，做到合而不乱。分若干段落逐一展开，每段可加小标题或数字标引。对问题的分析要尽量深刻，体现理论水平、政策水平，以有助于决策者了解情况，也提升普通阅读者的认识。

第三大块的预测或建议部分要谨慎，虽不必具体列出实施方案，但亦不得空发议论或虚张声势，"形势喜人，相信我们一定会取得更大胜利"或"形势严峻，我们必须调整策略"之类的话固然不错，却不能总写这些大路货的言辞，而要针对现状拿出有价值的意见。倘确无意见或写作者的身份地位较特殊而不便表示，则宁可舍去这一块。

(3) 结尾。一般有预测或建议部分的调查报告，可将预测和建议部分的结束视为全文的结尾，而不必另作结尾段，这样既简练也自然。若文章中这一部分与前文结合较紧，或独立性较强，则不宜将之作为全文的结尾以免突兀。也有些经济调查报告并未作建议或分析，这时，文章宜有结尾段，以照应全文，强化主旨。

结尾段可以写成总结性的，将问题和分析作最后的归纳概括以提升认识；亦可在预测或建议的基础上表达决心信念以鼓舞士气；或可对相关情况做出补充交代以周全说明。无论哪一种结尾都不宜长，而应以简明精练为主。

三、经济调查报告的写作要求

(一)调查要科学全面

调查是经济调查报告的写作基础，没有调查就没有发言权，也就不能进行写作。所以，在进行经济调查报告写作前，调查工作要科学全面。科学是指一定要用科学的调查方法进行调查，这里的"科学方法"并不仅指各种不同方法的名称，更是指用最适合此次调查目的和调查对象的方法。无论定量调查、定性调查、统计调查等新老方法，选择的唯一标准就是它是否适用于此次调查的特定内容。"全面"则指所选择的方法能最大限度地覆盖被调查内容，从而反映最真实的问题。调查的科学全面不仅是调查报告的写作基础，也是作者对经济调查报告的写作态度的反映。

(二)报告要实事求是

在科学全面调查的基础上,报告的写作要坚持实事求是的态度。实事求是首先是指对调查所得材料有实事求是的认识。材料有多大力度只能得出多大力度的结论,切不可任意拔高、夸大或危言耸听。实事求是并要求作者以事实为依据,不能迎合某些人的需要而对事实进行非真实合理的裁剪。实事求是还要求作者要谨慎对待调查中得来的各种数据,考察各种数据的真实性,自己不能被数据所欺骗,也不能写报告误导阅读者。

(三)写作要理论严密

经济调查报告不是经济活动的表象反映而是内在的运动的反映,所以一定要凸显其理论性。这就要求作者本人应具一定的理论修养和政策水平,了解一般经济规律和国家相关的经济政策、法律法规,才能发现问题、理解原因、分析透彻、解决有方。其次,逻辑要严密,因果要明确,隐忧要彰显,方向要揭示,这些都是通过文章的理论性来体现的,不能将事实罗列一番之后,说几句空话了事。写作时要突出重点,分清主次,没有理论的支撑,经济调查就失去了意义。经济调查之所以能成为决策的依据之一,正是因为它有理论的基础,才提升其作用。

【经济调查报告】例文 1

北京民营经济调查报告

近些年,民营经济对首都经济的贡献越来越大。1月2日,市统计局、国家统计局北京调查总队首次发布北京民营经济发展报告。这份报告显示,2012年,全市规模以上民营单位实有户数2.7万户,从业人员239.5万人,较2004年分别增长53.6%和64.9%,占全市规模以上单位的比重分别为61.8%和33.5%。

目前全国尚未界定民营经济概念的统一标准,根据北京市实际,本次调查中民营经济范畴是指扣除国有经济和港澳台商和外商经济之外的部分。从企业控股情况看,是指扣除了国有控股、港澳台商控股和外商控股以外,包含私人控股和集体控股的企业,但不包含个体经营户。

民营经济户均资产 1.9 亿元

2004年至2012年,北京民营经济呈现出良好的发展态势,在稳增长、调结构、保民生等方面发挥了重要作用。9年间,北京民营单位户数从2004年的1.8万户,发展到2012年的2.7万户,年均增速5.5%。民营单位资产合计5.1万亿元,较2004年增长2.3倍,年均增速16.3%。尤其值得关注的是,北京民营经济资产总计、营业收入等指标占全市经济比重小幅稳步提升,成为北京经济社会发展的重要引擎。2012年,民营经济户均资产1.9亿元,同比增长23.3%,高于全市平均水平11.9个百分点,连续2年增速超过20%;户均营业收入0.8亿元,同比增长13.1%,高于全市0.9个百分点。作为首都经济发展的重要载体,民营经济的产业调整和行业分布也形成了围绕总部经济、知识经济和服务经济发展的格局。

对新增就业贡献度 28.7%

在宏观经济形势总体向好的背景下，本市民营经济规模逐步壮大，可持续发展能力有所提升。9 年间，大中型民营单位数和营业收入成倍增长，占民营单位的比重稳步上升。2012 年，本市大中型民营企业 5100 户，较 2004 年增长 1.3 倍，占民营单位的比重达到 18.7%，提升了 6.5 个百分点；实现收入 1.4 万亿元，增长 2.8 倍，占比达到 62.4%，提升了 7 个百分点。

民营经济的快速发展，为大量城镇无业人员、高校毕业生、进城务工人员等群体创造了众多就业岗位，已成为吸纳社会就业、增加城乡居民工资性收入的重要渠道。2012 年，全市规模以上民营单位吸纳就业人员 239.5 万人，较 2004 年增长 64.9%。与 2004 年相比，民营经济新增从业人员 94.3 万人，对全市新增就业的贡献度为 28.7%。

民营经济外向型特征明显

2004 年至 2012 年，本市民营企业出口额由 7 亿美元增长到 61.2 亿美元，占全市的比重由 3.4% 上升到 10.3%，提升了 6.9 个百分点。进口方面，2011 年，民营企业进口额突破百亿美元大关，达到 111.3 亿元；2012 年继续保持快速增长态势。9 年间，本市民营企业出口额增长 7.7 倍，是国有企业和外商投资企业增速的 5.1 倍和 4.1 倍；进口额增长 5.5 倍，是国有企业和外商投资企业增速的 1.7 倍和 1.5 倍。

(资料来源：北京日报，2014-1-13)

【经济调查报告】例文 2

2014 年店长生存现状调查报告

店长作为门店的灵魂人物，零售企业经营的好坏与之有直接的关系。2006 年曾对店长生存现状作调查，那时候是零售的大发展时期，店长们对薪资、健康、生活的满意度较低，对业绩、公司、团队的满意度较高，有将近 50% 的店长认为，商圈竞争加剧是自己最大的压力，另外，职业提升也是重大压力之一。六年过去了，他们的生存又有什么变化呢？零售行业在调整期做了这次调查。本次调查以网络调查为主，同时辅之以电话，收到有效问卷 394 份，参与调查的店长以来自标准超市业态和大卖场的店长为主，也有来自其他业态的中外各大零售企业的店长参与此次调查。

一、调查摘要　（略）

二、调查正文

1. 性别分布

本次被调查店长以男性为多，共有 352 名，占调查人数的 89.34%；女性 42 名，占参与调查人数的 10.64%。(图略)

2. 年龄分布

在参与调查的门店店长中，26 到 35 岁之间的人数最多，占了 69.29%，25 岁以下的仅占不到 6%。(图略)

3. 婚姻状况

此次参与统计的店长中有 318 人结婚，占 80.17%，未婚的有 76 人，占 19.84%，其中男店长未婚的有 51 人，女店长未婚有 25 人。(图略)

4. 学历分布

本次参与调查的门店店长学历以大专和本科为主，占 82.74%；硕士学位及以上的不到 3%。(图略)

5. 业态分布

参与本次调查的门店店长主要来自标准超市和大卖场，占到了一半以上；其次是购物中心，占 18.78%，参与人比较少的是便利店和专业专卖店。(图略)

6. 单位性质

本次调查民营控股企业参与人数最多，占参与调查总人数的 64.21%；其次是国有控股企业和外资控股企业，参与调查人数占 17.01%；参与调查人数最少的集体控股企业，参与调查人数仅占 7.89%，其他性质的占 14.97%。(图略)

7. 担任年限

参与本次调查的门店店长担任年限 2～4 年的最多，占 43.40%；5 年以上的占 40.86%，一年及以下的占 15.74%。(图略)

8. 每天实际工作的时间

参与调查的人员中，绝大部分是每天工作 8 小时以上的，其中每天工作 8～10 小时的占 46.70%，每天工作 12 小时以上的占 6%以上，而每天只工作 8 个小时的仅占 12.44%。(图略)

9. 每个月实际休息天数

从参与调查人员中可以看出，店长是一件很辛苦的工作，有近 10%的人一个月一天都没有休息，能休 3、4 天的仅占参与调查人数的一半。(图略)

10. 今年所在门店销售增长趋势

虽然近年来，由于受到中央"三公经费"限制以及电商的冲击，零售行业进入深度调整期，60%的店长对于今年门店销售增长还是保持乐观的，有近 13%的店长则表示业绩会下降。(图略)

11. 现阶段店长们觉得最缺乏的

参与调查的店长中，33%的人觉得最缺乏的就是没有学习培训的机会；28%的人觉得缺乏跟同行交流的机会；20%的人觉得缺乏升职加薪的机会；14%的人觉得缺乏休闲娱乐的机会。(图略)

12. 现阶段面临的最大压力

参与调查的店长中，36%的人认为压力来自商圈的竞争，但 10%的人认为，是受电子商务的冲击。

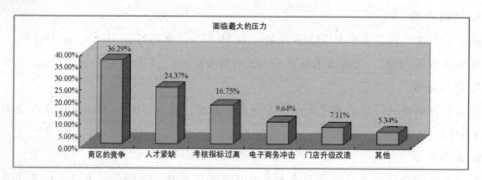

13. 下班后的活动安排

……

14. 平时锻炼的时间

……

15. 与家人相处的时间

……

16. 如果重新择业，是否还会选择做零售

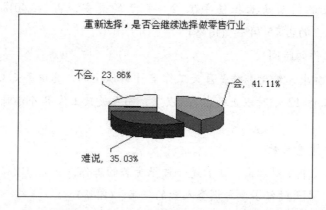

参与调查的店长中，只有41%的人选继续选择零售行业，35%的人表示"难说"，近24%的人表示不会再选择从事零售行业。

17. 店长对工作和生活满意度

……

(资料来源：联商网)

第三节 经济活动分析报告和经济预测报告

一、经济活动分析报告和经济预测报告的概念、特点和种类

(一)经济活动分析报告和经济预测报告的概念

经济活动分析报告和经济预测报告都是对一段时间内的经济运行现象进行分析研究，

发现方向性的问题并做出反应。二者所不同的是：经济活动分析报告侧重于已然，而经济预测报告侧重于未然。前者重总结，后者重预案。

经济活动分析报告和经济预测报告在经济生活中有重大意义。经济是活生生的国计民生之命脉，它的规律和表现应该被时时关注。这种关注又不能是简单的、被动的、等待性的，而应该有分析、能把握，并据此合理安排社会经济活动，使人们的认识符合经济规律，又使经济活动发展与人们日益增长的各种物质文化需要相匹配。因此经济活动分析报告和经济预测报告是重要的决策依据。其次，经济活动分析报告和经济预测报告也是企业活动的依据之一。一个企业如果不了解市场，当然会被市场淘汰，但企业不了解经济运行的各种情况，更不能在市场上立足，经济活动分析报告和经济预测报告是大于具体市场的关于政策、方向的报告，对企业活动有重要的指导作用。

(二)经济活动分析报告和经济预测报告的特点

1. 客观性

按经济规律办事在今天已成为我们的共识，这说明经济发展是有其特定的规律的，我们必须努力认识规律并按规律办事。经济活动分析报告和经济预测报告体现的就是这种对规律的尊重。它所认为的客观性，就是努力去接近和探讨社会经济活动的本质，反映它的深层的原因和发展趋势。如果不具客观性，经济活动分析报告和经济预测报告便是无意义的空文了。

2. 指导性

经济活动分析报告和经济预测报告具有指导性，即指它一旦成文，便对一定范围内的经济活动产生影响。如经济决策、经济安排、经济政策等都要因此而调整。而且如果预测未来某个阶段的经济会发生问题，这又会对相关部门起到警示作用。

3. 阶段性

对经济活动分析报告和经济预测报告，不能指望它能毕其功于一役，一次分析预测只能在一个特定阶段里起作用，而不能长久地仅凭此作依据。尤其在今天全球经济联动日益增强的情况下，一个地区、一个国家的经济活动中一个小小的动作，就可能引起各国各地区的经济连锁反应，所以，经济活动分析报告和经济预测报告只能是阶段性的，必须随经济实践的发展而不断更新。

(三)经济活动分析报告和经济预测报告的种类

经济活动分析报告和经济预测报告都可以从不同角度分成许多种类。首先经济活动分析报告和经济预测报告本身就有所不同，可分作两类。而就在这两类中，各自又都可分成以下几种。

1. 宏观报告与微观报告

经济活动分析报告和经济预测报告都有宏观和微观之分，宏观可从全球角度全方位来分析或预测，微观则可仅从某地区某行业某企业的运作来分析或预测。当然，宏观角度和微观角度都是相对而言的。

2. 长期报告与短期报告

长期报告与短期报告也是相对的。长期可以三、五年甚至更远，这较适宜于作宏观把握；也可明确为一两年左右，较近期的，作近距离审视。无论是经济活动分析报告还是经济预测报告，都应有这种时间限定。而预测报告还可利用市场信息作更短期的分析，以便于抓住时机，出人意料地速战速决。

3. 政策性报告与实践性报告

经济活动分析报告和经济预测报告既可关注经济政策，亦可关注经济实践。在现代化社会中，理论与实践的结合日益广泛，融合日益紧密，报告既可从经济实践出发，分析或预测经济政策的变化以及变化可能带来的影响；也可从理论或政策出发，来分析经济实践的得失或预测经济实践的走向，二者都是有意义的报告。

二、经济活动分析报告和经济预测报告的结构

(一) 标题

经济活动分析报告和经济预测报告的标题既可像公文那样以介词"关于"引出问题和文种，又可写得较活泼些，以正副标题配合的方式标引，如：

《关于在自贸区所设分公司上半年运作的分析》；
《关于房产新政公布后本地二手房市场的预测》。

或可写作：

《只缘身在此山中
——BW 产品盲目生产的分析报告》；
《3D 打印技术真的是香饽饽吗
——3D 打印技术市场发展预测》。

在标题中，时间、地区、对象等要素可视标题文句的贯通性或字数长短而考虑增删。

(二) 正文

1. 前言

经济活动分析报告和经济预测报告的前言，可交代写作的目的、调查的对象、依据的政策等，也可将得到的相关数据或事实展示开来，以便作进一步的分析说明。

2. 主体

主体写作一般应从表象开始，将一个阶段内的经济活动发展状况作一个分析，再逐一指出这些状态已经或将会给经济的发展带来哪些正面或负面的影响，影响程度如何。如已在前言中将数据或事实展开，主体便可直接进行分析。如前言部分并未交代数据事实，则

此处须先展开而后分析。经济活动分析报告对此部分应着重原因探讨，既要定性又要定量，层层剖析，寻找规律性的东西。经济预测报告则对此多作定性结论，主要用于对下文预测的启发和对比。

宏观性长期性的报告，着眼于战略性的分析和预测，而微观性短期性的报告则着眼于战术性的分析和预测。无论从什么角度，都要充分利用数据、表格、图例等多种辅助手段，以帮助说明，并增加报告的可感性。

在具体结构上，既可以写一点分析一点或写一点预测一点，也可以先总体表述再一起分析预测。但总体来说，分析预测都讲究细致，讲究条分缕析，所以在文书的主体结构中，宜具体地逐一展开。

经济活动分析报告和经济预测报告都应该在分析中表明作者的观点，亮出作者的看法，如果只作分析而并不发表见解，是很难称为合格的报告的。

3. 结尾

经济活动分析报告和经济预测报告的结尾都较灵活，不一定要专门有一个结尾，一般是将最后的结论或观点陈述后即可。此外，还须照应前言部分的文气风格，不要前后不一致。如果是重大问题的分析和预测，则一定要在结尾处强调，以引起相关阅读者的注意。

三、经济活动分析报告和经济预测报告的写作要求

(一)理论依据强　分析方法对

这两种报告都是关系经济发展的重要文书，所以首先要注意的就是它们的理论依据。作者一定要注意增强自己的中国特色社会主义经济思想理论修养，并熟悉党和国家的相关经济方针政策，熟悉宏观经济的基本面。此外，写作时还要选用正确的经济分析方法。经济有自己独特的分析方法，要根据写作的需要选择最适合的分析方法来分析问题，分析方法对了，所把握的材料才能正确反映事实，这样才能确切保障分析预测的准确性。

(二)问题要准确　观点要鲜明

在对经济情况进行分析预测的时候，只有真正抓住问题，才能做出正确的判断并采取有效的对策，所以对问题的提出应特别慎重，问题一定要找准了，抓住最根本性的东西而不是泛泛地评说一气。既然问题找准了，那也就要边分析边亮出自己的观点主张，不要躲闪，不要怕负责任。观点鲜明的文书才能对经济工作真正起到作用。

(三)层次要清楚　关联要紧密

经济文书事关大局，所以篇幅较长。在一个较长的文本中，要让观点说服阅读对象，让现象引起阅读对象的注意，一定要注意文书的层次结构和全文的联系与贯通。分析和预测文书往往要对诸多因素诸多现象进行分析评判，那就要在分析评判的过程中，一点一点地按一定的逻辑进行。如以时间为线索、以空间为线索、以政策的发展变化或以市场的走

向为线索等,这样能使人更好地了解报告的观点。同时,我们的经济生活是在一个联系空前紧密的环球大背景下进行的,因此在行文中,又要注意事物间的联系,不能各不相干或牵扯太远。

【经济活动分析报告】例文1

4月份本市外商直接投资情况
上海市统计局 2015-05-22

4月份,本市签订外商直接投资合同项目385个,比去年同月增长0.5%;签订外商直接投资合同金额43.34亿美元,增长1.1倍;实际到位金额13.33亿美元,下降23.4%。

一、外商独资方式投资成倍增长

4月份,本市签订外商独资项目307个,比去年同月增长2%;签订外商独资合同金额32.35亿美元,同比增长1.2倍,合同金额占全市外商直接投资合同总额的74.6%,比重比上年同月提高5.8个百分点,为主要支撑力量。签订中外合资合同项目77个,比去年同月下降2.5%;签订中外合资合同金额4.06亿美元,同比下降29.1%。

二、第三产业投资比重高、增速快

4月份,本市第三产业签订外商直接投资合同项目379个,比去年同月增长1.6%;吸收合同外资金额35.95亿美元,增长85.4%,合同金额占全市外商直接投资合同总额的82.9%,比重占绝对主导地位。第二产业签订合同项目仅5个, 吸收合同外资金额0.18亿美元,比去年同月下降73%,合同金额占全市的0.4%。

三、实到外资下降明显

4月份,本市实际到位金额13.33亿美元,比去年同月下降23.4%,环比下降19.3%。

注:本文中合同金额的投资方式及产业分组数据不含自贸区备案项目的变更数据。

(资料来源:上海统计网)

【经济活动分析报告】例文2

经济运行新常态 提质增效新成果
——2014年上海工业发展报告
上海市统计局 2015-03-23

2014年,上海工业转型步伐继续加快。工业经济总体呈现平稳缓慢增长态势,工业生产"前高后低,稳中趋缓",但工业经济的结构和效益有明显提升,或将进入"新常态"时期。

一、2014年工业发展概况

2014年,上海工业在上年恢复性增长的基础上,积极调整发展战略,努力开拓新市场,工业经济实现低速增长。

1. 2014年上海工业发展的现状

(1) 生产增速"前高后低,稳中趋缓"

2014年,上海规模以上工业(以下简称工业)企业的总产值和增加值在上年基数较高的基础上，实现低速增长。全年实现工业总产值 32 237.19 亿元，同比增长 1.6%，增速较上年下降 2.8 个百分点；实现工业增加值 7163.4 亿元，增长 4.5%，增速下降 2.1 个百分点。

分月看，受同期基数较高的影响，年初工业总产值和增加值增速均低于上年同期平均水平，随后开始缓慢抬升。……

整体观察，2014 年上海工业总产值和增加值增速总体呈现"前高后低，稳中趋缓"态势。

(2) 收入利润实现双升，增效明显

2014 年，上海工业企业实现主营业务收入 35 169.85 亿元，较上年增长 2%，实现利润总额 2661.13 亿元，增长 10.4%。工业利润除 3 月份受宝钢上年同期数高的影响而短暂下降外，均实现增长。……

2014 年，上海工业成本费用利润率为 8.3%，高于全国平均水平 1.9 个百分点，位居全国第五位。资产负债率为 49.4%，低于全国平均水平 7.4 个百分点。在主营业务收入和利润增长的带动下，上海工业对社会贡献度加大，全年共完成税金总额 1857.89 亿元，同比增长 2.8%。

(3) 出口小幅下降，降幅收窄

2014 年，上海工业出口延续了上年 5 月开始的下滑趋势，累计完成出口交货值 7656.74 亿元，比上年下降 1.2%。从月度走势看，累计降幅较上年收窄 2.3 个百分点。

从行业看，2014 年，上海涉及出口的 31 个工业大类行业中有 17 个行业较上年实现增长，显示工业出口整体向好。……

从全国看，2014 年，工业企业完成出口交货值 120 933.14 亿元，比上年增长 6.4%。在主要省份中，上海出口交货值总量仅次于广东、江苏、浙江和山东，排在第五位；但在出口大省中，上海是唯一出口下降的地区。

(4) 重点行业表现不一，喜忧参半

2014 年，上海六个重点发展工业行业实现工业总产值 21 626.85 亿元，较上年增长 1.4%，低于全市增速 0.2 个百分点；占全市工业总产值的比重下降 0.2 个百分点，为 67.1%。

汽车制造业增长最快。……

生物医药制造业增速放缓。……

成套设备制造业形势好转。……

电子信息产品制造业继续下降。……

石油化工及精细化工制造业由升转降。……

精品钢材制造业持续低迷。……

2. 2014年上海工业发展的特点

(1) 汽车制造业的重要地位进一步凸显

2014 年，在上海工业整体低速增长的背景下，汽车制造业的拉动作用进一步凸显，始终是带动上海工业生产增长的首要力量。……

(2) 对外投资成为利润增长重要动力

受上海土地限制、劳动力成本高涨等影响，工业内生性利润增长空间有限，企业积极采用多元化发展战略，对外投资，利润外生性增长特征逐步显现。……

(3) 战略性新兴产业发展好于全市平均水平

2014年，上海战略性新兴产业(制造业部分)一直保持良好的增长态势，增速高于全市工业总产值平均增速。实现工业总产值8113.34亿元，比上年增长5.5%，高于全市平均水平3.9个百分点，占全市工业总产值的比重较上年提高1.1个百分点。……

二、上海工业发展存在的问题

1. 产业结构刚性强，对汽车依赖较大

近年来，不论是从上海工业增长的主要拉动力看，还是从上海工业总产值的行业占比看，上海工业发展对汽车制造业依赖较大。……上海工业结构的刚性支撑亟须得到改善。

2. 传统拉动力疲软，部分行业产能过剩

2014年，传统拉动经济增长的"三驾马车"——出口、投资和消费对上海工业增长的拉动力表现疲软。从出口看，尽管上海工业出口降幅收窄，但仍处于下降状态。……从投资看，在上海工业投资连续多年疲软的情况下，全年完成工业固定资产投资1156.44亿元，同比下降6.5%，投资拉动继续减弱。从消费看，市场供求关系未得到明显改善。……

3. 创新能力不足，缺乏新的增长点

近年来，上海工业企业研发投入增速明显放缓。2010年、2011年工业企业研发投入增速均超过两位数，分别达到15.9%和25.4%，2012年增速下滑至8.1%，2013年增速为9%。初步预计，2014年工业研发投入增速在上年基础上或将进一步下滑。……

三、2015年上海工业发展趋势初步判断

2014年，尽管全国GDP增速有所放缓，但就业和物价形势总体稳定，国民经济继续运行在合理区间。上海工业加大转型发展步伐，生产运行相对平稳，效益得到一定提升。2015年，在国家和上海促进经济转型发展的各项政策推动下，上海工业将继续保持低速增长。

(资料来源：上海统计网)

【经济发展预测报告】例文1

2015年中国汽车市场预测分析

(一)宏观经济形势

2014年底中央经济工作会议对2015年经济发展提出了明确的任务目标，同时也对整体经济的增长定下了基调，下调了我国宏观经济增长的速度，多个研究机构预测表明，2015年中国的经济增长速度将保持在7%左右，将是多年来最低的速度。

固定资产投资预计继续保持温和下行，社会消费品零售总额增速持续下降使得消费在短期内提升的可能性不大，居民消费价格指数低位平稳运行，但消费者的消费意愿及消费信心开始从高位下行。

从国际形势看，美国经济将保持增长稳定，预计2015年达到3%左右。欧盟经济降中趋稳，明年有望止跌回稳。日本经济将低位增长，但不确定性增加。受发达经济体需求带动，新兴市场国家经济增速将略有回升。总体看来，受外部经济环境影响，出口市场还将继续保持增长。

总之，2015年宏观经济还会继续处于调整结构、提升效率，逐步适应"新常态"的过程。

(二)2015年汽车市场预测分析

受GDP增速缓中趋稳的影响，汽车市场随之也进入到了一个相对稳定的增长阶段，在今后不出现影响较大的刺激政策前提下，我国汽车市场预计会维持平稳的增长水平。从不同车型市场来看：

1. 乘用车市场

(1) 汽车消费刚性需求依旧存在

随着国家宏观经济调控力度的变化，我国汽车出现了一些增长幅度的起伏，但目前并没有看到对汽车消费的需求有减弱趋势，今后一段时期我国乘用车消费仍会处于平稳上升阶段。加之中国汽车保有量还处于100辆/千人左右的水平，仍有继续提升的空间。……

(2) 政策环境将进一步促进新能源汽车的发展

目前国家对发展新能源汽车高度重视，2014年出台了一系列的促进新能源汽车发展的政策措施，由于政策的延续性，会继续对2015年的新能源车市场产生影响。

……

(3) 《汽车销售管理办法》的修订和实施对汽车市场的影响

随着未来新办法的出台，将会对汽车厂家、经销商等相关企业在产品的销售、渠道的建设以及提供服务等方面都会带来不同程度的影响，由此将导致营销模式的变化，增加市场的不确定性。

(4) 公车改革促进个人用车的购买

党政机关及行政事业单位公务用车的改革，将会促使部分政府、事业单位人员购买个人用车，对汽车消费起到积极作用。

(5) 黄标车淘汰政策将增大汽车需求

在2014年政府工作报告中指出，针对雾霾频发、大气污染等问题，要加强淘汰黄标车工作，促进节能产品推广，并加快油品升级。……

(6) 限购措施将影响到汽车消费市场的健康有序发展

个别地方政府为了缓解交通及环保压力采取汽车限购措施，将会对汽车消费起到明显的负面影响。

……

2. 商用车市场

(1) 宏观经济增速趋缓，商用车进入微增长状态

商用车受宏观经济影响较大，除了消费投资等经济指标下滑外，公路货运及客运量也呈现下降趋势，造成市场需求的疲软，因此……商用车预计会在未来一段时期处于微增长状态。

(2) 排放升级对轻型货车的影响减弱

轻型货车升级国四排放标准，增加了生产制造成本、购车成本和使用维修成本，成本上升抑制了对轻型货车的需求。……

(3) 城镇化进程对商用车的促进

城镇化进程的推进使城市公交及公路客运能保持在稳定的需求水平，促进了客车的增长。……

3. 进出口市场

受美国等发达经济体的带动，2015 年新兴市场经济增速将略有回升。国际经济形势的趋好，虽然有利于国内汽车出口，但同时也存在诸多不确定因素……

中国出口汽车在面临完全市场竞争时，需要进一步完善产品布局、提升产品质量、建立稳定的营销体系，最终打造中国品牌，提升市场竞争力。……

(三)2015 年市场需求预测

结合以上分析，中国汽车工业协会对各细分车型预测如下。

1. 2015 年乘用车市场预测

(1) 轿车市场将保持小幅增长，增幅继续回落……

(2) 旺盛的市场需求，将使 SUV、MPV 继续保持高速增长……

(3) 交叉型乘用车销量继续下降……

(4) 乘用车销量预测……

2. 2015 年商用车市场预测

(1) 受轻型车回补影响，货车市场销量将略有增长……

(2) 客车市场将继续保持稳定增长，但增幅略有下降……

(3) 商用车市场整体较上年略有增长……

3. 进出口预测

根据前面的分析，预测出口相比 2014 年下降 5%，约为 86 万辆；其中：乘用车出口 51 万辆，增速-4%；商用车 35 万辆，增速-5%；进口汽车 156 万辆，增速为 10%。

4. 2015 年整体市场预测

结合以上各个车型及进出口分析预测，中国汽车全年销量为 2513 万辆(其中国内销量 2427 万辆，出口量 86 万辆)，增速为 7%。2015 年全年汽车市场需求约在 2583 万辆。

(全年汽车市场需求=总销量-出口量+进口量)

(资料来源：中商情报网)

【经济发展预测报告】例文 2

2015 年餐饮市场前景预测(节选)
中国烹饪协会

当前中国经济正处于从投资型驱动向消费型驱动转型的换档期，第三产业占比不断提升，城镇化规模和质量稳步推进，餐饮业充满发展潜力和机会。不过，竞争加剧、企业微利已成为餐饮行业无法改变的事实,并将长期维持。全行业仍需摆正思想认识,在新常态下顺应形势练内功,创新驱动谋发展。

1. 行业发展环境将得到进一步优化

中央对于深化改革的决心是不容置疑的,深化改革将具有空前的广度、力度和深度。继去年商务部出台《加快发展大众化餐饮的指导意见》后,中央将继续以坚定的决心通过一系列调控政策,优化餐饮产业结构,加快制定支持大众化餐饮发展的财政、税收、金融政策,清理不合理收费,减轻企业负担,营造良好的发展环境,为加快发展大众化餐饮保驾护航,从而实现保障和改善人民生活、扩大内需、促进就业的现实需要,推动餐饮业向现代生活服务业转型升级,促进餐饮业可持续健康发展。

2. 新常态新形势新发展

针对消费者消费偏好、消费习惯、消费方式的新变化,以及市场需求的新要求,餐饮服务大众化、个性化、多元化成为市场主体;而且,餐饮企业应在追逐"盈利"的同时,找回"产品和服务"这一餐饮行业的本质。消费者在一波一波强烈的宣传攻势下逐渐回归理性,利用互联网进行噱头营销已经不起推敲,提高产品和服务质量、加强自身管理水平依然是增强企业竞争力的正理;此外,在餐饮 O2O 飞速发展的今天,餐饮企业还应适时调整商业模式和服务模式,与时俱进,以立于不败之地。

经过 2014 年"找方向"之后,餐饮业逐步进入"修炼内功,提高管理水平,常态化下可持续发展"的阶段,整个餐饮产业组织也将显现出"三小三大"的新特征,即小店面大后台、小产品大市场、小群体大众化。

3. 企业扩张势头逐渐恢复

前两年餐饮市场陷入最艰难困境,餐饮企业也随之收缩放缓扩张速度,有的甚至关闭部分业绩不佳的门店。阵痛期过后,企业开始摩拳擦掌,不仅……等国内餐企,……等国际知名品牌也都计划在 2015 年之后逐步加快新开店步伐,刚上市的……等还打算拓展区域市场、扩大版图布局,而……还计划在海外市场树立品牌形象。(表略)

4. 资本引进来、中餐走出去

随着中国餐饮市场逐渐理性回归,资本市场纷纷涉足投资。弘毅投资基金、CVC、路易威登集团旗下的私募股权基金都已在 2014 年完成对国内餐饮的投资。并且,越来越多的国际餐饮企业也开始关注中国餐饮,希望可以进一步发掘中国大陆市场。2015 年伊始,美国著名的中餐连锁企业 Panda 集团就与金鹰商贸集团有限公司达成协议,希望可以开展餐饮业务合作。Panda 集团在美国拥有包括 Panda Express(2013 年 QSR 排名第 22 位)、Panda Inn、Hibachi-San 等多个餐饮品牌。

在引入资本的同时,中国餐饮还在加速"走出去"。通过海外交流考察、赴海外投资开店、参与中餐烹饪技艺国际交流展示、参加国际烹饪技艺赛事等一系列活动,积极向世界宣传推广中华餐饮文化。另外,2015 年中餐世界申遗工作将重新启动,餐饮中国梦将会进一步实现。

2015 年是中国餐饮业落实十二五目标的收官之年,也是巩固行业转型成效,迈向餐饮收入 3 万亿新阶段的关键时期。走满足大众需求、适应市场变化、提升盈利水平的理性发展之路，就是餐饮业未来发展的"新常态"。预计 2015 年春节餐饮市场将迎来开门红，让我们拭目以待。

（资料来源：联商网）

第四节 可行性研究报告

一、可行性研究报告的概念、特点和种类

(一)可行性研究报告的概念

可行性研究报告是在决策之前，对所欲决策事项的先进性、合理性，成功的可能性以及存在的风险性等诸多因素进行系统和科学的分析、预测、计算、评估和论证，并将论证结果以书面形式记载后交有关方面参考、选择或审议、批准的重要依据。

任何经济活动乃至社会活动一旦成为一种组织的行为项目，就应该在事先进行可行性论证，以避免行为可能带来的失效、失利或失误。举世瞩目的我国长江三峡工程，其可行性在新中国成立后曾多次被排上议事日程，经权威专家反复研究、考察、论辩，直到 20 世纪 90 年代因主观和客观条件均有了较大的改变，时机终于成熟，才最终通过了可行性论证，工程得以上马进行。由于考虑周到、成熟，保证了工程进展始终处于可控的主动状态，社会发展总体健康而顺利。可见，可行性研究是决策的重要前提。而由可行性研究产生的报告，反映了研究分析论证的全过程，体现了它的科学性和逻辑性，其内容应该是整个研究的总结性结论。

(二)可行性研究报告的特点

1. 科学性

可行性研究报告作为研究的书面形式，反映的是对行为项目的分析、评判，这种分析和评判应该是建立在客观基础上的科学结论，所以科学性是可行性研究报告的第一特点。如果没有科学性，只是对主观局限的材料作些分析，得出自己想要的结论，难免是片面的、先验的、错误的。可行性研究报告的科学性首先体现在可行性研究的过程中，即整个过程的每一步都力求客观全面。其次，科学性体现在分析中，即用正确的理论和依据相关政策来研究问题。再次是体现在对可行性研究报告的审批过程中，这种审批过程，对科学的决策起到了重要的保证作用。

2. 详备性

可行性研究报告的内容越详备越好。如果是关于一个项目的报告，一般来说，应从它的自主创新、环境条件、市场前景、资金状况、原材料供应、技术工艺、生产规模、员工素质等诸多方面，进行必要性、适应性、可靠性、先进性等多角度的研究，将每一种数据展现出来，进行比较、甄别、权衡、评价。只有详尽完备地研究论证之后，其"可行性"或"不可行性"才能显现，并获得批准通过。

3. 程序性

可行性研究报告是决策的基础。为保证决策的科学正确，一定要有可行性研究这么一个过程，最后的获批也一定要经过相关的法定程序。在写作上，有些需要加上封面，按照不同的内容性质而分章分节地逐一说明。这些程序性的要求和处理手法，是可行性研究报告的一大特色。

(三)可行性研究报告的种类

可行性研究报告的种类繁多。首先从内容上分，大致可以分为科技类的，如研究高新技术引进方面的问题；生产类的，如改扩建项目、基础设施建设等问题；经营类的，如申请合资经营、设立分公司办事处等问题。又可从阶段分，大致可分为机会性研究报告、预可行性研究报告和详细研究报告等。其中机会性研究报告最基本、粗略，预可行性研究报告是详细研究报告的基础框架，而详细研究报告则是最终方案。还可从项目的大小来分出一般可行性研究报告和大中型可行性研究报告。此外从写作的结构要求来看，又可分成复杂型可行性研究报告和简单型可行性研究报告。

二、可行性研究报告的结构

(一)标题

可行性研究报告可由单位名称、行为项目及文种三部分组成一个完整式标题，如：
《瀚海公司关于参与一带一路项目的可行性研究报告》；
《华昌运输公司关于扩建沿江路堤的可行性研究报告》。
与其他文种的标题一样，也可以用省略了某些要素的标题，如：
《公司第三工程大队经济独立核算的可行性研究报告》；
《合作开发沿江景区的可行性研究报告》。
无论哪种标题，都要明确是对哪一事项的什么问题或什么方面的可行性研究。

(二)封面

封面不是所有可行性研究报告都需要的，只是在重大内容、复杂内容的报告时才要。而一般的内部小型、简单的可行性研究报告并不需要专设封面。封面要一一列出以下信息：项目名称、主办单位及负责人、技术负责人、经济负责人、可行性研究工作负责人的职务与姓名、项目编制时间，有时还要列出内容目录。

(三)正文

不同内容的可行性研究报告有不同的侧重面，国家有关部门也对相关问题作过专门要求规定，一般正文内容较多时，可分章分节地细写，小型简单的报告则不必细分。无论繁简，总体来说，它的正文由以下内容构成。

(1) 总说。交代缘起，概括说明背景情况和研究的理论及政策依据等。

(2) 项目基本情况调研。项目牵涉方的基本情况等。

(3) 项目实施方案。具体标的，包括时间、地点、项目步骤等。

(4) 投资估算和资金筹措。具体情况和数据分项细说，包括有利因素和风险因素。

(5) 后果分析预测。用具体数据来预计项目在经济或社会效益方面成功的可能性和有多大的成功。

(6) 不确定分析。对可能发生的非主观因素问题做充分的实事求是的预计，分析它可能带来的危害。

可行性研究报告的正文内容因研究的领域不同而有极大差异，但其基本框架应该总是先提出具体问题，随后通过对各种利弊因素的分析，引用各种数据和理论来研究并证明所欲施行的措施，又指出可能存在的风险，最终彰显作者自己的主张。

(四)结论

可行性研究报告的结论是非常重要的部分。结论应对所述事项做出观点鲜明、语词恰切的总结陈述，表现出作者对项目的明确意见。

最后，应将项目所有必需的附件如图表、数据、证书、样品等，在此后以"附项"名义一一列出。

三、可行性研究报告的写作要求

可行性研究报告的行文要求，也是写作态度的要求，因为写作的态度决定了文稿质量的优劣。

(一)以客观事实为唯一依据

可行性研究报告是为科学决策作依据的，它的前提是客观真实。可行性研究决不能受人为的因素干扰，不能以个人的愿望为依据，以个人的好恶决定可与不可，不能先领受了某人的意图，再到研究中强找依据，更不能为满足某方面的要求而更改事实数据或假造事实。可行性研究报告一定要高举科学的大旗，把客观事实作为唯一的依据，本着对事实尊重、对工作负责、对项目严谨的态度从事研究和写作。要确信，有"可行性研究"，就一定有"不可行性研究"。通过事实证明不可行，也是科学的结论。

(二)以现场实际为研究对象

要进行可行性研究，一定要到实地实景的现场找寻第一手材料，不能仅凭二手的数据和材料就做出报告。某地在对地区公共交通扩容做可行性研究时，仅凭户籍人口数来预测客流量并规划通车里程、车站规模和适用车型，却完全脱离当地流动人口事实上远远超过户籍常住人口的现状，结果通车第一天的"天量"客流量立刻使新交通线全面拥堵，沿途群众怨声四起。人大代表因此批评有关方面是"规划规划，纸上规，机上划"。这样的事例在我们的生活中绝不少见，所以可行性研究一定要到实际的现场、实际的市场去，才能写出符合事实的研究报告。

(三)以扎实内容为立论基础

可行性研究报告的观点要鲜明，无论是持肯定态度还是持怀疑态度乃至否定态度，都要在文稿中通过扎实的内容来体现。不能简单地说行或不行，不能草草地下结论。因此，可行性研究报告要有充分的论据，有时还需要多方面多角度的证明，如历史资料、周边市场情况、人员素质内涵等。内容的扎实还表现在文章的逻辑性强。无论层次有几重，无论问题有几方面，都要翔实、严密地联系并有序表现，以增强文章观点的说服力。

【可行性研究报告】例文

缝纫设备补偿贸易可行性研究报告

一、引言

本公司自改革开放之初开始外贸生产，20世纪80年即已具较大规模，90年代成为省内创汇最高服装企业。随着21世纪外向型经济的发展，目前生产规模和设备已不适应外贸生产高质量、高速度的要求，进行技术与设备改革已势在必行。为此，公司经理吴福远与香港永太和集团董事长刘家树就补偿引进关键设备事宜进行了友好洽谈。双方初步达成了一致的协议，并因此进行可行性研究。

二、项目名称：缝纫设备补偿贸易

　　主办单位：兴州服装贸易公司

　　法人代表：吴福远

　　项目负责人：陈盛全

　　企业地址：兴州市左江路210号

三、合作双方简况

甲方兴州服装贸易公司是有较大规模的专业化服装生产和贸易企业，现有职工总数×××人，专业技术人员××人，服装设计师×人；年产衬衫×××万件，各类休闲服装×××万件，公司年产值××××万元。

乙方香港永太和集团是一个既有生产基地又有销售网络的综合性经济组织，有较好的资金和技术实力，在国际贸易行业中信誉良好。

四、补偿金额：×××万美元。

五、补偿方式：利用本公司生产的衬衫直接补偿。

六、补偿期限：××××年×月开始分期进行至××××年×月全部补偿完成。

七、项目申请理由：

1. 本项目引进的关键缝纫设备均为日本××品牌，具有性能好、生产效率高、操作简便等优点，是适合外贸生产的先进设备。

2. 引进项目后，预计每年可多为国家创汇×××万美元。

3. 因该项目主要是利用本公司的衬衫作直接补偿，因此，可以扩大本公司产品在国际市场的销路，有利于本公司发展外贸生产。

八、市场需求分析

随着企业改革的不断深化，本公司产品质量越来越高。"俏丽"牌女衬衫和"英俊"牌男士休闲长大衣相继被评为省优、部优产品，并为国际服装标准组织认可，畅销全国和全世界200多个城市，现有销售网点×××多个。今年已落实销售计划×××多万件。产品供不应求。今年1~6月份，生产衬衫××多万件，销售×××多万件。预计明年可销售衬衫×××万件，预计可完成外贸额×××万元。

九、原辅材料及水、电供应安排

本公司在××、××、××、××等地已有固定的原辅材料供应网点，因此，原辅材料供应并无问题，能保证满足生产。

水、电设备本公司已改建和新置，为满足生产需要做好了准备。

十、项目内容

本项目共引进缝纫设备×××台，新增衬衫流水线一条，改造老衬衫流水线4条。(附表见下)

十一、项目实施进度安排

今年8月立项审批；9月签订购货合同；10月设备进厂验收；11月设备安装调试；12月进行正常生产。

十二、经济效益分析

该项目建成后，预计每年可增产衬衫××万件，各类休闲服装××万件，总产值达×××万元，创汇×××万美元，创利税×××万元，预计一年内可收回全部设备投资总额。经济效益显著……

十三、不确定性分析

目前面临汇率调整和纺织品出口市场竞争激烈的双重压力，明年国际市场有较明显的风险，国家有关政策亦可能调整。为此，可采取的预案是：

……

综上所述，缝纫设备补偿贸易有确切的可行性，能为公司带来具体切实的益处，有利于公司的发展。目前正是预报下半年计划的时候，也是向上级汇报方案的好时机，宜抓紧汇报，尽量早获通过，将此事具体落实，促进公司发展。

附表一(略)

附表二(略)

兴州服装贸易公司

缝纫设备补偿贸易可行性研究项目组

××××年×月×日

第五节 预算和决算报告

一、预算和决算报告的概念、特点和种类

(一)预算和决算报告的概念

预算和决算报告是一个独立的经济核算单位,依法向各级人民代表大会、职工代表大会或财经主管部门递交的关于一定时期内的财政财务方面的预期计划报告或决算总结报告。其中预算部分是本期的预期收入支出情况预计,而决算部分则是上期预算的执行结果。此外,预算和决算报告也是重大活动进行财务方面准备和活动后的财务总结。

无论是计划经济环境还是市场经济环境,对既往的财政财务工作的总结和对未来的财政财务工作的预期,都是关系我们生存发展的大事。在政务日益公开的今天,它又是决策者自觉接受各方监督,让群众享有知情权,体现并促进决策民主化、科学化的重要环节之一。预算和决算报告的公开,增强了决策部门的公信力。预算和决算报告也有助于保证资金筹措和使用的计划性,减少盲目,规避风险。同时,有了公开的预算和决算报告,使组织的经济行为更具直观性,它的数据图表反映了活生生的经济状态,从而也更利于人们的监督检查,有效增强了财经纪律的约束性。

(二)预算和决算报告的特点

1. 定期公开

预算和决算报告是定期的,而且在相关范围内公开。如政府的预算和决算报告每年都由财政厅局长向各级人代会提请审议,经人代会批准后向社会公开。企业的预算和决算报告一般在每年的职工代表大会上向全体代表报告,通过代表的审议讨论后,才能经会议决议而定稿;上市公司也要定期向股东大会作预算决算报告。预算和决算报告充分保证了人民群众当家做主的权利,体现了职工群众是企业的主人的权利,也保证了广大投资股东对上市公司知情、监督的权利。定期公开是预算和决算报告的机制保证。

2. 真实全面

预算和决算报告的真实性是不言而喻的。要经得起代表大会的审议检验,要经得起实践的检验,要与实际的财务运行相吻合,这是预算和决算都不可能回避的问题。真实也体现在报告的全面性里。一定要将各方面的收与支全面列入,仔细交代,才能证明财政行为的真实。

3. 规范约束

预算和决算报告现已成为一种规范。各级人民代表大会期间必定要审议,各企事业职工代表大会必定要讨论。它的写作也日趋规范。如在人代会上,财政长官所做的是"上阶段预算执行情况和下阶段预算报告",经审议后,再在下次会议上提出"决算报告",这种规范保证了它的严谨。预算和决算报告也必然具有约束性，它将财政行为的幅度、走向作了明确的预报，又以此检验其履行的结果。这从微观来说，控制了企事业单位的财务自由度，使其处于监督之下；而从宏观来说，则是国家经济安全的保证之一。

(三)预算和决算报告的种类

预算和决算报告的种类，主要从它的产生和适用范围而言。宏观的有国家预算和决算报告、地方政府预算和决算报告，它们与公民的生活息息相关，也是每年春天的"两会"期间人们关注的焦点。微观的有经济实体的预算和决算报告，这是每个企事业单位职工代表大会上必做的报告，反映了这个经济组织的财政收支、经济运行，也是该组织向员工群众政务、财务公开的表现。与此相关的还有上市公司的财务预算决算报告，它是我国对上市公司必须向外披露之信息的要求，是上市公司向广大股东应尽的责任。此外，还有单位经济活动的预算和决算报告，这是指在某个阶段内，举办某重大活动所需收入和支出的预算和决算。由于这不是常规的生产或工作，而活动又是重要的、必需的，在财务上又必然有重大影响，因此可专门为此单独做出报告。

二、预算和决算报告的结构

(一)预算报告的结构

预算报告在结构安排上由标题、首部、主体、结语、落款等组成。

1. 标题

预算报告的标题简单明了，由时间、单位名称、文种名称组成，如：

《2008年海茂贸易发展公司科研开发预算报告》；

《海茂公司工会2008年帮困基金安排预算报告》。

如果是递交给代表大会审议的，标题也可以加上"草案"二字，以示严谨。在大会上作的报告或在报刊传媒发表的预算报告，可在标题下加上题注"××年×月×日××会议"和报告者的职务、姓名。

2. 首部

预算报告的首部，包括称谓和报告的开端部分。称谓就是报告所递交的对象。如果是递交给代表大会审议的，就是"各位代表"；而如果是递交给上级主管部门审批的，称谓则为主管部门的名称。

开端部分是报告的提领，如"受市人民政府委托，现将××市2014年预算草案的报告提请市××届人大×次会议审议，并请市政协各位委员提出意见"或"根据××法规(制度)，现将××预算报告如下，请予审批"由此转入主体。

3. 主体

主体便是把上述主要收支内容一一安排，并交代围绕此安排的相关问题，说明为完成此预算所拟采取的措施和要求。安排时要做到主次分明、数据清楚。一般先说指导思想和工作原则，再说具体预算。在基层的报告中，要求格外细致周详：本期预算收支、上期结余用于本期的安排支出、上级返还或补助的收入、返还或补助给下级的支出、拟订完成的预算任务的具体做法等。

4. 结语

结语一方面是对上述任务的总结，表示对完成任务的决心和自信，另一方面是请求递交对象的审议批准。可以用称谓来加强语气，用感叹句和祈使句等修辞方法来表示报告者的愿望，给人以充分的信心。

5. 落款

预算报告的落款主要用于递交给上级主管部门的报告，这类报告一般不用题注，而在最后标明报告单位名称，由有关负责人员签名，分别盖上公、私印章，并标注时间。

(二)决算报告的结构

决算报告的结构与预算报告基本一致，也由标题、首部、主体、结语和落款组成。

1. 标题

决算报告的标题可写成：

《2014年宏基汽车技术发展公司科研开发项目决算报告》；
《鸿达高科技发展公司工会2014年帮困基金使用决算报告》。

与预算报告一样，如果是递交给代表大会审议的，标题也可以加上"草案"二字，以示严谨。在大会上作的报告或在报刊传媒发表的决算报告，可在标题下加上题注"××年×月×日××会议"和报告者的职务、姓名。

2. 首部

决算报告的首部，也包括称谓和报告的开端部分。称谓亦即报告所递交的对象。如果是递交给代表大会审议的，就是"各位代表"；而如果是递交给上级主管部门审批的，称谓则为主管部门的名称。

开端部分是报告的前言，如：

市××届人大×次会议审查批准了《关于××市2014年预算执行情况和2015年预算草案的报告》。现经编审以及与财政部结算，××市2014年决算已正式汇编完成。根据《中华人民共和国预算法》、《中华人民共和国各级人民代表大会常务委员会监督法》和《××市市级预算审查监督规定》等法律规定和市人大常委会的安排，受市人民政府委托，我向市人大常委会提出2014年市本级决算报告，请予审查。

如果是活动结束后的决算，则可写成：

××活动于××年×月×日至××年×月×日举行，已经圆满落幕。根据××法规(制

度),现将××活动收支决算报告呈上,请予审批。

这样,文章就自然由此转入主体正文。

3. 主体

在这里,我们要注意,决算报告往往有一个基础,那就是在人代会上的预算报告一般都是《上次预算执行情况和本次预算草案报告》,因此其中的预算执行情况部分就是决算报告的最好依据。决算报告的主体,应根据预算的被执行情况来写作。总的说来,在内容安排上,要明确这几个方面:概述预算被执行的结果;说明本决算的原因和根据;接着就是对各项目具体收入支出的详细决算。在写作时,要注意分析完成预算的原因,正视存在的问题,并提出解决问题的措施。

4. 结语

决算的结语总是根据全文的内容来安排的。常规的写法是再总结一下过去的成绩和问题,展望未来,表示信心满怀。最后以"以上报告,请予审议"为结语词。

5. 落款

决算报告的落款要求与方法跟预算报告一致,也是主要用于递交给上级主管部门的报告,这类报告因为不用题注,所以要在最后标明报告单位名称,由有关负责人员签名,分别盖上公、私印章,并标注时间。

三、预算和决算报告的写作要求

(一)数据准确

预算报告和决算报告都离不开数据,因此数据一定要准确无误。预算有偏差,一来可能导致报告不能被批准认可,事情就可能做不下去,二来可能给实际工作带来极大的失误;而决算有偏差,则会导致人们对工作实际成效的怀疑,并要加紧追究责任。所以,数据是预算、决算报告的重要依据,一定要无丝毫偏差。

(二)分析合理

预算报告和决算报告都是在数据的基础上进行分析说明的,这种分析一定要科学合理,而不能是为自己的工作掩饰或夸口。要注意分析的理论运用和政策运用,也要与实践相结合,真实反映存在的问题和预算不能完成的原因。

(三)层次清晰

在实践中,预算和决算往往在一起写作,如:"宏基汽车技术发展公司 2014 年财务决算和 2015 年财务预算的报告"。这要求作者的笔下一定要清晰,将两件事情分前后一一道来。一般用小标题将之区分。在具体的叙述分析中,要分门别类将各事项逐一交代。不可含糊其辞,关键问题不要一带而过。

【预算报告】例文

关于江苏省 2014 年预算执行情况与 2015 年预算草案的报告
——2015 年 1 月 27 日在江苏省第十二届人民代表大会第三次会议上

省财政厅厅长 刘捍东

各位代表：

受省人民政府的委托，我向大会报告江苏省 2014 年预算执行情况与 2015 年预算草案，请予审议，并请省政协委员和列席会议的同志提出意见。

一、2014 年预算执行情况

2014 年，在省委省政府的正确领导下，我省经济运行总体平稳，转型升级步伐加快，改革开放深入推进，民生得到有效改善。……圆满完成了省十二届人大二次会议确定的各项目标任务。

全省一般公共预算收入 7233.14 亿元，比上年(下同)增加 664.68 亿元，增长 10.1%。其中，税收收入 6006.05 亿元，增长 10.8%，占一般公共预算收入的 83.04%。……在省财政与中央财政、市县财政办理正式结算后，上述预算执行情况还会有一些变动，届时我们再向省人大常委会报告。

2014年全省和省级预算执行、管理主要体现了以下重点。

(一)实施积极财政政策，促进经济提质增效。一是促进经济稳定增长。……二是推动经济结构调整优化。……三是促进科技创新驱动。推动省级财政科技经费优化整合，加快实施科技重大专项，运用财税政策引导创新资源和创新要素向企业集聚。

(二)着力保障改善民生，推动城乡区域协调发展。一是坚持民生优先。……二是推动城乡一体化建设。……三是促进区域均衡发展。分类施策，苏北全面小康、苏中融合发展特色发展、苏南现代化建设示范区、沿海开发的扶持政策进一步完善，区域发展更趋协调。……

(三)深化财税体制改革，加快建立现代财政制度。一是坚持改革统领，出台深化财税体制改革加快建立现代财政制度的实施意见。……二是加快预算管理制度改革。……三是税制改革有序推进。与上海自贸区建设全方位对接，成功争取启运港退税和贸易便利化政策在我省"落地"。……

上述成绩，是省委省政府科学决策、坚强领导的结果，是各级人大加强监督、有力指导的结果，也是各地区各部门艰苦奋斗、共同努力的结果。同时，我们也清醒地认识到财政工作中存在的问题和不足：……我们将高度重视这些问题，切实采取有效措施，努力加以解决。

二、2015 年预算草案

(一)2015 年预算安排的总体要求

2015 年预算安排的指导思想是：全面贯彻党的十八大及十八届三中、四中全会精神，认真落实习近平总书记对江苏工作的最新要求，按照省委省政府的决策部署，围绕"两个率先"的光荣使命和"迈上新台阶、建设新江苏"的发展定位，严格执行新预算法，深化财税体制改革，财政政策主动适应和引领新常态，大力实施积极的财政政策，继续支持转方式调结构，持续加强保障与改善民生，不断强化风险防控，促进经济平稳健康发展和社会和谐稳定。

预算安排的基本原则：一是实事求是，积极稳妥。……二是统筹兼顾，有保有压。……三是完善体系，注重绩效。……

(二)一般公共预算草案

1. 全省一般公共预算草案

……

2. 省级一般公共预算草案

……省级一般公共预算重点科目安排情况如下。

——社会保障和就业支出拟安排 46.16 亿元，同口径增长 21.8%。……

——医疗卫生与计划生育支出拟安排 41.87 亿元，同口径增长 22.1%。……

——农林水支出拟安排 175.59 亿元，同口径增长 9.5%。……

——教育支出拟安排 244.41 亿元，同口径增长 10.1%。……

——科学技术支出拟安排 63.89 亿元，同口径增长 16%。……

——文化体育与传媒支出拟安排 40.66 亿元，同口径增长 10%。……

——节能环保支出拟安排 57.72 亿元，同口径增长 18%。……

——商业服务业、资源勘探信息等支出拟安排 68.34 亿元，同口径增长 7%。……

此外，为加强行政成本控制，严控一般公共服务支出增幅，2015 年一般公共服务支出安排 55.95 亿元，同口径下降 0.4%。

(三)政府性基金预算草案

1. 全省政府性基金预算草案……

2. 省级政府性基金预算草案……

(四)国有资本经营预算草案

2015 年省级国有资本经营本年收入预计 14.34 亿元，加上上年结转 0.02 亿元，省级国有资本经营总收入为 14.36 亿元，除调出 1 亿元进入一般公共预算外，其余 13.36 亿元全部安排用于对国有企业的资本金注入、政策性补贴等。

(五)社会保险基金预算草案……

(六)省十二届人大三次会议前支出情况……

三、贯彻新预算法，努力完成 2015 年财政改革与预算收支任务

(一)改进预算管理制度，提升财政管理效能。一是推进预算信息公开。……二是完善政府预算体系。……三是推进中期财政规划管理。……四是探索划分省与市县事权和支出责任。……

(二)规范财政收支管理，提高财政运行质量。一是狠抓财政收入质量。……二是严格控制一般性支出。……三是改革资金管理办法。……四是进一步加大盘活财政存量资金力度。……五是健全预算绩效管理机制。……六是加强财政监督。……

(三)完善财政政策，发挥稳定器和逆周期调节器作用。一是完善推动经济发展财政政

策。……二是完善现代农业建设财政政策。……三是完善文化建设财政政策。……四是完善民生建设财政政策。……五是完善生态文明建设财政政策。……六是加强政府性债务管理。……

各位代表，做好今年的财政工作，任务艰巨，责任重大。我们将在省委省政府的坚强领导下，按照省十二届人大三次会议的要求，全面贯彻落实新预算法，以"两个率先"光荣使命为引领，以敢闯敢试、勇为全国财政改革探路的责任担当，以创新管理、追求绩效的求实精神，努力完成各项财政工作任务，为"迈上新台阶、建设新江苏"，谱写好中国梦的江苏篇章做出新的更大贡献！

(资料来源：江苏省政府官网)

【决算报告】例文

北京中文在线数字出版股份有限公司
2014 年度财务决算报告

公司 2014 年度财务报表按照企业会计准则的规定编制，在所有重大方面公允反映了公司 2014 年 12 月 31 日的财务状况以及 2014 年度的经营成果和现金流量。公司 2014 年度财务报表已经信永中和会计师事务所(特殊普通合伙)审计，并出具了标准无保留意见的《审计报告》。公司 2014 年度合并财务报表的主要数据报告如下。

一、财务状况

……(数据略)

主要变动项目分析：

1. 总资产同比增加 35.04%，系收入增长、利润增加所致；

2. 应收账款同比增加 46.52%，系收入增长所致；

3. 负债同比增加 131.68%，系新增 5500 万元短期贷款所致；

4. 流动负债同比增加 144.63%，系新增 5500 万元短期贷款所致；

5. 应付账款同比增加 35.79%，系收入增加、版税成本增加，应收账款相应增加，从而致应付版税、应付账款增加所致；

6. 盈余公积同比增加 46.42%，系子公司盈利增加，使得母子公司盈余公积计提总额增加所致。

二、经营成果

……(数据略)

主要变动项目分析：

1. 营业收入同比增加 22.42%，系数字阅读产品收入大幅增长所致；

2. 营业成本同比增加 30.78%，系公司对数字阅读产品的推广成本增加所致；

3. 销售费用同比增加 41.89%，系销售人员增加、销售人员薪资标准增加所致；

4. 财务费用同比增加 145.02%，系新增 5500 万元银行短期借款所致。

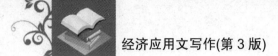

三、现金流量情况

……(数据略)

主要变动项目分析：

1. 投资活动产生的现金流量净额同比增加 455.70%，系新增对天翼阅读文化传播有限公司、新设中文在线教育集团有限公司并由其投资……7674.83 万元投资所致；

2. 筹资活动产生的现金流量净额同比增加 491.30%，系新增 5500 万元银行短期借款所致；

3. 现金及现金等价物净增加额同比减少 583.37%，系成本费用支出增加及对外投资增加所致。

北京中文在线数字出版股份有限公司
2015 年 4 月 22 日

(资料来源：凤凰网)

第六节 审 计 报 告

一、审计报告的概念、特点和种类

(一)审计报告的概念

审计报告是独立的专门机构或专门人员依法接受委托或被授权而对被审计对象的会计报表及其相关资料进行独立审查并发表意见的书面报告。

我国自 20 世纪 80 年代初成立国家审计署，从对传统的财务收支审计开始，到今天将之与绩效审计、经济责任审计结合起来；不仅审计一个部门，而且审计部门领导人；并将审计监督和舆论监督结合起来，将审计监督与整改监督结合起来，建立健全了有中国特色的、适合自己国情的审计制度，受到全世界的关注与认可。审计制度保证了我国社会主义市场经济的健康发展，也有利于树立公正廉洁高效的政府形象。

(二)审计报告的特点

1. 独立性

独立性是审计报告的第一特点。我国的审计法和审计法实施条例，都对审计的独立性做出了明确表述，只有独立才能保证审计的公正、客观、准确。在我国，虽然各审计的种类不同，但是它们的独立性是一致的，国家以法律的形式为审计的独立性创造了条件并保证其实施，在审计过程中，我们应该认真贯彻执行相关法律法规，对任何企图影响审计公正的人或事，都应予以坚决抵制。

2. 权威性

审计报告一定要具有权威性。首先，审计机构和审计人员应具有权威机构认定的资格和条件，这才能保证审计的结果是科学的；其次，审计的过程和方法应该具有权威性，符

合法律法规，符合审计工作的规律和要求；再次，报告所反映的审计结果应是权威的评价，它应与客观规律相吻合，实事求是，严谨缜密。一切虚话、假话都是审计报告的大敌。

3. 监督性

审计的目的是为了对会计工作及其相关事务进行独立审查并发表意见，这个"意见"就是监督。审计之所以强调它的独立性，目的就是要达到真正的监督效果。我国的国家审计署一年两次向人民代表大会提出本年度的审计情况，并别具一格地不仅报告审计结果，还对审计工作有问题、有漏洞的单位部门作后期的跟踪追查，督促整改，这不仅与我国国情有重要关系，也使世界对我国的审计制度予以高度评价。

(三)审计报告的种类

审计报告的种类很多。这是因为审计工作本身就是有多种类型的。如国家审计、社会审计和内部审计。不同的审计类型，其报告的基本面目也就有不同之处。我们首先可从行文结果的面向对象来看，将之分为对内审计报告和对外审计报告；又可从行文的详略重点来看，将之分为简明审计报告和详细审计报告；还可从行文格式上来看，有依照审计报告统一标准的，也有并不完全依照审计报告标准的。本书从学习对象的具体情况出发，以单位组织内部的审计报告写作为主。

二、审计报告的结构

审计报告的总体结构由以下几部分组成：标题、报呈对象名称、正文、审计部门签署及报呈日期。

(一)标题

审计报告的标题非常简单明了，就是被审计对象名称加"审计报告"文种名称。有时也需加上一些关联词语，以确定对象或范围，如：

《西路酒业公司2014年科技发展基金使用情况审计报告》，

《关于千城房产公司经理刘元穗同志的离任审计报告》。

(二)报告报呈对象名称

报呈对象一般应是审计事项的委托人、授权人，如某具体单位、某上级部门等。名称应写得完整具体，如"某某市人民政府科技委员会"、"公司董事会"等。

(三)正文

1. 缘起

这是说明本次审计活动的原因。应交代受何方委托或要求，在什么时间对什么对象进行何种性质包括是收支、是效益、还是法纪方面的审计。目前社会公开刊登的审计报告

上，往往还说明审计与被审计双方各自对本次审计活动应负有的责任或应承担的义务。

2. 审计事项范围

这是指本次审计的具体业务内容以及对它们的分析。应明确说明审计行为的依据和程序、所审计的会计报表的名称及其所发生的时间和所反映的内容。一般先说明基本状况，如资金来源、组织规模、管理程序、经营手段等，综合性越强的审计报告，这部分越需详细。

接着应对相关事实进行逐一审计。若审计发现被审计对象并无问题，只需列出项目数据即可，而如果发现存有问题，则应说明是什么性质的问题。这些也可以表格展示，并配以条款表述解释。

3. 审计结果说明

针对以上审计情况，审计者应根据有关法律法规和审计的责任做出相关说明。

对审计结果持肯定态度的审计报告，说明部分可以进行肯定性评价，不必赘言，只要肯定其正确合理即可；而对审计结果持否定态度的审计报告，则应说明其错失或违规、违纪、违章的具体情况和性质。

4. 意见或建议

由于审计活动的多样性，所以审计报告可能表示意见，也可能依法保留意见。如果审计是社会审计，审计者不便表示意见，应该在此处做出依法保留自己意见的说明。然而面对审计结果，一般都可有审计者对此的意见或建议。如针对问题提出自己的整改建议、针对矛盾提出自己的处理意见等。但是这不需要具体完整的整改措施方案，而只能是基本态度或基本原则，仅供有关方面参考而已。

(四)审计部门签署

签署前，应根据情况说明是否附有其他相关材料文件，如有附件，应在此逐一列出其标题名称。审计报告在报呈时应将这些附件一并送出。

文末，审计者应完整签署名称，包括审计单位全称、全体参与审计的人员姓名，必要时应注明审计人员职称及其在此次审计中的地位作用，如"主审"、"助审"等，并应根据需要注明审计单位的地址，加盖公、私印章。

最后是报告的报呈日期。

三、审计报告的写作要求

(一)合法慎重

合法慎重是审计报告写作的态度要求。审计报告不是一般的财务报表或事务公文，它的编制和写作有严格的程序；审计人员也应有法定资格或经特别授权；审计结果又是对审计对象评价的重要依据，所以，审计报告十分强调写作态度的合法慎重。在整个审计过程

第四章 经济报告文书

中,必须按照诸如《中华人民共和国注册会计师法》、《中国注册会计师独立审计准则》等法律法规的要求行事,报告成文的过程也应合法,写作者并对报告的内容和结论负全部责任。报告中该说明的要说明,该评价的应评价,如果不合法地故意不作说明或拒绝评价,也是一种过失甚至是欺诈,将会引起法律责任。

(二)规范正确

审计报告是审计者审计业务水平的直接体现。由于审计报告有多种类型,生活实践中又有多种审计要求,所以在进行审计活动和编制写作审计报告时,一定要准确选择审计报告的类型,正确反映审计对象的状态,规范表述审计对象的活动。因此,审计报告中的基本要素反映一定要齐全,用于不同目的和场合的报告在细处的区别不能混淆,字词选用要精当,对"所有重大方面"和"各重大方面"等概括性的词语要斟酌其涵盖面和表现力。而在对报呈对象的称呼方面,要注意审计报告是严肃的公务文章,不是礼仪文章,所以不应用诸如"贵公司"这样的一般礼仪性称呼,而只应是类似公文的严肃的"你公司",社会现行审计报告中出现的不恰当的礼仪称呼,是一种不正确的混淆严肃与谦恭的讹误。

(三)真实及时

审计报告的真实是指它必须完全反映审计对象活动的全部内容,充分反映对象在一定时间内的应被审计活动之过程。对被审计对象的活动中表现出的重大不确定事项、"常规"性的例外事项、所披露的信息与事实严重不符事项等,要予以格外关注和分析,对此做出提示或说明,以体现审计报告的细致可靠,并引起相关人员的关注。审计报告也必须是及时的,不能因审计者的主观因素而造成报告迟迟出不来。在接受审计任务之后,要及时做出审计的计划安排,及时进行调研查问和翻检审读,根据有关方面的时限要求及时报呈。

【审计报告】例文1

关于2013年度上海市本级预算执行和其他财政收支的审计工作报告
——2014年7月23日在上海市第十四届人民代表大会常务委员会第十四次会议上

上海市审计局局长 田春华

根据《中华人民共和国审计法》和《上海市审计条例》等法律法规规定,市审计局认真贯彻市人大常委会提出的要求和市政府的部署,把服务改革创新贯穿于审计工作的始终,按照全口径预算管理的要求,深化财政、政府投资、民生、资源环境等领域的审计,共组织实施完成了对108个项目的审计和审计调查。……

审计结果表明,2013年度市本级预算执行情况总体良好。

——财政收入平稳增长,财政支出结构进一步优化。

——贯彻落实中央要求,大力压缩行政事业单位一般性支出。

——完善全口径预算管理体系,提高预算的公开性和透明度。

一、财政管理审计情况

(一)公共财政预算执行和管理审计情况

2013年,市本级公共财政收入共计1977亿元,比上年增长7.9%,完成预算的100.4%,加上本市试点自行组织发行地方政府债券收入、中央财政与本市结算净收入等共计583.1亿元,减去市对区县税收返还和转移支付、调出资金等共计752亿元,收入总计1808.1亿元。市本级公共财政支出共计1590.5亿元,比上年增长4.3%,完成调整预算的101.6%,加上地方政府债券还本50亿元、转贷区县地方政府债券支出90亿元、中央财政专款结转下年支出43.4亿元、安排预算稳定调节基金28.7亿元,支出总计1802.6亿元。收支相抵,当年结余5.5亿元。

1. 市财政局组织执行市级预算审计情况

审计结果表明,2013年,市财政局着力加快推进预算制度改革,修订完善支持科技创新、发展现代服务业等财政配套政策,为本市经济转型发展服务;……但审计也发现:

(1) 科技类专项资金管理的沟通协调机制不够健全。
(2) 河道工程修建维护管理费存量资金未有效盘活。
(3) 事业单位投资企业收益收缴的具体原则不够明确。

2. 市地税局税收征管审计情况

审计结果表明,2013年市地税局紧紧围绕本市经济结构调整,认真组织收入,优化纳税服务,创新管理方式,强化风险控制,搭建税收风险分析监控平台和大企业税源监控管理平台,较好地完成了全年税收征收任务。但审计也发现:

(1) 营业税季度申报政策不够完善。
(2) 部分企业未能及时享受公共租赁住房税收优惠政策。
(3) 土地出让信息共享机制未建立,影响城镇土地使用税的政策执行。

(二)政府性基金预算执行和管理审计情况

2013年,市本级政府性基金收入共计985.3亿元,完成预算的196.8%,加上中央财政对本市政府性基金补助收入16.7亿元、动用历年结余和调入资金51.3亿元,减去市对区县政府性基金补助支出110.5亿元,收入总计942.8亿元。……但审计也发现:

1. 地方水利基金与城市公用事业附加基金预算安排衔接不够。
2. 散装水泥专项资金政策未适时调整。
3. 城市公用事业附加基金未及时上缴国库。

(三)国有资本经营预算执行和管理审计情况

2013年,市本级国有资本经营收入38.72亿元,加上上年结转0.08亿元,收入共计38.8亿元,完成预算的100.1%;支出共计38.7亿元,完成预算的99.8%。收支相抵,……但审计也发现:

1. 企业层面资金使用的定期报告制度未建立。
2. 费用性支出的范围规定不一致,与公共预算交叉安排资金的项目,未建立联审机制。
3. 本市国资收益收缴范围尚未全覆盖,市级金融国资的市属国有股东较分散,不利于金融国资收益的集中收缴。

(四)社会保险基金预算执行和管理审计情况

2013年,本市12项社会保险基金收入共计2447.98亿元,完成预算的99.4%;支出共计1938.29亿元,完成预算的98.7%。收支相抵,当年结余509.69亿元。……但审计也发现:

1. 少数社会保险基金预算编制方式、流程不规范,内容不完整。

2. 少数基金预算收入未及时足额筹集。

3. 部分基金日常管理不到位。

对上述问题,市政府已要求市财政局研究河道工程修建维护管理费等结余资金统筹使用方案,盘活存量资金,优化预算支出安排;要求有关部门加强对预算收入的收缴管理,完善有关税收政策,加强社会保险基金征缴管理,逐步拓展国有资本经营收益收缴范围;要求有关部门建立沟通协调机制和信息共享平台,完整反映科技类财政性资金总体投入情况,逐步建立资金投入的综合评估、追踪问效机制;要求有关主管部门进一步建立健全国资经营预算执行监管机制,按照《关于进一步深化上海国资改革促进企业发展的意见》的总体要求,进一步建立并充分发挥金融国资运营平台的作用。

二、部门预算执行审计情况　……

三、投资建设项目审计情况　……

四、民生审计情况　……

五、资源环境审计情况　……

六、重点项目跟踪审计情况　……

此外,预算执行审计、专项审计(调查)的结果,市审计局将依法向社会公告。

……

(资料来源:上海市政府网站)

【审计报告】例文2

关于××干部休养所××年经营效益和资产清查的审计报告

××××:

根据××、××、××三方研究决定,委托本审计事务所派员参加联合审计组,本着客观公正,实事求是的原则,于××年×月×日到×日对其下属干部休养所××年—××年的财务收支、资产结存情况进行了审计清查,现将审计结果报告如下。

一、资产情况

截至××年×月末,干休所资产总额为××××元。

(一)固定资产

经审计后确认,截至××年9月末固定资产账面原值总额为××××元。与此同时,对现有固定资产进行全面盘点清查,经与财务账面核对,财产盘盈××元,盘亏××元,盈亏相抵后净盘盈××元。据此实有固定资产原值总额××××元。

(二)流动资产

截至××年9月末，银行存款××××元，库存现金××元，有价证券××元，共计××××元。

由于干休所没有建立完整的备品明细账，对低值易耗品等不易核对盘亏情况，只按盘点后的实有数量登记入册。其他零星设施、花草、甬路也进行了清点，但不含在上述资产盘点结存金额之内。

二、债权债务情况

经过审计有关账簿，截至××年9月末，应收款目即债权为××元，应付款即债务为××元，债权债务相抵后，净债务××元。上述债权债务以账面确认数为准，未含其他因素。

三、三方投资及资金(资产)投放运用情况

(一)原始投资情况

据××年9月15日《关于××干部休养所修建投资及经营效益情况的审计报告》中称，截至××年末，×省×厅、×局、省×协会向干休所共计投资××元，其中，省×厅投资××元(含实物估价××元)，省×局投资××元，省×协会投资××元(实物作价××元)。此外，省×厅××年调入一辆日本丰田面包车估价××元，经另两方同意视为投入资本。

(二)××年以来资金(资产)投入情况

经审计，从××年以来到目前为止，×厅先后拨入资金共计××元，其中，××年7月11日从银行电汇入××元；同年9月14日电汇维修费××元；××年5月8日电汇维修费××元；同年6月30日电汇维修费××元；同年8月31日投入经费××元；同年10月9日电汇维修费××元；××年×厅调入上饶大客车一辆，自估价××元，记入固定资产账户。

此外，××年初新任所长上任时货币资金仅有××余元，为了开展业务，急需筹措资金，于××年3月动员本所职工共集资9万元，年利率24%。

(三)三方投资结余和×厅拨入资金支出情况

1. 收入情况

截止到××年初三方投资结余××××元，省×厅自××年以来拨入资金××元，干休所卖出一台锅炉收入××元，收入总计为××××元。

2. 支出情况

自××年以来，建造餐厅包间89.4平方米，支出××元，购入无木活动板房163.5平方米，支出××元，安装太阳能淋浴器支出××元，道路维修费支出××元，购入被褥、木床等设备支出××元，维修四楼平台等支出××××元。

收入与支出相抵后尚有结余××元。

四、企业收支情况

××年所长周××任职期间，全年收入××××元，其中宿费收入××元，交通费收入××元，其他收入××元。全年共计支出××元，其中，工资××元，公务费××元，业务费××元，设备购置、其他支出共计××××元，收支相抵后本年度亏损××××元，年终累计亏损××元。

××年4月换届，王×××任所长，××—××年9月末之间共计收入××××元，其中，宿费收入××元，交通和其他收入计××元。共计支出××××元，其中，工资福利支出××元，公务费××元，业务费××元，税金××元，其他费用××元，收支相抵后亏损××元。

截至××年9月末，企业累计亏损××××元。

食堂收支情况

经审计，干休所食堂××年初伙食结余××元，扣除××年收支后尚有结余××元。

××—××年9月末，食堂经营累计结余××××元。

综合事业、食堂最终经营成果，累计亏损××××元。从各个经营阶段看，周××任职经营期间亏损××元；王××任职经营期间盈利××元。

五、盈利经营分析及改进意见

1. 经营管理方面

干休所经营受季节性影响较大，一年中只能营业三个月左右时间，床位利用率不高，且固定性开支比较大。全所现有固定职工4名，忙季有临时工20余名，仅工资支出一项每年就达××万余元。为外调入车辆状态不佳，××年汽车修理费、养路费、保险费支出达5万多元，占公务费的55%。

2. 往来款项未及时清理，有的已成为呆账、死账。例如：××欠干休所××元，该人已病故，欠款不易追回。

3. ××年8月12日，18号凭单处理一台锅炉收入××元(现金收入××元，转账××元)，缴款存根上没有购入人姓名和工作单位。

4. 干休所领导班子换届频繁，换届时既没有认真清点资产又没有交接记录。

5. 干休所职工工资自××年8月以来由于资金紧张至9月末能发放计××元，另外发生汽车修理费××元，其他支出××元，三项共计××元，应由××年9月末以前列支而未予列支，故潜在亏损约××元。

基于上述分析，我们提出以下三点改进意见：

1. 为了合理、正确地反映经营成果，对于购入固定资产和专项支出在费用中列支的问题，进行调账处理，应在拨入专项资金中列支。

2. 及时清理各种往来款项，尽量做到人欠收回，欠人还清。

3. 进一步健全和完善财产物资的保管、使用、出入库手续和制度，防止财产流失。

主审：×××(高级审计师)
助审：×××(审计师)
×××(审计师)
××审计事务所(章)

第七节　上市公司经营状况报告

一、上市公司经营状况报告的概念、特点和种类

(一)上市公司经营状况报告的概念

上市公司，指的是在沪深股市上市流通的股份制经营公司，而上市公司经营状况报告则是指上市公司将自己在一定时间内如一季度、半年、一年的各种经营状况、财务指标等向广大股东做出报告的文书。按有关证券法规的要求，这类文书应按时通过各种媒体向社会股东作公开透明的传达，这是上市公司的法定义务，也对稳定股市，促进我国股市健康有序地发展具有重要作用。

(二)上市公司经营状况报告的特点

1. 定期性

上市公司经营状况报告一定要定期向社会公开，这是我国证券法对上市公司的规定，也是国际证券市场的惯例。定期披露经营状况，遇重大事件及时向社会通报，也是上市公司对广大股东的责任之一。由于上市公司的经营状况是定期报告的，因此它往往使持有该公司股票的股东在此期间充满期待，也往往能左右该只股票当天和近期的走势。

2. 规范性

上市公司经营状况报告的写作既要按照有关规定的要求披露信息，又在实践中形成了一种为大众所认可的写作规范。它重视报表的作用，强调以数字说话，用什么方式、怎样的顺序表示什么内容，这在业内早已形成共识，成了约定俗成的规范。无论是季报、中报还是年报；无论是财务信息的公示，还是经营中的重大人事或决策变更，不仅要依法依规地报告，还要依法依规地写作这些报告。

(三)上市公司经营状况报告的种类

由于上市公司必须依照法律法规向全体股东，尤其是社会股东及时报告各种经营信息，所以上市公司经营状况报告的种类较多。从时间周期来分，可有季度报告(季报)、半年报告(中报)和年终报告(年报)；从事项来分，可有经营报告、财务报告、重大事项报告、高层管理人事变更报告等。从写作内容的繁简来分，一般公司内部发出或留存的文稿较详细，而公开刊登的报告则因版面等因素的制约而显得简明扼要。

二、上市公司经营状况报告的结构

上市公司经营状况报告无论繁简，写作的总体结构还是一致的。只是繁式文本分析更细致，而简式文本分析偏简要。

(一)标题

上市公司经营状况报告的标题应该直截了当地表现报告的内容,如:

《上海振华港口机械(集团)股份有限公司2007年第一季度报告》;

《广东发展银行股份有限公司2008年第一季度经营报告》。

要注意的是,一些关于重大事务、人事变动的简单报告,一般也可用事务公告的标题。上市公司经营状况报告标题的下面,可将公司在市场上交易的代码标出。

(二)正文

1. 引言

上市公司经营状况报告的引言首先要对整篇报告的形成过程、股东大会或公司董事会会议决议情况、财务报表的审议情况,以及报告形成的相关责任人等事实做出说明,并对报告的真实性做出承诺。

2. 主体

主体部分是上市公司经营状况报告的核心,可从几个方面来逐一进行表述和分析说明。首先是公司基本经营情况数据,包括财务指标和股东在本期的持股情况等,接着应说明本期的经营收支状态和原因分析。这一部分要用各种图表来表示,既一目了然,又直接形象。各种图表都要编号加标题与文字一起列出,分析要针对图表进行,不能图表是图表,说明是说明,分析是分析,几个不联系,这样容易造成股东的阅读困难和理解差错。主体部分还要对预期的盈亏、是否分红回报等事项以及需要澄清的某些市场的讹误信息做出说明解释。

(三)尾部

上市公司经营状况报告的尾部十分简单,但却一项也不能漏掉。首先是上市公司的全称,其下应由其法人代表签章;再写日期及附录说明。

三、上市公司经营状况报告的写作要求

(一)及时

由于上市公司经营状况报告是定期的,所以即使报告的内容令人不满或担忧,也要及时做出并发布,以符合相关要求和股票市场的特定环境。一旦报告未及时公布,往往会引起市场的猜测和该只股票的价位的大涨大落等波动表现,这是不利于稳定市场的。

(二)真实

每一家上市公司都应对广大股东披露最真实的信息,不能虚报,不能瞒骗。盈利多少,盈利的原因,亏损多少,亏损的原因,与什么公司有新的合作,与哪家公司结束了多年的纠缠等,不仅要详细罗列于图表,还要具体说明于文字,只有让广大股东信任了,上

市公司才能在股市中取得更多的好处和机会。

(三)恰当

上市公司经营状况报告的恰当，是指它应该实事求是地表述，由于上市公司经营状况报告主要以图表显示，所以报告文字的恰如其分就成了显示报告意义的十分重要的依据。报告的文字一定要恰当地对图表做出说明，成绩或过错都不能语焉不详一句带过，也不要空话连篇滥写一气。要注意事件的逻辑表达，要负责地对待报告中的每一句解释和承诺。

【上市公司经营状况报告】例文

上海浦东发展银行股份有限公司
2015 年第一季度报告

一、重要提示

1. 公司董事会、监事会及其董事、监事、高级管理人员保证本报告所载资料不存在任何虚假记载、误导性陈述或者重大遗漏，并对其内容的真实性、准确性和完整性承担个别及连带责任。

2. 公司于 2015 年 4 月 29 日以通讯表决形式召开第五届董事会第三十六次会议审议并通过了本报告，公司全体董事出席会议并行使表决权。

3. 公司第一季度财务报告未经审计。

4. 公司董事长吉晓辉、行长朱玉辰、财务总监潘卫东及会计机构负责人林道峰声明：保证本季度报告中财务报告的真实、完整。

二、公司基本情况

……(数据略)

三、普通股及优先股股东情况

……(数据略)

四、银行业务数据

1. 补充财务数据 ……
2. 资本结构情况 ……
3. 杠杆率信息 ……
4. 其他监管财务指标 ……
5. 信贷资产"五级"分类情况 ……

五、重要事项

1. 公司主要会计报表项目、财务指标大幅度变动的情况及原因
……

2. 重大事项进展情况及其影响和解决方案的分析说明

(1) 公司收购上海国际信托控股权的情况。为适应我国加快金融改革和国际化的发展趋势，提高公司服务客户融资多元化、综合化需求的实力，根据上海市金融国资改革的总体安排，经第五届董事会第二十九次会议审议通过，公司拟收购上海国际信托有限公司，

公司届时将通过向分立后的上海国际信托有限公司相关股东发行境内上市人民币普通股(A股)方式支付标的股权之对价。公司非公开发行境内上市人民币普通股(A 股)的具体发行方案(包括收购标的资产交易价格、股份发行价格、发行对象、发行数量、发行股份定价基准日等)将另行召开董事会审议,并提请公司股东大会审议通过,且由中国银监会、中国证监会最终核准的方案为准。……此外,报告期内公司还与上海国际集团签署了《关于上海国际信托及其主要子公司管理安排的备忘录》。

(2) 发行优先股情况。为提高公司的资本充足率,提升综合竞争实力,增强公司的持续发展能力,经公司第五届董事会第十九次会议和 2013 年年度股东大会审议通过,公司拟非公开发行优先股,发行优先股总数不超过 3 亿股,每股票面金额为人民币 100 元,募集资金总额不超过人民币 300 亿元。2014 年 11 月 28 日公司以非公开发行首期 150 亿元优先股,并于 2014 年 12 月 18 日在上海证券交易所挂牌转让。……

3. 公司、股东及实际控制人承诺事项履行情况

公司股东中国移动通信集团广东有限公司(简称"广东移动",持股占公司总股本20%)承诺:其参与认购公司 2010 年 10 月非公开发行股票的限售期为 36 个月;另根据中国银监会关于相关商业银行主要股东资格审核的监管要求,广东移动的控股母公司中国移动有限公司于 2010 年 8 月 31 日在香港联交所公告了对中国银监会的承诺:……

4. 预测年初至下一报告期期末的累计净利润可能为亏损或者与上年同期相比发生大幅度变动的警示及原因说明……

5. 报告期内现金分红政策的执行情况

公司第五届董事会第三十四次会议已审议通过 2014 年度利润分配方案"每 10 股派现金红利 7.57 元(含税)";该项方案拟提交 2015 年 5 月 15 日召开的股东大会审议。

法定代表人:吉晓辉
董事会批准报送日期:二〇一五年四月二十九日

(资料来源:上海浦东发展银行官网)

思考与练习

一、理解以下词语

经济报告文书　经济调查报告　经济活动分析报告　经济预测报告　可行性研究报告　预算决算报告　审计报告　上市公司经营状况报告

二、简答以下问题

1. 经济报告文书有哪些特点和作用?一般包含哪些种类?
2. 怎样理解经济调查的特点?
3. 经济调查应怎样安排其基本内容?写作的基本要求是什么?
4. 经济活动分析报告和经济预测报告各有什么特点?二者的区别何在?

5. 经济活动分析报告和经济预测报告应为怎样结构？其写作的基本要求是什么？
6. 怎样理解可行性研究报告的特点？可行性研究报告有哪些种类？
7. 可行性研究报告应怎样结构？其写作应注意哪些问题？
8. 预算决算报告的特点是什么？预算报告和决算报告有什么区别？
9. 预算报告应如何写作？它的写作要求是什么？
10. 决算报告应如何写作？它的写作要求是什么？
11. 审计报告有什么意义和特点？它有哪些种类？
12. 审计报告应如何结构？写作审计报告应注意哪些问题？
13. 上市公司经营状况报告有什么意义和特点？它有哪些种类？
14. 上市公司经营状况报告应如何结构？它的写作要求是什么？

三、写作实践

1. 根据当前市场的物价表现状态，试写一份《关于市场物价走势的分析预测报告》。
2. 根据自己所学专业试写一篇关于自主创业的可行性研究报告。
3. 根据自己的每月收支状况，试写一份《上季度经济决算和下季度经济预算报告》。

第五章　经济协约文书

本章学习目标：

- 理解经济协约文书的概念、特点、作用和种类。
- 了解经济协约文书的适用范围和写作要求。
- 掌握经济协约文书各类文稿的写作基本结构。

第一节　经济协约文书概述

一、经济协约文书的概念和特点

经济协约文书，顾名思义，是对经济事务协商、约定的文书。在全面市场化的新常态下，人们需要直接与市场或与产业的上游下游的生产经营连接，根据自己的需求寻找合作伙伴，寻找关联对象，这就促成经济协约文书成为经济生活中不可或缺的重要文书。

(一)经济协约文书的概念

经济协约文书，是指相关各方为达到某种共同的经济目的，经协商约定，将所议事项中各自的权利义务作明确表述的文书。

(二)经济协约文书的特点

1. 合法性

经济协约文书的内容必须具有合法性。"法"，既指国家的法律法规，也指各种相关的规章制度。经济协约文书可有跨企业、跨行业、跨地区、跨国界的广阔内容空间，给各经济组织的行为提供了众多的机会，实践中往往会有此地与彼地的政策、制度不同步或不一致的事实，人们也自然会取简便和宽松的做法。但无论何时何地都不应以钻政策或法规的空子为签署的前提。无论是文书的形式还是文书的内容，都应以合法为写作的基本点。格式正确，内容规范，才是受法律保护、受各方尊重的好协约。

2. 协商性

经济协约文书必然是协商的结果，也只能是协商的结果，如果未经协商达成一致便匆匆成文或强制成文的协约，是不会对相关方面的经济行为产生制约的。协商的过程，也是各方观点渐趋一致的过程，为了使各方都能满足自己的利益诉求，必须反复讨论商议，从而保证约定在今后的执行中被彻底遵守。即使有些不易一致的意见，因本着平等协商的原则，也为解决矛盾留下了余地。

3. 制约性

经济协约文书是各方都认可的承诺条款，一方提出的要约，实际上是对另一方的制约，为了保证自己的利益实现，签约各方必须也向对方做出承诺。所以，这种制约首先是要求签署方必须守信践诺，即按照所承诺的内容安排兑现本方的责任义务，不得损害对方利益。制约性也阻止了协商结果的被任意调整，任何条款，即使因不可抗因素需作调整，也须经合法程序而不能任意而为。

二、经济协约文书的作用和种类

(一)经济协约文书的作用

1. 保证作用

经济协约文书的特点，说明了它是平等协商的产物，这种平等协商是市场经济的必备素质，也保证了它的健康发展。有了经济协约文书这样的书面文件，使经济活动增加了一种制约，促使各当事方能自觉遵守约定的条款，保证文书目的能成功实现，也保证各方利益的实现。

2. 依据作用

经济协约文书是当事各方的行事依据。如招标方提出的要求，是投标方的投标依据；甲方乙方商定的条款，是甲乙双方共同的行事依据；而文稿中商定的条款，是追究责任的依据。经济协约文书的依据作用是其与生俱来的特定作用，也是它在今天成为重要的市场经济活动工具的主要原因。

3. 监管作用

经济协约文书的签署往往须经相关公证部门鉴证，有时也须经相关职能或管理部门备案，这体现了它的监管作用。对协约文书内容的监管，也就是对签署各方行为的监管、对当事各方责任的监管，也是在相关条约未能实现时的惩处监管。市场经济是开放的经济，在开放中更需要完善监管机制，才能使市场保持有序和规范，通过经济协约文书的签署鉴证而实现监管，是我们今天社会的重要行事手段之一。

(二)经济协约文书的种类

经济协约文书种类繁多。只要是为经济目的共同协商而成的、为各方同意而认可签署的文书都可视为经济协约文书。当然，在实践中这一文种呈现出多元化，有简单的认可、有宽泛的约定；有提出要约、有响应答复。本章主要介绍以下三大类。

(1) 简单条据，含借条、欠条、收条。
(2) 招标投标文书，含招标公告和投标函。
(3) 协议文书，含意向书和经济合同。

第二节 简单条据

一、简单条据的概念和种类

简单条据是指在双方共同认可的前提下,以条据的形式记下所约定的事项,并由一方签署确认后,交由另一方收存保管的协约。这是在民间长期约定俗成的有效协约。

简单条据的种类很多,本书主要介绍借条、欠条和收条。

二、简单条据的特点和写作基本结构

简单条据既是在民间长期约定俗成行之有效的,必定具简单明了的特点。它以最简洁的文字说明事项的名称、数量和时间,表明条据的立据人和条据的收存人之间的关系。即使以后在两者之间发生纠纷,经鉴证的条据也是纠纷仲裁者的重要依据。

条据的写作结构也是社会长期约定俗成的。

(一)名称

条据的名称位于条据上方,居中书写"借条"、"欠条"或"收条"。

(二)正文

条据的正文在名称下方另起行,根据不同内容先写"今借到"、"今欠"或"今收到",接着写收存保管对方的名称,其次是物品名、货品名、货币名及其数量,货币数量要有汉字大写和阿拉伯数字两种。"借条"、"欠条"在其后说明归还时间或归还方法。在这些最基本信息完整清楚之后,即可结束。最后是另起一行写上"特立此据"。

(三)签署

签署在条据正文下方右下侧。写明"立据人×××",在署名下写清年月日。

三、简单条据的写作要求

(一)信息完整

简单条据虽简单,但信息必须是完整的。相关的物品名称、货币名称、数量、约定的日期、方法等都必须一目了然,清楚无误。江苏省曾发生因借条上写的是"今借到 200 块"而无法确认是指人民币的纠纷案例,就是因为条据漏写货币名称。

(二)格式正确

条据的结构十分简单,但是必须格式正确。开头只能是"今借到""今欠"或"今收到",而且必须在正文部分的首行前空两格处写,整个正文部分主要信息写在同一段落内，不必分开。社会上有人莫名其妙地在条据写作中加上"你好"等问候语，又在末尾加上"谢谢"、"致敬"等祝颂词，那是把条据误作信函了。

【简单条据】例文 1

借　条

今借到张绥中先生美元贰仟圆整(US＄2000)，2015 年 12 月 20 日归还本息共美元贰仟壹百圆整(US＄2100)。

特立此据。

立据人：李明欣
2015 年 3 月 1 日

【简单条据】例文 2

欠　条

今欠刘占忠老板 3 号白象牌电池两盒(每盒 60 枚)，9 月 30 日送货时一并送来。

特立此据。

立据人：王潇祜
2015 年 9 月 15 日

【简单条据】例文 3

收　条

今收到童雪辉小姐购三城环路 115 号 201 室房首付款人民币柒拾伍万圆整(￥750 000)。

特立此据。

立据人：钱立逸
2015 年 8 月 1 日

第三节　招标公告和投标函

一、招标公告和投标函的概念和种类

(一)招标公告和投标函的概念

招标公告是反映招标内容的说明、告知性文书，而投标函则是反映投标行为的承诺性文书。

招标，指招标人发出招标信息或通知，说明拟招标项目如工程、业务、大宗交易等的名称、规格、数量及其他条件，邀请投标人在规定时间、地点按照一定程序进行投标竞争，这在法律上是一项邀请要约。招标可分为公开招标，又称为无限竞争招标；邀请招

标,即有限竞争招标。前者面向社会,所有合法合格的投标者都可以参加竞争;而后者则根据情况只向少数对象发出投标邀请。

投标,指投标方根据招标公告所述或应招标方的邀请,按照招标的要求和条件,在规定的时间内向招标方递交自己的报价或承诺,积极竞争,力图中标的行为。

无论是招标或投标,反映它们活动内容的招标文件和投标文件都是系列的文件,本章所述只是最基础的文书。

(二)招标公告和投标函的种类

招标和投标活动的范围和方式不同,招标文件和投标文件的含义也有所不同,而招标投标活动的项目内容不同,招标文件和投标文件的内容也就不同。大致说来,招标活动和投标活动可以分为以下几种类型。

(1) 按范围分,可有:面向单位内部的项目招标及投标、面向地区或国内的项目招标及投标、面向全球的项目招标及投标等。

(2) 按方式分,可有:无限竞争招标及投标和有限竞争招标及投标。

(3) 按内容分,可有:建筑工程项目招标及投标、大宗商品买卖招标及投标、经营项目招标及投标、劳务项目招标及投标、科技开发项目招标及投标等。

以上这些招标投标的活动,都相应形成了系列的招标和投标文件,招标公告和投标函便是其中的主要文件。

二、招标公告的特点和写作基本结构

(一)招标公告的特点

1. 公开性

公开性指招标行为无论是采取无限竞争招标还是有限竞争招标,其招标文书都应该向相关对象公开。这样才能保证各投标者是站在同一线上的竞争,反映了招标行为的透明和公正,也便于招标方选择最佳合作者。

2. 明确性

招标文书应该明确招标方的目的、要求、时限和所能做出的承诺,从而使投标方能正确评估自己在此项目中的实际水平和能力,明确自己将得到的利益,避免无意义的竞争。招标文书的条款一旦明确发往投标方,便具有法定效力,不得更改。

3. 时效性

招标文书有强烈的时效特点。首先,凡招标方都希望自己的项目能尽快找到合作者,所以在文书中必然会对时间做出明确的标注;再者,整个活动的详细时间也应明确标注,以使所有投标方能了解活动进程,根据要求行事,从而保证招标和投标双方的利益。

(二)招标公告的写作基本结构

由于招标活动是一个重要的系列行为,因此招标文件是一整套的文件,其中可包括如招标公告、投标须知、合同主要条款、工程量清单、技术条款、设计图纸、评标标准和方法以及投标的相关辅助材料。因此在实践中,招标文件数量很大,内容复杂。本章所叙述的是招标公告的写作。

1. 标题

广泛面对社会的招标公告以前称为招标通告或招标书,现按照国家《招标投标法》的规定统一称为招标公告。无限竞争招标公告可在社会公共媒体上登载,也可在特定的门户网站上登载,以体现其公开公正。

招标公告的标题要写明招标项目的名称和文种,一般为:

《海茂贸易公司3号厂区建设工程招标公告》

《海茂公司新基地后勤服务承包招标公告》

有时,一些对内的招标文书标题也可省略,如:

《修建办公大楼招标公告》

《项目承包招标公告》

《招标公告》

招标公告的标题一定要明确,使人对所招标项目一目了然。如标题易发生理解歧义,要注意避免。

2. 正文

1) 引言

正文的引言主要说明招标的事项、目的、依据等,以"现将有关事项公告如下"为过渡引出下文,如:

本市向阳区第333号地块建设开发已通过相关开发立项程序,现特向全社会进行项目招标,欢迎合格投标者前来投标。有关事项公告如下:……。

2) 主体

招标公告的正文主体应包含以下信息。

(1) 招标方的法定名称和地址。

(2) 招标项目的名称及编号。

(3) 招标的方式(公开招标或邀请招标)。

(4) 招标项目的性质(国家重点项目或世界银行贷款项目等)。

(5) 招标项目实施地点和时间。

(6) 招标项目的内容、数量和要求。

(7) 招标文件的获取方法及价格。

(8) 投标方的条件和资格。

(9) 提交投标文件的截止时间和地点。

(10) 开标的具体时间、地点以及开标出席对象范围。

上述内容在结构上可视招标事项的繁简，或加序号以小标题的方式逐一写明；亦可以自然段落为层次，不另加标题；内容简单的招标事项更可以表格形式，简明了然。但是不一样的招标项目会有不一样的招标文书内容，结构也会有异，不能不管三七二十一地乱套一气。

3. 结尾

结尾首先是落款，即写明招标方或招标代理机构的名称。下面视情况说明具体的联系人、联系部门、电话、传真、网址等。最后是发布日期。如果招标公告是在网络上发布的，则日期写在标题之下亦可。

三、投标函的特点和写作基本结构

(一)投标函的特点

1. 保密性

招标公告是公开的，而投标函在开标之前却一定要注意保密。这样做既有利于招标方在未开标时对所收到的投标文件的管理，也有利于投标方对自己的标底和各条款反复考虑，更有利于投标各方的同时开标，平等竞争。

2. 竞争性

投标是为了中标，中标的目的是为了得到利益，所以投标函要中标，就一定要使自己的标底具有竞争性，因而对投标函的每一条每一款都要仔细推敲把握，并应对竞争对手有所了解，对对手的可能选择应该有所估计。投标方的投标函一旦中标，所有承诺便成了签约的依据。

3. 及时性

投标函一定要在招标公告规定的时间内及时送达，否则就是无效的。这种及时是基于对招标公告要求的准确把握，而不是一定要及早送达。事实上，投标函送达之后，在尚未开标的情况下，允许投标方依法撤回投标重新考虑各条款的承诺。

(二)投标函的写作基本结构

投标也是一个系列行为，也有一套系列的投标文件。它的格式往往由招标方根据自己的招标标准、条件、要求编制，以便于招标方评标、决标之用。投标方应根据招标方提供的文件要求和格式制作参加投标的各种书面材料，并对招标文件提出的实质性要求和条件做出响应，而且要在规定的时间和地点向招标方递交这些文件。

投标文件具有要约的法律性质。它的格式应与招标文件一致，以提高和保证投标的成功率。总体而言，投标文件应当包含封面、目录、主体、附件四大部分。本章介绍的是最重要的投标文件——投标函的写作结构。

投标函是投标方向招标方递交投标文件的申请性文书,具有回应招标文件中的投标邀请,并向招标方正式要约的作用,它在投标文件中属于正式主件,必须是投标文件的第一部分。投标函在结构上由标题、称谓、正文和结尾几大块组成。

1. 标题

投标函的标题要写明所投标项目的名称,一般可写作:
《海茂贸易公司 3 号厂区 BXG 段工程投标函》
《海茂公司新基地后勤服务承包项目投标函》
这样的标题也可作合理省略,如上述标题的"海茂贸易公司""海茂公司"都可略去。

2. 称谓

称谓是投标方对招标方的确认性称呼。有时招标方在设计投标文件格式时已将之印制好,如果未有印制,投标方应正确、完整地书写招标方的名称。这既是投标过程的严肃要求,也是社会公务往来、文书往来的礼仪规范。

3. 正文

1) 引言

投标函的引言应与招标文件相呼应,是一种表态性陈述,并引出下文,如:

我公司确认收到贵方提供的××××工程项目招标文件(编号为××××)。我公司研究了招标文件的全部内容和要求,并到现场作了实地考察,决定参与该项目的投标。现正式授权我公司经理×××代表我方负责有关本次投标的全部事宜。我方提交的投标文件包括如下内容:……

倘为单位组织内部较为简单的招标投标行为,其投标文书的引言则可更简洁些,如:

我们研究了厂部提出的《后勤服务承包招标公告》,考虑自身的各种特点优势,决定接受招标公告的各项要求,承包新基地的后勤服务项目。现提出正式报价如下:……

2) 主体

正文的主体部分根据不同性质的投标行为而有不同的写法。总体来说应在此说明自己根据招标方提出的要求而形成的投标总体思路,包括说明自己具有的资质、提出自己的报价、认可或提出权利义务、认可或提出时间期限、认可或提出数量质量要求等。篇幅和先后顺序都应视具体事项而定。如果在招标方提供的投标文件格式中已有顺序,则按招标方顺序行文。注意此处的"提出"是指招标方未有明确表示的一些要求,如果招标方已有明确要求,投标方一般不能另外提出不一致的要求。

4. 结尾

投标函的结尾部分首先应对上述陈述做出诚信保证,说明自己所提供的一切数据的真实性,也应说明自己对招标方要求和自己承诺的遵守。同时还要保证自己中标后一定践约。

最后则是投标方的签署和日期。除了写清投标方的全称或姓名外，要加盖公、私印章。为了便于联系，投标方的联系方法要明确，一般需有几种联系方法，如地址、邮政编码、传真、电话、网址、电子邮箱等。由于投标是有期限的，所以投标日期应明确标注。相关附件的数量和名称要说明，并将之附于其后。

四、招标公告和投标函的写作要求

(一)合法慎重

由于招标投标行为有国家的《招标投标法》的规范，因此除了招标投标行为本身要合法之外，招标投标文书写作的第一要义也是必须合法。在写作时，条款要符合法律的要求，如在招标公告中必须载明招标人的名称、地址，载明招标项目的性质、数量、时间、地点等，都要不折不扣地照办。招标投标的文书一经发出就是具有法定效力的文书，要承担法律责任。这些规定是在实践中形成的对招标方和投标方的行为规范，这样有利于招标投标双方各自合法权益的保护。

由于成文发出后招标投标文书就具有了法定效力，因此在行文时一定要慎重。所提出的要求、所承诺的事项，都必须是经过周密考虑的成熟的结论和判断，不能满纸皆虚话，也不能大话随口说出，具体却不能落实。

(二)公平公正

虽然公平公正是对招标投标活动的行为上的要求，但是在招标投标文书的写作时，也要注意体现它的公平公正。如文书中对相关技术标准的规定、相关资质的规定，不能含有倾向或者明显排斥潜在投标人的其他内容，文书行文中不得有歧视其他潜在投标人的倾向。行文只能说自己一方的观点，而不能贬斥其他方面的意见。招标活动是公开的，只要具备条件都可以前去投标，而投标方的标底等情况虽然在开标前保密，却是在同一时间地点场合当众开标。这种规范的行为要求自然应反映在相关文书的写作上。

(三)及时针对

招标投标活动具有时限性。从招标方来说，他希望及早将项目定下；而从投标方来说，他必须按照招标方的时间限定及时回应出自己的投标意图，因此招标投标文书具有鲜明的时限性，一定要及时，以保证自己的文书有效，从而争取更大的效益。

不仅在时间上要及时，在内容上还要针对。招标投标文书都是围绕特定的项目进行的，招标方要针对自己的项目明确写清标准和条件；投标方必须针对招标要求一一述清自己的方案，只有双方都以认真严肃的态度针对项目事实协同商议，才能最终共同认可招标投标文书，进而签订正式的合同。

【招标公告】例文

北京电视台智慧媒体服务项目-集中采购设备政府采购项目招标公告

〔2015〕008 号

采购编号：BGPC-G15002

项目名称：北京电视台智慧媒体服务项目-集中采购设备政府采购项目

招标范围及形式：国内公开招标

预算资金：4 600 000.00 元

…… …… ……

采购人名称：北京电视台   采购人地址……   联系人……   联系电话……

招标货物名称及数量：

第 1 包：北京电视台智慧媒体服务项目-集中采购设备政府采购项目(硬件)……

第 2 包：北京电视台智慧媒体服务项目-集中采购设备政府采购项目(软件)……

采购用途：办公

对投标人的资格要求(第 1、2 包)：

1. 营业执照；
2. 税务登记证书；
3. 法定代表人授权书；
4. 制造厂家的资格声明；
5. 经销商(作为代理)的资格声明；
6. 制造厂家的授权书；
7. 投标人的资信证明……
8. 社会保障资金缴纳记录；
9. 参加本次政府采购活动前三年内，在经营活动中没有重大违法记录的声明；
10. ……采购人采购进口产品须获得财政部门的批准，……

评标方法和标准：

本项目评标采用综合评分法。满分为 100 分。其中，价格：50 分；商务：10 分；技术指标：35 分；售后服务：5 分。

……分相同时，按投标报价由低向高顺序排列。得分且投标报价相同的，按技术指标优劣顺序排列。

免费下载招标文件程序：

……

询标时间：……(北京时间)

询标地点：……

询标内容：……

投标截止时间、开标时间：……(北京时间)

投标、开标地点：……

注意事项：

……

集中采购机构全称：北京市政府采购中心

集中采购机构地址…… 邮编…… 项目负责人…… 联系电话…… 传真…… 网址……

北京市政府采购中心
2015年2月6日

(资料来源：北京市政府采购中心网站)

【投标函】例文

投 标 函

致＿＿＿＿＿＿＿＿＿＿＿＿：

根据贵方为＿＿＿＿＿＿＿＿＿＿＿＿＿＿项目招标采购货物及服务的投标邀请＿＿＿＿＿＿＿＿＿＿＿＿＿＿(招标编号)，签字代表＿＿＿＿＿＿＿＿＿＿＿(全名、职务)经正式授权并代表投标人＿＿＿＿＿＿＿(投标方名称、地址)提交下述文件正本一份和副本一式＿＿＿＿份。

(1) 开标一览表。

(2) 投标价格表。

(3) 货物简要说明一览表。

(4) 按投标须知第14、15条要求提供的全部文件。

(5) 资格证明文件。

(6) 投标保证金，金额为人民币＿＿＿＿＿＿＿＿＿＿元。

据此函，签字代表宣布同意如下。

1. 所附投标报价表中规定的应提供和交付的货物投标总价为人民币＿＿＿＿＿＿＿元。

2. 投标人将按招标文件的规定履行合同责任和义务。

3. 投标人已详细审查全部招标文件，包括修改文件(如需要修改)以及全部参考资料和有关附件。我们完全理解并同意放弃对这方面有不明及误解的权利。

4. 其投标自开标日期有效期为＿＿＿＿＿＿＿＿＿＿个日历日。

5. 如果在规定的开标日期后，投标人在投标有效期内撤回投标，其投标保证金将被贵方没收。

6. 投标人同意提供按照贵方可能要求的与其投标有关的一切数据或资料，完全理解不一定要接受最低价格的投标或收到的任何投标。

7. 与本投标有关的一切正式往来通讯请寄：

地址：＿＿＿＿＿＿＿＿＿＿＿＿＿＿＿＿＿＿＿

邮编：＿＿＿＿＿＿＿＿＿＿＿＿＿＿＿＿＿＿＿

电话：＿＿＿＿＿＿＿＿＿＿＿＿＿＿＿＿＿＿＿

传真：_____
投标人代表姓名、职务：_____
投标人名称(公章)：_____
日期：_____年_____月_____日
全权代表签字：_____

第四节　意向书与经济合同

一、意向书与经济合同的概念和种类

(一)意向书与经济合同的概念

意向书与经济合同总体来说，都是一种契约，但是它们的性质有较大区别。其中意向书是当事各方对所议合作事项的原则性意见，属于初步设想；而经济合同则是平等主体的自然人、法人、其他组织之间设立、变更、终止民事权利义务关系的协议，是当事各方依据法律或政策，在对问题充分协商，达成一致意见或看法后所签订的文书。二者的共同点在于它们都经历协商的过程，都是协商的产物而不能由一方说了算；二者的订立都有明确之目的，都有己方的利益所求。因此二者都属于契约类的经济文书。但是，意向书与经济合同又有很大的不同：首先，意向书的使用领域较为宽泛，一般可用于经济以外的其他领域，而经济合同只适用于经济领域；其次，意向书是原则性的文书，不具有法律效力，而经济合同则具有较强的法律效力，可据此追究法律责任。

(二)意向书和经济合同的种类

在经济协约文书中，意向书和经济合同本身就可以看作是不同的种类。其中意向书因为使用面较宽，便有了不同领域的不同种类，如文化类、经济类、军事类等，但这只是为区分它们的不同用途而作，并非法定分类。经济合同则不然，它有《中华人民共和国合同法》明文规定的 15 大类：买卖合同、供用电水气热合同、赠与合同、借款合同、租赁合同、融资租赁合同、承揽合同、建设工程合同、运输合同、技术合同、保管合同、仓储合同、委托合同、行纪合同、居间合同等。此外，经济合同又有各行业根据自己的业务特点制定的格式合同范本，所以在《中华人民共和国合同法》的分类之外，还有一般所称的"格式合同"和"非格式合同"之分。从行文形式来说，合同又可分为条款式、表格式、条款与表格结合式等。

二、意向书的特点和写作基本结构

(一)意向书的特点

(1) 临时性。意向书所议事项，往往是临时性、预约性的。它是正式协议或合同的先导，为未来的各方正式合作奠定基础。

(2) 概略性。意向书的内容是概略的，其条款并不一定具备法定效力，约束力自然也薄弱。它主要是将各方的原则意向作一个基本立场性的表述。

(3) 灵活性。对意向书的内容，各方如果尚未完全考虑成熟或观点尚未完全一致，其表述可以较为模糊，语气可较委婉，行文也不必用肯定性的语词，以对相关问题的后续解决留下伸缩回旋的余地。

(二)意向书的写作结构

1. 标题

意向书的标题要写明各方合作意向的主题或项目名称，如：

《海茂贸易公司与添茵会计师事务所联合办班意向书》

《合作开发 BX 项目意向书》

社会上也有直接将标题写作《意向书》的，但是项目名称还是以写清为宜，当事双方名称则可在标题中省略。

2. 当事各方名称或当事人姓名

如果比照合同的写法，可在此写明当事单位或当事人，但是意向书也可以不写这个，直接写下面的内容。

3. 引言

引言是意向书的开头，说明订立意向书的目的、依据，如：

海茂贸易公司与添茵会计师事务所经协商，拟联合举办新会计制度学习班，双方意向如下：……

或可写成：

甲、乙双方拟对 BX 项目进行合作开发，经协商达成如下意向：……

这两种写法的区别是：如果引言前有当事人的名称，就写"甲乙双方"，未写明当事人名称而直接写引言的，则一定要在此明确说清是哪个甲方哪个乙方。

4. 主体

因为意向书是概略性的，是双方的大致方向，所以主体内容不必过细，事实上也不可能是细化的。只将大致的时间段内合作意向和各方基本的责、权、利情况分条列出即可。

5. 结尾

意向书的结尾有多种方式。可以用不写"结尾"部分的方式来结尾；也可用说明性质的方式来结尾。要说明的一般是强调本意向书非正式合同，当事人保留进一步磋商的权利，也可说明要以今后订立的协议或合同为准之类。

最后是意向书的签署和日期。

三、经济合同的特点和写作基本结构

(一)经济合同的特点

(1) 讲平等。按照国家《合同法》的规定,经济合同中的当事各方,必须是完全平等的关系。经济合同的条款中要表示各方共同享有权利,并共同承担义务。一方对另一方的意见应予尊重和考虑,不能自以为大、强、富而将自己的意愿强加于人。

(2) 讲周全。经济合同中的条款一定是明确周全的。只有周全的条款才能规范行为,才能明确责任义务和权利。经济合同的内容总是细化为具体的数据,使当事各方能据此明了己方的义务,针对目标协调行为。

(3) 讲规范。由于订立经济合同是一种法律行为,所以经济合同一定要合法合规,它的外在格式和条款内容都要求符合规范。经济合同的每一部分,《合同法》都做了具体说明,只有按照合同法的要求去做,才会将各种可能的风险估计在内,从而保障自己的合法权益。

(二)经济合同的写作基本结构

在长期的实践中,经济合同的写作已有一套人们认定的规范,《合同法》又对经济合同的内容包含作了要求,因此不论什么格式的经济合同,其基本结构框架如下。

1. 合同首部

1) 标题

合同的标题一般由合同的内容或性质再加上"合同"字样组成,有时也可将文种写成"协议书",但经济合同不宜简单冠以"合同"二字完事。一些在长期合作的经济伙伴之间签署的合同,可以用时间数字来作为合同的性质修饰,如:

《BX 项目技术转让合同》

《承建 AXH 项目协议书》

《2015—2017 年供货合同》

2) 编号

为了更好地对合同进行管理,也为了保护双方当事人的合法权益,合同应该编号。合同编号的代字可根据合同性质确定,如合字第 12 号;技转合字第 9 号等,有时也可只写数字不写代字。编号应置于标题之下。

3) 签订地点和时间

签订地点和时间指签署时所处的具体地点和订约当天日期,如海茂公司第一会议室、海茂大楼 2009 室。时间用阿拉伯数字标注。地点时间的位置在标题下方居右。

4) 合同当事人名称、地址及在本合同中的地位

合同当事人名称是指合同行为相关各方的法定称谓,必须完整规范。地址是指当事法人或其他组织的主要办事机构所在地址;当事自然人的地址以户籍所在地为准。银行开户

账号之类信息亦可在此说明。在名称后面要注明其在合同中的身份，如"以下简称甲方"、"以下简称乙方"等，并用圆括号括起。

5) 引言

如果是表格式合同，可以不用引言而只需依照国家有关部门的规范文本格式填写；若为双方自己设计的表格式合同，则宜取经实践证明有效方便的式样。条款式合同往往需要引言，即以简洁明了的几句话说明签订本合同的根据、目的。常见的合同引言形式多为："根据……，现经双方协商达成一致意见，特签订合同(协议)如下"。

2. 正文

正文是合同的核心，也是当事各方商定结果的具体表现。

1) 标的

标的是合同当事人权利义务共同指向的对象。它可以是物、钱、劳动力或智慧成果等。如买卖合同的标的是货物，运输合同的标的是劳务，建设工程合同的标的是项目，借款合同的标的是货币等。标的一定要写全称，需要缩写或简称时，必先写明全称，再注明缩写或简称。标的要清楚无误，以免在合同执行时发生误解或纠纷。

2) 数量

数量是标的具体的计量，一般表现为标的物的长、宽、面积、体积、重量及货币形式。订立合同应根据国家法定的计量单位，来选择双方接受的标的物之计量单位，再确认双方认可的计量方法。数量表示应明确，有些标的应标明允许的误差。

3) 质量

质量是标的内在素质和外观形态的综合体现，应以国家权威部门制定的标准等级执行。在写作时要明确表示所执行的质量标准体系，如国家标准、部颁标准、企业标准、行业标准等。有了标准，还要注明质量检验的办法。

4) 价款或酬金

价款或酬金是当事一方向交付标的另一方支付的代价，合同若以货物为标的便称作价款，而若以劳务为标的则称作报酬。价款或酬金应遵守国家有关部门制定的相关物价、工资政策协商议定，并在合同中具体标出单价、总价、币种、支付方式、预期交货提货及付款的时间，也要说明价格波动的结算方式和酬金的支付及其程序。

5) 履行期限、地点和方式

履行期限是合同中对当事人全面完成合同规定之义务的时间界限，也是确定合同是否按时履行的标准。实践中，合同履行期限有即时履行、定时履行、限时履行等多种方式，合同中应作具体规定。合同中每一种时间的表达应该是单一理解的日期，如"2015年6月30日交付"，不能用诸如"限今年6月完成"、"2018年上半年交付"之类时间限制伸缩极大的不能体现明确要求的词语，以免留下争议隐患。

履行地点是合同当事人履行合同义务、完成标的任务的地点，也是确定验收、运输费用以及风险承担的依据，它的确定还能为今后万一发生的纠纷提供诉讼管辖地区的依据。

履行方式则是表明合同当事人采用什么方法来完成合同规定的义务。如报酬支付的方法、货物运输的方法等。所有方法都要具体详细。如货运合同中对运输方法的表述，应该具体地说明是用铁路、公路、水路或是航空运输，或者哪一段用铁路而哪一段改用水路等。

6) 违约责任

违约责任是指当事人若未能履行或未能完全履行合同约定的条款时，所应承担的经济责任、行政责任或法律责任，其目的是为了促使当事人守时践约。违约的认定可依据有关法律法规，也可由当事人共同商定，责任的承当方式一般有支付违约金、赔偿金和继续履行等。制定违约责任条款是对合同顺利履行的一种保障，也是处理合同纠纷时的重要依据。

7) 解决争议的方法

这是指双方商定当合同在履行的过程中发生争议时应如何解决的办法。依照相关法律，我国目前通行的解决合同争议的方法有四种：当事人自行协商解决、有关部门组织协调、仲裁机关仲裁、提起诉讼。合同当事人应了解目前我国对合同纠纷采取的是"或裁或审"的制度，即当事人若选择了仲裁方式解决合同纠纷，便不得再向法院提起诉讼，反之亦然。因此签订合同时要先作认真权衡考虑，写明所选择解决争议的方式。

8) 其他条款

合同中涉及的其他需要表明的正式内容。

3. 尾部

尾部是合同的手续性、技术性问题的说明以及合同的签署事宜反映。

(1) 合同中正文未尽事宜的处理说明。

(2) 合同附件说明。

(3) 合同的生效、终止时日或有效期限说明。

(4) 合同的文本及各文本的法律地位说明。

(5) 合同的份数及其存有方说明。

(6) 当事各方签署。

合同当事各方的签署应列于合同尾部各条款之下，现在通行的是横向并列的做法。签署要写明当事方的全称，单位应由法人代表或指定代表签字，并加盖公、私印章。合同的中介方、担保方、委托代理方等亦于此签署。

若在首部写当事各方时未有其他信息，此处应作明确标注。包括当事各方地址、电话、传真、电子邮箱或单位网址、银行账号等。

合同的日期一般标注签署之日，签署之日是否为合同生效之日，当事各方应有共识。倘各方分别在不同时间签署，一般以最后签字日期为准。日期标注应完整写清年月日，不得用"零九年"之类的口语化表示或"2015-09-28"之类不规范的数字写法。正确的日期标注位置在签署下方右侧。

倘若合同须经有关行政主管或法律部门鉴证，则其鉴证意见、印章、日期都要在合同尾部明确标注。要注意的是，除国家另有规定外，鉴(公)证实行自愿原则。

四、意向书和经济合同的写作要求

(一)规范严肃

作为经济文书，意向书与经济合同在写作时首先要规范。不仅所约定的事项必须规范，而且在写作的格式、要求、条款的制定上也要讲究规范。这类文书的制定本来就是为保证社会的经济状况正常健康地发展，如果文本的内容或写作本身有不遵纪不守法等不规范之处，自然也不会显现其保证作用。如将国家有明确限定的某物品拿来与不具有资格或资质的对象签订意向书或合同，就是十分错误的行为，甚至导致违法犯罪。又如写作中在表现计量时不用国家要求的计量标准，或数字表示、标的物陈述不规范，也是错误的。所以行文时要斟酌语言，不要使用可能产生歧义的词句。数目字大写时不能胡乱简化，度量衡的表述应符合国家规定要求。

规范严肃的另一方面是指在文本中要严肃认真地对待每一条款，不能马马虎虎随便多写一条少写一句。每一种要求、每一个承诺都应该事先充分考虑，对可能产生的问题要有认识；还要区分意向书和经济合同的不同表达法，意向书措辞要留有余地，力求其同而亦存其异；经济合同的措辞则严谨准确，意义唯一，所反映的应为各方确凿的共识。

(二)互惠共赢

无论是意向书还是经济合同，其签署的基本精神应该是互惠共赢的。意向书和经济合同的条款反映的必须是公平公正的互惠内容，遵循的也是公平公正的共赢精神。行文中不用无意义的敬语，如"贵方、鄙方"之类，对权利义务的表述也应是客观的。签署前可以商量甚至讨价还价，而行文中则要兼顾各方利益。即使当事一方处于某些弱势、劣势状态，在意向书或经济合同文本中表述的地位和利益也不能因此放弃互惠共赢的原则要求。

(三)慎重更改

意向书虽为原则性文本，但一经签署，不该任意更动；经济合同更是一旦签署生效，就不允许更动。但在遇到某些特殊事件，不得不更改原文本内容时，双方应依然本着协商互利的精神，就如何更动原商定的意向，尤其是更动原经济合同的内容，再行商讨研究，互相谅解，从而做出双方都愿意接受的更动，并依此制订新的协议文书，再行签署并鉴证。

五、意向书、经济合同与协议书的关系

意向书和经济合同是协议类文书的不同作用体现，在实践中，还有一种"协议书"常常出现于此类文书中。我们应注意它与意向书和经济合同的区别。协议书在使用方面十分广泛，不仅在经济领域处处有它的存在，而且在社会的各大领域都有它的用武之地，在政治、军事、文化以及普通民事方面协议书都能显现出自己广泛的适用性，这点与意向书有

共同之处。我们应该注意的是另一个容易被忽视的问题——不能仅仅将"协议书"视作单一的经济文书,它的广泛性会给它作为经济文书的写作带来某些影响。此外,协议书有独特的功能,即作为合同的基础,它是先行文件,尚不具法律效力,写法上与意向书相似但更细化;而倘为正式的合同性文本,则虽名为"协议",实则为具法律效力的文书,写作也与经济合同一样。所以在实践中,往往先有协议书,待条件成熟或手续齐备后,再依此签订正式合同。对此,我们要深入了解,仔细辨析,并在写作实践中予以充分注意。

【意向书】例文

战略合作意向书

经协商,××公司(甲方)与××公司(乙方)达成关于开拓 AAA 产品市场的合作意向:

一、甲方公司对开拓 AAA 产品市场的优势

1. 甲方公司实力雄厚,是较大的专业 AAA 产品批发公司之一。其 AAA 产品专业批发网自从成立以来,用户数量剧增,在全国拥有众多的经销商(VIP 会员),AAA 产品有一百多种。

2. 全国最低价格,其每日更新的 AAA 产品报价已成为行业内事实上的价格标准。

3. 货源充足,是多个厂家的直供经销,而且保证各 AAA 产品均为行货。

4. 强大的售后服务人员、技术人员、维修人员、营销队伍。

5. 现已在东部、西部多个省市有与乙方成功合作的试点。

二、甲方公司提供的服务内容

1. 甲方公司可以设立专门的 AAA 产品营销组织机构,负责 AAA 产品市场开发策划、推广以及专业人员的培训和相应的广告支持,所需费用由甲方公司负责,并就地解决相应售后服务(按国家"三包政策")。

2. 甲方公司按优惠价格提供 AAA 产品充足货源,协同组织订货会。

3. 甲方公司的工作人员工资由甲方公司负责发放,营业员素质、形象配合乙方公司的管理。

三、乙方公司支持的内容

1. 乙方必须确保 AAA 产品使用环境健康和安全,保证 AAA 产品正常使用。

2. 乙方公司向甲方公司提供免费的 AAA 产品仓库及展销柜台。

3. 乙方公司给甲方经销商的价格为:(略)

4. 甲方公司保持 AAA 产品优势的前提下,乙方承诺每月向甲方公司的提货量不低于××××台。

甲方代表:　　　　　　　　　　乙方代表:
日　期:　　　　　　　　　　　日　期:

【经济合同】例文

仓储保管合同

合同编号：
签订地点：
签订时间：　年　月　日

存货方：
保管方：

根据《中华人民共和国经济合同法》和《仓储保管合同实施细则》的有关规定，存货方和保管方根据委托储存计划和仓储容量，经双方协商一致，签订本合同。

第一条　储存货物的品名、品种、规格、数量、质量、包装。

1. 货物品名：(略)
2. 品种规格：(略)
3. 数量：(略)
4. 质量：(略)
5. 货物包装：(略)

第二条　货物验收的内容、标准、方法、时间、资料。(略)
第三条　货物保管条件和保管要求。(略)
第四条　货物入库、出库手续、时间、地点、运输方式。(略)
第五条　货物的损耗标准和损耗处理。(略)
第六条　计费项目、标准和结算方式。(略)
第七条　违约责任。

1. 保管方的责任

(1) 在货物保管期间，未按合同规定的储存条件和保管要求保管货物，造成货物丢失、短少、变质、污染、损坏的，应承担赔偿责任。

(2) 对于危险物品和易腐物品等未按国家和合同规定的要求操作、储存，造成毁损的，应承担赔偿责任。

(3) 由于保管方的责任，造成退仓不能入库时，应按合同规定赔偿存货方运费和支付违约金＿＿＿元。

(4) 由保管方负责发运的货物，不能按期发货，应赔偿存货方逾期交货的损失；错发到货地点，除按合同规定无偿运到规定的到货地点外，并赔偿存货方因此而造成的实际损失。

(5) 其他约定责任。(略)

2. 存货方的责任

(1) 由于存货方的责任造成退仓不能入库时，存货方应偿付相当于相应保管费＿＿＿%(或＿＿＿%)的违约金。超议定储存量储存的，存货方除交纳保管费外，还应向保管方偿付违约金＿＿＿元，或按双方协议办。

(2) 易燃、易爆、易渗漏、有毒等危险货物以及易腐、超限等特殊货物，必须在合同中注明，并向保管方提供必要的保管运输技术资料，否则造成的货物毁损、仓库毁损或人身伤亡,由存货方承担赔偿责任直至刑事责任。

(3) 货物临近失效期或有异状的,在保管方通知后不及时处理,造成的损失由存货方承担。

(4) 未按国家或合同规定的标准和要求对储存货物进行必要的包装,造成货物损坏、变质的,由存货方负责。

(5) 存货方已通知出库或合同期已到,由于存货方(含用户)的原因致使货物不能如期出库,存货方除按合同的规定交付保管费外,并应偿付违约金_____元。由于出库凭证或调拨凭证上的差错所造成的损失,由存货方负责。

(6) 按合同规定由保管方代运的货物,存货方未按合同规定及时提供包装材料或未按规定期限变更货物的运输方式、到站、接货人,应承担延期的责任和增加的有关费用。

(7) 其他约定责任。(略)

第八条 保管期限

从____年____月 至____年____月____日止。

第九条 变更和解除合同的期限。

由于不可抗力事故,致使直接影响合同的履行或者不能按约定的条件履行时,遇有不可抗力事故的一方,应立即将事故情况电报通知对方,并应在____天内,提供事故详情及合同不能履行,或者部分不能履行,或者需要延期履行的理由的有效证明文件,此项证明文件应由事故发生地区的____机构出具。按照事故对履行合同影响的程度,由双方协商解决是否解除合同,或者部分免除履行合同的责任,或者延期履行合同。

第十条 解决合同纠纷的方式:执行本合同发生争议,由当事人双方协商解决。协商不成,双方同意由_____仲裁委员会仲裁(当事人双方不在本合同中约定仲裁机构,事后又没有达成书面仲裁协议的,可向人民法院起诉)。

第十一条 货物商检、验收、包装、保险、运输等其他约定事项。(略)

第十二条 本合同未尽事宜,一律按《中华人民共和国经济合同法》和《仓储保管合同实施细则》执行。

存货方(章):　　　　　　　　　　　保管方(章):
地址邮编:　　　　　　　　　　　　地址邮编:
法定代表人:　　　　　　　　　　　法定代表人:
委托代理人:　　　　　　　　　　　委托代理人:
电话:　传真:　　　　　　　　　　电话:　传真:
开户银行:　账号:　　　　　　　　开户银行:　账号:

```
|--------------------------------------|
| 鉴(公)证意见:                        |
|                                      |
|    经办人:    鉴(公)证机关(章)       |
|                    年  月  日        |
|--------------------------------------|
```

有效期限： 年 月 日至 年 月 日

监制部门： 印制单位：

【经济合同更改】例文

修订合同协议书

合修字第 号

甲方_____与乙方_____原于_____年_____月_____日签订的合字第_____号_____合同，现因_____，经双方协商同意，决定将其中条款：_____修定为：_____因修订合同给_____方造成损失计_____元，由_____方负责赔偿，赔偿金自_____年_____月_____日起至_____年_____月_____日止分_____次付清，特此协议。

本协议由双方签字盖章，并经鉴证机关审查证明后生效。

协议书一式_____份，由双方各收执一份，鉴证机关收存一份，送_____份。

甲方：(盖章) 乙方：(盖章) 鉴证机关：(盖章)

代表人：(盖章) 代表人：(盖章) 鉴证人：(盖章)

年 月 日

思考与练习

一、理解以下词语

经济协约文书 借条 欠条 收条 招标公告 投标函 意向书 经济合同

二、简答以下问题

1. 经济协约文书有哪些特点和作用？主要包含哪些种类？
2. 简单条据的基本结构是什么？
3. 怎样理解招标公告的特点？怎样理解投标函的特点？
4. 招标公告应怎样安排其基本内容？投标函应如何安排其基本内容？
5. 招标公告和投标函写作的基本要求是什么？
6. 怎样理解意向书的特点？怎样理解经济合同的特点？
7. 意向书的结构怎样安排？有哪些写作要求？

8. 经济合同的结构怎样安排？有哪些写作要求？

9. 意向书、经济合同与协议书有什么关系？

三、写作实践

1. 同学之间互相作为立据人和收存方，练习拟写简单条据。

2. 光正运输公司经理办公会议一致通过，将公司食堂承包给职工个人经营。请你拟写招标公告，并据招标公告拟写投标函。

3. 前海贸易公司与市开放大学电子商务系达成协议，共同开辟电子商务专业人员培训市场。请据此先拟写意向书，再写合同。

第六章 交际文书

本章学习目标：
- 理解交际文书的概念与特点。
- 了解交际文书的用途和种类。
- 掌握常用交际文书的基本写作要领。

第一节 交际文书概述

一、交际文书的概念和特点

(一)交际文书的概念

公关交际，是人类社会活动的基本方式，在电子时代，生活节奏的加快，通信工具的发达，给交际文书带来了介质和内容的大飞跃，社会上的交际文书写作也就有了不同于以往的大发展。今天我们所说的交际文书，是指人们在社会公关交际中所使用的，为一定组织宗旨和活动目的服务的应用文书。由于这种应用文书在社会上使用广泛，使用者对其格式和用途便也有了各不相同的理解，形成了当今社会在交际文书使用中的新景象。

(二)交际文书的特点

1. 内容具体性

交际文书是为交际需求而作文，无论在其所涉对象上，还是在事件所涉时间、地点、程序等方面，表达都要求完整、具体、细致、周密，并具可操作性，以确保信息传递的准确、全面、可行，进而确保交际活动顺利进行。

2. 文词典雅性

由于适用于礼仪交际场合，交际文书对所使用的文词较为讲究。不仅称谓要讲究身份、讲究尊敬，语气要讲究委婉、讲究客套，还要注意实质性内容表达时的分寸，使作者方的意思在清晰表达的同时，接收方能容纳、认可，从而推进交际活动展开，不致在交际活动中发生意外的不愉快事件。

3. 形式礼节性

交际文书，有的用于活动，有的用于会议；有的同于私交，有的用于公关；有的用于书面表达，有的用于口头表达，而所有这些文书的写作都要注意写作背后的交际礼节。交际文书是交际活动的工具，所以写作的格式、文字的载体、送达的方式都很讲究，此时的写作，已成为礼仪的一部分。

二、交际文书的作用及种类

(一)交际文书的作用

作为交际活动的工具，交际文书的作用不容小觑。正确恰当地使用交际文书，会帮助我们的工作顺利展开。

1. 联络感情

交际是联络感情的重要手段，交际文书首先体现了这个作用。在各种节庆、纪念、重大事务、重大活动的过程中，交际文书是联络的纽带。即使不便、不宜出席参与某些场合，交际文书也可以弥补不直接参与的尴尬。而平时交往并不多的客户、友朋，也借助交际文书保持松散却始终存在的联络。

2. 确保管理

交际文书往往与重大活动有关联，而重大活动对管理的要求总是特别高的，因此交际文书有助于重大活动中的管理。如对发出的请柬稍加分类，对人数多少、人流控制、宾客接待、服务水平都有直接的帮助作用。

3. 维护仪式

交际活动往往仪式性很强，仪式的每一个程序都要前后衔接吻合，交际文书可以帮助交际活动显现鲜明的仪式性。如开幕闭幕词、祝酒词等一系列致词类交际文书，不仅在精神上引领会议或活动，还强化了会议或活动的仪式性，提升了这些会议或活动的层次。

(二)交际文书的种类

交际文书种类繁多，本书从教学实际出发，兼顾在校学生和社会一般学习者，将之分为以下几类。

1. 致词类

致词类交际文书含各种会议和活动的开幕词、闭幕词；各种场合的欢迎词、欢送词；面对各种对象的祝酒词。

2. 管理类

管理类交际文书指各种请柬和邀请函、启事声明，以及自荐信、引荐信等交际用事务文书。

3. 礼仪类

礼仪类交际文书指慰问、感谢、致歉、祝贺、致答等书信和电子文书。

第二节 致词类交际文书写作

一、致词类交际文书的概念和意义

在交际文书中细分出致词类，不仅因为其包含的内容不少，也因为这类文书有着仪式性的重大功能。它是指在重大会议或活动中的主人、主宾对会议或活动所做的讲话。这种讲话并非会议报告，也不是活动的主要内容，却引领或总结整个会议或活动，做出纲领性、定论性的判断，定下了会议或活动的基调，也明确了致词者的意愿。

二、致词类交际文书的种类和适用场合

致词类交际文书所包含的种类不少，无论用于会议还是用于活动的都有多种。本书主要介绍常见的如会议开幕词、活动开幕词；会议闭幕词、活动闭幕词；欢迎词、欢送词；祝酒词等。

这些致词适用于大型会议(如公司职代会、表彰会等)、庆典(如厂庆、店庆、工程节点等)、商务活动(如招商会、交易会、展览等)、迎送客人或特殊任务执行者、招待客人或功臣等。大型固然含有会议或活动的人多，场面大，但更主要的意思是意义重大。正因为意义重大，才需要致词以更加彰显其意义。

三、开幕词和闭幕词的写作

(一)开幕词和闭幕词的意义

开幕词是重要会议、重大活动必不可少的致词，它在会议或活动中居于重要地位，对会议或活动起着精神引领、基调定位作用，也具有宣告、提示和指导性，对弘扬会议或活动的精神主旨具有积极的意义。

闭幕词与开幕词相呼应，对会议或活动具有总结评价、归纳意义的作用，并具有号召性，鼓舞人们继续发扬会议或活动的精神。无论会议或活动有无开幕式、闭幕式，致开幕词和致闭幕词的程序是必不可少的。

(二)开幕词和闭幕词的写作要求

1. 呼应连贯

写作开幕词、闭幕词，其文中透出的精神、文体的风格、对问题的提法都应该注意呼应和连贯，千万不能开幕词是一个意思，闭幕词又是一个意思。由于会议和活动的开闭幕时间有间隔，可能会出现一些新的情况，所以开幕词要留有余地，闭幕词要善于圆场。

2. 思想明确

开幕词要具有引领性、导向性，为保证会议或活动始终沿着既定方向进行奠定基调；闭幕词要总结会议或活动的成果，提升成果的理论意义，使之成为今后工作的动力。因此开闭幕词不能只作礼仪性演讲，而要有明确的思想。

3. 鼓动感染

开幕词闭幕词都应具鼓动性，使与会者受到感染。要用简单短句，用朗朗上口铿锵有力的句式节奏，还要注意使用打动人们情感的词语，把会议或活动的精神在这些句式节奏中传递出去，扩大会议精神或活动主旨的影响。

(三)开幕词和闭幕词的结构

开幕词和闭幕词的结构均由标题、称呼、正文、结束语四部分组成。

1. 标题

开幕词或闭幕词的标题可以由正标题和副标题共同组成。如 2014 年 11 月，中国国家主席习近平在北京 APEC 会议上致开幕词，就是以《共建面向未来的亚太伙伴关系》为正标题，副标题则是"在亚太经合组织第二十二次领导人非正式会议上的开幕词"。这样的标题适用于特别重要的会议和活动。

标题也可以写成《第二届酒文化节闭幕词》，这是一种比较简单的写法，适用于较为一般的小型的会议和活动。标题下面可视具体情况写题注，题注包括时间，也可以将地点写上，一般用圆括号括起。题注也可不用。致词者的名字放在标题及题注下面，也可以在名字前注明职务，如"中华人民共和国主席习近平"，"西川市农委主任王大珑"。但是标题部分都只是写作需要，在正式致词时并不读出。

2. 称呼

致词从这里开始正式在会议或活动上宣读了，所以首先要有称呼。如"各位代表"、"各位来宾""各位同志"等。称呼的严肃性恰当性要与会议或活动的属性相称。如代表大会的称呼应该是"各位代表、各位列席代表、各位同志"，而不应该是"各位领导"。礼节性活动的闭幕词可以先称呼外来的客人，如"各位嘉宾""各位朋友"。

3. 正文

这是致词的主要精神所在。开幕词正文首先要说明会议或活动的名称、性质、参与者情况，接着要对会议或活动的指导思想、主要任务和过程、意义和作用、希望和要求一一进行阐述。这是引领性的内容，接下来的会议或活动将在开幕词的精神引领下发展进行，所以要吃透这次会议或活动的宗旨，才能写好开幕词。

闭幕词的正文部分可简明扼要地总结评价会议或活动的情况，强调会议或活动的意义，对会后如何贯彻会议主旨或弘扬活动精神提出要求。闭幕词应对开幕词形成呼应。如开幕词说要在会议上完成哪几项议程，闭幕词可以交代是否完成了原定议程；开幕词说要

达到什么目的,闭幕词要明确这些目的是否达到;开幕词提出的目标口号如果在会议或活动中被修正了,闭幕词要不动声色地将修正后的目标口号明确公布出来。

4. 结束语

开幕词的结束语常以概括性语句对会议或活动做出预示性评价,如"本次会议(活动)必将如何如何",以提振士气,鼓舞大家;也可强调"我们一定要如何如何克服困难,如期达到某某活动的既定目标"来激励人们。最后以"预祝会议(活动)圆满成功"为祝愿。也可写成"我们相信会议(活动)一定会取得完满成功"。

闭幕词结语除对开幕词的呼应外,还可表示对有关各方在会议或活动期间的努力工作和勤劳服务的感谢。最后必须是郑重宣布"××会议(活动)胜利闭幕"。

【开幕词】例文 1

共建面向未来的亚太伙伴关系
——在亚太经合组织第二十二次领导人非正式会议上的开幕词

(2014 年 11 月 11 日,雁栖湖国际会议中心)
中华人民共和国主席 习近平

各位同事:

很高兴同大家聚会北京雁栖湖畔。首先,我谨对各位同事的到来,表示热烈的欢迎!

每年春秋两季,都有成群的大雁来到这里,雁栖湖因此得名。亚太经合组织的 21 个成员,就好比 21 只大雁。"风翻白浪花千片,雁点青天字一行。"今天,我们聚首雁栖湖,目的就是加强合作、展翅齐飞,书写亚太发展新愿景。

今年是亚太经合组织成立 25 周年。亚太经合组织的 25 年,也是亚太发展繁荣的 25 年。亚太经合组织见证了亚太发展的历史成就,亚太发展也赋予亚太经合组织新的使命。当前,世界经济复苏仍面临诸多不稳定不确定因素,亚太发展也进入新的阶段,既有机遇,也面临挑战。如何破解区域经济合作碎片化风险?如何在后国际金融危机时期谋求新的增长动力?如何解决互联互通建设面临的融资瓶颈?这些都需要我们深入思考、积极应对。

面对新形势,我们应该深入推进区域经济一体化,打造有利于长远发展的开放格局。亚太经合组织应该发挥引领和协调作用,打破种种桎梏,迎来亚太地区更大范围、更高水平、更深层次的新一轮大开放、大交流、大融合。要打破亚太内部的封闭之门,敞开面向世界的开放之门。要在推进茂物目标的同时大力推进亚太自由贸易区进程,明确目标、方向、路线图,尽早将愿景变为现实,实现横跨太平洋两岸、高度开放的一体化安排。

面对新形势,我们应该全力推动改革创新,挖掘新的增长点和驱动力,打造强劲、可持续的增长格局。后国际金融危机时期,增长动力从哪里来?毫无疑问,动力只能从改革中来、从创新中来、从调整中来。我们要创新发展理念,从传统的要素驱动、出口驱动转变为创新驱动、改革驱动,通过结构调整释放内生动力。我们要改变市场管理模式,使市场在资源配置中起决定性作用,更好发挥政府作用。我们要推动科技创新,带动能源革命、消费革命,推动亚太地区在全球率先实现新技术革命。我们今年推动互联网经济、城镇化、蓝色经济等领域合作,探讨跨越"中等收入陷阱"问题,抓住了重大、前沿的国际

经济议题，开了个好头。

面对新形势，我们应该加快完善基础设施建设，打造全方位互联互通格局。互联互通是一条脚下之路，无论是公路、铁路、航路还是网路，路通到哪里，我们的合作就在哪里。互联互通是一条规则之路，多一些协调合作，少一些规则障碍，我们的物流就会更畅通、交往就会更便捷。互联互通是一条心灵之路，你了解我，我懂得你，道理就会越讲越明白，事情就会越来越好办。实现亚太全方位互联互通，就是要让脚下之路、规则之路、心灵之路联通太平洋两岸的全体成员，打通融资贵、融资难的瓶颈，就是要加强公私伙伴关系建设，实现联动式发展。

各位同事！

亚太经合组织是一个大家庭，打造发展创新、增长联动、利益融合的开放型亚太经济格局，符合所有成员共同利益。为了实现上述目标，亚太经济体需要共同构建互信、包容、合作、共赢的亚太伙伴关系，为亚太地区和世界经济发展增添动力。

第一，共同规划发展愿景。亚太未来发展攸关每个成员利益。我们已经在启动亚太自由贸易区进程、推进互联互通、谋求创新发展等方面达成重要共识，要将共识转化为行动，规划今后5年、10年甚至25年的发展蓝图，一步步扎实向前推进。

第二，共同应对全球性挑战。在后国际金融危机时期，我们既要抓住经济增长这个核心，加强宏观政策协调，又要妥善应对流行性疾病、粮食安全、能源安全等全球性问题，以信息共享增进彼此了解，以经验交流分享最佳实践，以沟通协调促进集体行动，以互帮互助深化区域合作。

第三，共同打造合作平台。伙伴意味着一个好汉三个帮，一起做好事、做大事。我们应该将亚太经合组织打造成推动一体化的制度平台，加强经验交流的政策平台，反对贸易保护主义的开放平台，深化经济技术合作的发展平台，推进互联互通的联接平台。亚太经合组织的发展壮大有赖于大家共同支持。我愿在此宣布，中方将捐款1000万美元，用于支持亚太经合组织机制和能力建设，开展各领域务实合作。

第四，共同谋求联动发展。伙伴意味着合作共赢、互学互鉴。当前，一些亚太发展中经济体面临较多困难，没有他们的发展，亚太发展就不可持续。我们要加大对发展中成员的资金和技术支持，发挥亚太经济体多样性突出的特点，优势互补，扩大联动效应，实现共同发展。

未来3年，中国政府将为亚太经合组织发展中成员提供1500个培训名额，用于贸易和投资等领域的能力建设项目。

各位同事！

在"共建面向未来的亚太伙伴关系"主题下，我们将围绕"推动区域经济一体化""促进经济创新发展、改革与增长""加强全方位基础设施与互联互通建设"三项重点议题展开讨论。我期待并相信，这次会议将为亚太发展注入新的活力。

一花不是春，孤雁难成行。让我们以北京雁栖湖为新的起点，引领世界经济的雁阵，飞向更加蔚蓝而辽阔的天空。

谢谢大家！

(资料来源：中国文明网)

【开幕词】例文 2

开创移动互联网时代合作共赢新篇章

2015 年 4 月 10 日

人民邮电报社社长　张枢

各位尊贵的客人：

八闽山水多灵秀，三坊七巷聚故友。在这春光如画的好时节，我们相约福州，迎来了第十二届中国信息港论坛。首先，请允许我代表主办单位，向莅临本次会议的各位领导和嘉宾表示热烈的欢迎，向对论坛筹备工作给予高度重视和具体指导的吴基传老部长，向多次参加论坛并给予关心指导的工信部领导，向大力支持论坛召开的福建省政府领导致以崇高的敬意，向联合主办此次论坛的福建省通信管理局，向协助筹备论坛的福建电信、福建移动、福建联通、福建铁塔表示衷心的感谢，并借此向长期以来关心支持中国信息港论坛的各界朋友说一声谢谢！

现代通信网是信息的港湾，正是为了研究推进通信网向信息网的转型，探索电信行业如何面向信息化，深入推进信息化应用，世纪之交的 1999 年，在吴基传老部长的指导支持下，我国电信业一批有识之士，倡议发起了中国信息港论坛。15 年来，信息港论坛跳出绿色围墙、跟踪网络趋势、放眼信息化大局，全力推进电信业转型创新。迄今，中国信息港论坛已经成功举办了十一届，成为中国通信业面向行业、面向未来、面向信息化，思考、共商行业发展大计及未来走向的高规格盛会，被誉为中国信息通信业的"财富论坛"。

当前，我国经济发展进入了新常态。新常态带来新课题，新课题需要新智慧。在新常态下，电信业如何把握新机遇、应对新挑战？面对移动互联网带来的深刻影响，电信运营商如何转型创新？这已经成为当前及今后一个时期全行业亟待回答的问题。论坛组委会在深入调研分析的基础上，将 2015 中国信息港论坛的主题确定为"互联网时代的创新与合作"，旨在探讨经济进入新常态、行业加速互联网化背景下通信业的转型与创新之道。

我们认为，面对传统业务增长放缓、业务全面互联网化的行业发展"新常态"，创新是根本出路。传统电信网络需要适应互联网化的需要加快转型创新。以 SDN、VFN 为代表，电信业正在积极探索改造底层网络，使之满足快速部署新型互联网业务的要求。以 IPV6 为代表的下一代网络研发，正在努力将原本尽力而为、无安全设计的互联网，升级为更加注重安全和服务质量的新版互联网。电信业务需要面向移动互联网重新定义与创新。语音、短信等传统电信业务，正遭遇 OTT 业务的颠覆性挑战，而"互联网+"时代的到来，又为电信业创新提供了难得的机遇和巨大的空间。与此同时，电信企业内部的机制体制也需要尽快适应互联网化转型的要求，加快基地业务的公司化运营，更加积极地探索包括混合所有制经济在内的改革举措。

我们同时也认为，创新需要加强合作。移动互联网不是一种简单的技术、业务，而是一个生态体系、生态环境。移动互联网时代的信息通信业竞争，已经从昔日的单个企业竞争，进化到以最具创新能力的平台为核心的生态体系竞争。电信企业要摆脱逐步被边缘化

的困境，必须以更加开放的心态，打破现网的分割，打破电信网、互联网业务的窠臼，打破国企、民企之间的藩篱，让运营商与运营商携起手来，让运营商与互联网企业深化合作，让运营商与各行业应用主体构建战略联盟，积极推动移动支付、云计算、大数据、车联网等领域的跨网络、跨产业的大集中大协同，开创移动互联网时代合作共赢的新篇章。

围绕"互联网时代的创新与合作"的主题，本届论坛还设立了"面向互联网的创新与合作"、"面向云计算和大数据的创新与合作"、"面向信息化的创新与合作"、"协同推进宽带中国"、"铁塔共建共享的创新与合作"5个专题峰会。此外，为表彰以通信运营企业为代表的ICT产业界在智慧城市、物联网、移动互联网、云计算、宽带视讯、运营支撑等领域的最新创新成果，进一步推广信息化应用，本届论坛还将颁发"2014—2015年度中国通信与信息化应用优秀成果奖"。本届信息港论坛在福建召开，福建与台湾一水之隔，我们还就合作创新的话题邀请台湾同行一起进行研讨，以期在移动支付等领域达成共识并取得实际的成果。

再次感谢各位领导、各位嘉宾对于中国信息港论坛的长期关心支持，祝大家在论坛期间身体健康、一切顺利！谢谢大家！

（资料来源：新民网）

【闭幕词】例文1

在亚太经合组织第二十二次领导人非正式会议上的闭幕词

(2014年11月11日，雁栖湖国际会议中心)
中华人民共和国主席　习近平

各位同事：

我们用了一天时间，围绕会议主题和三大议题进行了热烈而富有成果的讨论，就亚太发展愿景和亚太经合组织合作方向等问题深入交换看法，达成许多重要共识。下面，我来进行简要总结。

——我们回顾了亚太经合组织过去25年的历史成就和宝贵经验，展望了亚太长远发展愿景和方向。我们决心承前启后，继往开来，发扬互信、包容、合作、共赢的精神，共建面向未来的亚太伙伴关系，打造发展创新、增长联动、利益融合的开放型亚太经济格局，为实现共同发展、繁荣、进步的亚太梦想而不懈努力。

——我们决心大力加强亚太伙伴关系，共同规划发展愿景，共同应对全球性挑战，共同打造合作平台，共同谋求联动发展。我们通过了《北京纲领：构建融合、创新、互联的亚太——亚太经合组织领导人宣言》和《共建面向未来的亚太伙伴关系——亚太经合组织成立25周年声明》这两份成果文件，进一步明确了亚太地区经济合作的发展方向、目标、举措。

——我们强调区域经济一体化是亚太地区长期保持强劲增长的动力源。亚太经合组织应该继续发挥引领和协调作用，为亚太经济一体化谋划新愿景，共同打造开放、包容、均衡、普惠的区域经济合作架构。我们决定启动和推进亚太自由贸易区进程，批准《亚太经

合组织推动实现亚太自由贸易区路线图》。这是我们朝着实现亚太自由贸易区方向迈出的实质性一步，标志着亚太自由贸易区进程的正式启动，体现了亚太经合组织成员推进区域经济一体化的信心和决心。这一成果将把区域经济一体化水平提升到新的高度，也将使太平洋两岸的经济体广泛受益，为亚太经济增长和各成员共同发展注入新的活力。

——我们还批准了全球价值链、供应链、能力建设等领域的重要合作倡议，发出了支持多边贸易体制、推动多哈回合谈判早日结束的强有力呼声。

——我们认识到世界经济已进入后国际金融危机时期的深度调整阶段，亚太地区必须抓住机遇，直面挑战，加快创新和改革步伐，为亚太经济发展挖掘新的驱动力和竞争力。我们通过了《亚太经合组织经济创新发展、改革与增长共识》，决定以经济改革、新经济、创新增长、包容性支持、城镇化作为五大支柱，加强政策协调和对话，推进务实合作、经验分享、能力建设，实现创新、改革、增长三者之间良性循环，进一步巩固亚太的全球经济引擎地位。

——我们决心共同探索适合自身实际的发展道路和发展模式，加强交流互鉴，丰富亚太发展新理念新思路，形成多元发展、齐头并进的局面。我们开拓了全新的合作领域，跨越"中等收入陷阱"、互联网经济、城镇化等重要新兴议题进入我们的视野，启发了深入讨论，产生了重要成果。我们大力推动亚太反腐败合作，建立亚太经合组织反腐败执法合作网络，就追逃追赃、开展执法合作等达成重要共识。我们赞赏在蓝色经济、绿色经济、可持续能源、中小企业、卫生、林业、矿业、粮食安全、旅游、妇女与经济等领域取得的积极成果。

——我们一致认为加强全方位基础设施和互联互通建设有助于开拓亚太经济增长新源泉，提升竞争力，符合各成员共同利益和长远发展需要。我们批准了《亚太经合组织互联互通蓝图》这一里程碑式文件，决心在 2025 年前实现加强硬件、软件和人员交流互联互通的远景目标，并完成共同确立的具体指标。我们将按照蓝图构想，加大投入，构建全方位、多层次的复合型亚太互联互通网络，为实现亚太长远发展夯实互联互通的基础。

——我们决定拓展基础设施投融资领域务实合作，推广公私合作伙伴关系模式，帮助本地区破解互联互通建设资金瓶颈。我们高度肯定人员流动对互联互通的基础性作用，决定实施跨境教育、商务旅行卡、跨境旅游等新倡议，让太平洋两岸更多普通民众从中受益。

——我们决定共同应对大规模流行性疾病、恐怖主义、自然灾害、气候变化等全球性挑战。面对当前肆虐的埃博拉疫情，亚太经合组织领导人决心携手合作，帮助非洲国家有效应对和防控疫情，支持联合国在援助非洲和抗击疫情中发挥领导和统筹作用，支援疫区人民共渡难关，直至取得最终胜利。

各位同事！

在我正式宣布会议结束之前，我想借此机会向各位同事表示诚挚谢意。感谢你们对我本人和中国政府的信任，感谢你们在会议期间给予中方的支持、理解、合作，感谢你们对亚太共同发展、繁荣、进步事业的辛勤努力和付出。

这次会议不是终点，而是新的起点。我深信，今天的讨论是很有意义的。当我们回顾雁栖湖会议这段历史时，可以自豪地说：我们做了应该做的事。

相逢总是美好而又短暂的，很快又到了我们要说再见的时刻。会议结束后，我将参加记者招待会，根据我们会上达成的共识，向媒体简要介绍会议成果和讨论情况。有些同事还要在中国逗留几天，有些同事很快将离开中国。我希望这次中国之行能给大家留下美好的回忆，也愿借此机会祝大家旅途愉快，一路平安。

我也期待着明年在马尼拉同大家再次相聚。

谢谢大家！

（资料来源：中国文明网）

【闭幕词】例文 2

第二届西川水果节闭幕词

西川市农业委员会主任　王大珑

各位嘉宾、各位领导、女士们、先生们：

今天的月亮格外圆，今天的晚风格外爽，在经过了 7 天热烈融洽的研讨、参观、交流、洽谈之后，第二届西川水果节终于到了"果王"登基、"果后"揭晓的完满时刻，现在，每个人的脸上都洋溢着喜悦的微笑，每个人的心里也一定回味着水果节的香甜。

搭水果台，唱文化戏，打经济牌，是这届西川水果节的宗旨，七天来，我们不仅让"西川"这个品牌在各位客人心中留下了深刻印象，我们还谈成了上百万元的贸易额，与海内外百多家企业达成了销售协定，西川的水果，将不再是西川人吃不了卖不掉的累赘，而是西川人的金元宝，是西川人发财致富奔小康的通灵宝贝。

为了办好这届水果节，西川市委、西川市政府、西川市工商联、西川市商委，以及西川市的公安部门、交通部门、餐饮旅游部门与西川市农委一起，精心筹划、妥善安排、统一调度，加上全市人民的大力配合，终于使水果节收到了预期的效果。事实证明，随着经济的腾飞，我们各级政府部门的组织管理水平和市民的精神文明水平都会有长足的提高，一个新西川就要在不远的将来出现了。

现在，我宣布，第二届西川水果节胜利闭幕。

四、欢迎词、欢送词的写作

(一)欢迎和欢送词的意义

为特别重要的贵宾、负有特殊任务人员的到来和出发举行迎送仪式，在欢迎欢送时的仪式上发表针对这一被迎送对象的讲话，就是欢迎欢送词。欢迎欢送词看起来是礼节性讲话，但是它对外而言，是整个接待工作的基调，以及对此番交际效果的评价；对内而言，是对此番外出意义的宣示强调、对外出的要求，以及对奏凯归来的鼓励和庆祝。

(二)欢迎词和欢送词的写作要求

1. 主题连贯

针对同一批到来和离去的对象，欢迎词和欢送词的主题要具有连贯性，迎送呼应。如外宾到访的欢迎词，表达了对外宾的热情；欢送的时候就需依然热烈欢送。内部人员出外完成任务，欢送词要对他们提出要求，待他们归来时，依然需要从欢送时要求的主题上定下欢迎的基调。

2. 热情洋溢

欢迎欢送本是表示热情的，在撰写时也要使文章充满热情，而且热情不能因迎送过程间隔而减退，如果其中发生意外，那就不再搞迎送仪式，也就不必撰写迎送词了。凡撰写迎送词，就一定坚持热情表达、热情祝福，即使外来客人在迎接后的谈判中有些矛盾，欢送词也依然热情依旧。而对内的迎送还要鼓动热情，传递热情，以感染出征者和归来者。

3. 简洁上口

迎送词对外来宾客而言，是表示友好感情的，所以不必长篇大论，只要意思表达清楚即可，文章应该简短，有时不妨在迎送词中以活动的主题为迎送中心词，如："……西川水果节热烈欢迎大家的到来！'果王'等你揭晓，机会在你眼前！"而对内的迎送词，可将任务简化为几句叮嘱，使出征者牢记，并在归来时检验。又由于迎送词都是口头念的，一定要易于听清，简洁上口。

(三)欢迎词和欢送词的结构

欢迎词和欢送词没有会议或重大活动的开幕词闭幕词的严肃性引领性那么强，有些可以轻松一些，因此形式上比较自由，但总体结构仍可由标题、称呼、正文、结语组成。

1. 标题

欢迎词和欢送词的标题一般很简单，就是《欢迎……致词》《欢送……致词》。如《在欢送援藏干部大会上的致词》《在迎接外省考察团大会上的致词》。也可将致词者作为标题的一部分，如《××在欢迎××××会上的致词》。但是这些标题只是文稿字面的需要，并不念出来。

2. 称呼

迎送的称呼只能对被迎送的对象，不要扩大到所有与会者，更不要先将非被迎送者的与会长官放在前面。可以简单地称作："尊敬的××代表团的朋友们""亲爱的××××的同志们"；也可先将被欢迎被欢送的一方最高职务者放在前面，"尊敬的×××董事长"，"尊敬的××团长、尊敬的××团全体团员"。送本单位的外出者，语气要亲切："亲爱的同志们……"、"亲爱的战友们……"。

3. 正文

迎送词的正文是针对被迎送对象的，所以用第二人称"你""您""你们"或者"贵……"。全文都应该站在主方的角度，用第二人称向对方表示迎送的诚意。这也是前文所说称呼不能对非迎送对象的一个原因。

欢迎词正文可先说致词人以何种身份或代表谁向来宾表示欢迎和问候，然后可表述此番交往的意义和作用，或进一步发展友好合作关系的意愿。视情况也可简单说一下接下来的安排，但是说安排在这里只是强调所安排内容的意义，不是告知具体细节。如果是欢迎完成任务归来的凯旋者，则语气要更亲切，"亲爱的同志们，你们不辱使命，……，欢迎你们载誉归来"是常见的句型。欢迎归来者要在正文里阐述他们此行的功绩，要与欢送词中所作的要求呼应，强调此行的意义。

欢送词应强调来宾访问期间友谊、合作的新发展，可以回顾一下此行实质性事务的进行，如"你们送来了……，看到了……；我们签订了……，达成了……"，并充满信心地预见未来，表示进一步合作的意愿。对本单位出发执行任务者的欢送，则要强调为什么有这次任务，任务的意义何在，预祝其成功，还可以提出要求。并且要表示后方一定会对他们时刻关注，全力支持帮助，以增强出发者的信心。

4. 结语

欢迎词的结语，对外宾要表示祝愿此行成功、祝愿随后的接触愉快的意思；对出征者则要表示慰问、嘉许的意思。

欢送词的结语应向来宾的即将离去表示惜别，并祝颂贵宾们归程一路平安，友谊合作继续；而对出征者的欢送则应给以鼓励，祝颂一定成功。

【欢迎词】例文 1

在世界丝绸之源仪式上的欢迎词

新华社副社长 慎海雄 （2015 年 6 月 25 日）

尊敬的王仲伟副秘书长，张伟副会长，裘东耀书记、陈伟俊市长，尊敬的意大利使馆饶赛佩先生，各位专家，女士们，先生们：

今天，我们大家因为丝绸之源而有缘相聚在这里，共同见证并参与一个意义深远的活动。来自"世界丝绸之源"、中国浙江湖州钱山漾的丝绸产品和祝福，将随"中国梦 丝路梦"互联互通丝路行车队，跨越亚欧万里长路，抵达米兰世博会，在"一带一路"的伟大创意中，发挥独特的文化作用。

中国国家主席习近平提出的"一带一路"战略构想，已得到亚欧各国的热烈响应。"一带一路"，即丝绸之路经济带和 21 世纪海上丝绸之路。"丝绸之路"以丝绸命名，是一个形象而且贴切的名字。在古代世界，只有中国是最早开始种桑、养蚕、生产丝织品的国家。

钱山漾遗址位于浙江省湖州市城南，为一处新石器时代晚期的部落遗址。在此出土的

绢片、丝带、丝线,尚未炭化,是世界上迄今发现的最早的家养蚕丝织品,距今已有4000多年,因而,钱山漾遗址是名副其实的"世界丝绸之源",是中华民族为人类文明做出重大贡献的实物见证。

2015年,在亚欧各国的共同努力下,"一带一路"建设已经进入全面务实合作阶段。在此背景下,追溯"世界丝绸之源",意蕴无穷,温暖动人。

中国的丝织品,至今仍是中国人奉献给世界人民的最重要产品之一,它流传广远,涵盖了中国人民对世界文明的种种贡献。我们欣喜地看到,2015年米兰世博会,特地设立了"丝绸之路馆"和"丝绸广场"。在古代,意大利米兰就是丝绸之路上的一个重要城市,见证着东西方的经贸文化交流。今天,"中国梦 丝路梦"互联互通丝路行的终点,就是米兰。就在前几天,由新华社发起,外交部、商务部、文化部、国家旅游局、中国贸促会等共同参与和支持的"中国梦 丝路梦"互联互通丝路行车队从古丝绸之路东端起点之一的洛阳出发,在未来数月内展开一次行程数万公里的友好交流之旅,穿越中国河南、陕西、甘肃、青海、新疆等省区,横跨哈萨克斯坦、俄罗斯、格鲁吉亚、土耳其、希腊等亚欧多国,途经数万公里,横跨欧亚大陆,最终抵达2015意大利米兰世博会,车队将随车携带来自世界丝绸之源的钱山漾丝绸精品,沿途展示,并最终亮相米兰世博会,让世界各地的游客,感受来自遥远的东方,来自世界丝绸之源的独特魅力。

女士们,先生们,"一带一路"是中国和世界合作共赢的伟大创意,很可能引发新一轮的全球化浪潮。中国是丝绸的故乡,丝绸与瓷器、茶叶、长城等构成了中华文明的标志性符号。钱山漾文化遗址再次以实证说明世界丝绸之源在中国。面对这份我们先人留下的沉甸甸的珍贵遗产,我们理当倍加呵护、倍加珍惜和大力弘扬。

让我们共同祝福"世界丝绸之源"魅力永存,共同祝福米兰世博会成功精彩,共同祝福"中国梦丝路梦"互联互通丝路行考察一路顺利!

谢谢大家!

(资料来源:新华网)

【欢迎词】例文2

唐小若在2015年中国(横县)茉莉花文化节致欢迎词

2015年8月23日

尊敬的各位领导、各位来宾,朋友们:

花香茉莉开,茶香朋友来。今天,第九届全国茉莉花茶交易博览会、2015年中国(横县)茉莉花文化节隆重开幕了!在此,我谨代表横县县委、县人民政府,向各位领导、各位来宾和朋友们的到来表示热烈的欢迎,向长期以来关心、支持横县经济社会发展的海内外各界人士表示衷心的感谢!

横县是中国茉莉之乡,是世界上最适宜茉莉花生长的地方,这里的双瓣茉莉花,花蕾大、花期长、花色雪白、花香馥郁,是茉莉花中之上品。以横县茉莉花与茶叶拼和、窨制形成的横县茉莉花茶,融茶叶之味、鲜花之香于一体,品质特好,口感清新,让人"在中国的花茶里,可闻春天的气味"。横县茉莉花种植历史源远流长,茶文化底蕴深厚,横县人民以花传情,以茶会友,茉莉花已成为横县呈给世界、世界认识横县的一张亮丽名片;茉莉花茶已成为实现多方合作共赢的重要资源,有力地助推着全县经济社会科学发展、超越跨越!

近年来,横县县委、县政府高度重视茉莉花茶产业的发展,坚持把茉莉花茶产业作为绿色产业、富民产业、朝阳产业来重点打造,在建设完成茉莉花茶产业"五中心一平台"基础上,又成功推动"横县茉莉花"和"横县茉莉花茶"先后获得国家地理标志产品保护,建成国家重点花文化示范基地。下一步,我们将秉承绿色、安全、健康的发展理念,坚持现代化、标准化、国际化的发展方向,继续举全县之力推动茉莉花茶产业升级发展,重点建设以茉莉花产业为核心的国家级现代农业示范区,全力打造"横县茉莉花茶"大品牌,不断开拓海内外市场,努力把横县建设成为世界级的茉莉花和茉莉花茶生产中心、文化交流中心、科学研究中心,以及茉莉花旅游休闲养生度假胜地。

衷心希望借此盛会,广大茶企和客商朋友进一步加强交流合作,提升花茶品质,打造花茶品牌,推动横县茉莉花茶走向全国,走向世界。热忱欢迎大家到横县多走走、多看看,一起赏花、一起品茶,让更多的人分享横县的茉莉芬芳,让更多的客商朋友在横县投资创业、开花结果。

最后,祝各位领导、各位来宾和朋友们身体健康,万事如意!

(资料来源:新华网)

【欢送词】例文1

西安科技大学高新学院 2015 届毕业生毕业典礼教师代表欢送词

教师代表　李禾俊　　2015 年 7 月 3 日

亲爱的同学们:

今天,我有幸代表高新学院的全体教师,站在这里欢送同学们。和大家一样,我十分激动和感动,让我们感到欣慰的是,寒窗四年,大家终于圆满地完成学业走向自己人生下一站,去拥抱自己灿烂的未来。

在上铺的兄弟,阅览室暗恋了许久的女生,食堂里四年如一日的饭菜,有许多被你在背后起了外号的老师,还有下北良的蓝天,昨天还那么真实的存在,今天过后很快就会变成青春美好的回忆。

回首四年,相信大家都会感慨万千,曾经在这里孤单过、快乐过、努力过、挫折过、成功过、失败过、哭过、笑过、迷惘过、希望过,但无论怎样,在这千滋百味的大学时光如白驹过隙。我们都知道,从今天起,你们毕业了!

同时,你们都又将面对一个新的挑战,又重新站在了同一条起跑线上。所以,曾经辉煌的同学请你不要骄傲,曾经失败的同学更不要气馁,机会对大家都是平等的,只要肯努力,时间会给大家在社会这张答卷上一个满意的评分。

在我及全体教师将成为大家大学时代的回忆之前,给大家几个建议。

首先,常怀善心,积善成德,厚德载物,无德而不立,这个德,就是对国家、对社会、对他人和对自己的责任,希望大家要有德性。

第二,出门在外低三辈,处处都有我老师。低调做事,低调做人,高调立世。学校的学习只是一个开始,社会才是一个大课堂,高人在民间,认识社会,学会交往,学会掌握基本的社会规则。细节决定成败,态度决定一切,请同学们谨记。

第三,心怀梦想,永不言弃。无论将来你在什么岗位,都不要放弃你追求的梦想,不放弃梦想,是所有成功者必须拥有的心态。在面对各种诱惑的时候,在抉择"生活的压力和生命的尊严哪一个更重要"的时候,在遇到机遇和挑战的时候,在面临低谷和挫折的时候,你要坚定自己的梦想,心有多大,天有多高。只有梦想,才有可能。

第四,沉默是金,雄辩是银。"踏踏实实做事,老老实实做人",而不要夸夸其谈,疏于务实。在座的各位当中将来可能会有知名学者、政府官员、商界精英、企业高管等,但更多的人还将平平淡淡地工作生活。希望每一位同学都能够在平淡中创造自己的精彩,而无论是怎样的精彩,都是你自己才能带来的。但这份精彩,都能让我们每位老师为你喝彩。

无论你是谁,无论什么时候,无论面临什么样的境况,你不妨想想你的母校,你不妨回来看看,想想你的大学生活,想想你曾经的梦想,母校的大门会永远向你敞开。

海阔凭鱼跃,天高任鸟飞。尽管你们马上就要毕业,但是毕业这个词却没有"完成"、"结束"的意思,而是蕴含开始、进步的意义。我觉得今天我们不是庆祝"结束",而是欢呼开始;不是纪念"完成",而是宣告进步。就让你们的生命之舟在新的岁月港湾里启航,载着对太阳的憧憬和对未来的畅想,直挂云帆,乘风破浪。

祝福你们,也相信你们一定会梦想成真,一帆风顺!

谢谢大家!

(资料来源:西安科技大学网)

【欢送词】例文2

××市欢送参观学习代表团致词

各位朋友,各位同志,女士们,先生们:

今天,我们在美丽的椿申江畔,欢送西川市访椿代表团。就在两个星期之前,我们也是在这个会堂,迎接了西川市的同志们。短短两个星期,我们加深了了解,拓宽了合作,交流了经验,沟通了思想,今天,西川的同志们终于要起程了。

此次西川市访椿代表团在椿江市参观了企业和农村,与各大口的负责同志分别进行了座谈交流,会晤了各方面的领导,也达成了好几项重大的协议,另有一大批意向有待进一步落实。应该说,这是一个有利双方的、愉快的合作工程,对"一带一路"经济宏图的发展、对力推供给侧结构性改革、对适应和引领经济发展新常态具有促进作用。

在向西川市访椿代表团告别之际,我们真诚希望西川的同志们给我们提出批评、指导和建议,以让我们从另一个角度来审查自己的工作,及时改进自己的不足之处。同时,我

们也借此机会，请代表团的同志们把椿江市人民对西川市人民的敬意和友情带回去，椿江和西川是"一带一路"经济发展的两个重要环节，让我们携手共进，为创造辉煌的业绩而努力！

祝西川市访椿代表团一路顺风！大展客观存在图！

谢谢大家！

五、祝酒词的写作

(一)祝酒词的意义

逢重大活动、重大接待、重要节日或纪念日，一般都要举行宴会，宴会上东道主或宾主双方按例应该发表祝酒词，主人借此表达对这个宴会主题的宣示，也表达对宾客的祝愿；客人则借此感谢主方的招待，表达自己的意愿。这既是一种礼仪表示，更是强调宴会祝酒一方的思想、理念的好机会。此外，迎送活动往往也与宴会连在一起，因此祝酒词也会有迎送告别的意义。

(二)祝酒词的写作要求

1. 短小简练

祝酒词一定要短小简练，客人们不可能长时间地只看着杯中酒而听人发表长篇宏论，但是不听致词又不可能，所以简短是第一要义。

2. 突出共识

祝酒词是在特别的场合说的，所以要注意宣示大家一致的东西，求同存异。对在交际过程中产生的不愉快，有过的龃龉，尚存的遗憾，不宜在祝酒的时候宣泄。而应在祝酒词中着重突出共识，以营造宴会的融洽气氛。如果谈判不顺利，祝酒词也该表示对今后继续探讨合作新途径的信心。庆典上的祝酒，应该弘扬庆典的目的，带有鼓舞性或表彰性。

3. 热忱周到

祝酒词是针对所有宴会的参加者的，祝酒时一定要兼顾各方，表示祝酒者的热情礼貌。格式上要注意，"干杯"一定在最后，不能早用，也不能多用，更不能错用。

(三)祝酒词的结构

祝酒词总是由标题、称呼、正文和"为……干杯"的结语为常见形式的。

1. 标题

祝酒词的标题就是《在欢迎××××宴会上的祝酒词》或《在国庆招待会上的祝酒词》。标题下面写名字、日期。也可将祝酒者的名字写上，《××在××××宴会上的祝酒词》。同样，标题只用于文稿，不用于宣读。

2. 称呼

祝酒词的称呼一定要周到，把所有的与会者都照应到，不可有所遗漏。同一范围同一层次的放在一起。如领导一类，外宾一类，合作单位一类。要注意称呼时头衔的准确，最后一般都还要再补上一句，"各位女士各位先生"，以万无一失。对较为尊长的客人嘉宾，应该特别对其进行单独致称，并在前面加上敬语。如"尊敬的刘方先生"、"尊敬的董事长先生"等。一般为"尊敬的董事长王刚先生，尊敬的总经理吴大忠先生，各位贵宾、各位同事，女士们、先生们"……

3. 正文

祝酒词的正文要表示举行什么宴会、欢迎什么客人答谢什么主人，或纪念庆祝什么重大事件。接着可阐述此次双方的接触，或此次活动的意义作用；重大工程节点的庆祝或重大事件发生的庆祝，可阐明这个项目的意义，对相关功臣进行表彰。

4. 结语

祝酒词最后都是用"我提议，为……为……干杯！"这样的套语作结束。在设计祝福语的时候，要有层次感，或由远及近、由外及里，也可由里及外、由近及远。但是不能忽远忽近。不能遗忘在场的任何一类人，更不能漏了在场的贵宾。

【祝酒词】例文 1

在国庆 66 周年招待会上的祝酒词

李克强　　2015 年 9 月 30 日

各位来宾、各位朋友、同志们：

六十六年前新中国的诞生，开创了中国历史的新纪元，开启了中国人民追求幸福生活的新征程。今晚，我们隆重庆祝共和国的生日，全国各族人民以多姿多彩的方式祝福祖国。在这里，我代表党中央、国务院，向全国各族人民致以节日祝贺！向港澳同胞、台湾同胞和海外侨胞致以亲切问候！向关心支持中国现代化建设事业的国际友人致以衷心感谢！

六十六年来特别是改革开放以来，在中国共产党领导下，依靠中国人民的智慧和奋斗，中国特色社会主义事业取得了举世瞩目的辉煌成就。这体现在中国综合国力、国际影响力的显著提升上，体现在普通家庭生活的日渐富裕上，也体现在人民享有更多发展机会和社会不断进步上。这些成就，可以告慰那些为民族振兴前赴后继的先辈们，也让当代中国人感到自豪！

今年以来，在以习近平同志为总书记的党中央坚强领导下，全国上下共同拼搏，各方面工作都取得新的成绩。尽管世界经济低迷，我国经济下行压力加大，但通过实施有效的区间调控、定向调控、相机调控，经济运行在波动中走势向好，仍保持在合理区间，发展质量又有新的提升，系统性风险得到有效防范；通过持续推进简政放权、放管结合、优化服务和财税、金融、国企等结构性改革，进一步激发市场活力，大众创业、万众创新成效

显现，服务业比重上升，消费对经济的拉动作用增强，结构调整又有新的进展；通过积极扩大就业和增加居民收入，进一步织牢社会保障"安全网"，加大精准扶贫力度，人民生活水平又有新的改善。按照党中央、国务院决策部署，全国上下继续努力，攻坚克难，我们能够完成今年经济社会发展的主要目标任务。

中国作为世界第二大经济体，能够在经济总量10万亿美元的基数上，保持7%左右的增速十分不易，而要在新的起点上继续创造更加美好的未来，任务更加艰巨。面对机遇和挑战，我们要牢记肩负的使命和人民的重托，让施政所向更加符合民之所望，把改革开放和社会主义现代化建设事业不断推向前进。

发展是民族振兴的根本途径，是第一要务。过去中国发展靠实干，现在中国发展也要靠实干。要不断创新宏观调控方式，积极扩内需、调结构，巩固经济向好基础，提升发展质量效益，有效防控各类风险，促进经济中高速增长、迈向中高端水平。

改革开放是发展的动力之源。要坚定不移全面深化改革。深入实施创新驱动发展战略，以大众创业、万众创新汇众智、聚众力，增强发展新动能。要更宽领域、更高水平扩大对外开放，全方位参与国际竞争与合作，实现共赢发展。

人民幸福是衡量改革发展成效的标尺。要千方百计扩大就业，多渠道增加居民收入，努力解决困扰群众的难题，让贫困家庭的孩子不再被辍学绊倒，让普通群众不因大病陷入绝境，让心怀梦想的年轻人不被烦琐的手续挡在创业创新的门外，不断改善生态环境，持续增进群众的幸福感。

法治是现代国家治理的基石。要全面推进依法治国，加快建设法治政府，大力建设法治社会，使法治精神成为推动文明进步的重要保障。

来宾们、朋友们、同志们！

我们将坚持"一国两制"、"港人治港"、"澳人治澳"、高度自治的方针，支持香港、澳门繁荣、稳定、和谐，不断创造新的辉煌。

我们将坚持"和平统一、一国两制"基本方针，同台湾同胞共担民族大义，共享发展机遇，共传文化血脉，共筑海峡两岸命运共同体。

我们将坚持和平发展、合作共赢理念，与世界各国扩大利益汇合点，携手谱写人类和平与发展的新篇章。

来宾们、朋友们、同志们！

奋斗才能赢得未来。让我们紧密团结在以习近平同志为总书记的党中央周围，高举中国特色社会主义伟大旗帜，按照"四个全面"战略布局，扎实工作、锐意进取，为建设富强民主文明和谐的社会主义现代化国家、实现中华民族伟大复兴的中国梦继续不懈奋斗！

现在，我提议：

为庆祝中华人民共和国成立六十六周年，

为伟大祖国的繁荣富强和各族人民的幸福安康，

为中国人民同世界各国人民的友谊与合作，

为在座各位身体健康、家庭幸福，

干杯！

（资料来源：新华网）

第六章 交际文书

【祝酒词】例文 2

在送别宴会上的祝酒词

尊敬的吴孝谦董事长，尊敬的各位女士、各位先生：

我们对贵公司的访问即将结束，明天我们将踏上归程。临别之时，我谨代表本代表团全体成员，并以我个人的名义，对贵方在我们访问期间所给予的热情帮助与款待，表示真诚的感谢！

我们在这次访问期间，参加了贵方的交易会，这个交易会规模之大、成交量之大，都使我们兴奋不已。感谢贵方给我们提供了如此的平台，这不仅是我们了解贵公司的一个窗口，更是让我们有了别样的机会。我们双方进行了愉快的、卓有成效的洽谈，达成的共识为我们昭示了未来无限合作的可能。贵方对我们此次行程的精心安排也让我们感动，我们不仅参观了贵公司在建的新厂区、新基地，还参观了这座我们久已仰慕的历史名城，拜谒了史上圣人和英雄。美好的景色使我们流连，光荣的历史使我们振奋。我们与贵公司的合作，必将在这悠久文化浸淫之中，在现代商务氛围催化之下而达到更高的层次！

我们在此也热切期盼，明年贵公司组团前往我地参加展览交易年会，我们有机会再次把晤，并使我们有机会作为东道主来答谢此番贵方的真诚帮助与款待。

最后，请各位举杯，

为我们两地的贸易和友谊进一步发展，

为贵公司的蒸蒸日上，

为在座所有朋友的健康，

干杯！

第三节　管理类交际文书写作

一、管理类交际文书的概念和意义

管理类交际文书，是指为与外部社会交流而写作的邀请性文稿、知照性文稿、求荐性文稿等一类文书。这类文书带有很大的管理性质，安排在"管理事务文书"似也未尝不可，但是与管理类事务文书不一样的是这类文书又是交往中使用的，它的目的就是对外，它的性质也是外向性的。所以我们在此将其分为一种次类别，以与一般事务文书相区别。

二、管理类交际文书的种类和适用场合

作为一种次类别，管理类交际文书的所含内容不少，本书主要介绍请柬和邀请函、启事声明，以及求职信、推荐信等文书的写作知识。

在社会生活中，很多活动和会议需要主办方发出正式的书面邀请，请柬或邀请函既作为交际礼节，又是管理通知；如果遇到一些必须向社会说明自己态度和做法的事件，启事

声明类的写作就十分重要；而招聘、求职、自荐、引荐等不仅是人事管理的重要环节，也是应聘求职者适应社会各方面管理需求，与社会交际的过程。

三、请柬和邀请函的写作

(一)请柬和邀请函的意义

遇有重要会议、重大活动，或者遇有节庆、纪念等聚会，告知客人在某个时间前往某个地点参加某项活动的文书，便是请柬或邀请函。其中，也包括通知参加葬礼或死者告别仪式的"讣告"。

请柬或邀请函首先是一种通知，它将活动的具体时间地点和活动的主旨安排告知了被邀请者。其次它也是一种礼仪。它不是事务性的通知，而是以客套的形式，具体特别地向客人发出"请出席"的邀请，以彰显活动内容的重要，并表示被邀请者的地位。

请柬和邀请函都是邀请文书，区别只在于"请柬"内容较为简单，活动也比较简单；而邀请函则内容丰富，活动的项目可能较多，所以写法也复杂些。一般请柬多用于节庆、会议等单日型活动；而邀请函多用于多日型会议、大型多日型活动；请柬的礼仪性强于邀请函，而邀请函的事务性强于请柬。

无论请柬或邀请书，都可以由电子载体发出，但是写法和要求不变。

(二)请柬和邀请函的写作要求

1. 交代明确

请柬和邀请函既作为一种礼仪化了的通知，它的通知性是重要的本质内容。因此首先必须把事项交代明确。包括什么时间、什么地点、什么事情要具体说清。时间要具体到钟点，地点要具体到哪个会议室，事项的目的、要求、安排都要一清二楚。

2. 礼数周到

不是用通知而是用请柬或邀请函发出，可见此事礼仪性很强。所以，必须注意礼仪要求。礼数周到首先表现在语词要谦恭，"请届时光临"不能写成"望准时出席"，前者是有礼的"恭请"意思，后者则是事务的"通知"意思了。其次是格式要正确，书写时要根据纸张的尺寸，考虑好适合横写还是竖写，并应遵守文书礼仪规则，不能用错。再者是称呼要恰当，要根据客人的身份地位，选用合适规范的敬语。

3. 载体讲究

即使使用电子请柬，制作依然需要讲究电子请柬制作的精致和与邀请客人参加的事项相称。而常用的普通传统纸质载体，要注意纸张的大小、厚薄、底色、花纹、折叠式样和上面已经印制的字样是否通顺，是否与事项的主旨相称。

(三)请柬和邀请函的结构

1. 请柬

标题：请柬要先写标题，标题可以是"请柬"两个字，也可以将活动或会议的名称作为定语放在"请柬"二字的前面。如《立华集团廿五年庆祝活动请柬》。

称呼：请柬首先应准确写明对受邀人的称呼。请柬的受邀对象如果有职衔、职称，要写在姓名后面，有几个身份的，选最高身份，或与此次活动吻合的身份。前面要有敬语。敬语最合适的是"尊敬的"，它的适用面最广，无论亲疏无论年龄无论性别都可行。其他如"敬爱的"应对德高望重者，"亲爱的"应对长者或关系特别亲密者。如"尊敬的刘长河部长"、"尊敬的林大明总经理"；有时根据活动内容的氛围要求，也可写成："亲爱的夏之风前辈"、"敬爱的刘部长长河先生"。敬语不要滥用，称呼不能写错，名字一定要明确知道是哪几个字，不能写谬。当前社会流行的格式是在空出填写姓名位置后，印好"先生\小姐"字样，这是一种普发性信件(包括纸质和电子介质)的做法，一般事件可以勉强，正式的、重要的场合，万不可以此种称呼写法对外发出，这是极不礼貌的。讣告的受邀者可以写在正文后面致送对象处。

正文：请柬的正文并不复杂，写清事由、时间、地点、要求即可，但是一定要写明确。时间除了年月日还要写清几点几分，地点要交代这个地址里面的哪一个具体的"点"。如果对受邀者有出席时的要求，应该在正文里交代，如"请自备材料"、"请事先与秘书处联系"等。讣告的正文还要简单交代逝者死因死期。

结语：结语一般用"恭候莅临"、"敬请光临指导"、"敬请光临，共襄盛举"一类常用句式，另起行写。讣告常用的是"谨此讣闻"。

落款：落款时，横写在右下角，竖写在左下角。单位组织应写全称并加盖公章以示郑重，个人以公务名衔署名，要先写名衔再写姓名，私人名义写姓名即可。日期要写全年月日，不要以小点或短划代替汉字年月日字样。

附言：有时落款后在请柬的左下角带上附言，如："凭本请柬领取资料"、"座位号××"，这是便于活动管理的一种方式。竖写的可在落款后左上角写附言。

2. 邀请函

邀请函的意义与请柬是一样的，但是由于内容较复杂，篇幅相对长些。格式上也稍有些许差异。

标题：与请柬一样，邀请函的标题可以是"邀请函"三个字，也可以将活动或会议的名称作为定语放在"邀请函"的前面。如《长三角地区与"一带一路"研讨会邀请函》。

称呼：一般的称呼要求与请柬一样。邀请函可以有明确的受邀对象，也可以没有明确的对象而只需送达相关方面，由他们派员参加即可。因此称呼可以像请柬那样郑重地写清受邀者，也可以没有称呼。此外受邀者也可以写在文末的"致送对象"位置。

正文：除了时间地点的交代，以邀请函的方式发出的邀请，事由和要求可能比较复杂。如开一个研讨会的邀请函，要告知什么是中心议题，准备进行哪些方面的研讨，出席

者要准备哪些材料等。一个展览会的邀请函，要告知参展方或参观者许多关于展览的信息或要求。如果是多日型的会议或活动，要告知起讫日期。

结语：邀请函结语的写法可以和请柬一样，也可以将受邀者写在这里。即在正文之后，另起行空两格写"此致"，然后再另起行顶格写受邀者的名衔姓名称呼。

落款：落款时，邀请方应写全称并加盖公章，个人以公务头衔署名，要先写头衔再写姓名。日期要写全年月日，不要在数字中以小点或短划代替年月日。

附言：邀请函的附言往往是邀请方的联系信息、活动入场时间等，可按内容需要一一列写。

(四)对请柬和邀请函的回复文书

接到邀请，可按来件上的要求回复确认是否应邀，以表示交际中的礼节。此类回复不必复杂，只要表示感谢，说明出席与否即可。但是不出席的话，应该说明原因，表示抱歉，并送上对活动的祝福。无论纸质邀请文书还是电子邀请文书，都以原途径原介质回复。

【请柬】例文 1

请　　柬

尊敬的王天顺经理先生：

兹定于 2016 年 4 月 14 日星期四上午九点，在"国际展会中心龙腾大厅"举行"申龙电器责任有限公司"成立大会，敬请莅临。

申龙电气有限责任公司(章)
2016 年 4 月 7 日

座位：……
地址：……

【请柬】例文 2

请　　柬

敬爱的张田石前辈：

今年是伟大的抗日战争暨世界反法西斯战争胜利七十周年。为纪念这场伟大的胜利，深入研究中国抗战史，本会定于 2015 年 5 月 20 日星期四下午 2 点，在我会第三会议室召开"抗战史研讨会"。田老是抗日老战士，又是抗战史研究专家，至今活跃于抗战史坛，务请田老拨冗光临赐教。倘惠赐论文，请提前赠与我会，以便会上印发。

即颂

撰安！

中国抗日战争历史研究会(章)
2015 年 5 月 5 日

第六章 交际文书

【请柬】例文 3

请　柬

尊敬的王华美董事长：

  为庆祝本公司成立三十周年，感谢三十年来一路帮助我们战胜风雨险阻的商务伙伴、协作单位，特定于 2016 年 3 月 24 日星期四下午 5 点在本公司新落成启用的群力大厦 18 层观光厅举行感恩招待酒会，邀请社会贤达、业内同仁共话成败经验，再图改革发展。

  务祈拨冗光临，共襄盛举。

群力不锈钢制品有限公司(章)
2016 年 3 月 17 日

【请柬】例文 4

请　柬

_____先生：

  未来风秋冬流行色发布会暨 2017 年秋冬订货会于 2016 年 5 月 16 日星期一上午 10:00 在市贸易大会堂举行。恭请尊驾莅临指导。

大会秘书处
2016 年 4 月 30 日

【讣告】例文

讣　告

  上海大兴贸易实业有限公司副总经理沈忠良先生于 2015 年 12 月 22 日上午 10 点 30 分在上海黄浦区中心医院病逝，享年 58 岁。

  现定于 2015 年 12 月 28 日上午在上海龙华殡仪馆吊唁大厅举行沈忠良先生追悼会。

  谨此讣闻。

沈忠良先生治丧小组
2015 年 12 月 23 日

(治丧小组电话：……，……)

【邀请函】例文 1

邀　请　函

  在社会各界广为关注下，第七届东湖茶文化节定于 2016 年 4 月 22 日至 28 日，在东湖市乾坤楼 3 号大厅举行。

  本次茶文化节，仍以茶为媒，广泛推动茶叶生产、出口，并邀各界专家，研讨进一步开发茶的食用功能、药用功能、美容功能。此外，为弘扬民族文化和地方文化特点，将着手编纂《东湖茶志》。以"茶"为主题的三台文艺节目也将分别于茶文化节的开闭幕式和品茶神仙会上献演。

本次茶文化节设有各类展台 128 个，展出各种精品茶叶、工作茶包、茶制点心和菜肴。各种资料电子版免费赠送。

届时恭请持本邀请函莅临指教、洽谈为盼。

展销时间：4月22日下午1:00—5:00

4月23日—27日9:00—17:00

4月28日上午9:00—11:30

第七届东湖茶文化节筹委会

2016年4月15日

【邀请函】例文 2

2015 物理测试新技术研讨会邀请函

随着科学技术的不断发展，理化测试技术的发展也是日新月异。不仅测试技术和方法每年都有突破和创新，而且新的测试仪器和设备也在不断被开发和应用，试验标准和规范也不断更新和制定。为了及时跟踪最新的物理测试技术，了解行业发展动态，《理化检验-物理分册》编辑部拟定于 2015 年 11 月 16—18 日在上海召开"2015 物理测试新技术研讨会"，以期为广大物理测试人员以及设备厂商提供一个沟通、交流和展示的平台，总结经验，推进创新，促进行业发展。会议将邀请业内 10 余名知名专家作精彩学术报告。本次会议由上海材料研究所主办，《理化检验-物理分册》编辑部承办。热诚欢迎全国广大物理测试专家、学者及工程技术人员参会交流。

分特邀报告人及题目(略)：

会议时间地点：

时间：2015 年 11 月 16—18 日(16 日注册报到，17—18 日会议)

地点：上海材料研究所学术报告厅(上海市虹口区邯郸路 99 号)

会议议程：

11 月 16 日：参会代表注册报到。

11 月 17—18 日：全天研讨会，议程如下。

(1) 9:00—12:00，大会特邀报告；

(2) 12:00—13:30，午餐；

(3) 13:30—17:00，大会特邀报告。

11 月 18 日下午：返程。

酒店住宿：推荐住宿宾馆(略)。

报到和注册：会务费……元/人(含餐费)，交通、住宿自理。

    报到注册地点……

    费用支付方式……

联系方式：……

第六章 交际文书

通信地址：……

如您确定参会，请填写下页回执表发送至……

上海材料研究所

中国机械工程学会理化检验分会

……年……月……日

会场周边交通示意图(略)

参会回执(此处略　形式可参照本书公务文书会议通知写作一节)

赞助及商业合作机会：

为满足行业内企业的宣传、交流需求，"2015物理测试新技术研讨会"将提供技术讲座、企业形象展示等多种宣传渠道，欢迎有合作意向的企业与组委会联系。本次会议主办方为合作企业提供两种宣传合作方式。

一、技术演讲

1. 合作方式：(略)

2. 收费标准：……元/场。

二、企业形象展示

1. 合作方式：(略)

2. 收费标准：……元(如需主办方设计并制作……另收取设计制作费……元/只)。

备注：(略)

(资料来源：材料与测试网，www.mat-test.com)

【邀请函】例文3

欧亚经济论坛邀请函

欧亚经济论坛是经国务院批准成立，以上海合作组织国家为主体，面向广大欧亚地区的高层次、开放性国际会议。论坛自2005年创办以来，每两年在西安举办一届，目前已成功举办五届。习近平、吴邦国、贾庆林、李长春、汪洋等党和国家领导人及欧亚有关国家政要分别出席历届论坛并发表主旨演讲。欧亚经济论坛作为上海合作组织框架下的经济合作机制，成功实践了双边和多边相结合、政府和企业相补充的合作模式，成为欧亚各国政商学界对话和推进区域经济合作的重要平台。

为进一步促进欧亚区域各领域务实合作不断深入，充分发挥陕西在丝绸之路经济带和21世纪海上丝绸之路建设中的中心地带作用，经中外办批准同意，2015欧亚经济论坛将于今年9月在西安举行。同时为落实习近平主席在2014上海合作组织元首峰会上提出的举办上海合作组织国家商品展的倡议，搭建上合组织各国及"一带一路"沿线国家和地区间的经贸合作交流平台，本届论坛期间将举办上海合作组织国家商品展。

本届论坛在新阶段、新机遇、新格局形势下，积极推进区域经济、科技、金融、生态、贸易等多产业投资合作。鉴于此，秘书处诚挚邀请您参加本届论坛开幕式及生态农业与食品安全分论坛，并在分论坛发言。进一步加强与中国、亚洲、欧洲等国家政企学界交流合作，为企业多边和深层次合作提供重要的发展平台。

　　谢谢合作！

　　此致

_____先生

大会秘书处
2015 年 8 月 10 日

　　主办单位：欧亚经济论坛秘书处　中国公共外交协会　中国人民对外友好协会
　　承办单位：北京大广天下文化传媒有限公司
　　论坛主题：欧亚丝绸之路经济带农业合作与发展
　　议　　题：(略)
　　论坛时间：2015 年 9 月 26 日(开幕式当天)
　　论坛地点：中国　西安 ……
　　日　　程：(略)
　　拟邀嘉宾：(略)

(资料来源：智客梦阳_新浪博客)

【接受邀请复函】例文

应 邀 函

亲爱的李董事长文祥先生：

　　承蒙惠函，邀我参加贵公司卅周年庆典，殊深谢忱。卅年来贵公司在李董事长及其领导团队的管理下，日益发展壮大，已成为本行业的旗舰。贵公司卅周年庆典招待酒会，实乃总结过去，瞻望未来，再展宏图的契机，亦实同行切磋共图进步的良缘，本人当按时前往，祝贺贵公司的成就，分享贵公司的成功喜悦，并商讨进一步协作事宜。

　　顺致

　　敬礼！

五茗公司董事长　　王华美
2016 年 3 月 20 日

【不能赴约致歉复函】例文

致 歉 函

尊敬的李文祥董事长先生：

　　谢谢您热情洋溢的邀请函！新建群力大厦观光厅的宏伟以及贵公司卅年骄人的业绩都是我向往不已的，能在一个宏大的地方与睿智真情的主人及各有千秋的同仁共话雄图、共谋发展，实乃机会难得！然而我不得不十分抱歉地告诉您，由于您提出的时间与我公司早已安排的职工代表大会会期冲突，而我作为职代会代表和公司经理，必须全程出席会议，

所以不能应邀参加贵公司卅年庆祝酒会,这真是令人遗憾的事,还望李董事长及各位朋友谅解。我将请我公司副经理余三健先生代我参加酒会并向大家致意。我虽不能至,但依然诚心地为贵公司的成就祝贺,我相信,我们一向的合作会在下一轮发展中得到长足的进步!

  顺致
    最诚挚的敬意!

光明制件公司经理 张国庆
2016年3月20日

四、启事和声明的写作

(一)启事和声明的意义

启事和声明都是告启性交际文书。启事是单位或个人将自己的情况或要求,向公众说明事实或希望协办的文书;声明则是就有关事项或问题向社会表明自己立场、态度的文书。单位组织或个人均可发表启事或声明。

启事和声明都有广而告之的意思,但是启事偏重于事务性告知,如:招聘启事、迁址启事、开业启事等都是告知具体事实,以使一定的对象了解情况,乃至随之调整他们自己的行动。而声明偏重于立场性告知,主要表示的是某事发生后,自己的立场态度,是对所发生的事实责任的自我定位和宣告。如:免责声明、追责声明等。

这两种文书都应该公开,在布告栏或传统媒体和流媒体上发表,以扩大其效果。

(二)启事和声明的写作要求

1. 实事求是

启事和声明都为因事而作,所以首先应该忠于事实,就事实的本真面目告知外界,表白自己的本真意思。在商务活动中有人故意隐瞒事实,发假声明以逃避责任,或发假启事却卷款走人,这都是对文书写作的亵渎。事关事实和立场的文书,一定要坚持实事求是。

2. 言简意赅

启事和声明都只是简短行文。说明了事实,强调了关键点即可,不必多做理由性解释,也不要有任何铺垫。但是文字一定要精到准确,不要含糊其辞,不要有歧义。

3. 一事一文

每一份启事或声明文书只说一件事,不可在一份文书里说几件事,即使事情有关联,只要不是"这件事",就不能作为同一份文书(可参见本节声明例文之一)。所以一定要有具体的针对性,针对某人,针对某事,不要滥用,动辄声明,使其失去严肃性。

(三)启事和声明的结构

1. 启事的结构

一般社会上常见的启事都是简短性的文书,结构非常简单,只要把事情告知清楚即可。

标题:"启事"的前面,一般要有性质定语,如《迁址启事》、《启用新电话总机启事》、《开业启事》。从标题就知道了内容的主要意思。

正文:正文以第一人称为叙述角度,如"本人"、"我公司"等。这里要交代事由和结果,有需要阅读者协助办理的事项,要交代细节。如《寻物启事》,就要告知大致遗失的时间、地点、失物的特征等。告知新事件的启事,必须十分清楚明确。如迁往新址的具体门牌号码等。

结语:结语可不写而以文书内容交代完毕自然煞尾,也可写一两句套话如"欢迎新老客户一如既往予以关注",或"特此告知"。

落款:单位落款写全称,日期要完整书写。

2. 声明的结构

声明是一种表态,首先想清楚自己要做什么才是写作的前提。

标题:声明可以只写"声明"做标题,也可以加上定语。声明的定语有态度性的,如《严正声明》、《紧急声明》等,也有事件性的如《关于张三、李四离职的声明》,还可以是双定语的《关于猪肉肠感染细菌事件的紧急声明》。

正文:声明的正文要开门见山地交代发生事件的大致情况,理清过程,厘清责任。然后就此说明自己的立场和主张。语气要坚决,立场要鲜明,主张要明确。

结语:结语一种是简单地强调"特此声明"。如果第一节末句写的是"现特声明如下",此处可不必重复。还有一种是以文章末句为自然结句,如"本公司将继续索讨其欠款,直至追究其法律责任"。

【启事】例文 1

纪念中国邮政开办 120 周年
"我与邮政"全国征文大赛征稿启事

百年邮政,国脉所系。2016 年 3 月 20 日,中国邮政将迎来开办 120 周年。

120 年的光荣与梦想,邮政人用整整一个多世纪,书写了一段奋斗与辉煌的历史。120 年,不仅是邮政发展史上极为重要的里程碑,更是一个迈向未来的新起点。

传邮万里,情系万家。为纪念中国邮政开办 120 周年,在 2015 年世界邮政日之际,由光明日报、经济日报、中国邮政集团公司主办的"我与邮政"全国征文大赛正式启动,面向全国征集优秀原创作品,请把你与邮政的故事,关于邮政的创想和论述,用文字记录下来,征文大赛期待您的来稿。

一、征文主题:"我与邮政"。来稿标题自拟,具体题材、体裁、文风不限。文学、故事、随笔、评论、调研、报道、理论研究皆可。字数不宜超 3000 字，鼓励原创短文。

二、征文要求：

1. 来稿要主题鲜明，立意高远，富有创意，能充分体现邮政特色和百年邮政的内涵；具有真情实感、真知灼见。

2. 来稿唯一投稿邮箱：youzhengzw2015@sina.com，一律以电子文本报送。所有来稿均须原创并使用真实姓名署名，均须注明作者详细通信方式并提供作者本人身份证号，身份证号请确保准确无误。详细通信方式请确保准确邮寄，包括详细通讯地址、邮政编码、手机、工作单位等。以上信息均注于文尾。

3. 征文截稿日期：2015 年 12 月 1 日。本次征文大赛设组委会。一经来稿，即表明来稿者具有完整的版权，责任自负，并确认已将作品的刊发、编辑出版权交由大赛组委会。大赛为有奖征文，除获奖作品奖金外，所有刊发于各媒体的本次大赛来稿，均不另行付稿酬。

三、评选及奖励方法：

大赛组委会将从来稿中评出特等奖 2 名，奖金 3000 元；一等奖 15 名，奖金 800 元；二等奖 30 名，奖金 500 元；三等奖 50 名，奖金 300 元；以上获奖者由大赛组委会颁发荣誉证书和奖金，获奖作品择优在《光明日报》、《经济日报》等媒体上刊发。同时，征文大赛通过中国邮政官方微信开展线上推广与互动。

"我与邮政"全国征文大赛组委会

2015 年 10 月 9 日

（资料来源：中国邮政网）

【启事】例文 2

启用新电话总机启事

为配合事业发展，我公司自 2016 年 3 月 1 日零点起，启用新电话总机 12345678，原两位数分机号码前需加数字"21"，即分机号由原两位数升级为四位数。查号请拨"0"。原电话总机自 2016 年 3 月 1 日零点起作废。由此给各位新老朋友带来的麻烦，我们深表歉意。祈望各位一如既往，与我们保持热切联系。

万新皮革制品总公司

2016 年 2 月 20 日

【启事】例文 3

开 业 启 事

为满足广大师生的餐饮需求，饮食服务中心与广州市大型餐饮连锁企业清心堂合作，在第三食堂首层开设"8090 专营店"。该店供应西点、奶茶、咖啡、牛杂、烧烤等 100 多个品种。环境舒适优雅、品种丰富可口。该店定于 2 月 21 日正式开业，欢迎师生员工前

往品尝并提出宝贵意见。

消费方式：持金龙卡消费(不收现金)

营业时间：6:40—22:30

后勤集团饮食服务中心
2015 年 2 月 17 日

(资料来源：韶关学院网站)

【启事】例文 4

福建省建设工程质量安全监督总站迁址启事

福建省建设工程质量安全监督总站自二〇一五年二月八日起迁至福建省住房和城乡建设厅金山办公区六楼办公。

地址：福州市仓山区凤岗路××号(与亭头路交叉口，福州市中级人民法院西侧)；邮政编码：350008。福建省工程建设质量安全协会和检测分会同时随迁。

福建省建设工程质量安全监督总站
2015 年 2 月 5 日

(资料来源：福建省住房与城乡建设厅网站)

【启事】例文 5

家乐福超市"和平店"开业招聘启事

成立于 1959 年的家乐福集团是大卖场业态的首创者，是欧洲第一大零售商，世界第二大国际化零售连锁集团。现在全世界拥有 9948 家店，在中国 60 多个大城市拥有 212 家大型超市，员工近七万人。

家乐福的经营理念是以低廉的价格、卓越的顾客服务和舒适的购物环境为广大消费者提供日常生活所需的各类消费品。家乐福承诺将满足消费者对商品价格、种类、质量、服务及便利性等各方面的个性化需求。家乐福力争通过自己的努力成为当地社区最好的购物场所，为消费者带来更多的实惠和便利，并携手各商业伙伴为当地经济繁荣与社会和谐作出积极的贡献。

现位于常州市中心的家乐福超市和平店即将盛大开业！特面向社会诚聘以下职位。

一、维修部员工

岗位职责：

1. 负责日常维修、计划检修、保养、故障排除；

2. 及时巡查，发现问题及时处理；

3. 办公区、大卖场电路布线及维护；电气设备的维护检修工作。

任职资格：

1. 身体健康，年龄在 45 岁以下；

2. 两年以上工作经验，具备电工证；

3. 具备较高的维修电工专业知识，熟知安全规范和操作规范；

4. 具备较高的纪律性、责任心、执行能力、语言表达能力、学习能力。

薪资：1500 元～2200 元

二、防损员(略)

三、营运部门理货员(略)

四、收银员(略)

五、办公室文员(略)

六、生鲜部厨师/刀手/面包师/鱼科资深(略)

所有员工一经录用，除工资和国家规定缴纳的五项社会保险(养老、医疗、失业、生育、工伤)及住房公积金外还提供以下福利：年终十三薪，生日券，工作餐券，12 天带薪年假及企业假，节假日礼品，独生子女医药费报销。同时，我们将提供完善的岗位培训及众多的内部晋升机会。

家乐福期待您的加入，我们将与您一起更好地服务于常州市民，延续行业领导者的荣耀并共创新的辉煌！

注：本周四 15 号上午 8 点 30 分起，该超市将在中吴大道 1287 号天宁区人力资源市场参加大型现场招聘会，请诸位求职者切莫错失良机。

超市地址：……　　超市招聘部门联系人：……　　超市招聘部门联系电话：……

邮箱：……

(资料来源：常州市天宁区人力资源和社会保障网)

【声明】例文 1

遗 失 声 明(一)

万江市××建设工程监理有限公司不慎遗失《监理工程资质证书》副本证书，证书号：……，发证日期……，现声明作废。

遗 失 声 明(二)

万江市××建设工程监理有限公司员工×××不慎遗失《中华人民共和国注册监理工程师证》证书，证书号：……，注册号：……，有效日期至××年×月×日，现声明作废。

【声明】例文 2

注 销 声 明

我单位已申请注销由春江市质量技术监督局颁发的代码为……的代码证正、副本，专此声明。

单位名称：春江明克宅配家居用品有限公司长虹分公司

地址：沿江省春江市下河区阳光大道 888 号春阳家居大厦二层北片编号 333、335 铺位

【声明】例文3

澄 清 声 明

近日,有单位向我公司询证新建中国核工业集团海丰核电站工程施工的相关事宜。为澄清事实,避免我公司潜在客户的利益受到损失,特代表我公司郑重声明:我公司及我公司下属各子公司,从未承揽新建中国核工业集团海丰核电站工程任何工程施工业务,也从未曾设立中铁物资集团有限公司海丰核电站工程指挥部。任何以我公司或我公司指挥部名义进行的该项目相关民事行为,均为他人冒用我公司名义的恶意欺诈行为,其民事行为产生的后果与我公司无关。同时,我公司保留对冒用公司名义进行商业活动的任何他方追究法律责任的权利。

特此声明。

中铁物资集团法律法规部
2015年2月22日

(资料来源:据中铁物资集团有限公司网改写)

【声明】例文4

上海合作组织成员国元首
关于世界反法西斯战争暨第二次世界大战胜利70周年的声明

我们,上海合作组织成员国元首,向蒙受巨大牺牲和物质损失、使世界免遭奴役与毁灭的各国人民表示深深的感谢,并声明如下:

在严酷的战争年代,我们各国人民充分显示了忘我牺牲精神和爱国主义情操,赢得了第二次世界大战的胜利。引以为豪的伟大功勋、并肩战斗的记忆,以及牢不可破的友谊,是我们捍卫自由独立的共同财富,也是为世界公正与安全而斗争的道义指南。

我们对在战场上、在监狱和集中营里死难的人们永远怀着感激之情。我们对在战争中牺牲的烈士深表敬意,并呼吁庄严悼念他们的英灵,爱护为纪念二战中抗击法西斯和军国主义牺牲的人们建立的烈士墓、纪念馆和纪念碑。

我们各国的前方战士和后方劳动者在伟大卫国战争中表现出英雄主义并建立了功绩,我们谨向他们中的健在者表示诚挚的敬意,继续无微不至地关怀他们是我们的责任。

我们高度评价中国人民的英勇精神和功绩,他们在抗击日本军国主义的战争中英勇奋战,为世界反法西斯战争的胜利作出了巨大牺牲。

上合组织成员国对参加抗击法西斯和军国主义的世界各国人民表示敬意,铭记他们为取得胜利做出的贡献。

第二次世界大战使人类的大多数卷入了战火。这段历史要求我们竭尽全力,防止新的反人类的危险思想抬头。我们呼吁,坚决反对从道德和法律上歪曲二战成果,以及忘记这一全人类悲剧教训的图谋。

上海合作组织成员国重申恪守《联合国宪章》的宗旨和原则以及公认的国际法原则和准则,呼吁积极开展合作,提高联合国威望和作用,构建公正民主的国际秩序,巩固全球

第六章 交际文书

安全与稳定，努力应对威胁和挑战，通过政治途径解决和预防冲突。

上海合作组织成员国将继续在互信、互利、平等、协商、尊重多样文明、谋求共同发展的基础上，同所有有关国家和国际组织加强全方位合作，以实现各国持久和平、发展与进步。

2015年7月10日　于乌法

（资料来源：新华网）

【声明】例文5

中国邮政集团公司关于普通包裹资费事宜的声明

近日，有媒体报道称中国邮政"普通包裹资费悄然上调"，又称"原有的普通平邮包裹则'消失'"，引起用户误解，为此，我们就普通包裹资费事宜发表如下声明：

一、邮政普通包裹并未"消失"。按照《邮政法》规定，邮政企业应当对单件重量不超过十千克的包裹的寄递提供邮政普遍服务。中国邮政作为重要的社会公用事业，长期以来忠实履行国家赋予的普遍服务义务，努力为人们提供优质的普遍服务。普通包裹业务可在邮政营业网点办理。

二、邮政普通包裹资费没有上调。普通包裹资费从2004年起至今从未进行过调整，其定价被纳入《中央定价目录》管理，资费标准由国务院价格主管部门会同国务院财政部门、国务院邮政管理部门制定。具体资费标准可登录国家邮政局网站和中国邮政集团公司官方网站查询。

中国邮政一直致力于为公众提供良好的邮政服务，感谢广大用户对邮政企业长期以来的关注与支持！

特此声明。

中国邮政集团公司
2016年1月14日

（资料来源：中国邮政报）

五、自荐信和引荐信的写作

(一)自荐信和引荐信的意义

自己介绍自己，推荐自己，是经济生活中交际的一种重要方式。求得一份工作，应聘一份工作，或者引荐别人，是交际的重要内容。作为个人在社会经济生活中交际，这是不可或缺的能力。

此处所言自荐信有两种意思：一是将自己的情况写成材料投送至自己看中的相关单位组织，问他们是否需要自己这类人才；一是根据相关单位组织的招聘需求，投其所好地将自己的情况写成材料投送过去，也就是一般所说的应聘。

引荐信是介绍某人，一般应该是对被引荐人的学识能力有所了解，认为他能胜任某项工作，或者让被引荐者融入某个交际圈子，以开展各种业务活动。这虽是交际生活中的常事，并不负什么法律责任，但是引荐人还是应该谨慎。

这些文书的写作水平，往往是形成对方对你"第一印象"的重要因素。

(二)自荐信和引荐信的写作要求

1. 客观如实

客观地介绍自己或他人的学历学识，如实地说明既往的工作经历和工作成就，是基本的诚信。无论介绍自己还是介绍他人，都要本着实事求是的精神。另一方面，在说优点的时候不要夸大其词，在说缺点的时候不要绝对否定。环境会改变，人也会发展，对"人"的介绍，一定要客观如实又留有充分的余地。

2. 扬长避短

每个人都有长处和短处，做一个坦诚外向的人，让大家了解自己的优点和缺点不失为一件好事。但是也应该看到自己的短板之处可能带来的负面影响，所以写作此类文书时，尽量扬长避短。要避开自己不能做、没把握的事情，多介绍自己较擅长的方面，以增加对方对自己的接受度。

3. 诚恳热切

无论求职还是引荐，都要对对方的需求有所了解，投其所好地介绍自己或他人。自荐和引荐态度都要诚恳热切，不能小看别人，自高自大。在充分了解对方的用人要求或从其他途径知道对方的目前状况的前提下，安排自己的文书重点，表示自己热切期望融入其中，将对方目前的需要作为自己的重点介绍内容，以求对方接受。

(三)自荐信和引荐信的结构

1. 自荐信的结构

自荐信是"信"的框架，"自荐"的内容组成的。所以它的写作结构有如下几点。

称呼：称呼要恰当有礼。如果写给人事部门，不能简单地写"HR"，要有敬词作定语，如"尊敬的人事经理"、"尊敬的××小姐"。招聘启事上一般会有联系人，就按照招聘启事上介绍的写某先生或某小姐。

正文：正文要开门见山。应聘自荐就直接说自己得知有适合的岗位，所以来投简历以求上岗。求职自荐要说明自己从什么渠道得知这家单位。接着简单介绍自己的求职或应聘要求，介绍自己的特长能力，也可以说一下自己的抱负或创新构想。要注意的是，应聘自荐要针对性强，针对某个岗位摆出自己的优势，如经验、技能等级、人脉等；而求职自荐却需要适应面广，可以在较宽泛的幅度内适应这家单位的工作，以增加上岗的积极要素。应届生则可以说说自己对这个工作的向往，对这家单位的仰慕，愿意在这里起步。

结尾：自荐信的结尾，要表示热切的希望，并对对方工作送上良好的祝愿。但是不能写"希望你们伯乐相骏马、慧眼识英雄"之类狂妄自大的话，语词语气要注意谦恭。

附件：自荐信一定有附件，包括简历、各类证书的复印件、需要交的其他材料、照片等。并且至少要留下两种联系方式，保证自己随时可以被联系到。

2. 引荐信的结构

引荐别人，或为结成贸易伙伴生意搭档，或为替被引荐者介绍工作。

称呼：这是指引荐的对象，一般都是已经认识的人，熟悉的可以称呼随意些，如"老王"、"李大哥"等，因为引荐是严肃的事情，也可以公事公办地称呼"王经理"、"李总"。不太熟悉的，称呼要敬重些。

引言：先要说一下因为什么事由，所以引荐某人。

正文：介绍被引荐者的情况。包括学历学识、工作经验、曾经担任的职务、目前工作情况，以及希望引荐对象做什么。

结尾：对引荐对象表示感谢。

【自荐信】例文 1

求职自荐信

尊敬的……人事部：

我从网上看到了贵所的招聘信息，不揣浅陋，前来应聘。

我是××大学××学院××的应届本科毕业生。我很愿意先介绍一下我所在的××学院——这是中德两国总理为进行教育交流而在中国设置的新学院，旨在通过向德国先进的××教育理念和做法学习，从而促进我国××教育的发展。作为这个学院的学生，我们不仅要学习××专业知识，还要学习××学的相关内容，可说是复合型人才。我们将获得工学士学位，并同时获得××资格证书。

在××大学的 4 年，我自认为自己有了很大进步。这不仅是知识进步，更是心理成熟和人格的全面发展。现在我毕业了，在找工作的过程中，进一步了解了社会，也进一步明确了自己的发展方向。贵所是中国改革开放的产物，是上海成为国家发展排头兵的重要标志，也是上海成为世界××中心的重要力量，能参与贵所的工作，与我们中国在这方面的发展共进共荣，哪个年轻人不愿意呢！

我有××的××背景和实习经验，具有××方面的工科素养，能胜任相关专业技术的工作；我也有××学的背景，这使我更能从……学、……学的角度理解他人，认识问题，善于沟通和协调，并且也使我具有了组织能力和宣传能力。当然，我的能力与社会需要相差甚远，我必须在实践中不断补充知识。

我十分希望自己能有得到这份工作的荣幸。在今后的工作中，我首先要学习具体业务技能，还要学习相关业务知识。在当今社会，一个本科生的知识是远远不够的，所以，我深知在接触实际工作后，一定要根据实际制订进修计划，提升学历，提升能力，以期不断发展不断进步。

谢谢贵所给了我陈述自己想法的机会，谢谢给了我申请工作的机会，我热切地期盼着贵所还能给我考试的机会!

  此致

敬礼!

××大学××学院　×××
2016年2月27日

附件：(略)

【自荐信】例文2

应聘自荐信

尊敬的人事经理王小姐：

  我从报上看到贵公司的招聘启事，特来应聘其中××会计师岗位。

  我从2004年开始从事会计工作，至今已有十年以上的经验。此前我曾经在两家500人以上的公司工作，会计室的各个岗位我都非常熟悉，尤其是××岗位，是我最近几年最熟悉的业务。就在去年的全市会计师××岗位技能大赛中，我还得到了二等奖。我和本科室的同事一起撰写的《关于会计××岗位职能的思考》一文，去年也得到了市最佳岗位创新论文奖。我想，这些能证明我的工作能力和工作热情。

  贵公司是有名的大企业，也是本市乃至全国的标兵企业。贵公司的会计工作规范严格是有名的，参与这样的会计工作室，是每个热爱会计工作的人的梦想和荣幸！关于××岗位职能的思考，不仅是我论文的内容，事实上我也在实践中做了不少尝试，如果能在贵公司这样大型而又规范的平台上展开这种创新实践，我相信这个想法一定能得到更多人的支持，从而推动会计工作随着社会改革的深化而创新转型，跟上改革的步伐。

  我是中国最老牌的会计学校——上海立信会计学院毕业的。立信会计特有的严格和规范从我第一天接触"会计学"就牢牢地扎根在我的心中，十几年来一直是我的职业之根。我想，在一个更大的平台上，立信会计给我的素养会让我更好地从事会计专业，做好××岗位的工作。

  附上我的简历、职业资格证书、技能等级证书、技术职称证书、得奖证书以及贵公司招聘启事上要求的……请审阅。我热切地希望贵公司能给我机会，而我一定以诚实高效的创新性工作回报贵公司。

  顺致诚挚的敬意！

吴建怡
2016年4月8日

联系电话：手机……

     座机……

通信地址：……

【引荐信】例文 1

引荐朋友进入社交圈

亲爱的刘文生经理：

  持函人是我在美国的老朋友，我们一起在美国打拼时候就认识的。现在他也来到国内发展了。

  他叫魏继东，是美国南加州大学硕士。他的齿科医疗器械公司做得很火，他自己也是一个很好相处的人。但是在贵地他却是人生地不熟，政界和商界都没有朋友，对贵地外资政策和外商管理条例都不知晓，也不知道怎么聘请律师。我因身在香港无法脱身，故让他来找你，请你帮助他熟悉贵地的商务环境，告诉他如何处理政策层面的事务，并为他介绍一个可靠的律师。尤其请你在适当的时候引荐他进入贵地商务社交圈，以使他有机会接触到更多的商业伙伴。

  魏继东是我的好朋友，我想，你们也会成为好朋友的。

  拜托拜托！

陈定飞
2016 年 6 月 4 日

【引荐信】例文 2

向 A 朋友引荐 B 朋友

赵晨冰经理：

  有一个不错的青年才俊方为元，最近刚从国外回来，未知贵公司能否录用？

  方为元本是南京大学化学系本科生，后去欧洲和美国深造，最后是得了博士头衔回来，并携带了他在美国申请的两个专利。他的妻子和孩子也回国了，所以他决定在此地安家，自己先找工作。

  我与他本是通家之好，所以知根知底。他为人忠厚，做事踏实，喜欢钻研但不善交际。这样的人是勤恳工作的好人，而他所掌握的先进的生产技术和经营手段，会给公司带来新的生机，这是如今企业深化改革最缺乏的，最需要的。他的妻子也是一位知识女性，对他的工作帮助很大。

  如蒙赐予面试机会，我将带他前来拜访。

  不胜感谢！顺致敬意！

严昌梧
2016 年 4 月 8 日

第四节　礼仪类交际文书写作

一、礼仪类交际文书的概念和意义

礼仪类交际文书，主要是指组织与组织、个人与组织、个人与个人之间的礼节性往来交际所用的文书。人际关系需要礼仪的调剂润滑，交际文书中的礼仪性一类是重要的社会交际工具。致辞类交际文书虽也是礼仪需要，但是那种文书程式化更明显，这里的礼仪交际文书却是随时可以多种方式送达或公布的。有了这类文书，各种交际就显得更生动有情，也可以通过这类文书来缓解工作中难免会产生的矛盾和紧张。

二、礼仪类交际文书的种类和适用场合

交际文书中含有礼仪作用的文书主要有慰问信、感谢信、致歉信、祝贺信、贺词答词等。在今天的通信手段中，也可直接发慰问电、感谢电，以及各种电子邮件、微信微博手段的文书，表达这种礼仪。

慰问信(电)可用于重大节日、重大任务时对劳动者、对功臣的慰问；感谢信可表示对帮助了自己的人们的热忱；如果与外界有了摩擦，不该强化矛盾，而应该及时解决矛盾，先致一封表示歉意的信(电)，会使关系缓和许多。此外，祝贺朋友的大事好事，以及对得到的荣誉做出回答等，都适合使用礼仪类交际文书。

三、慰问信(电)的写作

(一)慰问信(电)的意义

慰问信(电)，是对特定的人群发出的，慰问他们的辛劳，慰问他们的疾苦，慰问他们的不易。一般都是在节假日慰问子弟兵、企业慰问离退休员工、遇到重大灾难慰问受灾人群、取得重大成就慰问有功人员。

慰问信(电)主要是礼仪交际的活动，可以在大会上宣读，可以在媒体发表，可以寄送到被慰问者家中，也可以公开张贴。

(二)慰问信(电)的写作要求

1. 热情真诚

慰问本是为慰藉人心的，所以慰问信(电)一定要热情真诚。热情真诚才显得慰问的真心，显出对被慰问者的体谅和尊敬。即使对受灾群众，热情真诚的慰问，才更易于唤起他们战胜困难的勇气。

2. 鼓舞激励

鼓舞和激励是慰问的主旋律。即使慰问的对象是退休员工，也以鼓舞激励为主，告知他们企业今后的宏图，感谢他们曾经的付出。而对重大任务的完成者，鼓舞激励是支持他们继续努力的动力。

3. 篇幅自由

慰问信(电)的篇幅可长可短，完全根据需要。可以就事论事，也可以追溯历史，畅叙未来。一般"信"可以更长些，而"电"则相对短些。电子通信时代，长短已不受载体约束了。

(三)慰问信(电)的结构

1. 标题

慰问信(电)的标题就是《给……的慰问信》、《致……的慰问电》。有时可以写上时间和致信致电者，如《江城人民给子弟兵的八一慰问信》、《国内总站给驻外分站人员的春节慰问电》。

2. 称呼

慰问信(电)的称呼要亲热。如"亲爱的驻地子弟兵"、"亲爱的同志们"、"亲爱的地震受灾同胞"。

3. 正文

正文第一段总是事由。如"2016年春节来临，谨向全体离退休老同志致以节日的问候"或"惊闻因山体滑坡而造成巨大伤害，我们无比牵挂"。

接着可以摆事实，讲成绩。要把主要情况回顾一下，说明此次的不同意义，赞扬被慰问者取得的成绩，钦佩被慰问者的精神，鼓励被慰问者发扬成绩，争取更大胜利。或者把灾情总叙一下，分析此次的灾害程度。最后表示不论什么情况，慰问者与被慰问者都是同心同德的，一定关注，一定支援。

4. 结尾

结尾应该先作祝颂，然后署名和日期。

【慰问信】例文 1

致全省海员船员的慰问信

全省海员船员朋友们：

值此第五个"世界海员日"到来之际，我谨代表湖北省交通运输厅，向全省海员船员朋友致以节日的问候和崇高的敬意！向你们的家属表示诚挚的慰问和衷心的感谢！

海员是一个崇高的职业，我国 90%以上外贸运输任务通过海运完成，海员为我国外贸运输和经济社会发展做出了突出贡献。国际海事组织曾这样评价海员：没有海员的贡献，世界上一半的人会受冻，另一半人会挨饿。

省委省政府高度重视海运业发展和海员队伍建设，于2004年即提出湖北"十大品牌"建议，将海员品牌建设作为其中之一。武汉是我国海员培养及劳务输出的重要基地，有7所大中专院校开设航海类专业，全省注册海船船员3.6万名，湖北已跻身海员输出大省，世界七大洲四大洋、各个繁忙的港口都留下了湖北海员坚实的足迹。

此外，全省还有3.8万名内河船员，他们用坚守和执着、勤劳和奉献、智慧与汗水，也为国内沿海和长江流域的经济社会发展做出了突出贡献。

党的十八大提出了建设海洋强国的战略目标，2014年党中央、国务院作出实施"一带一路"战略和建设长江经济带的重大决策部署，海运及内河航运发展将充满新期待、走向新辉煌。在"强海运、兴内河、优港口"的时代大潮中，希望你们继续发扬"爱国、进取、敬业、奉献"的海员精神，牢记使命，不负重托，昂扬斗志，奋发向上，以更加饱满的工作热情，更加良好的精神状态，谱写一首无悔的奉献之歌。

今年世界海员日的主题是"海员职业生涯"，作为全省广大海员船员的"娘家人"，省交通运输厅将一如既往地做好海员、船员工作，依法保障海员船员的合法权益，大力宣传优秀海员船员的先进事迹，吸引和鼓励优秀人才从事海员船员工作，让海员船员职业成为社会上备受尊敬、更有体面的职业，使海员船员成为航运服务经济社会发展的强大动力引擎。

祝你们节日快乐、身体健康、工作顺利、阖家欢乐！

湖北省交通运输厅厅长 尤习贵
2015年6月25日

(资料来源：中华人民共和国交通运输部湖北省交通运输厅子站)

【慰问信】例文2

中共修武县委 修武县人民政府
致全县外来投资企业家的新春慰问信

天张彩云贺新岁，地涌琼浆醉春风。值此岁序更迭、新春佳节来临之际，中共修武县委、修武县人民政府谨向全县外来投资企业家、修武籍在外成功人士和关心支持修武经济社会发展的朋友致以新春的问候！

回顾硕果累累的2015年，我们心潮澎湃。县委、县政府聚万众之心，举全县之力，纳各方之策，紧紧围绕"中国养生地核心区"建设，坚持"景城融合"发展战略不动摇，全面开展"产业年"活动，把发展战略性新兴产业作为加快经济转型升级的有效途径，积极培育智能制造、大健康等主导产业，心无旁骛拼增长，拼发展，在全国"经济暖冬"的大背景下逆势创造了修武"经济暖春"现象：我们借智登高，联合四名院士共同打造北京博奥生物旅游医疗服务项目、海南海航集团中德云台医疗旅游小镇项目、中国医学科学院药用植物研究所、四大怀药博物馆等大健康产业项目，在全国县域率先打造了"院士经济品牌"；我们不遗余力招龙头、引名牌，成功引进中国古镇建设排名第一的重庆同元集团投资20亿元打造云台古镇项目、成功牵手国内知名度最高的滑雪场建设公司——北京好利来在我县投资30亿元兴建甜蜜小镇项目、成功吸引国内4D电影领域排名第一的大连博涛多媒体技术股份有限公司在我县投资2.8亿元建设云台山360度球幕飞行影院项目、成功联合全国园林绿化市值最高和影响力最大的公司——北京东方园林共同打造运粮河改造及生态城市建设PPP项目。同时，作为文化电影领域产业市值排名全国第一的华谊兄弟也将在我县进行产业布局，中国文化旅游界排名全国第一的无锡灵山集团也将发展目光聚焦到我县。这些行业领域内的产业龙头、行业先锋，通过2015年我们强有力的产业攻坚，最终实现了"栽得梧桐树、引得凤凰来"的倍增效应，强势带动了修武经济增长，形成了修武又一个不可思议的发展优势。

在过去的一年里，我们乘借郑焦城际开通、郑云高速建设的东风，紧跟焦作市从旅游资源大市向旅游经济强市迈进的步伐，通过成功举办首届中国云台山太极论坛、2015中国热气球俱乐部联赛·云台山站比赛等活动，旅游产值再攀新高。2015年全县全年……旅游……同比分别增长了……；云台山继续保持全国人气最旺的山水景区，……在旅游业蓬勃发展的大背景下，我县的工业发展也趁势而上，产业集聚区先后被省政府授予"一星级产业集聚区"，被市政府授予"全市先进产业集聚区"荣誉称号。农业发展势头喜人，修武小麦高产再创两项全国纪录，粮食总产实现"十三"连增。2015年全县人民凝心聚力共创建，砥砺奋进创标杆，我县先后荣获国家农产品质量安全县、全省平安建设先进县、河南省乡村旅游示范县荣誉称号。这些成绩取得的背后是我们企业家艰苦卓绝拼增长拼发展的结果，你们是修武经济的恩人，修武经济的发展离不开你们的鼎力支持，在这里，县委、县政府向你们表示衷心的感谢和崇高的敬意！

展望充满希望的2016年，我们豪情满怀。外来投资企业家处在经济发展最前沿，视野开阔，信息畅通，友交四海，招商引资具有独特优势，修武人民希望大家充分发挥优势，积极宣传修武、推介修武，为修武的招商引资和经济腾飞牵线搭桥、出谋划策、献计出力。也许您的一个项目将是修武未来的支柱，也许您的一个点子将会对修武的发展起到一个不可估量的作用。在此我们诚挚欢迎外来投资企业家为修武各项事业发展建言献策，共同建设文明、富裕、和谐的修武！

最后祝各位外来投资企业家身体健康，家庭幸福，事业兴旺，财运亨通，再建伟业，再创辉煌！

2016年2月6日

（资料来源：修武县政府网）

【慰问电】例文

慰 问 电

中共四川省委、四川省人民政府：

惊悉11月22日16时55分在四川省甘孜藏族自治州康定县发生6.3级地震，造成人员伤亡，对人民群众的生产生活产生严重影响。广东省委、省政府和全省人民极为关切，谨向你们并通过你们向灾区群众表示诚挚慰问，向死难者表示沉痛哀悼，并向战斗在抗震救灾前线的广大干部群众、医护人员、人民解放军指战员、武警官兵和公安干警致以崇高的敬意！

　　粤川两省人民情谊深厚，甘孜藏族自治州是广东省的对口支援地区。广东全省干部群众对贵省地震灾情极为关切，省委、省政府决定，向贵省捐赠救灾资金500万元，以尽我们的绵薄之力。

　　我们坚信，有党中央、国务院的坚强领导，有全国人民的无私援助，有当地各级党委、政府的严密组织，有广大军民的并肩战斗，有灾区人民的顽强拼搏，受灾群众一定会得到及时救治和妥善安置，受灾地区一定会尽快恢复正常的生产生活秩序，重建家园，夺取抗震救灾的全面胜利！

中共广东省委
广东省人民政府
2014年11月23日

四、致谢致歉信的写作

(一)致谢致歉信的意义

　　致谢就是写感谢信。感谢信一是指对被感谢对象的具体帮助表示谢意的文书，一是指对某些特指对象的一种致意性文书。致歉信则是向对方表示歉意。有时是因为自己做错了事情，有时是因为自己失了礼，为了挽回影响，维持双方的友好，表示抱歉。致谢和致歉信要表示的都是作者的好意，都是为和谐关系而进行的交际活动。

　　感谢信一般用大字写在红纸上后自己送到对方那里并予以张贴，以张扬谢意，宣传对方的事迹。也可以写成文稿发至媒体要求登载以表达谢意，传扬好人好事。还可在自家商场门口或网站上、公众号上登载自己的感谢文书，这个叫作"鸣谢"。而致歉信一般直接发送至致歉对象而不公开。

(二)致谢致歉信的写作要求

1. 真心实意

　　致谢致歉信都要写得真心实意，不要故作惊人之语，不要小题大做无限拔高。致谢要实实在在地感谢对方给自己带来的好处，还要表示向对方学习；致歉要真诚地认错。

2. 正气当头

　　需要以感谢信的形式张扬事迹，可见是写作者愿意让大家都知晓的事迹，也应该是体现社会正能量的事迹，所以要定调在表扬歌颂，发扬正气，文书要写得阳光，不要过多强调受助者的困苦和无奈。致歉要强调过失带来的危害和弊端，正因为不能放纵这种过失而深深道歉。

3. 篇幅恰当

致谢致歉信不必太长,但是不能三言两语就完。应该有感谢和抱歉的具体事项,有事情的结果以及自己的感受。这样写出的文书不空,也不会太短。不能充篇感谢或抱歉却空洞无事实。

(三)致谢致歉信的结构

1. 标题

致谢信的标题一般只需"感谢信"三个字就可以了,居中书写。致歉信可不写标题。

2. 称呼

致谢信的称呼就是被感谢的对象,要冠以亲热、客气的敬语,如"尊敬的各兄弟单位"、"亲爱的解放军叔叔"、"敬爱的刘大哥"等,也可以不用称呼。致歉信一定要谦恭地称呼对方,以示严肃。

3. 正文

正文要写明感谢的事实。是什么事情,对方怎样帮助了自己,给自己带来了什么好的结果,表示自己由衷的谢意。一般第一部分说事实,说自己受助的过程,然后说自己的感受,说对方帮助的意义。文中应有"表示我们深深的谢意"、"致以衷心的感谢"等字句。

致歉信的正文在简述事实之后,对自己应该承担的责任要明确道歉,并要告知处理的结果,补救的措施。

4. 结尾

结尾处可以强调谢意或歉意,也可以表示自己学习对方长处或加强自我整肃的意思。落款要写全名称和日期,不要简写。

【感谢信】例文 1

感谢信

广西贸促会:

  10 月 31 日,为期半年的 2015 年意大利米兰世博会圆满落下帷幕。在党中央国务院的正确领导下,在各有关方面的大力支持和共同努力下,我会筹建和运营的中国馆凭借新颖的建筑设计、丰富的展览展示和精彩的配套活动,荣获大面积自建馆建筑景观铜奖、展馆可循环利用金奖、最受欢迎展馆第二名等多个重要奖项,取得圆满成功,得到国际社会高度评价,为国家赢得了荣誉。

  广西活动周是此次中国馆重要配套活动和亮点之一。在贵会的高度重视和精心组织下,广西壮族自治区充分用好世博平台,讲好中国故事,以"生态广西,锦绣家园"为主题,通过非遗展示、文艺演出、经贸交流等形式,生动诠释了世博会主题,精彩展现了广西壮族自治区的风土人情和发展成果，推动了我国与世界各国的交流合作，为中国馆成功精彩展示、赢得高度赞誉发挥了重要作用。

谨向贵会表示衷心感谢！我会将一如既往地向广西壮族自治区提供世博会和贸易投资促进平台，为促进广西壮族自治区经济发展和对外交流合作做出更大贡献。

中国国际贸易促进委员会办公室
2015年11月27日

（资料来源：广西贸促会官网）

【感谢信】例文2

感 谢 信

尊敬的税务局领导：

在此，我们厦门升明电子有限公司对厦门市湖里区国家税务局管理一科的蔡福田税官、陈宙峰副科长，以及税政科的阮晓鹏同志、林军科长、叶长青副局长致以深深的谢意！

我公司在2011年3月28日经董事会决议分配2010年的股利，股利汇出时间定在2011年4月15日，时间非常紧迫。在了解我公司的情况之后，管理员耐心指导协助，各领导积极审核辅导，正是由于他们的热心服务和高效的工作，才使得我公司在4月14日取得了《2010股息购付汇证明》，如期按公司董事会的要求汇出了股息。

厦门市湖里区国家税务局就是以踏实的实际行动和优良的工作作风，为企业的经营成长创造了良好的税收环境，这种实实在在为民办事的服务态度和敬业精神让我们很受感动！你们为企业发展提供了扶助和支持，使得纳税人与服务机关紧密相连、和谐发展。

再次真诚地感谢厦门市湖里区国家税务局领导，带出这样一支好队伍、好干部，以实际行动为纳税人提供了真正的优质服务。我们对贵局急纳税人之所急、想纳税人之所想的工作作风，表示由衷的感谢！

此致

敬礼！

厦门升明电子有限公司
2011年4月28日

（资料来源：厦门市国家税务局网站）

【感谢信】例文3

鸣 谢 信

各位亲爱的顾客：

我们"天天卖场"开业至今已经三年了。三年来，在各级领导的关怀下，在社会各界的帮助下，在广大顾客的支持下，"天天"像一个呱呱坠地的婴儿成长为一个健壮的孩子

那样,创下了可喜的业绩。去年,"天天"的利润突破了××万元,成为大卖场的三强之一;"天天"并当选为精神文明建设标兵单位;家电部业务员郝成林被选为区人大代表;收银员刘凤珍又被评为行业操作能手。短短三年,"天天"在物质文明和精神文明建设方面双获丰收,成了行业的地区领头羊。

　　这一切成就的取得,除了全体员工敬业努力之外,离不开广大顾客和社会各界的关爱。我们永远记得,当顾客对卖场停车场有异议时,是街道办事处帮我们解决了难题;当暴雨成灾、积水堵住卖场前广场时,是毗邻的邮政局打开自己的边门,让我们的车辆与客流安全通过;当电脑黑客袭击了我们的网络终端时,我们通过区有线电视向社会发出求救信息,结果一下子来了十几个志愿者,使我们的损失减少到最低程度……每当我们想到这些,总是心潮澎湃,对社会各界和广大顾客充满了诚挚的敬意和感激。"天天唯有以更优质的服务、更负责的精神做好各项工作,竭诚为广大顾客奉献,方能报答社会各界和广大顾客对"天天"的厚爱。在此,公司总经理赵业雄率全体员工向三年来全力支持帮助我们的社会各界和广大顾客深深鞠躬,向你们致以最衷心的感谢!

　　为感谢广大顾客和社会各界的支持,本卖场决定向区福利院捐赠……物资,以实际行动向大家学习,为社会积聚正能量做贡献。在未来的岁月里,我们一定牢记社会主义核心价值观,与大家一起,为社会进步做出更大贡献!

天天超市大卖场
2015 年 12 月 20 日

【致歉信】例文 1

致 歉 信

尊敬的各位乘客:

　　3 月 23 日上午,我市地铁因网线故障,发生停运事故。事故造成数千人上班、出行的阻塞和不便,我们为此向广大乘客深深致歉!

　　经初步勘察,此次事故系地铁大东乡供电枢纽故障所致。自上午 7 点 44 分至中午 11 点 29 分地铁全线停运,自 11 点 30 分以后东段依然不能正常运行,直至下午 3 点,地铁才恢复常态运行。对此期间的混乱与不便,我们深深自责,非常抱歉。

　　我们正在以此次事故为抓手,反省管理漏洞,整肃生产责任制度。目前正配合市安全生产监督管理办公室对事故作进一步调查,结果一定尽快公之于众,接受社会的批评监督。

　　再次向全市人民致歉!

山花市地铁运营管理公司
2016 年 3 月 24 日

【致歉信】例文 2

亲爱的高经理永恒先生:

　　我已知悉下午在会展中心的事。我公司两员工在布展时居然不听贵处有关人员劝阻,执意违章操作,致使火灾酿成,对此我表示万分抱歉。现我已派人将两员工召回,待事故

调查结束后一定严肃处理。因火灾造成的损失全由我公司赔偿，我公司并拟派人协助被损展台的修复事宜。

员工不听劝阻，也反映出我公司对员工的纪律教育和安全教育上存在着问题，这首先是我的责任。我们一定要以此为鉴，举一反三，深查员工的纪律观念和安全观念，加强教育，严肃规纪，决不让祸事重演。

再次向您表示深挚的道歉！

三彩广告公司　总经理杨才威
2016 年 4 月 18 日

五、贺答信(词)的写作

(一)贺答信(词)的意义

贺词贺信是交际活动中常用的应用文书，对方有了大事、喜事、好事，对他们表示祝贺。可以是单位对单位、个人对单位、单位对个人，也可用于私人之间。写得长一些的是贺信，简短的便称之为贺词。贺词可以书写成字幅，也可以通过现代电子手段发出，如微信、短信等。

答词一般用于得到奖励、荣誉和祝贺时候的致答，这种答谢与致谢信用于感谢事件过程中的帮助有不同的意义，是专用于接受了褒奖祝贺荣誉之后的感谢。

(二)贺答信(词)的写作要求

1. 及时迅速

此类文书特别讲究及时迅速，一旦得到消息，要在第一时间发出祝贺，才有现实意义。特别是得知对方得了重大褒奖，甚至在深夜发出祝贺。答词一般是在褒奖的同时致答的。

2. 热情洋溢

此类文书要写得热情洋溢，要以真情的语言向对方的成就祝贺，文词要美一些，但是不能做作，也不能通篇都是"我们特别特别高兴"之类的大白话。

3. 信、词有别

贺信篇幅较长，宜写成纸质书信或电子邮件；而贺词一般简短，用于短信、微信以及传统电报。因为短，所以贺词的语言要精练，比起贺信来更多用文言词语。答词则多用于大会上发言，写作时注意口语化表达。

(三)贺答信(词)的结构

1. 标题

贺词没有标题，贺信可以写"祝贺信"居中，答词可以写成《在……会上的致答》。

2. 称呼

根据对象的亲疏关系，或公事公办地称呼，或可亲热一些。如："山花市大花贸易公司"、"云南省贸促会"；"亲爱的梁总经理"、"尊敬的吴社长"。

3. 正文

贺信正文先写得知什么好事喜事，表示祝贺。接着写这种好事喜事得之不易，实至名归，再次表示祝贺。也可表示与有荣焉。贺词一般只要表示祝贺之意即可。

4. 结尾

结尾处可以强调祝愿之意，表示相信会有更为美好的前景之意。落款要完整以示郑重。答词作为发言稿不必落款。如果答词登载于媒体，则在标题下署名。

【祝贺信】例文1

科技部致信祝贺屠呦呦荣获诺贝尔奖

屠呦呦先生：

欣悉您荣获2015年诺贝尔生理学或医学奖，这是您应享的荣誉，也是我国科技界的骄傲，科学技术部谨代表全国科技界向您表示祝贺！

您和您的团队创制的抗疟药青蒿素，是科学技术领域的重大突破，开创了疟疾治疗新方法，显著降低了疟疾患者死亡率，挽救了全球特别是发展中国家数百万人的生命，对促进人类健康、减少病痛发挥了难以估量的作用。

您作为中国大陆科学家首次获得诺贝尔奖，必将对我国广大科技工作者带来巨大鼓舞，也将激发更多中国科学家不断开拓创新，迈向一个又一个科学高峰，为实现中华民族伟大复兴的中国梦和全人类科技、经济和社会发展做出更多更大的贡献！

中华人民共和国科学技术部
2015年10月6日

【祝贺信】例文2

习近平致第二十二届国际历史科学大会的贺信

值此第二十二届国际历史科学大会开幕之际，我谨代表中国政府和中国人民，并以我个人的名义，向会议的召开，表示热烈的祝贺！向国际历史学会主席玛丽亚塔·希耶塔拉女士等与会的历史学家，表示诚挚的欢迎！

人事有代谢，往来成古今。历史研究是一切社会科学的基础，承担着"究天人之际，通古今之变"的使命。世界的今天是从世界的昨天发展而来的。今天世界遇到的很多事情可以在历史上找到影子，历史上发生的很多事情也可以作为今天的镜鉴。重视历史、研究历史、借鉴历史，可以给人类带来很多了解昨天、把握今天、开创明天的智慧。所以说，历史是人类最好的老师。

　　中国人自古重视历史研究，历来强调以史为鉴，我们的前人留下了浩繁的历史典籍。每个国家、每个民族都有自己的发展历程，应该尊重彼此的选择，加深彼此的了解，以利于共同创造人类更加美好的未来。历史学家在这方面可以并且应该发挥积极作用。这次大会是一个很好的交流学问、加深理解的机会。希望这次大会能够推动各国的历史研究，帮助人们从历史的启迪中更好探寻前进方向。

　　这次大会的主题之一是"全球视野下的中国"，这是一个很好的题目。中国有着5000多年连续发展的文明史，观察历史的中国是观察当代的中国的一个重要角度。不了解中国历史和文化，尤其是不了解近代以来的中国历史和文化，就很难全面把握当代中国的社会状况，很难全面把握当代中国人民的抱负和梦想，很难全面把握中国人民选择的发展道路。中国人民正在为实现中华民族伟大复兴的中国梦而奋斗，需要从历史中汲取智慧，需要博采各国文明之长。欢迎各位专家从对历史的感悟中为我们提供真知灼见。

　　祝大会取得成功！

中华人民共和国主席　习近平
2015年8月23日

【祝贺电、贺词】例文1

尊敬的俞惠中女士：

　　欣悉您已就任远大实业公司总经理，谨向您表示最热烈的祝贺和崇高的敬意。俞女士的胆略见识和谨慎周密，素为业中人士称道，更为本公司同仁钦敬。我深信，有俞女士掌舵，贵公司必能更加乘风扬帆，贵公司与我公司的合作，亦将再续写令人兴奋的一页。

星高公司总经理赵培章
2016年5月16日

【贺词】谨贺荣任总经理一职，祝旗开得胜！　　　赵培章

【祝贺电、贺词】例文2

尊敬的刘董事长敬才先生：

　　值此贵公司成立廿五周年之际，我谨代表本公司全体同仁，并以我个人的名义，向贵公司及刘董事长表示最诚挚的祝贺！

　　在过去的廿五年里，刘董事长以超人的智慧，率领贵公司如骏马驰骋于疆场，战胜困难，把握商机，屡创佳绩，贵公司遂成商界巨子，行业翘楚。在与我公司的合作中，贵公司不以强者自居，公平谦让，体现大家风范，令人感佩之至。我们深信，贵公司在刘董事长及各位才俊的努力下，必将再展宏图，再创伟业，我们之间的真诚合作在今后无限的岁月里亦将不断发展。

康明公司董事长王丰梁
2015年11月8日

【贺词】谨贺贵公司成立廿五周年，祝鹏程万里！　　　王丰梁

第六章 交际文书

【祝贺电、贺词】例文 3

亲爱的郑华明总经理：

　　欣闻贵公司即将择吉开业，请接受我公司全体同仁的真诚祝贺。时下本行业炙手可热，正蕴藏无限商机，是有胆有识之才俊大展身手的自由天地。贵公司的加盟，将使本行业平添一支生力军，也让本公司又多了一个盟友，实乃幸事。本公司愿与贵公司精诚合作，共谋发展，以推动行业进步，并为促进经济腾飞而共同奋斗！

山石公司总经理张岩

2016 年 5 月 10 日

【贺词】欣闻贵公司择吉开业，谨贺万事顺遂，宏图大展！　　张岩

【致答词】例文 1

各位领导，各位同志，各位朋友：

　　此刻，我的心情非常激动，我只是一个农民工，只做了一个年轻工人该做的事，却得到了这么高的荣誉。我深深地知道，这应该归功于社会的改革开放，归功于组织对我的关怀教育，归功于老师傅们对我的鼓励，归功于年轻伙伴们对我的帮助，没有这些，我是决不会成功的！

　　五年前，当我作为一个刚从农村来到城市漂泊的高中毕业生，第一次跨进江丰厂，就被这百年老厂的沧桑和深厚所感动，就为自己能融入这样一支特殊的工人队伍而庆幸、激动。我下定决心，一定要努力学习，刻苦钻研，做一个无愧于前辈的后来者，做一个无愧于时代的新工人。

　　五年里，我是在前辈们无微不至的关怀下成长起来的。我永远记得，是刘庆贤总工程师指导我完成了大专的课程，是王毛根师傅带着我摸遍了每一条焊缝，是王素芬老师帮助我完成了第一篇论文，是团干部轮训班使我系统地学习了电脑技术；尤其是党支部赵良才书记的引导，我才跨进了党的大门……在此，我向所有帮助和支持鼓励我的人们，诚挚地说一声"谢谢你们！"

　　如果说，今天我在这里受奖，是因为我曾在过去的五年里做过努力的话，那么从现在起，它们都已是过去的事情了，我现在又像五年前那样，一无所有地站在新的起跑线上，开始了新一轮的拼搏和努力。但我毕竟又不是五年前的我了，我更成熟，方向也更明确了。我一定要在新的五年里，在未来无数个五年里，更加努力地学习，更加踏实地工作，更加刻苦地钻研，做一个大国的优秀工匠，做一个新时代的新工人，以优异的成绩向党和祖国汇报！

　　谢谢大家！

【致答词】例文 2

莫言得诺贝尔文学奖答词

尊敬的国王、王后和王室成员，女士们先生们：

　　我的讲稿忘在旅馆了，但是我记在脑子里了。

我获奖以来发生了很多有趣的事情,由此也可以见证到,诺贝尔奖确实是一个影响巨大的奖项,它在全世界的地位无法动摇。我是一个来自中国山东高密东北乡的农民的儿子,能在这样一个殿堂中领取这样一个巨大的奖项,很像一个童话,但它毫无疑问是一个事实。

我想借这个机会,向诺奖基金会,向支持了诺贝尔奖的瑞典人民,表示崇高的敬意。要向瑞典皇家学院坚守自己信念的院士表示崇高的敬意和真挚的感谢。

我还要感谢那些把我的作品翻译成了世界很多语言的翻译家们。没有他们的创造性的劳动,文学只是各种语言的文学。正是因为有了他们的劳动,文学才可以变为世界的文学。

当然我还要感谢我的亲人,我的朋友们。他们的友谊,他们的智慧,都在我的作品里闪耀光芒。

文学和科学相比较的确是没有什么用处。但是文学的最大的用处,也许就是它没有用处。

谢谢大家!

思考与练习

一、理解以下词语

交际文书 开幕词 闭幕词 迎送词 请柬 邀请函 启事 声明 自荐 引荐 慰问信 感谢信 致歉信 祝贺信 贺电 贺词 答词

二、简答以下问题

1. 交际文书有哪些特点、种类和作用?
2. 致词类交际文书有哪些常见种类?分别适用于哪些场合,有什么写作要求?
3. 管理类交际文书有哪些常见种类?分别适用于哪些场合,有什么写作要求?
4. 礼仪类交际文书有哪些常见种类?分别适用于哪些场合,有什么写作要求?

三、写作实践

1. 向荣获诺贝尔生物和医学奖的屠呦呦老人写一封祝贺信。
2. 你所在的学校或公司召开团代会,为团代会拟开幕词和闭幕词。
3. 学校咖啡馆暑假歇业,代写一份歇业启事。
4. 邀请莫言到学校来做一次报告,写出这份邀请函。
5. 拟毕业酒会上的祝酒词。
6. 向用人单位写一封自荐信。
7. 为光荣参军的同学致欢送词。
8. 对在西部山区支教的同学写一封慰问信。
9. 根据你身边发生的事情,根据最近社会上的新闻,自拟各种相关文稿。

第七章 宣传文书

本章学习目标：

- 理解各类宣传文书的概念和特点。
- 了解各类宣传文书的用途和种类。
- 掌握各类宣传文书的基本写作要领。

第一节 经济宣传文书概述

一、经济宣传文书的概念和特点

(一)经济宣传文书的概念

经济宣传文书，是指单位组织在自己的经营活动中产生的，对内对外各种经营活动宣传需要的文书写作。它是任何在社会上活动的单位组织都必须具备的写作内容。宣传工作做得好，可以帮助单位的各方面工作取得更大的成就，也便于单位内外的沟通，便于营造组织和谐氛围，团结广大员工共同奋斗。

(二)经济宣传文书的特点

1. 适用面宽

经济宣传文书的适用面非常宽，无论对内对外、对上对下，无论生产、行政、生活都可以找到相对应的宣传文书。昭告可以用指南公示，宣传可以用新闻稿，公关沟通可以用公告答问，产品介绍可以用说明书，商品消息可以用广告……更有神通广大时时可以更新的互联网技术的微信微博，宣传文书可说是全方位、立体地为企业为组织服务。

2. 种类繁多

上述不同时候的不同用法，已经说明宣传文书有足够的类别供选用。种类多，能够适用不同的需要，能够区分内外区分功能，产品介绍和商品说明书就有很大的不同，在众多种类中选用最适合的宣传手段，能为组织的公关行为争取到最佳效果。这也是新型文种不断出现的原因之一，种类多是一大优势。

3. 手段更新

随着社会发展，尤其是电子产品的发展，互联网技术的渗透，宣传的手段在不断更新。从传统的新闻稿到最新的微信公众号，其间的进步就是技术手段带来的方式的进步乃至整个思想的进步。由于社会在这方面发展迅速，宣传文书的手段还会有我们未知的大发展，但是无论怎样发展，利用最先进的手段为社会服务，为组织的发展服务，这是不会变的。

二、经济宣传文书的作用和种类

(一)经济宣传文书的作用

经济宣传文书的作用从前面的叙述已可大略知道有以下几个方面。

1. 公关作用

宣传好组织的形象，利用宣传工具说明事实做好危机公关，缓解冲突矛盾，向社会广泛宣传解释以使之更理解自己的意图。宣传本是与公关有所关联的，宣传工作做好了，组织的形象因此更完善了，这是于外于内都满意的。公关离不开宣传。

2. 沟通作用

上下左右的联系都需要宣传文书，我们理解了宣传文书的特点之一是种类繁多，就可以利用多种多样的手段，来做到上情下达、下情上传；恰如其分地做到内外沟通，使组织在社会上有声誉，产品在市场上有名声。

3. 知晓作用

通过宣传文书可以让外界更多了解本单位本组织的情况，也可以让本单位的员工更多了解外界需求和全组织各部门的信息。指南等新型文种、新闻稿、网站、微博、微信是传播渠道，简介、说明书、广告同样也是传播渠道。只有人人都有知晓的渠道，人人都知晓，事情才有号召力，组织才有凝聚力。这就是每个单位组织都很重视宣传文书工作的关键。

4. 解释指导作用

指南和答问的解释指导作用非常明显。我们改变动辄发文件的传统做法，以更亲民更简洁的方法，把要求群众做的和群众想知道的，一一告知大家，知道他们怎么做，让他们了解政策，了解"为什么"，这是社会进步的表现。

(二)经济宣传文书的种类

由于社会的发展，经济宣传文书的种类越来越多。本书将之作如下分类。

(1) 管理宣传类文书：如指南、公示、公告、答问等。
(2) 信息宣传类文书：如新闻稿、官方微博、微信公众号等。
(3) 商业宣传类文书：如各类简介、产品说明书、商业广告文案、商业海报等。

第七章　宣传文书

第二节　管理宣传文书写作

一、管理宣传文书的概念和特点

(一)管理宣传文书的概念

我们把近年来重要程度日益增强的指南、公示、事务公告和答问归为管理宣传文书。之所以将这些文种放在管理宣传文书作介绍，是因为这些随着社会生活的发展和政务公开理念的提倡而形成的新型管理宣传文书的使用频次越来越高，适用面越来越广，已经成为应用写作的一个重要内容。而作为新生的文种，它也有待进一步完善和规范。所以，它值得从事和学习应用写作的人员特别关注。

指南是有关管理部门就某一具体工作向社会或有关各方做出指导性、说明性解释的一种公开文种，一般用于对事项的说明和要求的告知；公示是领导机关或管理部门把意欲实施的决定或欲将行动的事宜向有关层面作公开表述，以听取各种意见或建议的文种；而此处我们所指的事务公告，并非《党政机关公文处理工作条例》中所指的公告，却是在社会实践中逐渐被社会各方认同的启事性的广而告之；答问则在面对社会面对群众解释政策、回应关切时发挥了直接作用。

这些文种都具有鲜明的通知解释色彩，尽管它们所通知的事项在性质内容上有很大差别。这些内容按传统的应用文体划分，似乎可归为"通知"一类，但是在内容、表述、形式上又有别于传统的通知而兼有其他文种的功能和特点，是一种"泛通知"性的告知性和解释性文种。

(二)管理宣传文书的特点

(1) 发展性。这些文种的发展性是它们的首要属性。它们都是在我国社会主义民主制度不断发展完善，经济改革不断向纵深迈进的过程中涌现的，自身就是改革发展的产物。当原有的文种不能更恰切地反映应用文书所欲表现的内容并明确阅读对象时，这些新的文种或新的用法应运而生。再者，这些文种在社会生活中的作用和意义尚待实践的进一步检验、完善和规范。所以，我们在使用这些文种时，既要积极、谨慎，又要善于发现问题，及时总结交流，使它们在实践中更健康地发展，以有助于社会应用写作实践。

(2) 兼容性。兼容性是指这些文种由于是新型的，暂无对它们的严格规范，所以在使用时往往适用性较强，无论是形式还是内容都具有较明显的兼容性。但是这在同时也给它们带来了另一个方面的问题——容易错用和滥用。如公示和事务公告，在实践中很多时候被混用了，同样的场合，类似的内容，有的单位将之称作"公示"，有的单位则将之称为"公告"，孰是孰非尚待讨论。这是新生事物与现实生活必然的磨合过程，也是新时代新文种对应用写作提出的挑战。

(3) 公开性。这些文种的产生依赖于新的社会生活状态，它们的传播也依赖于新的社会传播媒体。它们往往通过自己的网站平台，也利用公共传媒来登载文本，其受众更广泛直接，摆脱了公文式文本的严肃与刻板，也使传播的过程更简捷和公开。

二、管理宣传文书的写作格式

(一)指南的写作格式

指南的内容以公布信息，做出说明，并对行为做出指导为主，结构由标题、引言、主体、尾部、落款及日期组成。

1. 标题

指南的标题拟写与一般公文的标题相似，由发文机构、事项和文种名称"指南"组成。如例文《北京市政府信息公开指南》，"指南"的所指展现得十分清楚。又如《恒兴集团公司2016——2020年技术攻关项目指南》、《丰义科技贸易公司2016年科研创新立项指南》等，都在标题中就明确了文章的主旨。

2. 引言

引言部分主要是介绍指南的依据、目的和具体所指，一般只要简单几句话交代即可。

3. 主体

主体应分条逐一明晰表述。所需告知的范围、资质、要求、时限等都应仔细说明。

4. 尾部

尾部一般是交代联系方法或相关网络链接。应该准确完整地写明相关信息。

5. 落款及日期

指南的落款与普通公文类似，位于文本正文右下方，应写发文机构的完整规范名称。其下是日期，一般以文本公开传播的第一天为记，网络发布的指南文本亦可将日期置于标题下，如例文。

(二)公示的写作格式

公示的篇幅一般不长，内容主要为业务立项、干部升迁和事项预告，通过公示，以期引起人们的意见反馈。这是推崇政务公开的产物，反映了社会的民主发展进步。其写作结构为标题、引言、正文、结语、落款及日期五项。

1. 标题

公示的标题应该简明直接。如《干部任前公示》、《新产品立项公示》、《科技项目支持款额公示》等；也可加上具体所指，如《301工程第三期项目拨款额度公示》。公示的标题一般不写成公文式的"关于……的公示"式样。

2. 引言

公示的引言部分只需介绍内容的由来即可。如："经4月19日经理办公会议提名并

第七章 宣传文书

报董事会备案，拟任命王光华等三人担任有关职务，特予公示如下。"也可将反馈信息的联系方法在此处一并告知，如："现将 2016 年度科技项目支持款额作如下公示，有异议者可在 12 月 20 日之前向科技开发处提出。"

下面还可具体说明电话、联系人、地址、电子邮箱等信息，易于群众联系。

3. 正文

如果是任命公示，就写明被任命者的相关个人信息、现职、拟任命职位，如果同时任命不同级别的几个人，应从高到低逐一表述。倘为事项公示，要写明具体人员、环节、措施、款额、时限等应该让公众了解的重要信息。

4. 结语

公示的结语有两个作用，一是在文气上与前文形成呼应，适用于引言部分已经交代了信息反馈方法的公示文稿。例如"特此公示"或可写"对以上任命(决定)若有异议，欢迎反馈"。在形式上要另起一行。二是专门说明公众如何反馈信息，如何与有关方面或部门联系的时间和办法，但是如果在引言部分已包含这些内容，结语也可省略。

5. 落款及日期

公示的落款与常规文稿一样，位于文本正文右下方，应写发文机构的完整规范名称。其下是日期，若公示是以文件下发的方式传播的，日期以成文日期为准；若公示以社会公共传媒传播，则以公开传播的第一天为日期。

(三)事务公告的写作格式

当今社会上用"公告"一词在事实的表述中出现频次极高，其中除了党政公文的"公告"之外，还有大量管理性公告、经营性公告等。其中许多品种以前亦称为"启事"，现今仍有人坚持认为此类文种只是"启事"而不能称为"公告"。本书试从社会实践的约定俗成出发，对事务公告作一介绍。

"事务公告"与作为党政公文文种的"公告"在发文机构、使用权限、传播渠道、行文语气和内容承载等方面都有很大区别。它是在社会实践中逐渐为社会所认同并广泛使用的管理事务文书。无论何种性质的组织或单位，在自己的各类活动中，都有向一定范围内的对象发布告知某些事项的必要。因此，此类公告是以公开传播方式，向一定人群发布相关信息的昭告类文体。在结构上，它由标题、正文、结语为主要组成成分，落款与日期则根据其刊载的媒体版面情况可有可无，但前提是信息已经清楚完整。

1. 标题

事务公告的标题可说明事由，如《清算公告》、《申亚实业股份有限公司接受辅导公告》、《代理公告》等。有时也可直接写成《公告》，这正是事务公告区别于党政公告的一个特点，后者如果是完整标题，必须由"发文机构"加"事由"加"文种"，并用介词"关于"和助词"的"来组成，还有发文字号或其他编号；而事务公告却以事务性质为文种名称的定语，不用虚词。有些事务甚至可以写成"敬告"，如《市邮政公司敬告用户》等。从这些标题中我们不难发现，这些事务文书以前都是以"启事"的文种名称出现的。随着社会事务的发展，公告已成了一种约定俗成的用法。在改革不断向纵深发展的今天，不同企业、不同经济组织的许多行为也必须公之于众，如上市公司的各种经营事务和重大人事变动等，按有关法规必须向社会告白，于是也自然成了"公告"。

2. 正文

事务公告的正文有不同写法，可以开门见山、直截了当，亦可先简单说明一下因由。主体部分要清晰明白，事项复杂的要以条文式逐一列出。事涉时间、地点等要求的一定要详细交代。

3. 结语

事务公告的结语可视具体情形而定，或有或无。一般可以直接在事项之后自然结束不再赘言，也可另起行写"特此公告"或"特此敬告"字样。

事务公告的落款和日期如已在标题处反映，就不必再表示，标题处未有反映的则可在文末标明。

(四)答问的写作格式

答问体文稿是随着社会信息公开化，管理透明化，充分尊重群众的知情权和参与权，并为更好地宣传群众、教育群众而形成的一种文体。它免去了其他行文可能需要的起承转合，直接提出问题并回答问题。用分条解答的办法一一细述，便于群众了解领会。用答问体的形式，可以更简洁直接地说明问题，解释政策，也便于教会群众正确理解或实施操作。

1. 标题

答问先要正确地定出标题，可写成"关于……的问答"，使人一目了然。如果回答几个问题，可以是"关于……、……、……的问答"，但是几个问题如果没有内在联系，不能在同一篇答问里面，要分写几篇。

2. 正文

开头可先说一下作此答问的缘由、目的等。其后问题按轻重主次逐一列出，一般用说明的表述方法来对应性地详细解答。

正文要将问题设计得清楚明了，符合群众心思。答问体文稿不是"答记者问"，答记者问的问题是对方提出、不可预料的，可能每个问题之间毫不相干，而回答者也可以作出任何自认为合适的回答。答问体文稿是有意安排用问答的形式来说明、宣传、解释，所答正是群众关切，解决群众的疑虑，问题是精心设计的。如果不是按照群众的心思来设计问题，只是做一些官样文章，说些鼓励、安慰或者威慑群众的话，是没有意义的。而要把问题设计得合情合理，就要求写作者既掌握政策，又了解民意。

其次问题主次安排得当，回答详尽。在设计问题作回答时，不能不论轻重随便罗列，

在安排上,要考虑问题的主次和问题间的关联,做到前后照应,以免顾此失彼,或节外生枝。回答要详尽,考虑最基层群众的接受水平,不要虚与委蛇,玩弄外交辞令。在涉及重大政策,或交代相关的后果时,应该严肃,但切忌吓唬。而面对一些群众中有反映,但实际上尚不能做出完满回答的问题,可以在行文中避开,宁可暂且不谈,也不要提出问题却语焉不详或根本回答不了。

行文还要注意口语化行文。选用答问体行文,就是选择了最朴素的写作方式,应该注意将复杂的问题简单化,将烦琐的政策条理化,将拗口的理论通俗化,充分发挥答问体文稿接近群众的优点,使这一体裁的优势得到充分的利用。

3. 结语

答问没有结语,问题回答完即可。但有时可透露一下信息,如:"关于……,还将在……继续回答大家。"

三、管理宣传文书的写作要求

(一)文种甄别选用

由于是新文种、新用法,所以选用文种时一定要正确甄别,不要随便信手拈来即是,也不要看别人用了于是也随大溜跟着用。应该根据发文的目的、对象、内容等具体情况来辨析不同文种的适用性再决定选用,使文种既适用,又合乎人们的社会生活的一般习惯。同时,在使用中也应该关注文种的实际效果、影响,注意总结经验,以使文种更健康地发展。

(二)叙述详略得当

管理宣传文书都是在较大范围里广泛告知的事项,其内容理应详细明晰。但是它们往往又是在公共传媒上刊载的,这就决定了它们不一定能有较大篇幅来表述内容,所以要根据承载文种的媒介物的客观情形来决定内容的详略剪裁。重要的、要求较高的、群众不太熟悉的事项内容应该详尽,而一般的、常见的事项则可简略。此外,以"详情请登录……网站"或"详情请与……处联系"的方式为补充,不失为一种有效的方法。

(三)内容实事求是

在写作管理宣传文书时,要注意实事求是。首先是事实要确凿,不能虚假,不能以小诬大,以一诬十。指南提出的各项细节、公示介绍的各种事实、事务公告陈述的各类情况、答问告知的种种做法,都应该是经得起检验的事实。其次是承诺要兑现,凡文中提起的责任或做出的承诺,一定要在实践中兑现,不能官样文章就事论事地发文完事。再次要语词准确,不仅要遣词造句规范,而且语气、语体、色彩都应恰如其分。

【指南】例文 1

台风防御指南

台风和飓风都是产生于热带洋面上的一种强烈的热带气旋,……在美国一带称飓风,在菲律宾、中国、日本一带叫台风。中国气象局 2004 年 8 月 16 日发布了《突发气象灾害预警信号发布试行办法》,其中把台风预警信号分为蓝色、黄色、橙色和红色四级。

一、台风蓝色预警信号

台风蓝色预警信号标准

24 小时内可能或者已经受热带气旋影响,并可能持续,风力达到以下标准。

内陆:平均风力 6 级以上或阵风 8 级以上;沿海:平均风力 7 级以上或阵风 9 级以上。

台风蓝色预警信号防御指南

1. 注意媒体报道的热带气旋最新消息和防风通知;
2. 相关水域水上作业和过往船舶采取相应的防御措施;
3. 固紧门窗、围板、棚架、户外广告牌、临时搭建物等易被风吹动的搭建物,……

二、台风黄色预警信号

台风黄色预警信号标准

24 小时内可能或者已经受热带气旋影响,并可能持续,风力达到以下标准。

内陆:平均风力 8 级以上或阵风 10 级以上;沿海:平均风力 9 级以上或阵风 11 级以上。

台风黄色预警信号防御指南

1. 相关水域水上作业和过往船舶采取相应的防御措施,加固港口设施,……
2. 处于危险地带的居民应到避风场所避风;
3. 关紧门窗,加固或者拆除易被风吹动的搭建物,人员切勿随意外出,……

三、台风橙色预警信号

台风橙色预警信号标准

12 小时内可能或者已经受热带气旋影响,并可能持续,风力达到以下标准。

内陆:平均风力 9 级以上或阵风 11 级以上;沿海:平均风力 10 级以上或阵风 12 级以上。

台风橙色预警信号防御指南

1. 相关水域水上作业和过往船舶应回港避风,加固港口设施,防止船舶走锚、搁浅和碰撞;
2. 加固或拆除易被风吹动的搭建物,人员应尽可能待在防风安全的地方,……
3. 相关地区应当注意防范强降水可能引发的山洪、地质灾害。

四、台风红色预警信号

台风红色预警信号标准

6 小时内可能或者已经受热带气旋影响,并可能持续,风力达到以下标准。

内陆:平均风力 10 级以上或阵风 12 级以上;沿海:平均风力 12 级以上或阵风 14

级以上。

台风红色预警信号防御指南

1. 加固或拆除易被风吹动的搭建物，人员应当待在防风安全的地方，……

2. 相关地区应当注意防范强降水可能引发的山洪、地质灾害。

居民防台：台风来临怎么办？

台风来临前：

1. 及时收听、收看或上网查阅台风预警信息，了解政府的防台行动对策。

2. 准备必要的食物、饮用水、药品和日用品，以及蜡烛、应急灯、手电筒等应急用品。……

台风来临时：

1. 避免外出。……

2. 如果在外面，千万不要在临时建筑物、广告牌、铁塔、大树等附近避风避雨。……
……

(资料来源：余姚市政府网站)

【指南】例文2

北京市政府信息公开指南

2015版

根据《中华人民共和国政府信息公开条例》(以下简称《条例》)和《北京市政府信息公开规定》(以下简称《规定》)，为更好地提供政府信息公开服务，便于公民、法人或者其他组织了解北京市政府和北京市政府办公厅的政府信息，编制《北京市政府信息公开指南》(以下简称《指南》)。

《指南》分电子版和纸质版两种形式。电子版《指南》公民、法人或者其他组织可以登录"首都之窗"门户网站(http：//www.beijing.gov.cn)政府信息公开专栏查阅。纸质版《指南》可在北京市政府信息公开大厅自行取阅。

一、主动公开

(一)公开范围

《条例》第9条和第10条规定，需要主动公开的政府信息。

(二)公开形式

1. 通过"首都之窗"门户网站(http：//www.beijing.gov.cn)政府信息公开专栏公开政府信息。

2. 通过北京市政府信息公开大厅查阅。　　地址：(略)

3. 通过北京市档案馆、首都图书馆查阅。

　　北京市档案馆地址：(略)　　　　首都图书馆地址：(略)

4. 其他方式：通过《北京市人民政府公报》、新闻发布会、广播、电视、报刊等形式公开政府信息。

(三)公开时限

属于主动公开范围的政府信息,将在该政府信息形成或者变更之日起15个工作日内公开。

二、依申请公开

公民、法人或者其他组织(以下简称申请人)可根据自身生产、生活、科研等特殊需要,申请北京市政府或北京市政府办公厅主动公开以外的政府信息。

根据《中华人民共和国土地管理法》等相关法律法规,市或区县政府批准本市或者区县行政辖区内的建设用地等政府信息公开相关事项,请向市国土局或者区县国土分局申请(通州区、大兴区除外)。

根据《中华人民共和国土地管理法》等相关法律法规,市或区县政府批准颁发国有土地使用证等政府信息公开相关事项,请向市国土局或者区县国土分局申请。

(一)受理机构信息

……

(二)不予公开范围

行政机关公开政府信息,不得危及国家安全、公共安全、经济安全和社会稳定。

行政机关在公开政府信息前,应当依照《中华人民共和国保守国家秘密法》以及其他法律、法规和国家有关规定对拟公开的政府信息进行审查。

符合下列情形之一的政府信息,不予公开:

……

(三)申请办理程序

申请人填写《北京市政府信息公开申请表》(以下简称申请表)。申请表可以在北京市政府信息公开大厅领取,也可以在"首都之窗"门户网站下载,申请表复印有效。

1. 申请方式

申请人对所需信息的描述需详细、准确;申请人可以通过以下方式提出申请。

(1) 当面申请。……
(2) 信函、传真申请。……
(3) 电子邮件申请。……
(4) 网页申请:请登录"首都之窗"门户网站首页,根据页面相应提示提交申请。……

2. 申请注意事项

(1) 申请人委托代理人提出政府信息公开申请的,应当提供委托代理证明材料。
(2) 5人以上(含5人)共同申请同一政府信息,可以推选1至5名代表提交申请,……

3. 答复

行政机关收到政府信息公开申请,能够当场答复的,应当当场予以答复。行政机关不能当场答复的,应当自收到申请之日起15个工作日内予以答复;如需延长答复期限的,应当经本行政机关政府信息公开工作机构负责人同意,并书面告知申请人,延长答复的期限最长不得超过15个工作日。……

4. 收费

依申请提供政府信息收取的检索、复制、邮寄等成本费用的收取和标准，按照相关规定执行。

三、权利救济途径

公民、法人或者其他组织认为本机关在政府信息公开工作中的具体行政行为侵犯其合法权益的，可以依法申请行政复议或者提起行政诉讼。

公民、法人或者其他组织认为行政机关不依法履行政府信息公开义务的，可以向上级行政机关、监察机关或者政府信息公开工作主管部门举报。

举报受理电话：……

四、北京市政府信息公开申请表(略)

(资料来源：首都之窗网站)

【公示】例文1

××同志任前公示

为在干部选拔任用工作中进一步扩大民主，广泛听取群众意见，把干部选好、选准，根据《中共北京市委管理干部任前公示办法(试行)》，现将×××同志拟任职情况公示如下：

现任北京市……、……委员

拟推荐为区县……

男，×岁(××年×月生)，汉族，籍贯××，××年×月入党，××年×月参加工作，××大学××学专业研究生毕业，×学硕士。

曾任北京市……副处长、处长，……研究室主任、……室主任。××年×月任现职。

公示时间：2015年11月20日至11月27日。

公示期间，任何单位和个人均可通过来电、来信、来访等方式向市委组织部反映公示对象在德、能、勤、绩、廉等方面存在的有关问题。

联系电话：12380转××(传真)

联系地址：东城区台基厂大街3号北京市委组织部举报中心(邮编：100743)

网上举报：北京市委组织部"12380"举报网站(http：//www.bj12380.gov.cn)

反映情况和问题应实事求是，客观公正。为便于核实、反馈有关情况，提倡反映人提供真实姓名、联系方式或工作单位。我们将严格遵守工作纪律，履行保密义务。

特此公示。

中共北京市委组织部
2015年11月20日

(资料来源：首都之窗网站)

【公示】例文 2

2015年度上海市高端智能装备首台突破和示范应用专项项目资金情况公示

为鼓励和引导装备制造和使用单位合作开展高端智能装备自主创新，积极研制首台装备，投入工程应用，实现首台业绩突破，激发用户使用首台自主装备的积极性，以示范应用带动高端智能装备突破，提高装备制造业高端化、智能化、自主化水平，根据《上海市产业转型升级发展专项资金管理办法》(沪经信规〔2015〕101号)，市经济信息化委开展了2015年上海市高端智能装备首台突破和示范应用专项资金项目的申报和评审工作。

现将本市2015年上海市高端智能装备首台突破和示范应用专项资金项目拟支持单位予以公示，本次拟支持金额合计为19 540万元。

公示日期：2015年11月9日至2015年11月13日。

联系人：黄永强，联系电话：23113692，传真：63584550 电子邮箱：huangyq@sheitc.gov.cn。

上海市经济和信息化委员会
2015年11月9日

附件：2015年上海市高端智能装备首台突破和示范应用专项项目资金拟支持单位(略)

(资料来源：上海市经信委网站)

【公示】例文 3

关于2015年公平贸易公共服务项目招投标结果的公示

市商务委公平贸易处于2015年10月20日在门户网站公布了公平贸易公共服务项目招投标公告，按照评选条件、程序和有关要求，经评审委员会投票，现将拟中标人公示如下。

1. 《产业国际竞争力研究分析报告》编制项目：上海社科院经济研究所
2. 《公平贸易参考》编制项目：上海进出口商会
3. 重点企业进出口公平贸易及产业数据动态监测项目：中国科学院上海生命科学研究院
4. 上海技术性贸易措施公共服务平台(化工行业示范点)项目：上海化工行业协会
5. 知识产权海外维权服务项目：上海计算机行业协会
6. 中国(上海)自由贸易试验区产业预警建设项目：中国科学院上海生命科学研究院
7. 上海中小企业经贸摩擦服务项目：上海国际贸易促进委员会
8. 进出口公平贸易调解人才培训项目：上海凯声商事专业调解资格培训中心

公示时间为2015年11月18日至11月25日。公示期间，如有不同意见，请将书面意见反馈至我处。

联系地址：上海市浦东新区世博村路300号7号楼601室

联系电话：23110537，23110606

公平贸易处
2015年11月16日

(资料来源：上海市商务委员会网站)

【事务公告】例文 1

北京市发展和改革委员会价格听证会公告

根据《中华人民共和国价格法》、《政府制定价格听证办法》(国家发展改革委〔2008〕第 2 号令)规定,现将本市居民生活用气阶梯价格听证会的时间、地点、听证方案要点、成本监审结论、听证会参加人、听证人名单及旁听人员、新闻媒体记者报名办法公告如下:

一、时间和地点

时间:2015 年 10 月 21 日下午 2:30

地点:首创股份新大都饭店国际会议中心多功能厅(西城区车公庄大街 21 号)

二、听证会参加人共 25 人(附件 1)

三、听证人名单

××× 北京市发展和改革委员会副主任
××× 北京市发展和改革委员会委员
× × 北京市市政市容管理委员会副主任
× × 北京市发展和改革委员会价格管理处处长
× × 北京市发展和改革委员会成本调查队队长

四、北京市居民生活用气阶梯价格听证方案要点(附件 2)、北京市天然气价格成本监审报告(附件 3)

五、旁听人员和新闻媒体记者报名办法

本次听证会设旁听席位 10 个,有意参加旁听的公民可以通过电话报名。报名电话:66415783;报名时间 2015 年 10 月 20 日上午 9:00 至 11:00,额满为止。报名人员请提供姓名、性别、身份证号码、工作单位和联系电话。听证会当天下午 2:00 旁听参加人持本人身份证到会场签到处领取旁听证。

申请采访的新闻媒体记者报名时间为 2015 年 10 月 20 日上午 9:00 至 11:00,报名电话:66415588 转 0539。参会记者请于听证会当天下午 2:00 持本人记者证和听证会有效证件(在会议签到处领取)进入会场。

2015 年 9 月 29 日

附件(略)

(资料来源:北京市发改委网站)

【事务公告】例文 2

2014 年度省级福利彩票公益金使用情况的公告

经省财政厅核准,省民政厅本级 2014 年使用省级福利彩票公益金 46 575.87 万元,专项用于社会福利和社会公益事业。依据福利彩票扶老、助残、救孤、济困的发行宗旨,按照科学、合理、公平、公正的原则,突出重点,统筹考虑区域发展、人口数量、建设规模

等因素，确定项目补助标准，重点用于为老年人、残疾人、孤儿等特殊困难群体服务的社会福利设施建设和受助对象直接受益项目。根据《彩票管理条例》有关规定，现将2014年年度省级福利彩票公益金使用情况公告如下：

一、养老服务体系建设项目24 774万元。……

二、优抚事业单位项目3460万元。……

三、烈士纪念设施维修改造项目500万元。……

四、救灾物资储备库建设项目2200万元。……

五、城乡社区建设项目2000万元。……

六、县级救助站项目1090万元。……

七、医疗救助项目4040万元。……

八、残疾儿童手术康复"明天计划"项目410.87万元。……

九、低保家庭大学生救助项目995万元。……

十、儿童福利机构设备购置项目1700万元。……

十一、省假肢矫形康复中心项目606万元。……

十二、贫困家庭残疾人假肢用品项目1000万元。……

十三、支持社会组织发展和购买社会组织公益慈善服务示范项目3000万元。重点用于……

十四、其他临时资助项目800万元。用于救灾应急指挥系统、动中通车载站和便携式卫星通信站建设等其他社会公益事业。

特此公告。

附件：（略）

山东省民政厅
2015年6月30日

（资料来源：山东政府信息网）

【答问体文稿】例文

关于中国(上海)自由贸易试验区的答问

1. 中国(上海)自由贸易试验区英文怎么讲？

答：China(Shanghai) Pilot Free Trade Zone。

2. 自贸区有隔离墙吗？

答：与现在的外高桥保税区类似，除限制进入的区域外，自贸区不限制人员进出。

3. 自贸区里能取到人民币吗？

答：可以。自贸区内本身就有一些金融机构，最新消息八家中资银行入驻在即，将为区内企业提供更丰富的服务。

4. 我想前往自贸区看看，怎么走最便捷？

答：……

5. 自贸区值得看看吗？

答：中国(上海)自由贸易试验区是中国推进改革和提高开放型经济水平的"试验田"，是中国对外的一个窗口，既有新鲜感，也有启发意义。……

6. 自贸区内能"住店"、"打尖"吗？

答：外高桥保税区内有酒店可以住宿，比如……

7. 自贸区内有免税店吗，今后是不是可以去自贸区"扫货"？

答：没有。开免税店不是自贸区关注的重点，亦不符合自贸区建设初衷。目前自贸区内没有考虑开设免税商店，不会复制离岛免税模式。

8. 听说外高桥附近在建商场"森兰商都"，未来这里有进口商品直销中心吗？

答：森兰商都位于外高桥保税区外，目前没有进口商品直销业务，但可能有保税商品的展示。

9. ……

10. ……

11. ……

12. 我想买进口商品，自贸区能"海淘"吗？

答：自贸区未来可以直接"海淘"，商品通过物流直接送到消费者手中。根据总体方案，自贸区内将加快培育跨境电子商务服务功能，试点建立与之相适应的海关监管、检验检疫、退税、跨境支付、物流等支撑系统。

13. ……

14. 自贸区内可以随意上境外网站吗？

答：自贸区内互联网将依法管理，没有特殊。

15. ……

16. ……

17. 我可以在自贸区内买房吗？

答：中国(上海)自由贸易试验区由政府统一规划，功能为港口、仓储、物流、金融等，但是自贸区内有办公楼，投资者可以考虑购买办公用房、商铺。

18. 如果住在附近，现在房价什么水平？

答：与上海自贸区直接相关联的是浦东川沙、外高桥和原南汇祝桥、临港新城四个板块。随着自贸区各类悬念陆续揭晓，几个地区的楼市价格明显上涨。……

19. 我想在自贸区内租赁办公场所，现在是什么价格？

答：自从自贸区消息公布后，自贸区写字楼租金已上涨20%左右。……

20. 如果生病了，能到自贸区看病吗？

答：可以。自贸区"允许设立外商独资医疗机构"，这意味着未来在自贸区能享受外资的医疗服务，包括综合医院、专科医院和门诊服务。

21. 个人可以随意去自贸区开银行账户吗，开的是海外账户吗？

答：根据总体方案，未来中资银行可以开办离岸业务，但是否个人可以开海外户头没

有提及。从目前银行的表述来看，自贸区内，个人可以开银行账户，银行将通过不同类别账户进行区隔管理，做到"客户什么身份，就开什么账户"。

22. 听说自贸区有很多金融创新措施，存款利率会更高吗？

答：根据总体方案，自贸区将加快金融制度创新，对金融市场利率市场化创造条件进行先行先试。

23. 我想去旅游，自贸区有旅行社提供服务吗？

答：有。按自贸区在专业服务领域的开放措施，根据总体方案，允许在试验区内注册的符合条件的中外合资旅行社，从事除台湾地区以外的出境旅游业务。

24. 我在自贸区工作，能买外资保险吗？

答：能。在自贸区总体方案中，"试点设立外资专业健康医疗保险机构"，这意味着一些外资的疾病保险、医疗保险、失能收入损失保险、护理保险和意外伤害保险有望进入自贸区内。

25. 今后企业集聚自贸区，这样会使PM2.5升高吗？

答：不会。四个保税区目前多以贸易和服务型企业为主，少有制造业。未来自贸区应该也会沿袭这个特色，制造业不会是主力。

26. ……

27. ……

28. ……

29. 自贸区概念股的"噱头"是什么？

答：中国(上海)自由贸易试验区建设是一个长期的利好，A股市场自贸区概念股的上涨主要是对未来几年自贸区建设的美好预期。就目前而言，自贸区概念股的价值主要分几类：……

30. 我是企业主，希望招聘海外高端人才，在自贸区会更方便吗？

答：会更加方便。……

31. 我想在自贸区接受国际先进的职业培训，可以吗？

答：可以。……

32. 我刚刚大学毕业，自贸区能提供更多就业机会吗？

答：可以。……

33. 我想创业，能够在自贸区内注册公司吗？有优惠措施吗？

答：可以，新一轮高标准贸易和投资体系，遵循竞争的中性原则，各类投资者都是平等的，对谁都没特殊，市场会更开放。自贸区更强调制度创新，而非政策优惠。

34. 我的企业已经在自贸区内注册，可以在其他地方投资吗？

答：根据总体方案，试验区内企业原则上不受地域限制，可到区外再投资或开展业务。

35. 我的企业注册在自贸区内，并不从事国际贸易业务，需要搬出吗？

答：不存在搬出去的问题。区域内只使用一套新的标准和制度安排，除了负面清单禁止的行业，都是可以做的。

(资料来源：新华网)

第三节 信息宣传文书写作

一、信息宣传文书的概念和特点

(一)信息宣传文书的概念

信息化社会，任何单位团体或个人都不可能忽视信息的作用，尤其在瞬息万变的经济领域，经济信息的发布和接收是任何经济实体绝不敢轻视的重要管理和公关手段，稍有大意，便可能对自己带来不可估量的后果。新闻稿、官方微博或微信公众号等新老信息传播手段的应用，形成了本单位对内对外以各种不同媒介发出的各类信息，此即信息宣传文书。

(二)信息宣传文书的特点

1. 迅捷快速

这类文书的主要特点是迅捷快速。新闻稿自然是事情刚刚发生就要发出的，而官方微博或微信公众号更是随着事情的发展变化随时调整更新的。由于这类文书迅捷快速的特点，促使人们多以网络的方式发布，而网络的深入社会生活，也促进了这种文体的发展，微博和微信必将随着网络化社会的发展而有更大的作为。

2. 反映直接

信息宣传类文书所发布的都是我们自己亲历的工作和生活，都是群众最关心、最想了解的事项，所以必然是最直接的。尤其微博和微信更是借助于网络的快捷便利，通过不断更新而使群众掌握了解有关方面的最新表态或相关情况的发展态势。

3. 内外有别

信息是无所不包的，但是可以发布的信息却一定要有规范，什么信息能发，什么信息不能发，什么信息发到什么程度，在行文中怎样表述和表态，都要有相关的规章制度来制约，不能随意写就率性而为。此外，新闻稿可以按照自己的意愿寻机发出，而微博微信却是根据事实的需要随机发出的，这种发布时间的区别也要注意内外有别。再者，对外信息发布一般以重要信息为主，而对内信息发布在重大事项之外还可发布一些花絮、文娱活动等信息。

二、新闻消息的写作

(一)新闻消息的概念和特点

新闻，可谓新近发生事实的报道。按新闻学理论而言，通过报纸、电台、广播、电视台、互联网等媒体途径所传播的信息即为新闻。新闻又有广义与狭义之分。就其广义而言，除了发表于报刊、广播、互联网、电视上的评论与专文外的常用文本都属于新闻之列，包括消息、通讯、特写等；狭义的新闻则专指消息，消息是概括扼要、迅速及时地报道国内外新近发生的、有价值的事实。

新闻消息的特点由它的概念而定位。

1. 真实性

新闻消息必须是真实的，真实是一切新闻的价值所在。保证新闻消息的真实是对读者最大的尊重。

2. 及时性

新闻要新，及时将最新的事实告知群众才是"新闻"，拖沓隐瞒延误都不是新闻报道应有的健康状态。消息是新闻种类里最迅捷的品种，及时报道是消息的品质要求。

3. 开放性

开放，是指新闻消息往往是随着事态的发展而跟进报道的，新闻也会随着事态的报道而更完整地呈现在大众面前，开放性保证了新闻的活性。例文中"天价鱼"一则就是一条跟进性消息。

4. 精悍性

消息不需长篇大论，它的结构特点是短小精悍。拉出新闻关键点，围绕这个展开报道，及时跟进事态发展，这些要求也并不容许消息写得太长，所以好的消息注重信息完整和更新，而不是拖沓地陈述撰稿人自己的诠释和猜想。

(二)新闻消息的结构

一则新闻消息应该有时间、地点、人物、发生原因、事态发展等几项基本要素组成，但是写作时，并不是每项要素必须具备，而应根据事实和写作需要合理安排结构。常见的新闻消息结构安排为标题、消息头、导语、主体、背景材料和结尾。此中背景材料和结尾也是根据具体情况酌情安排而非必备的。

1. 标题

标题是一篇新闻稿的题目，也是这段新闻的引领性标记。标题的写法多种多样。

第一种是单一标题，即只用一个正题作标题，如：

《通宵排长队买火车票已成历史》

又如：

《世界各国政要向中国人民祝贺猴年春节》

第二种是双标题，有"引题+正题"或"正题+副题"两种形式，如：

《既利于惠民生也利于稳增长

非限购城市首套房首付最低两成》

或如:

《开发商已经硬撑不了多久了

　　　　　　　　　　　房展会上开发商促销意愿急切》;

第三种是三标题,由"引题+正题+副题"构成。如:

《尊重群众首创精神发挥群众积极性

要牢牢把握机遇勇敢面对风险

　　　　　　　　　　职代会代表热议公司未来发展前景》

消息的标题一定要有吸引力,传出一则消息的核心关键意义。

2. 消息头

消息头在标题下另起一行前空两格书写,字体一般较粗黑醒目,是消息的标志,也是信息发布方对消息的来源、时间和发稿人的说明。

消息头一般有四项内容,即媒体名称、地点、时间、撰稿者,但不一定每则消息都用全四项。较常见的写法是:

(1) "媒体名称+地点+时间+方式",如"中新社牡丹江12月30日电";

(2) "媒体名称+消息/记者报道",如"本报消息"或"海茂集团报记者报道";

(3) "据+所引媒体名称+报道",如"据新华每日电讯报道"、"据经济日报报道";

(4) "媒体+记者/通讯员+地点+报道",如"海茂集团报通讯员徐辉新基地报道"等。

3. 导语

导语是消息稿的第一段文字,可以是一两句话,也可以是一个自然段。一般安排在消息头之后紧接着。导语可有多种选择。

(1) 概述式导语,可简要叙述这个消息的主要内容主要精神。如:

到2025年,上海将再诞生9条轨道交通线路,共约250公里。这是昨天发布的相关环评公示中显示的信息。

近日,中共中央办公厅、国务院办公厅印发了《关于加强外国人永久居留服务管理的意见》,并发出通知,要求各地区各部门结合实际认真贯彻执行。

(2) 议论式导语,在报道新闻事实的同时做出自己的评论。如:

一家进出口贸易公司的负责人近日吩咐一名刚进单位的大学毕业生写一份外国同仁参观本公司并进行贸易洽谈的《简报》,结果等了几天也没见这份简报写出来。当负责人催问这位大学生新员工时,这位新员工反问道:"简报是记叙文还是议论文?"如果说大学生或研究生不会写"简报"尚属偶然,那么目前学校作文教学中存在的"教学文体"与社会"实际文体"不对接,的确值得重视。

从一桌丰盛的"网络年夜饭"到各色"网购年货",从疯抢的微信红包到"淘宝众筹"的年画,从"拼车返家"到"视频拜年","互联网+"时代催生出的各种"新玩法",丰富和便捷了市民的春节生活,也为传统的年味儿注入了时代内涵。

(3) 描写式导语,直接描写新闻现场的态势。如:

麦当劳已经于今日起支持顾客使用苹果支付,这是一种让移动支付焕然一新的快速、安全的支付方式。麦当劳是中国大陆地区首批支持苹果支付的企业。即日开始,顾客可以在麦当劳全国约 1700 家指定餐厅抢先体验:无须点解锁,顾客只需将 iPhone 靠近非接触式读卡器并同时将你的手指放在 Touch ID 上,或轻按两下 Apple Watch 侧边按钮并将 Apple Watch 显示屏对准非接触式读卡器,即可简单轻松进行支付。

近日,"哈尔滨天价鱼"一事在网上曝光后几经反转。17 日晚,哈尔滨市松北区"天价鱼"事件专项调查组公布阶段性调查情况,称经深入调查,针对目前已核实的涉事饭店存在不以真实名称提供服务、餐饮许可证过期等问题,松北区市场监督管理局责令其停止经营活动,并依法依规按程序进行行政处罚。

(4) 设问式导语,提出大众关切的问题,使人期待下文表述的事实和做出的问答。如:

本公司新基地建设进展如何?在中央政府加强宏观控制调整的新形势下,在国际经济不景气,外贸出口受到较大冲击的大背景下,海茂集团的新基地还有必要继续抓紧建设吗?还有必要继续保持那么大的规模吗?本报通讯员徐辉近日随职代会代表前往新基地进行了考察采访。

我国会不会出现新一轮"失业潮"?今年物价走势如何?人民币汇率会持续贬值吗?国家发展改革委新闻发言人赵辰昕 17 日就这些热点问题做出回应。

新闻导语的作用是概述消息的主要内容,使读者对下文产生了解事实的欲望。

4. 主体

主体是消息的主干。导语引发了读者的关注,主题就导语提出的话题逐一展开,对事件的发生、发展、现状作进一步的阐述,并交代相关情况。

主体在叙述时,或可以事件发生的时间场景为序,这样的展开在事件性消息中较为常见,事情的发生发展在消息文稿的叙说中得到呈现,如例文 2 中关于天价鱼的报道;或可以事物的逻辑为序,这样的写法一般用于报道问题性消息,如例文 1 中关于外地车牌在上海将被更大程度限行的消息;也可用这两种方法结合起来的综合式结构,用于报道较为大型的事件或问题,如例文 3 中关于黄金回暖投资的问题报道。

5. 背景材料

新闻消息中会涉及相关问题,如历史沿革、政策改变、时空变迁等政治经济文化的种种交集,如有需要,应该说明交代,这种说明交代就是新闻消息的"背景"。但是背景材

料并不是消息结构中的必备部分,不是每篇消息都必须有背景材料。如例文 1 最后一段,就是交代了新闻的背景,而其他例文并无背景介绍。

6. 结语

结语即新闻消息的结尾,消息不是必须有结语,以末段为自然结束的消息比比皆是,也都是好的消息作品,所以结语要视实际情况而定。如需结语,一定要对全文有个提领作用,切忌画蛇添足,狗尾续貂。

(三)新闻消息的写作要求

1. 反应迅速　讲究时效

新闻消息一定要反应迅速,报道及时。对群众的重大关切,写作者应时刻放在心上,时刻关心其发展。这不仅要求写作者消息灵通,还要求写作者具有新闻敏感性,具有对宏观国际问题、全国的经济形势发展大趋势、本企业的大政方针了解和掌握。此外,新闻消息讲究时效,即使是企业内部媒体的消息写作,写作者也必须勤记勤写,而不是等领导发指示了才去找新闻。

2. 保证真实　积极导向

新闻的生命在于真实,因此我们坚决地反对一切虚假捏造的消息,或将一件小事无限生发出去,牵强附会地赋予什么重大意义。在涉及群众重大关切的问题上,一定要真实反映群众的想法和实际,不能以领导指示为口径,生硬地去寻找领导指示的"注解"。另一方面,新闻稿的作者负有宣传引导的责任,在重大事件面前,坚持尊重事实的立场,也要对群众进行引导,让群众看到问题的症结,积极配合大局,以保护群众的根本利益,维护企业的安定和谐。

3. 文章生动　语言准确

新闻消息素以短小精悍为尚,无论是外国还是中国,著名的新闻消息都是短小、生动、精练的。写作者平时应注意生活的积累,注意群众的喜怒哀乐和喜闻乐见,并在写作时准确把握事实本质,使文章引人入胜,发人深思。同时,由于新闻消息是具有一定范围的"官方"色彩的,又往往发布在"官方"色彩的媒介上,其语词句法很容易为群众所接受和模仿,所以写作者不能随便遣词造句,尤其忌讳生造词语和滥用外来词语或直接使用外语,这不仅不利于作者自己的水平提升发展,更对社会语言的健康发展造成负面影响。

【新闻消息】例文 1

[热点] 上海将扩大外牌限行?辟谣:尚无此措施
"外牌分单双号进外环内"谣言阅读量破 10 万,市交通委呼吁勿信谣传谣

本报讯(记者　简工博)上海要扩大外牌限行范围?近来,一条关于上海高架外牌车辆限行的消息在微信朋友圈刷屏。然而记者从相关部门获悉,近期没有相关政策出台,此消息实际去年就有,当时相关部门曾辟谣。

这条所谓"上海限制外牌最新信息",由一个名为"财经时间网"的微信公众号发出,阅读量很快突破"10 万"。内容言简意赅:"高架限行时间为早上 6 时至 10 时,下午 15 时至 19 时,外牌分单双号进入外环内,目前听证已经完毕,已报批,上海人大年后实行。"

尽管寥寥数语,但内容若为真,就意味着数以百万计的长期在沪外牌车将受影响。不过记者昨天向相关部门求证获悉,近期没有此类措施推出,人大也没有相关议程。

事实上,仔细阅读这条消息会发现疑问重重:对于这样重大的政策,听证是不可能静悄悄进行的;政府制定的措施不同于法律规章,一般不需要报人大审批。记者还发现,这一消息的发送时间明确写着 2015 年 2 月 13 日。而去年 2 月,上海市交通委曾在其官方微博上辟谣,称此系不实消息,请切勿信谣传谣。

一年之后,这一谣言为何卷土重来,并再度获得如此大的关注度?这一定程度上反映了市民对真实信息的渴求。去年 2 月中旬有关方面刚刚辟谣,但 4 月 1 日公安部门就发布上海高架道路限行通告,"让人有种谣言成真的感觉"。有市民告诉记者,他们看到辟谣信息的同时,也希望了解真实的政策制定、进展情况。

"城市交通管理,没有一劳永逸的办法,政策措施肯定要根据实际情况不断调整。"业内人士告诉记者,去年高架限行政策实施后,的确取得一定成效。但现实情况不断变化,政策措施的实施效果也会随着时间的推移而递减。当时,相关负责人曾表示外牌高架限行的规定实施一段时间后,将重新对中心城区的拥堵情况进行评估。如果拥堵未有缓解,会考虑延长、扩大外牌限行时间和范围。

每年两会上,交通问题一直是人大代表、政协委员关注的话题。不少人建议,对于事关市民切身利益的政策,必须加大公开力度以增强政府公信力,让市民更广泛地参与其中。这样不仅能堵住谣言传播的渠道,也能让措施得到更广泛认同。

(资料来源:解放日报,2016-2-19)

【新闻消息】例文 2

[热点] "天价鱼"饭店被责令停业 营业电话停机

北青报记者周丹综合央视报道 近日,"哈尔滨天价鱼"一事在网上曝光后几经反转。17 日晚,哈尔滨市松北区"天价鱼"事件专项调查组公布阶段性调查情况,称经深入调查,针对目前已核实的涉事饭店存在不以真实名称提供服务、餐饮许可证过期等问题,松北区市场监督管理局责令其停止经营活动,并依法依规按程序进行行政处罚。

昨天下午,北京青年报记者致电该涉事饭店发现,该营业电话已经停机。有专家指出,涉事饭店所出售的鳇鱼是养殖的,批发市场养殖鳇鱼的价格在每斤 30 元左右。

饭店擅自改变营业名称

哈尔滨松北区专项调查组已经派人去江苏与"天价鱼"一事的举报者陈先生接触,针对鱼的斤两、鱼的价格以及商家是否存在打人等情况进行逐一核实。

针对媒体此前反映的擅自改变营业名称的问题,调查组认为该饭店"北岸野生渔村"

在工商局注册时是"北岸渔村"饭店,没有"野生"两个字,但该饭店的牌匾上却有这两个字。调查组认为是经营者为了经济利益,擅自加了"野生"两个字而欺骗消费者。

此外,针对该饭店餐饮许可证过期的问题,调查组认为该饭店的餐饮许可证本应该在2016年2月4日到期,到期后应该到相关部门申请重新注册登记,并接受相关部门查验,查验通过才可继续营业,但"北岸渔村"饭店的经营者却没有按照相关规定办理这些手续。

基于这两点,松北区市场监督管理局责令其停止经营活动,并依法依规按程序进行行政处罚。同时,哈尔滨相关部门表示,将对哈尔滨范围内所有的餐饮企业进行整顿,对侵害消费者合法权益的行为发现一起查一起,进一步完善管理和服务。

专家称涉事饭店的鳇鱼是养殖的

昨天下午,北青报记者致电哈尔滨松北区宣传部,询问涉事店家所出售的鱼是否为野生鱼,新闻科的工作人员回应称,调查组已经请专家来鉴定,具体调查结果会及时公布。

不过,据央视报道,一位野生动物领域的专家在看了涉事饭店出售的鳇鱼图片和视频后表示,"很容易看出渔村所出售的鳇鱼为养殖的鳇鱼"。此前,哈尔滨当地人也向北青报记者介绍,真正的野生鳇鱼非常少,价钱也非常贵,人们吃到的大多不是真正的野生鳇鱼。

黑龙江省境内鳇鱼的一级批发集散地的一位负责人在接受央视采访时称,"市场出售的鳇鱼分为纯野生鳇鱼和网箱养殖鳇鱼两种,如果是养殖鳇鱼,一级批发市场的价格在每斤30元左右,二级市场每斤加价5元左右;如果是野生鳇鱼,一级批发市场价格为70~80元一斤,二级市场的价格为120~130元一斤"。

此前,北岸野生渔村的老板在接受当地媒体采访时称,该店鳇鱼的进价为每斤180元左右。据央视报道,该店向调查组提供了2016年2月7日的进货单,单上盖有某批发市场公章,包括鳇鱼在内的8种鱼共进货157斤,其中鳇鱼的价格为每斤190元,但并没有标注是否为野生。调查组表示已与该批发商店初步核实,存在这笔交易,详细情况还需进行后续调查。

鳇鱼可以被买卖和销售

针对"哈尔滨天价鱼"事件,有网友质疑鳇鱼既然为濒危动物,就不能被买卖和销售。

据了解,鳇鱼也叫鲟鳇鱼,有"淡水鱼王"的美称,是一种主要产于黑龙江水域的大型食肉性鱼类,1998年联合国华盛顿公约将鲟鳇鱼认定为濒危物种。

不过,一位野生动物领域的专家在接受央视采访时表示,鳇鱼是濒危动物,但是没有入选野生动物保护名录,因此可以被买卖和销售。

该专家介绍称,"鳇鱼不属于我们国家野生动物保护名录里的一种鱼类,但是它已经列入中国濒危物种红皮书,是一种濒危物种,但不是保护动物。列入保护物种一、二类是绝对禁止买卖和销售的,但是濒危动物里并没有严令的禁止。被列入保护动物的鱼类很少,大多是在高原地区的,黑龙江就没有(保护动物),像松江鲈就属于二级保护动物,中华鲟属于一级保护动物"。

(资料来源:北青报,2016-2-18)

【新闻消息】例文 3

黄金回暖投资相关基金需关注差异

春节期间全球股市和大宗商品的普遍下跌令唯一上涨的黄金重回投资者视野。目前国内公募基金中，主投黄金的产品包括 QDII 黄金主题基金和黄金 ETF 基金，两类产品长期持有均可实现黄金的增值避险功能。而相比之下，上市交易的黄金 ETF 更易于抓住黄金的波段收益。

金价冲高回落

今年以来，国际金融市场风云变幻。先是 A 股连续重挫，春节期间，全球股市又出现大跌，重要股市无一幸免，韩国股市创业板指数触发 8% 熔断机制，香港恒生指数创下近年新低。大宗商品也普遍下跌，原油价格大幅波动。而与此同时，黄金则大涨，突破 1200 美元大关，达到 1260 美元附近。而近日，全球股市又普遍上涨，金价高位有所回落。一时之间，关注黄金的投资者犯了难。金价反弹已经结束了？

中信期货指出，受亚洲股市企稳、欧洲股市大涨等影响，避险情绪回落，金价回落。不过目前全球经济疲弱的格局拖累美联储加息预期，全球潜在风险持续浮现，金价阶段反弹的走势仍未结束。此外，本周关注中美 1 月通胀数据，美联储官员讲话以及欧元区峰会，中国猪价已经接近去年 8 月高位利好通胀，但 1 月油价持续下跌制约通胀，预计 CPI、PPI 将出现分化，美国通胀亦预计偏弱，继续削弱美联储加息预期，利多金价。

也有分析人士认为，如果股指市场稳步回升，黄金未来几天将承受更大压力。但金价目前的回撤也只是前一阶段涨势过快过猛的结果，市场对未来的预期依然存在各种不安和焦虑，因此金价本轮涨势难言已经结束。

整体而言，尽管看多和看空者争论激烈，不过，由于今年以来国际金融市场的变脸速度超乎寻常，资金的避险需求已是越来越明确。黄金的避险属性在此时也越发被重视。

QDII 黄金基金投资范围不同

对看多的投资者来说，当前投资黄金的渠道较多，而基金市场上，目前主要有 QDII 黄金主题基金和黄金 ETF 基金。

黄金 QDII 基金较黄金 ETF 出现得更早，目前主要的产品包括汇添富黄金及贵金属、嘉实黄金、诺安全球黄金、易方达黄金。由于净值更新有滞后的原因，截至 2 月 15 日，前三只基金的净值涨幅分别为 14.51%、14.17% 和 14.09%。截至 2 月 5 日，易方达黄金主题基金也上涨 9.36%。

不过四只基金投资范围上有明显的不同。诺安黄金基金和嘉实黄金 LOF 是以黄金 ETF 为主要投资对象的基金，易方达黄金主题证券投资基金的投资范围不仅包括有实物黄金支持的黄金 ETF，也包括了黄金股票等；汇添富黄金及贵金属基金虽然也以 ETF 基金为对象，但投资标的不仅包括黄金，也包括了其他的贵金属，如白银、铂金、钯金等。

从投资成本上看，4 只基金的管理费率都在 1% 至 1.5% 之间，托管费率最高 0.3%。

第七章 宣传文书

ETF 易于捕捉波段收益

除 QDII 基金外，目前投资黄金的基金还有黄金 ETF，包括华安黄金 ETF(518880)、国泰黄金 ETF(518800)、易方达黄金 ETF(159934)和博时黄金 ETF(159937)。这四只产品主要投资上海黄金交易所挂盘交易的黄金现货合约 Au99.99，追踪黄金现货价格走势，在交易所上市交易。

相比 QDII 基金，黄金 ETF 有两大好处，一是可像股票、封闭式基金一样在二级市场交易，也可以在一级市场申购和赎回，非常灵活，能较好捕捉到黄金波段收益，也具有套利机会。第二是交易费用低廉，4 只黄金 ETF 的管理费率均为 0.5%，托管费率为 0.1%，属于偏低水平。

而上市交易的基金要关注规模和流动性问题。资料显示，截至 2 月 5 日，华安黄金 ETF 规模为 14.93 亿，成为国内规模最大的黄金 ETF。自基金成立以来，华安黄金 ETF 的日均换手率达到 14.96%，也是最为活跃的。

(资料来源：金融投资报，2016-2-18)

【新闻消息】例文 4

韩正张毅在成立大会上共同转动舵轮
中国远洋海运集团在沪启航
为深化国企改革、提升海运业国际竞争力重要举措，杨雄致辞祝贺

本报讯(记者 谈燕 王志彦) 中国远洋海运集团有限公司成立大会昨天上午在世博中心举行。中共中央政治局委员、上海市委书记韩正，国务院国资委党委书记张毅共同转动舵轮，为中国远洋海运集团有限公司启航。上海市委副书记、市长杨雄出席大会并致辞。

杨雄在致辞时代表上海市委、市政府，对中国远洋海运集团的成立表示祝贺，对交通运输部和国资委给予上海的大力支持，中远集团和中海集团多年来对上海国际航运中心建设做出的贡献表示感谢。他说，中远集团和中海集团重组成立中国远洋海运集团，是党中央、国务院为深化国企改革、促进国有企业做大做强的一项重要举措，有利于优化海运资源配置，有利于提升我国海运业的国际竞争力，促进我国从海运大国迈向海运强国。当前，上海正在按照国家部署，大力推进国际航运中心建设。中国远洋海运集团总部落户上海，是上海国际航运中心建设历程中的一件大事，将进一步增强上海国际航运中心的资源配置能力，提升上海国际航运中心的综合服务功能。我们将一如既往地大力支持中国远洋海运集团发展壮大。

交通运输部副部长何建中、国务院国资委副主任张喜武、中远海运集团董事长许立荣在会上致辞。上海市领导沈晓明、周波，国有重点大型企业监事会主席杜渊泉出席。

(资料来源：解放日报，2016-2-19)

【新闻消息】例文 5

新年权益类私募栽跟头　近1月跌幅前五均亏超50%

北京商报讯 (记者 崔启斌 许晨辉) 今年以来，A 股市场震荡不断，让权益类私募产品损失惨重。好买基金最新发布的私募基金月报数据显示，股票型私募 1 月平均跌幅达 13.34%，定向增发型、多空仓型私募也明显受到拖累。

从好买基金研究中心的调研情况来看，部分股票型私募基金去年四季度仓位逐渐提高，并且保持着相对较高的仓位迎接春季行情。但 A 股的表现事与愿违，暴跌的行情加之流动性不足的影响，使得很多私募基金回撤严重。

数据显示，近 1 个月以来，跌幅最大的前五只产品分别为玉信 2 号、证券结构化 71 号、高创-凯达 3 号基金(劣后)、混沌 2 号中海、凯泽二号(激进型)，跌幅均超过 50%。其中，玉信 2 号、证券结构化 71 号、混沌 2 号中海月回撤分别为-63.26%、-54.3%、-61.56%。收益率排名前五位的分别为兴云添利 2 号、兴云都来 1 期、兴云广发 1 号、泽然 5 号基金、珺容一期。

除了股票型私募损失惨重外，北京商报记者注意到，今年 1 月各类私募月平均收益率均呈下跌状态，如定向增发型私募 1 月平均收益率也从去年 12 月的 2.29%下跌至-14.59%，而市场中性型私募今年 1 月平均跌幅为-3.49%，创出 2014 年 12 月以来最大单月跌幅。

事实上，今年 1 月的下跌除去大盘股表现强于小盘股这一因素之外，更多是由于月初熔断机制的实行加剧了市场的恐慌情绪，导致个股出现大幅下跌，超过指数的熔断幅度，使得市场中性基金遭受损失。

对于权益类私募后市行情，好买基金认为，市场参与者情绪的恢复和监管层政策的放开，仍然是市场中性基金能够较好表现的重要基础，投资者在当前市场环境下，可以关注一些规模较小的对冲基金。在全球市场波动加剧、避险情绪提高的背景下，市场中性这类稳健投资品种能够起到一定规避市场风险的作用。

(资料来源：北京商报，2016-2-18)

三、微博微信的写作

(一)微博的概念和特点

微博，即微博客(Micro-Blog)，是一个基于用户关系的信息分享、传播以及获取平台。此前博客(Blog)的出现，已将互联网上的社会化媒体推进了一大步，机关团体、企事业单位纷纷开始利用最新科技成果来建立自己的网络平台，争相树立良好的网上形象。然而，博客上的形象并不是直接的，博文也应是完整的文章，这种形式的传播对博主而言负担很重。而微博是在博客基础上的轻型化，相对于强调版面布置的博客，微博的内容简短，一般以 140 字为限。用户可以通过 WEB、WAP 以及各种客户端组建自己的社区，发布信息，更新内容，并实现即时分享。

第七章 宣传文书

微信的出现又把这种快捷大大提前了一步。微信 (We Chat) 是腾讯公司于 2011 年 1 月 21 日推出的一个为智能终端提供即时通讯服务的免费应用程序，微信支持跨通信运营商、跨操作系统平台通过网络快速发送免费(需消耗少量网络流量)语音短信、视频、图片和文字，同时，也可以使用通过共享流媒体内容的资料和基于位置的社交插件"摇一摇"、"漂流瓶"、"朋友圈"、"公众平台"、"语音记事本"等服务插件。截至 2015 年第一季度，微信已经覆盖中国 90% 以上的智能手机，月活跃用户达到 5.49 亿，用户覆盖 200 多个国家、超过 20 种语言。此外，各品牌的微信公众账号总数已经超过 800 万个，移动应用对接数量超过 85 000 个。

微信提供公众平台、朋友圈、消息推送等功能，用户可以通过"摇一摇"、"搜索号码"、"附近的人"、扫二维码方式添加好友和关注公众平台，同时微信将内容分享给好友以及将用户看到的精彩内容分享到微信朋友圈。

对企业的经济活动而言，微博和微信除了它的一般特点外，还有具有以下特点。

1. 高效便捷

企业通过微博发布的信息由于受 140 字限制，自然短小精悍、言简意赅。对受众而言它们简洁明了，读来不会产生反感或回避；而微博随时的信息更新速度，让信息传播效率大增。企业微信公众号的建立，更是将企业的管理系统设置到一个直达员工和客户手中的终端！这种浓缩迅捷的信息在今天这个信息爆炸的时代非常符合人们对企业信息获取的需求。这使微博微信具备了高效快捷的信息传播能力，企业可以更加灵活、有效、自主地在微博微信中发布企业的各类信息，实现品牌推广，树立良好形象，与社会互动，与客户互动，并参与社会管理。

2. 开放互动

微博已经较以前的传统信息交流和博客等新兴信息平台更加"亲民"，微信更是突破了时空的阻隔和技术的障碍，信息的发布者和接收者的主动性都得到了极大发挥，而将单纯的信息发布平台转变为良性的互动平台。通过微博微信，企业不仅可以实现管理者与员工互动，潜移默化地传播自己的企业文化和品牌理念，也可以发起各种话题，吸引社会公众参与讨论，并开展丰富多样的活动如线上直播、有奖竞猜、在线投票、捐赠、抢红包等，实现最大范围的互动，发挥全企业全社会的积极性。

3. 原始真实

企业各种了解员工、了解市场的手段和渠道，在不同的时期都有好经验、好传统，这些手段和渠道都是有效可贵的。但是今天微博微信给我们提供了更为直截了当的方式，使我们在管理、发展方面可以掌握更多的有效数据。比如在第一时间了解员工对相关问题的意见和建议，在线开展"我为企业支一招"、"我心目中的好厂长"活动，可以使我们真实了解员工心目中的企业分量和员工的主人翁精神，有助于企业的管理工作。而"客户满意度"调查，有助于我们了解客户的意见和想法，为企业战略的制定提供最原始的参考数据。我们也许不能预知技术的发展还会给我们带来什么便捷，但是我们完全可以相信，

它会越来越快、越来越好地为人类服务。

(二)微博微信的写作要求

由于短小,微博几乎是没有结构做法可言的写作体裁,或者说微博可以写成任何体裁,如记叙文、议论文、说明文等,其内容可以是做出通知、声明立场、阐明事实、抒发感情、表示抱歉等。而微信的自由度就大得多,字数长短没有限制,附着图像、动画、音乐等视频随意而简单。

无论微博微信,在行文中都可以加上一些表情,这强化了感情,使文字也更生动起来。由于微博有字数限制,人们写作时往往用符号来代替文字,无奈中却又显得智慧有趣。

但是任何文稿的写作,无论宏大短小,都应一定有要求。我们根据目前网络发展态势,提出微博微信写作的如下要求。

1. 踏实真诚

虽然网络上有一大片虚拟空间,但是企业微博微信的打造绝不是可以掉以轻心的虚妄之地,不能认为反正不是红头文件,网络本来就是随机临时地说说。它是企业的脸面组成,代表了领导层对员工的诚意,表现了企业对社会的承诺,一定要用踏实真诚的态度进行微博微信的写作。

2. 主题鲜明

短小的微博要说清自己想说的问题,不能语焉不详,虚与委蛇,似是而非,说了等于没说。发表长微博或者在微信平台上发文,一定要突出主题,抓住中心,尤其在涉及群众关心的问题、社会关注的热点或者企业遇到危机的时候,代表企业官方的微博、微信更要鲜明地发表自己的态度或做法,以有助于事态向好的方向转化。

3. 灵活多样

微博微信可以不作宏大叙事,所以写作时不一定总是板着面孔代表管理方发言。可以采取多种多样的表达手段。重要的信息或表态,可以严肃而郑重;一般的事实,可以轻松而幽默;形式上也应多种多样,散文、韵文、口语、书面语都能在微博微信中找到适当的表达空间。企业还可以评选最佳微博微信文章,来活跃企业的文化气氛。

【官方微博】例样

上海发布官方微博

【今日节气:雨水】#节气#为何立春后为雨水?因为春始属木,生木者必水,故立春后继之雨水。且东风既解冻,散而为雨矣。这表示,雨水节气前后,天气回暖,降水量逐渐增多,万物也开始萌动,大家要准备迎接春天了。在古代的这一天,出嫁的女儿还要回家探望父母,且给母亲送红绸、炖肉。

【早高峰路况:内环外侧大柏树至广中路红色拥堵】#交通资讯#@乐行上海 说,目

第七章 宣传文书

前快速路拥挤路段有：南北西侧共江路至汶水路、广中西路至威海路；内环外侧大柏树至广中路，内侧瑞金南路至天钥桥路；沪闵东侧桂林路至蒲汇塘路；延安南侧凯旋路至华山路；中环内侧上中西路至漕宝路。请大家注意行车安全！

【公交777路明起调整线路走向】#便民提示#为配合中环线通车，@上海交通 说，公交777路于本周六(2.20)期调整线路走向，将取消度路杨高中路、平度路胶东路、金杨路金业路3个站点，新增金桥路金杨路站等。该线路起讫站点不变仍为金桥路地铁站往返金穗路川桥路，详见长微博。

【三餐别拿水果当主食】#便民提示#@全国卫生12320 说，曾经，米饭、面条等都是人们餐桌上顿顿不离的主食。但现在，很多人为了减肥却将它们视为敌人，甚至拿水果充当主食。其实主食吃得少，身体中的坏胆固醇会增高，患心脏病的风险就会增大。因此，建议大家要合理分配三餐中的主食哦。

【即日起至3.18免费看展览《青策计划2015》】#午间时光#这是一场关于"青年策展人计划"的展览，每个人都有着双重身份——策展人和艺术家，展出的三组展览包括《展览的噩梦(下)：双向剧场》、《亚自由-贤者时间》和《时间病：控制时间的都被时间控制》。该展正在@上海当代艺术博物馆PSA 免费展出。详↓。

【崇明18个镇的景观廊道，最佳观赏期是几月？】#探索上海#在花木中散步，是有多惬意？@上海崇明 公布其18个镇景观廊道的最佳观赏期：竖新镇的玉兰3月中旬便是花期，中兴镇的樱花3月—4月都能观赏，三星镇的海棠4月上旬—中旬开花；还有新村乡的桂花、新河镇的石楠、堡镇的银杏……快自己戳图看看。

【明天拍牌：警示价仍为80 600元，个人额度8363辆】#便民提示# 2月份车牌拍卖安排在明天即2月20日(10:30—11:30)举行，个人额度8363辆，一季度警示价均为80 600元，拍卖系统网址…… PS：今年1月车牌最低成交价为82 200元，平均成交价为82 352元，中标率为5%。

【做彩灯、猜灯谜、包汤圆……宝山元宵民俗活动一览】#连线区县#宝山的各位注意啦~@上海宝山发布说，元宵节前后，宝山的友谊路街道、顾村镇、罗店镇等多地将举办做彩灯、猜灯谜、包汤圆、民间技艺展示等民俗文化活动，带你红红火火闹元宵！快戳长微博了解具体活动时间、地点及内容吧↓。

【明天多云到晴、5~11度，元宵节阴雨、偏冷】#天气预报#今天迎来"雨水"节气，上半夜以前有零星小雨。明天多云到晴，5~11度。后天夜里到下周一本市还将有一次降水过程，元宵节(22日)在雨中度过的可能性较大，最高温也将跌至10度以内，有安排的各位注意保暖啊！

【权威发布：房地产契税政策调整，上海这样操作】#最新#财政部等三部委今天发布《关于调整房地产交易环节契税 营业税优惠政策的通知》。@上海税务 解释，本市的政策变化主要为：以前的政策必须是普通住房才可享受契税优惠。新政取消了"普通住房"这一条件，符合新的规定条件都可享受契税优惠。详见图

(资料来源：上海市政府新闻办公室官方微博，2016-2-19)

【官方微信】例样

来了！新闻早班车

2016-02-19　　　　人民日报

微信号 rmrbwx　　参与、沟通、记录时代。

要闻

阎肃追悼会 18 日上午在北京八宝山举行，习近平等七常委献花圈，社会各界千余名群众自发送别。

1 月份 CPI 比去年同期上涨 1.8%，涨幅扩大。其中，猪肉、鲜菜收费价格同比分别上涨 18.8%和 14.7%。

今天 13 时 34 分迎来"雨水"节气，此时节天气转暖，风多物燥，早晚温差大，需小心保暖，注意补水。

国办日前印发指导意见，提出促进众创空间专业化发展，为实施创新驱动发展战略提供低成本、全方位、专业化服务。中办、国办近日印发《关于加强外国人永久居留服务管理的意见》，要求实行更加积极有效的外国人永久居留服务管理政策。

中央企事业单位公务用车制度改革正式启动，事业单位，取消一般公务用车，中央企业只有"主要负责人"能配车。

由中远集团和中海集团重组而成的中国远洋海运集团 18 日在上海成立，新集团的船队成为全球最大船队。

《2015 年中国毒品形势报告》发布，去年全国新发现吸毒人员 53.1 万，低龄化特征明显。

17 日，西班牙国民卫队以打击洗钱为名，搜查了中国工商银行马德里分行，并逮捕数人。外交部回应，望公正处理。

社会

长春男子张金彪 8 年捐资助学 20 万元，近日他致电媒体，将自己多年来做的好事说了出来，希望感染他人去做好事。网友点赞——该表扬！

浙江台州一位 80 岁老人 7 年时间省吃俭用，还清去世儿子的 46 万元欠款，老爷子说，以前做梦都想还钱，现在账都还清了，日子会越过越好的。

大年初三，黄冈警察吴俊在处置一起爆炸事件时，用身体压住"土炸弹"被炸重伤，面容被毁，他说不后悔。爆炸点附近大量烟花爆竹未引爆，邻近村民无人受伤。

中国在澳大利亚留学生董思群，主动归还当地银行错打的 20 万澳元，成为当地名人，校方考虑免除她的学费，房主愿意为她低价租房。

广西柳州一游客在哈尔滨旅游遭导游追打，只因他拍摄导游介绍无票据自费项目。

浙江丽水一大学生骑电动车撞人被索赔 81 万，被告以产品缺陷为由起诉电动车厂家获赔 12 万。

媒体曝光济南一段 300 米人行道上栽了数百棵大树，市民走 10 米要绕 5 个弯，堪称"迷魂人行道"。

近日，陕西省华阴市政府被告后不应诉、不出庭一事成为舆论热点。在有媒体报道

后，华阴市政府回应，看到媒体报道才知情，要深刻自查自省。

政策

3月1日起，北京房产测绘审核增加实地查看核验，有重大出入无法过关。

4月1日起，河北将实施机动车排放国五标准。河南对省内高速公路上客车超员、大车占道、拥堵时占用应急车道等9类交通违法行为实施有奖举报。

3月1日起，浙江绍兴将在全省率先实行客运班车乘车实名登记制，旅客需持有效身份证件购票。

广西独生子女死亡并患有不孕症等符合条件的计划生育特殊家庭，可获最高5万元辅助生育补助。

今年云南公务员报考所学专业未入指导目录也可报名。

生活提示

▶今日天气：今天13时34分，迎来"雨水"节气。冷空气将影响我国大部，南方地区将多阴雨天气。预计今天白天到夜间，内蒙古西部和东北部、黑龙江南部、吉林东部等地有小雪或阵雪，其中，黑龙江东部局地有中雪；西藏东南部、西南地区东部、江南东部、华南、台湾等地有小雨或阵雨。内蒙古大部、华北西部等地有4～6级风。新疆南疆盆地等地的部分地区有扬沙或浮尘天气。

▶出境游：国家旅游局提示，出境游押金一律采取银行参与的资金托管方式收取，不得以现金方式或现金转账方式直接收取保证金，不得将出境游保证金直接存入旅行社及其工作人员个人账号。

▶汽车召回：丰田因安全带问题召回2005年7月至2014年8月生产并出售的RAV4车型，国内共计43.4万辆。

▶航班服务：深圳航空3月1日起开通深圳直飞临沂航线，每天一班，深圳出港下午6点30分，9点05分抵达临沂。

▶考试服务：英语四六级成绩2月26日上午9时发布，考生可通过网站chaxun.neea.edu.cn 或 www.chsi.com.cn/cet 或 cet.99sushe.com 查询。

你羡慕别人月薪几万，却不知道他日日加班到深夜的辛苦；你羡慕别人说走就走四处周游的自由，却不知道他为这份自由放弃的东西。我们追求的该是自己的幸福，而不是比别人幸福。奋斗的路上别总急着奔跑，偶尔停下来，听听生活的道理。早安！

本期编辑：石磊

(资料来源：人民日报微信，2016-2-19)

第四节 商业宣传文书写作

一、商业宣传文书的概念和特点

(一)商业宣传文书的概念

商业宣传文书，是经济生活中为了扩大企业影响，提升企业美誉，介绍产品性能，宣传商品优势,告知商品信息等目的而进行的文书写作。这是经济活动的重要内容,宣传工作在这里是完全为经济目标服务的。

(二)经济宣传文书的特点

1. 手法多样

经济宣传文书,可以用多种手法写作。从体裁而言,可以说明文、记叙文、戏剧诗歌等多样呈现;从语词选用而言,可以书面、口语并举;从修辞而言,又是宜庄宜谐。多样化给写作者提供了施展才华的大舞台。

2. 及时更新

商业宣传文书的内容要时时跟上形势发展,及时更新。企业简介如不更新,使人感觉这个企业没有发展变化,海报不更新则完全失去了意义。即使是一条沿用多年的广告语,其相配的内容或画面也一定要更新,才能表现出在不变中孕育着变化生机。

3. 针对目标

商业宣传文书不能泛泛而写,放之四海皆有用,却皆不精准。简介,要针对不同人群有不同的侧重;产品说明书有对内行生产者和外行使用者的区别;广告有地区人群的不同需求;海报因宣传内容不同而有不一样的写法。千篇一律千文一面的写作,即使是公文也不能采纳,面对公众的文书就更不能泛泛写就了。所以写作此类文书之前一定要研究对象的需求。

二、简介的写作

(一)简介的概念和特点

简介,顾名思义,就是简单的介绍。简介可以用于对人、对事、对物的各种介绍,商业宣传中,简介作用很大,可以据此介绍人物事迹、历史沿革、性质特点等信息。

简介的特点首推它的简洁性。在布展、宣传、网页上都需要简介,因此它必须是简洁明了的,易于使人知道基本信息,不必贪大求全。其次是简介一定要抓住纲领性的东西。既然篇幅简练,必然要抓主要问题介绍,不要将一些次要问题杂陈而没有主题。同时,每一个简介都要与推出这个简介的大活动背景联系,以增强自己的针对性。

(二)简介的结构

1. 标题

简介的标题可以很简单,《……简介》即可,也可以写得丰富些:《卌载风雨铸光华——风华实业公司简介》、《勤恳探求的一生——冯满堂工程师事迹简介》、《风风火火闯九州——萤火虫帮困助学活动简介》。副标题在上,字号大些,正标题在下,字号小些。通常简介都要在标题上注明"简介"字样。

2. 正文

简介的正文写作主要以说明为主。可以以时间为线索说明,可以以方位为线索说明,也可以从事理逻辑的角度说明。专业性强的说明如果是对大众的,应该有较为通俗的解释,以增强读者的理解和阅读兴趣。对专业人员的说明简介,则以关键核心作为主要介绍对象。对人的简介可以说说成长过程、主要成就事迹;对事的介绍可以说说起始过程、事项意义、重大发展关节点和未来目标;对物的介绍可以抓住主要性质特点,以引起注意。

3. 结语

简介没有一定的结语要求,可以自然结束,也可以用号召性语句结束。如:"正在走向更为辉煌的明天"。

(三)简介的写作要求

1. 实事求是

简介应该用说明性文字客观地介绍人、事、物,不可夸大不可造假。有什么说什么,该什么是什么。如果对人、事、物的介绍偏离了实事求是,很容易形成以后一系列的麻烦,给自己下一步工作带来问题。此外对所涉时间、地点、人名、地名都要做到核实无误。

2. 长短适宜

简介不需要长篇宏论,但是不能因为"简"而"单薄"了,要有真实的内容,要求有过程事例,此中并不完全排斥铺陈,允许适当的细叙,还要归纳得恰如其分。

3. 及时调整

只使用一次的,或短时期的简介,只要使用时信息完整正确即可,但是长期使用的简介,如公司网站主页上的公司简介、人物简介,旅游景点简介等随着时间变化信息有了变化,这就要及时调整,不断更新,总是给外界一个最新的印象。

【企业简介】例文 1

客户服务中心简介

中国商飞上海飞机客户服务有限公司(以下简称上海飞机客服公司),是中国商飞的客户服务中心。

上海飞机客服公司承担大型客机和支线客机国内外客户服务的科研、技术研究、体系建设和全寿命客户服务工作的实施。主要从事民用飞机飞行、机务、乘务和签派等有关方面的训练;航材和设备的进出口、国内外销售、租赁以及维修;航空运输服务的技术开发、技术咨询和技术服务;承接民用飞机维护维修零部件的加工生产业务;技术出版物的出版、发行和全寿命服务;民用飞机维护维修和改装;民用航空运输范围内的技术和劳务合作以及民用飞机客户服务其他相关业务。

上海飞机客服公司将根据中国商飞公司统一部署，制定大型客机和支线客机客户服务发展规划，制定并执行型号研制与客户服务计划，承担大型客机和支线客机客户服务体系的技术研究、设备研制和基础设施建设。加快客户服务科技创新，引进消化吸收再创新，掌握具有自主知识产权的大型客机和支线客机客户服务的核心技术。从提高我国民机客户服务专业化发展的水平出发，重点加强飞行训练、航材支援、工程技术服务、技术出版物、市场与客户支援、网络与数字化客户服务等能力建设；同时形成能够满足国家大型客机和支线客机客户服务发展需要的科研、技术和管理队伍，提高研制和自主创新能力。

上海飞机客服公司将在探索中发展，在创新中超越，努力提高核心竞争能力，参与民用飞机客户服务市场化竞争，走民机客户服务的产业化和系列化发展之路。"建国际一流客户服务"，力争成为国际一流的客户服务企业，为中国商飞公司实现"国际一流航空企业"目标做出应有的贡献。

(资料来源：中国商飞公司官网)

【企业简介】例文 2

当当网简介

当当网(www.dangdang.com)是全球知名的综合性网上购物商城，由国内著名出版机构科文公司、美国老虎基金、美国 IDG 集团、卢森堡剑桥集团、亚洲创业投资基金(原名软银中国创业基金)共同投资成立。

从 1999 年 11 月当当网(www.dangdang.com)正式开通至今，当当已从早期的网上卖书拓展到网上卖各品类百货，包括图书音像、美妆、家居、母婴、服装和 3C 数码等几十个大类，其中在库图书、音像商品超过 80 万种，百货 50 余万种；目前当当网的注册用户遍及全国 32 个省、市、自治区和直辖市，每天有 450 万独立 UV，每天要发出 20 多万个包裹；物流方面，当当在全国 11 个城市设有 21 个仓库，共 37 万多平，并在 21 个城市提供当日达服务，在 158 个城市提供次日达服务，在 11 个城市提供夜间递服务。

除图书以外，母婴、美妆、服装、家居家纺是当当着力发展的四大目标品类，其中当当婴童已经是中国最大线上商店，美妆则是中国排名前五的线上店。当当还在大力发展自有品牌当当优品。在业态从网上百货商场拓展到网上购物中心的同时，当当也在大力开放平台，目前当当平台商店数量已超过 1.4 万家，2012 年 Q3 并新增 2000 家入驻商家，同时当当还积极地走出去，在腾讯、天猫等平台开设旗舰店。

当当网于美国时间 2010 年 12 月 8 日在纽约证券交易所正式挂牌上市，成为中国第一家完全基于线上业务、在美国上市的 B2C 网上商城。自路演阶段，当当网就以广阔的发展前景而受到大批基金和股票投资人的追捧，上市当天股价即上涨 86%，并以 103 倍的高 PE 和 3.13 亿美金的 IPO 融资额，连创中国公司境外上市市盈率和亚太区 2010 年高科技公司融资额度两项历史新高。

(资料来源：当当网)

【人物简介】例文1

林毅夫简介

林毅夫,男,原名林正义,北京大学国家发展研究院(原北京大学中国经济研究中心)联合创始人、名誉院长、教授、博士生导师,中华人民共和国第七、八、九、十届政协全国委员会委员、第十一届全国人大代表,现任全国政协常委、经济委员会副主任、中华全国工商业联合会副主席,于2005年获选第三世界科学院院士,2008年2月,被任命为世界银行首席经济学家兼负责发展经济学的高级副行长。2012年6月,世界银行副总裁的任期已届满,回到北京大学国家发展研究院继续任教。

1987年,林毅夫从美国回到了中国,成为我国改革开放后的第一个从海外归国的经济学博士。

林毅夫先是在国务院发展研究中心发展研究所工作,任副所长,3年后调任国务院发展研究中心农村部副部长。

1990年,林毅夫关于1959—1961年中国大饥荒的论文《集体化与中国1959—1961年的农业危机》在国际顶级经济学杂志之一的《政治经济学期刊》上发表,引起了强烈的反响和争议。1992年,他在《美国经济评论》上发表《中国的农村改革及农业增长》一文,成为一段时间发表于国际经济学界刊物上被同行引用次数最多的论文之一,美国科学信息研究所为其颁发了经典引文奖。这两篇文章一举奠定了林毅夫在国际发展经济学和农业经济学界的地位,一些欧美的中国问题研究机构视林毅夫为中国农业经济与社会问题的权威,屡次邀请他出国访问研究。

1993年,林毅夫获得美国国际粮食和农业政策研究中心1993年政策论文奖(每年一位),并以《制度、技术与中国农业发展》获得中国经济学最高奖——孙冶方经济学奖。他在2000年出版的著作《再论制度、技术与中国农业发展》的第四章《价格双轨制与供给反应:理论与来自中国农业的经验证据》,再次荣获孙冶方经济学奖(第九届),其他的获奖更是不计其数。1993年起享受国务院有特殊贡献专家津贴。

1994年,林毅夫回到母校北京大学,联合多位海外留学归来的经济界人士,共同成立了北京大学中国经济研究中心,并出任主任一职。如今,该中心已经成为中国经济学研究的大本营。2001年10月,在中国经济研究中心的推动下,首届中国经济学家年会在北大召开,成为中国经济学史上一个重要里程碑。

2008年2月4日,世界银行行长罗伯特·佐利克正式任命北京大学经济学教授林毅夫为世行首席经济学家兼负责发展经济学的高级副行长。世行的首席经济学家在拟定研究计划及发展方向上扮演相当重要的决策角色,林毅夫出任世行首席经济学家将更进一步转变世行与中国的关系。林毅夫是首位在世界银行或国际货币基金组织获得如此高职位的中国人。目前为止林毅夫是在国外经济学期刊中发表论文最多的中国大陆经济学家。2014年,林毅夫入围2014年度华人经济领袖。

林毅夫曾是朱镕基总理和温家宝总理倚重的经济决策智囊,也是"十五"计划起草人之一,对中国的经济决策,尤其对农村经济和国企改革等领域的政策,极具影响力。

2015年10月26日，中国经济理论界的最高奖——中国经济理论创新奖揭晓：以林毅夫研究组、张军、樊纲为主要贡献人的过渡经济学理论，高票获得第七届中国经济理论创新奖。

鉴于林毅夫对中国经济现象的独到研究和见解，以及他在世界经济学界的地位，一些著名学者预言，他将是我国最有可能问鼎诺贝尔经济学奖的经济学家。

(资料来源：根据百度百科改写)

【人物简介】例文2

金壮龙简历

金壮龙，男，汉族，1964年3月出生，浙江舟山人，研究生学历，经济学博士。1984年5月加入中国共产党；1986年，毕业于北京航空航天大学有翼导弹设计专业，获工学学士学位；1986年，学习西北工业大学飞行力学专业研究生课程；1989年，上海航天技术研究院硕士研究生毕业，获工学硕士学位；2003年，获复旦大学产业经济学博士学位。1997年9月至1998年1月，在中央党校进修二班学习；2007年9月至2008年1月，在中央党校省部级干部进修班学习；2010年3月至2010年4月，在中央党校省部级干部进修班学习。

1989年6月起，在上海航天局第八设计部工作，历任技术员、工程组长、研究室副主任；历任助理工程师、工程师、高级工程师、研究员；1993年5月，任上海航天局第八设计部副主任；1996年2月，任上海航天局第八设计部主任；1998年1月，任上海航天局局长；1999年6月，任中国航天科技集团公司党组成员兼上海航天局局长；2001年12月，任中国航天科技集团公司副总经理、党组成员；2004年6月，任国防科工委秘书长(兼任国家航天局副局长、国防科工委新闻发言人)；2005年7月，任国防科工委副主任、党组成员；2007年8月，兼任大型客机项目筹备组副组长；2008年3月，任中国商用飞机有限责任公司副董事长、总经理、党委副书记；现任中国商飞公司董事长、党委书记。

曾两次获得国家科学技术进步奖二等奖。主要著作有《航天产业竞争力》等。2001年，获国务院政府特殊津贴。中国国际经济交流中心常务理事。海峡两岸关系协会理事。

中共第十七届中央候补委员。

(资料来源：中国商飞公司官网)

【事项简介】例文1

诺贝尔奖简介

诺贝尔奖，是以瑞典著名的化学家、硝化甘油炸药的发明人阿尔弗雷德·贝恩哈德·诺贝尔的部分遗产(3100万瑞典克朗)作为基金在1900年创立的。诺贝尔奖分设物理、化学、生理或医学、文学、和平五个奖项，以基金每年的利息或投资收益授予世界上在这些领域对人类作出重大贡献的人，于1901年12月10日即诺贝尔逝世5周年时首次颁发。诺贝尔奖包括金质奖章、证书和奖金。1968年，瑞典国家银行(世界上最古老的中央银行)于成立 300 周年之际,提供资金增设诺贝尔经济奖(全称为瑞典中央银行纪念阿尔弗雷德·伯恩德·诺贝尔经济科学奖金,亦称纪念诺贝尔经济学奖),并于 1969 年开始与其他 5 项奖同时颁发。诺贝尔经济学奖的评选原则是:授予在经济科学研究领域做出有重大价值贡献的人,并优先奖励那些早期做出重大贡献者。人们习惯上称这个额外的奖项为诺贝尔经济学奖。

诺贝尔奖的发奖仪式都是在下午举行,这是因为诺贝尔是 1896 年 12 月 10 日下午 4:30 去世的。为了纪念这位对人类进步和文明做出过重大贡献的科学家,在 1901 年第一次颁奖时,人们便选择在诺贝尔逝世的时刻举行仪式。每年 12 月 10 日是诺贝尔逝世纪念日,在斯德哥尔摩和奥斯陆分别隆重举行诺贝尔奖颁发仪式,瑞典国王及王后出席并授奖。

诺贝尔奖的奖金总是以瑞典的货币瑞典克朗颁发,每年的奖金金额视诺贝尔基金的投资收益而定。金质奖章约重 270 克,内含黄金,奖章直径约为 6.5 厘米,正面是诺贝尔的浮雕像。不同奖项,奖章的背面图案不同,每份获奖证书的设计和词句都不一样。颁奖仪式隆重而简朴,每年出席的人数限于 1500 人到 1800 人;男士必须穿燕尾服或民族服装,女士要穿庄重的晚礼服;仪式中的所用白花和黄花必须从意大利小镇圣莫雷(诺贝尔逝世的地方)空运而来。

根据诺贝尔遗嘱,在评选的整个过程中,获奖人不受任何国籍、民族、意识形态和宗教信仰的影响,评选的唯一标准是成就的大小。

遵照诺贝尔遗嘱,物理学奖和化学奖由瑞典皇家科学院评定,生理学或医学奖由瑞典皇家卡罗林医学院(卡罗林斯卡学院)评定,文学奖由瑞典文学院评定,和平奖由挪威议会选出。经济奖委托瑞典皇家科学院评定。每个授奖单位设有一个由 5 人组成的诺贝尔委员会负责评选工作,该委员会三年一届。

(资料来源:根据百度百科改写)

【事项简介】例文 2

"一带一路"战略简介

2013 年 9 月和 10 月,中国国家主席习近平在出访中亚和东南亚国家期间,先后提出共建"丝绸之路经济带"和"21 世纪海上丝绸之路"的重大倡议,得到国际社会高度关注。

中国提出两个符合欧亚大陆经济整合的大战略:

1. 丝绸之路经济带战略;2. 21 世纪海上丝绸之路经济带战略。两者合称"一带一路"战略。

丝绸之路经济带战略涵盖东南亚经济整合、涵盖东北亚经济整合,并最终融合在一起通向欧洲,形成欧亚大陆经济整合的大趋势。21 世纪海上丝绸之路经济带战略从海上联通欧亚非三个大陆和丝绸之路经济带战略形成一个海上、陆地的闭环。

"一带一路"沿线各国资源禀赋各异,经济互补性较强,彼此合作潜力和空间很大。

以政策沟通、设施联通、贸易畅通、资金融通、民心相通为主要内容，重点在以下方面加强合作。

政策沟通：

加强政策沟通是"一带一路"建设的重要保障。加强政府间合作，积极构建多层次政府间宏观政策沟通交流机制，深化利益融合，促进政治互信，达成合作新共识。沿线各国可以就经济发展战略和对策进行充分交流对接，共同制定推进区域合作的规划和措施，协商解决合作中的问题，共同为务实合作及大型项目实施提供政策支持。

设施联通：

基础设施互联互通是"一带一路"建设的优先领域。在尊重相关国家主权和安全关切的基础上，沿线国家宜加强基础设施建设规划、技术标准体系的对接，共同推进国际骨干通道建设，逐步形成连接亚洲各次区域以及亚欧非之间的基础设施网络。强化基础设施绿色低碳化建设和运营管理，在建设中充分考虑气候变化影响。

……

贸易畅通：

投资贸易合作是"一带一路"建设的重点内容。宜着力研究解决投资贸易便利化问题，消除投资和贸易壁垒，构建区域内和各国良好的营商环境，积极同沿线国家和地区共同商建自由贸易区，激发释放合作潜力，做大做好合作"蛋糕"。

……

资金融通：

资金融通是"一带一路"建设的重要支撑。深化金融合作，推进亚洲货币稳定体系、投融资体系和信用体系建设。扩大沿线国家双边本币互换、结算的范围和规模。推动亚洲债券市场的开放和发展。共同推进亚洲基础设施投资银行、金砖国家开发银行筹建，有关各方就建立上海合作组织融资机构开展磋商。加快丝路基金组建运营。深化中国－东盟银行联合体、上合组织银行联合体务实合作，以银团贷款、银行授信等方式开展多边金融合作。支持沿线国家政府和信用等级较高的企业以及金融机构在中国境内发行人民币债券。符合条件的中国境内金融机构和企业可以在境外发行人民币债券和外币债券，鼓励在沿线国家使用所筹资金。

民心相通：

民心相通是"一带一路"建设的社会根基。传承和弘扬丝绸之路友好合作精神，广泛开展文化交流、学术往来、人才交流合作、媒体合作、青年和妇女交往、志愿者服务等，为深化双多边合作奠定坚实的民意基础。……

(资料来源：根据百度百科改写)

三、产品说明书的写作

(一)产品说明书的概念和特点

产品说明书是企业对自己产品的结构、性能、特点、使用方法的介绍，也是对产品的保证。说明书的写作是件严肃的事：一是因为它严谨性强，不是一般的随便说几句话，而是从产品的各方面完整介绍，从而做出质量承诺；二是因为它指导性强，说明书是指导操作的，所以要有可操作性，并且往往配以图照，以增强可感性。三是因为它系列性强，由于产品往往形成系列，所以产品说明书也会形成系列，要注意其同中有异，异中有同的差异，写好每一份说明书。

(二)产品说明书的结构

1. 标题

产品说明书一定要在标题上标明什么产品，完整写出这个产品的名称，然后再加"说明书"或"产品说明书"、"使用说明书"，形成完整标题。

2. 正文

说明书的正文可长可短。长的可以从性能结构上逐一说起，短的可以就事论事只说这一款产品怎么用。一般先写这款产品的特点，比如什么材料、什么构造原理，接着说这个产品的优点好处或效果，然后是怎么用，使用时有什么要求等。

3. 结语

产品说明书的结语不外乎两种：一是自然结尾，写完最后一项即可；另一种则是做一个小小的归纳，顺便做一个小小的广告，如"谢谢使用我公司产品，我们的产品一定使您满意！"

(三)产品说明书的写作要求

1. 文字内行

简介应该用说明性文字正确介绍产品的构造原理、性能特质和使用方法，尤其是涉及原理性、材料性的地方，要确凿可信，对产品使用中应注意的方面一定要清楚交代。因此写说明书一定要先全面了解产品的相关知识，才能下笔。

2. 通俗易懂

由于很多产品的使用者并不一定理解原理或材料问题，而只是看使用环节，即使内行也要从具体使用角度来理解产品，所以，通俗地说明使用要点，是说明书的关键。尤其是日常生活的产品，一定要通俗易懂，便于操作。如有禁忌或难点，更要以最简单直接的语词明确交代。

3. 恰当配图

恰当配图是说明书必不可少的环节，尤其是器具性产品，安装调节和开关如果以图样配合文字，会增加操作的便易。使用过程中的环节用图画指引，也使老少使用者直观可感。但是配图要简洁，文字与图样要严密吻合。

【产品说明书】例文

倒置桶式蒸汽疏水阀 983 产品说明书

上海枚耶阀门有限公司主要销售【倒置桶式蒸汽疏水阀 983】，是目前国内最大的"疏水阀"在线销售服务商。公司集成优质的倒置桶式蒸汽疏水阀生产厂家，提供售前、售中、售后一站式服务。公司常年备有大量疏水阀现货库存，为用户提供阀门选型、原理作用、结构尺寸、安装说明、资料下载等。

倒置桶式蒸汽疏水阀 983 的原理作用：

当蒸汽冷凝时释放蒸发焓形成冷凝水，冷凝水中只含有饱和水焓，为了确保系统的最大传热效率，冷凝水必须从系统中排除。蒸汽中所携带的空气和其他不凝性气体在蒸汽和换热面上形成热阻层，同样也必须从系统中排除。疏水阀的基本作用是将蒸汽系统中的凝结水、空气和二氧化碳气体尽快排出；同时最大限度地自动防止蒸汽的泄漏。

疏水阀根据原理作用的不同，可分为以下三种类型：机械型，依靠蒸汽疏水阀内凝结水液位高度的变化而动作；热静力型，依靠液体温度的变化而动作；热动力型，依靠液体的热动力学性质的变化而动作。一个蒸汽疏水阀的排水能力不能满足要求时，可并联安装几个蒸汽疏水阀。

983 倒置桶式蒸汽疏水阀利用冷凝水和蒸汽的密度差的工作原理，内部结构是由杠杆系统连接倒吊桶，克服蒸汽压力开关，倒吊桶式疏水阀内部是一个倒吊桶为液位敏感件，倒吊桶开口向下。装置刚起动时，管道内出现空气和低温冷凝水，此时疏水阀是全开放，空气和低温冷凝水迅速排出，装置很快提升温度。当蒸汽进入倒吊桶内，倒吊桶产生向上浮力，倒吊桶连接杠杆带动阀心关闭阀门。倒吊桶上开有一小孔，能自动排空气，当一部分蒸汽从小孔排出，另一部分蒸汽产生凝结水，倒吊桶失去浮力向下沉，倒吊桶连接杠杆带动阀心开启阀门。当蒸汽再进入倒吊桶内，阀门再关闭，循环工作，间断排水。

倒置桶式蒸汽疏水阀 983 的性能特点：

1. 水阀可以自动连续地排放空气和二氧化碳气体而没有冷滞后或空气阻；

2. 疏水阀的不锈钢阀瓣和阀座被单独磨削加工后在机械装置上一起配研，所有的其他部件都采用耐磨损、耐腐蚀的不锈钢；

3. 疏水阀对背压具有很好的适应性，除了由于压差变小减少流量外，没有其他不利影响，倒置桶只需要较小的力就可使疏水阀开启。

倒置桶式蒸汽疏水阀 983 技术参数：(略)

倒置桶式蒸汽疏水阀 983 外形尺寸：(图略)

倒置桶式蒸汽疏水阀 983 产品实拍：(图略)

倒置桶式蒸汽疏水阀 983 检测报告：(图略)

倒置桶式蒸汽疏水阀 983 使用说明：

1. 安装时注意阀体上箭头方向与管路介质流动方向应一致，用在可能发生冻结的地方，必须采用防冻措施。

2. 为保证疏水阀正常工作，安装前必须清洗管路，除去杂物；必须在疏水阀上游安装与管道同口径的过滤器。

3. 安装位置尽可能靠近加热设备，应水平安装在管路的最低点；每台加热设备各自安装疏水阀，避免相互影响。

4. 冰冻条件下应尽量采用热动力式、倒置桶式、热静力式，或者在系统停机时采用小型感温型疏水阀彻底排空系统内的冷凝水。

5. 安装机械式疏水阀时，必须尽量靠近排水口，否则容易造成蒸汽汽锁现象；如无法靠近排水点，应采用含有破蒸汽汽锁装置的浮球式疏水阀。

6. 安装热静力疏水阀时，如需要保持蒸汽空间无冷凝水，则应在疏水阀前有至少1米的不保温冷却段，每个换热器应单独疏水，群组疏水会降低换热器效率。

倒置桶式蒸汽疏水阀983安装使用说明书下载。

倒置桶式蒸汽疏水阀983应用业绩：（图略）

（资料来源：上海枚耶阀门有限公司网站）

【使用说明书】例文

COREN钻石涂层不粘锅使用说明书

简介：

COREN 钻石涂层不粘锅是韩国原装进口锅体，型号为 IH30CM 钻石涂层不粘锅。具有优良的不粘性、耐温性、耐磨及附着力，可在电磁炉上使用，更不产生油烟。

产品特性：

- 特殊的热传导锅底设计，锅体厚度设计合理，热量可以在短时间内均匀传递，使食物受热均匀。
- 进行食物烹饪时，即使只使用少量的食用油也不会让食物粘锅。
- 不易着灰尘，即使粘上灰尘也可以轻松地擦掉。
- 不仅烹饪不粘效果出众，而且清理方便容易，即使遇到油性笔、粘着剂、封箱带、标贴、胶纸等容易污染的东西清理也极方便。
- 锅底增加一层不锈钢板，电磁炉上也可以做料理。
- 锅两边均设计倾倒口，容易倒出做好的料理。
- 炒锅锅底特有的卡槽，能够卡住灶台，使锅子不会滑动。
- 采用耐热性强的手把，避免烫手。

功能说明：

煎、炒、炸、蒸、煮，功能面面俱到。

锅体导热均匀，热效更高。

规格：

直径30 cm，深度9 cm。

注意事项：

1. 首次使用时，将新锅清洗干净，用柔软的抹布擦净。然后小火预热锅，放入少许食用油，充分擦拭锅内涂层后即可使用。

2. 烹饪时，用小火预热后使用，避免空锅长时间加热。不粘锅传热快、食物受热均匀，只需使用中至小火，便可烹饪出美味食物，避免使用大火，造成锅内涂层融化损伤。

3. 为了延长涂层使用寿命，建议使用尼龙或者木质锅铲等厨具，避免接触锋利的金属厨具。

4. 请注意烹饪时不要让手柄部位直接接触火苗，避免手柄被烧裂。

5. 烹饪后锅在高温状态下请不要直接放入冷水清洗，可以等锅体冷却后，用海绵或柔软的抹布清洗，擦拭干净后放置。避免使用粗糙的抹布或钢丝球大力洗擦。

6. 最好不要一锅多用，炒菜专用、油炸专用等，使用指定的专用锅可以延长锅的使用寿命。

7. 锅不是用于储藏而是用于烹饪的，请不要把食物长时间放置在锅中，以防锅内涂层被腐蚀。

8. 磨坏了一些小条不是特别要紧，不会影响使用，下次注意就可以了。锅内的涂层是无毒的，更重要的是它是惰性无害的，即使不小心食入，也不会被人体吸收。

9. 请放在小孩不易触碰到的地方。

清洁方法：

使用后用柔软的抹布或海绵把涂层表面的污迹擦去，不用时请用清水和洗洁精清洗干净，擦干后放在干燥处保管，避免锅内涂层受潮腐蚀。

(资料来源：百度百科)

四、商业广告文案的写作

(一)商业广告的概念和特点

广告是商业社会的商业行为。广告是一种广而告之，但是广而告之并不就是商业广告，社会公序良俗的宣传、义务献血的宣传等也都是广而告之，但却不是商业行为。商业广告指的是付费使用媒介物，借以宣传商品或劳务信息，从而达到吸引受众，影响受众消费行为的目的。现代社会商业广告手段发展非常迅速，已成为全球一大"无烟工业"。

商业广告的第一特点就是吸引力。一个广告如果没有吸引力是不能视为好广告的。至于怎么"煽动诱惑"而吸引受众，要根据商品本身的特点和产品的目标人群而定。

商业广告的另一个特点是多样性。广告的媒体五花八门，几乎没有不做广告的"清静之地"了，不同的媒体，广告就有不同的做法，利用一切可能做广告的媒介，恰如其分地做好每一个广告，是广告业的机会，也是对广告人的挑战。

商业广告还有一个特点是与时俱进，商品要跟上社会的发展节奏，对商品的宣传也要跟上发展的节奏，因此广告在强调商品特性的时候，总是以最新的观念或最新的词语甚至最新的事件来融入广告内容，以求得到最广大的关注。

广告是一门综合艺术，本书所涉只是广告的文字写作部分，即所谓广告文案。

(二)广告文案的结构

1. 标题

商业广告文案标题本身就有广告之意,如:"十里南京路,一个新世界——新世界商城大酬宾"、"十里长街展新姿——中心大街各大名店"等,从标题上就展示出诱人的意味。标题可以用多种修辞方式以增加吸引力。如:"还没去过小芽沟?你 OUT 了!"这样的标题自然引人入胜。又如:"女人四十天将午,滴水珍珠替你补",女人见了也许会动心。"爸爸,这个周末带我去吧!"对孩子的煽动力可想而知。"不去日本,照样买到好品质的马桶盖!"令人无奈一笑的同时,关注起这个产品。标题是广告文案的引领,有了新奇刺激的引领,受众会关注下文。

2. 正文

广告文案的正文是介绍性的文字,告知受众这款商品或这单劳务可以带来什么好处或利益。其中具体信息的安排可以有所侧重,而不像说明书要求那么严谨。如中秋节吃月饼是传统,商业广告可以宣传有哪些品种、哪些包装、哪些优惠以及哪些与时俱进的亮点,诸如少油轻糖型、水果蔬菜型的等。又如双十一大促销,只要告知时间节点、促销范围,具体的东西还是要受众自己去选择的。在写作广告文案时,可以将这些信息写成短文,写成快板,写成对话问答,写成小戏剧等,信息乐于被人接受,广告就成功了。

3. 结语

广告文案没有确定的结语,可以自然结束,也可以在最后附上一些联系、购买的信息。如:"各大超市有售","详情请登录……网站","详情请见商家商场海报","联系电话……"。甚至可以"投资有风险,请谨慎考虑",或者"提醒您这不是药品,不能等同于药"。

4. 广告语

什么是广告语,有不同的解释,有的说是一则广告的核心,有的说是一则广告的标题。实践中在安排广告文案的文面时,有人将之写在标题部位,有人将之写在全文最后。本书持如下观点:广告语不是文案标题,但可以用作文案标题。广告语是一则广告的核心警语,意在强化受众对广告内容的印象。广告内容可以随具体情况而改变,但是广告语却可以始终是这个品牌或这个字号的不变的商标专利。著名的"车到山前必有路,有路就有丰田车"、"送礼就送脑白金"、"味道好极了"等广告语就是深入人心的例子。一则好的广告语设计往往是商家不惜重金广泛征求而得的。

广告语的形式多种多样,美不胜收。仅举几例:

何济公,止痛毋须五分钟!	这是赞叹式的;
好客山东欢迎您!	这是邀请式的;
去美家,吃喝拉撒全搞定!	这是号召式的;
我健康的家在昂立一号。	这是叙述式的;

鸡(机)不可失,食了再来!	这是谐音式的;
原来我们的生活可以更美的!	这是双关式的;
安个自己的小家不是梦……	这是温馨式的;
这就没完没了啦?!	这是发怒式的;
我们不生产水,我们只是大自然的搬运工。	这是告知式的。

(三)广告文案的写作要求

1. 遵纪守法

国家专门出台了《广告法》,规范广告行为,所以商业广告制作的第一要求是必须遵纪守法。除了制作发布方面的要求外,就文案而言,字词选用要十分注意。曾有一个时期广告中谐音字泛滥,对汉字的健康发展形成威胁,这就不是可取的创作方法。其他方面,凡是法律法规制度政策有限制的,都要注意遵守。

2. 意趣高雅

广告的文词可以是通俗的,但是它内涵的意趣应该是健康向上、积极高雅的。广告因为是面向整个社会受众,人群会有不同的审美情趣和接受习惯,但是不能迎合低级趣味,不要做那些暧昧、庸俗的广告宣传。任何宣传其实都是有倾向性的,违背公序良俗的或有悖于中国人优良传统文化的东西,不该成为商业广告文案的成分。

3. 新颖别致

市面上广告词广告语重复雷同的多不胜数,有时还形成剽窃官司。其实好的广告,一定是只属于自己的新颖别致的独一份。为了创作出好的文案,尤其是好的广告语,往往要到社会征集,或是主创人员挖空心思,费尽思量。为了保证自己的广告创意与众不同,别出心裁,写作之前一定要深深了解所介绍对象的特质,以及此次推出它的缘由,并且要深入了解受众,在心里要有目标受众定位,这样针对性强了,主要环节突出了,才能是独特的"这一个"。

【商业广告文案】例文

温馨牌家用电器广告

妻:我们家是不是该添个空调了?那个小房间没空调,孩子不舒服。

夫:好吧。你看着办。

妻:这个星期天我们一起去卖场看看?

夫:你决定吧!

妻:好吧。听说温馨牌空调推出变频空调1匹机,正好给孩子的房间用。

夫:又是温馨牌!我们家都成了温馨专业户了。

妻:温馨家电就是好嘛!你看给爸妈买的洗衣机,他们多省力呀!老太太每次都夸我买得好。

夫：那你弟弟不是没买温馨牌冰箱吗？
妻：可是到现在弟媳妇也没称心，觉得还是温馨牌的冰箱又好看又省电，都埋怨死我弟弟啦！
夫：好好好！买温馨的！你索性把微波炉也换成温馨牌的吧！
妻：我还真有这个打算，温馨的微波炉正在搞促销，买大家电说不定送个小家电呢！
夫：尽想美事！你怎么不想他们送个温馨牌电熨斗啊？你不整天叨叨要电熨斗吗？
妻：那我们星期天一起办了。哈哈！难得你会这么想着。
夫：算了吧，我跟你说话都牙疼！
妻：牙疼请用温馨牌电动牙刷！
夫：天啊！处处都是温馨！
合：温馨电器，处处温馨！

五、商业海报的写作

(一)商业海报的概念和特点

商业海报，其实是一种商业信息招贴。遇有重大商业信息如大促销、大优惠、节庆大放送、新开业，以及展览会、展销会、推出新产品、新型号等相关信息时，以大字招贴置于商场门口或公共招贴场所，以招徕顾客。随着时代的发展，这种以"海报"为形式的商业信息发布有了新的媒体，手机短信、手机微信都成了这类信息发布的介质。商家把顾客的手机视为自己的终端机，直接把商业海报发到了顾客的手机上。

尽管传播介质有了变化，但是作为传递商业信息的最为大众化简单化的形式，海报还是具有自己固有的特点。其一是迅捷。海报的商业信息必须是商家在重大商业讯息活动前发出的，也是持续时间并不长久的。活动时间一过，信息自然失效。其二是诱人。海报带有广告的性质，也是诱使受众行为的宣传，要让受众真正被海报诱惑，海报就要在文字上下一番功夫。其三是扼要。海报篇幅有限，不可能把所有具体的东西都写上，但是扼要地介绍最主要最诱人的环节，并且一定清晰地告知时间地点，是海报的主要内容。

(二)商业海报的结构

1. 标题

商业海报的标题要明确是什么活动。如："大促销"、"双十一大优惠"、"春节农产品展销会"、"好消息"、"383Ⅴ终于到货啦"等，字号要大，吸引人。手机短信、彩信、微信传送的海报，要求也一样。也可以简单地写"海报"二字，但是现在用得较少，尤其手机上的信息不用。

2. 正文

正文要完整地说明时间、地点、什么活动，有些关节点是一定要注意的。如"时间"，要清楚地交代活动起讫时间，"地点"要有具体地址号码，活动的详略则应根据此次活动的内容和形式择其要者简单介绍，介绍时要突出其优惠、优质或新型的特点。无论招贴还是手机，信息的写法要求一样。

3. 结语

海报的结语可以由发出单位做一个落款以示郑重，但是现在更多的是用号召语气强调参与的好处。"等待您的光临"、"必有惊喜等着您"、"高高兴兴带回家"等都是常用的词句。

(三)商业海报的写作要求

1. 号召力要强

海报有一种号召力量，它号召大家参与这种活动，所以写作时要注意语词的鼓动性。内容上可以告知有什么优惠、有什么商品，也可以告知备货不多，不要错失机会。甚至通过多用几个感叹号，将要点词语用大号字或醒目颜色字写出来，以增强海报诱人参与的号召力。

2. 信息要准

海报的信息要准确，不能有误。更不能为了招徕顾客而撒谎欺骗。价格、数量、优惠折扣、活动持续时间以及是否要购票，是否可以预约，是否有附带要求等，都要明确交代，不能让顾客吃亏麻烦。

3. 发布要广

海报是宜于广为发布的信息，通过现代通信手段，更是可以将信息传到四面八方，这也是一个极好的宣传自己特点、树立企业形象的机会，所以，应该提倡用短信、彩信、微信海报发布信息，尽量发挥它的作用，为自己的活动增添人气，为企业扩大影响，而且，还少用纸张而间接保护了环境。

【商业海报】例文

南北年货大展销

过了腊八就是年，

不放鞭炮少花钱。

年货卖场走一回，

百样礼品都齐全！

2016春节南北年货展销会今年照例在市展览馆举行。

南北共19省市自治区上万商家带来南北各地土特产，质优价廉，为你家的春节增添欢乐！欢迎光临！欢迎抢购！

时间：1月23日——1月30日　　9：00——19：00
　　　　1月31日　　　8：30——12：30

地址：欢乐路1000号市展览馆1号门
团购电话：……，……
联系人：……

思考与练习

一、理解以下词语

经济宣传文书　指南　公示　事务公告　答问　新闻　消息头　新闻导语　微博　微信　简介　说明书　广告　广告语　海报

二、简答以下问题

1. 管理类宣传文书的特点是什么？
2. 指南怎样结构，用于什么场合？
3. 公示怎样结构，用于什么场合？
4. 事务公告怎样结构，用于什么场合？
5. 答问稿的文体特点是什么？答问稿写作有哪些要求？
6. 信息宣传有什么意义？要注意什么？
7. 新闻消息怎样结构？有哪些写作要求？
8. 消息有哪些结构法？消息要不要有新闻背景？
9. 微博微信有什么特点？写作有哪些要求？
10. 商业类宣传文书的特点是什么？
11. 简介怎样结构？写作要求是什么？
12. 说明书怎样结构？写作要求是什么？
13. 广告语怎样创作？
14. 广告写作有什么要求？
15. 怎样写海报？

三、写作实践

1. 根据自己的实际情况，写一份专业简介和同学某人简介。
2. 根据最近发生的身边事，试写作两条经济消息。
3. 根据标题的不同种类，为上述消息拟写不同的标题。
4. 根据上面的消息，创作一条海报和一条广告语。

第八章　商务专用函电

本章学习目标：

- 了解商务专用函电的概念和特点。
- 理解商务专用函电的写作要求和基本格式规范。
- 掌握商务专用函电的写法。

第一节　商务专用函电概述

一、商务专用函电的概念

函电，包括传统信函和电报、传真以及在互联网时代发展流行的电子邮件等一系列电子函件。这些本是社会生活中常用的通信手段。而将之用于商贸交易业务，并由此衍生出一系列社会约定俗成的写作习惯和规范，便是我们通常所称的商务专用函电。商务专用函电是在实践中日益发展完备的，也是在实践中不断修正进步的。在中国进一步与国际接轨，自由贸易试验区不断扩大的背景下，社会对此类文书的需求量大大增加。

二、商务专用函电的种类

由于商务活动具多样性，商务专用函电也种类繁多。有涉外的、有对内的；有商洽的、有追讨的；有确认的、有回绝的等。但是无论哪种商务函电，基本要求和写法都有其一致性。作为教材，本书旨在为学生介绍一些最基本的样式，以为学生在今后的实践中做基础和向导。

三、商务专用函电的特点

商务专用函电由于是专用于商务的，因此它区别于普通函电的日用家常性，显示出自己的独特方面。

(一)开门见山

普通函电的家常性特点，使函电结构上往往带有一些絮絮叨叨的琐碎，甚至可以写没有任何实质内容而只是为了向对方絮叨而写的满纸"絮叨"。而商务专用函电则需要开门见山，直奔主题。礼节性的寒暄和虚话一律舍去，代之以直接的主题性语句，如"尊敬的先生：我们从贵国使馆商务处得知，贵公司正在招商……"又如"谢谢贵公司的订货。但是目前由于运输能力限制，无法在 3 月 15 日之前满足贵公司的需要……"在现代快节奏

的社会商务活动中，这种开门见山的写法才符合人们的商务交往习惯。

(二)言简意赅

既是开门见山的风格，自然也就与言简意赅的行文特点相配合。商务专用函电通篇不会太长，讲明事实，讲清理由，讲妥条件即可。如"倘按照目前国际红茶市场的行情，我们这个价格可以买到更便宜的优质茶叶，因此，请贵方重新考虑报价。"或如"货船由于天气原因而需要减载，所短缺的十个集装箱已在澳大利亚悉尼港临时卸货，故造成贵方实际收货数量短缺。为此我方已采取……措施，一定满足贵方要求，并承担全部责任。"

(三)礼数周全

少废话不啰唆并不是说不要应有的礼数，现代社会的商务活动是在一个讲究礼数的环境中进行的，即使是分清责任、拒绝对方等内容的函电，也要注意分寸，讲究有理有利有节。将催款信"你方必须在……之前将欠款打入某某账号，否则后果自负"改写成"我方相信贵方一定能在……之前将欠款打入……账号，使我们能继续顺利合作"，会在礼数上占很大的优势。商务活动并不是只针对直接事务往来的一个伙伴，而是整个商务链上的所有关系户，礼数是公司的一张名片，在商务专用函电中是不可忽视的重要因素。

(四)谨慎保密

讲究礼数其实也是商务活动中谨慎的表现，虽然谨小慎微并不是商务活动中值得提倡的态度，但是不随随便便，行文时考虑到可能引起的后果还是写作时必须注意的。同时还要注意保密。商场如战场，既要避免给自己带来的损失，也应保守他人的商业秘密，这是社会行事的一般常识。函电中，涉及他人利益时，要注意行文的稳妥，如：不将所涉公司的名称全部写出，只以"该公司"称之。

四、商务专用函电的写作要求

商务专用函电的写作与商务活动展开的实际状况相关联，为了促进商务活动的顺利进行，商务专用函电的写作要注意以下几点。

(一)注重词语的书面性

书写商务专用函电时应注意书面性语词的使用，不能口语化，也不要随便用流行的网络词语或恶搞性词语，更要力避用词出现歧义。讲究词语的函电使得对方增加对你方的信任。"你好"之类的问候语要恰当，商函中很多时候是并不需要的。也要注意不能动辄以"大词""重词"表现自己普通的意思。如："你们的帮助对我们如同再生父母一般"，"我们两家的友谊山高水长"之类，并不一定适用于普通商务活动伙伴之间。

(二)力求内容的周到性

商务专用函电的内容一定要照应周到。如价款、包装、装运、到达地点、付款方法等，要按照国际惯例和行业内长期形成的规范逐条写明；商榷性的内容要明确表示己方立场和拟采取的方法；补救性的内容一定要具体明确以彰显己方诚意或谦让。商务活动总是希望能有后续的展开，所以，写作中涉及的每一项业务，都要周到认真地阐述清楚，给合作伙伴留下信任。

(三)讲究格式和数字的正确性

商务专用函电内容涉及面广，函电的介质又分传统的、电子的多种，格式是不能不讲究的。除了中文书写的信函要格式正确以外，中文状态下的电子邮件、电报、传真等都要注意格式正确，以保证信息完整，意思无误。此外，数字的表达更要讲究正确性。不仅做到准确无误，该大写的大写，还要了解各种货币的代表符号，阿拉伯数字表达时的三个字符一节的通常习惯。在表达计量单位的时候，一定要按照国家颁行的计量标准，以官方统一的用法称说。格式正确、数字正确和计量单位称说正确，保证了信息的完整和安全，有利于商务活动的健康发展。

第二节　一般商务专用函电的写作

一、建立关系和信用调查

建立业务关系，是企业发展的重要环节。建立业务关系需要每个企业自己主动出击寻找机会，并且在交往中表现出可信的诚意。这样的函电内容，应告知对方如下事项：自己是通过什么渠道得知对方信息的；本公司的业务特点、经营所长、信用状况；希望与对方进行何种协作等。

而无论是为建立新的业务联系伙伴，还是为扩大原有的业务范围，信用调查是必需的环节。信用调查是通过对贸易伙伴信用状况进行调查分析，了解对方在经营中是否存在问题，从而判断对方能否信任，是否可以成为自己的协作方。所有成功的企业，都非常重视信用调查，也很愿意接受他方的信用调查。

(一)建立业务关系的往来函电

为了扩大自己的业务范围，寻找更多商机，企业总需要不断主动与外界建立伙伴关系。这类函电的内容主要包含：对方信息是如何得知的、告知己方相关情况、贸易需求及条件，并应告知对方如何获得己方的信用情况，表明建立业务关系的愿望。

【建立业务关系】例文1

致××××贸易公司建立业务关系的函

××××贸易公司：

我公司从贵国驻我国使馆的商务代表处得知，贵公司是贵国电脑耗材经营方面的主要商行。我方愿愉快地告知贵方，我公司是我国电脑耗材的最大进口销售企业，在我国各地

第八章 商务专用函电

已有二十多家分公司，向全国三百多个销售网点供货，我公司与世界各主要电脑耗材经销商均有良好的业务往来。附上本公司的简介一份，以便贵方对我公司的情况作具体了解。

如果贵公司有世界电脑知名品牌的各款耗材，尤其是用于一体式电脑的各款耗材，价格具有竞争性，可以接受托收或信用证的付款方式，我公司十分愿意与贵公司开展业务往来，年内即可大量订货。

欢迎贵方向中国建设银行北京分行调查我公司的资信情况。

盼望贵公司复函。若对我方有任何要求和询问，我方一定及时如实奉答。

　　此致

敬礼！

北京宏鼎电子商贸公司
2015 年 11 月 2 日

附件：《公司简介》(略)

【建立业务关系】例文 2

致北京宏鼎商贸公司建立业务关系的复函（一）

北京宏鼎商贸公司：

我们十分高兴地收到了贵方表示建立业务往来关系的函件。我方早已从各方面得知贵公司在业内的地位和不断上升的良好势头，与贵公司结为贸易伙伴是我方的荣幸。我方已向中国建设银行北京分行了解到贵方令人夸赞的商务信用，并从贵公司的简介材料中看到贵方发展的战略雄心，我方深信，与贵方的贸易合作是有惠于我们双方的上策！

鉴于我方的贸易习惯，我公司任何贸易一律以信用证方式付款，请容说明。

至于我方的资信情况，贵方可向××××银行作详细了解。附上我公司货品目录，欢迎询查。

愿这是我们良好合作的开始。

××××贸易公司
2015 年 11 月 12 日

附件：(略)

【建立业务关系】例文 3

致北京宏鼎商贸公司建立业务关系的复函（二）

北京宏鼎商贸公司：

我们荣幸地接到贵方表示建立业务往来关系的函件，对贵方对我公司的兴趣和信任表示深深的感谢！

由于我公司此前已与香港某商行签订贸易条款，中国大陆的电脑耗材经销代理由他们全权负责，因此我方不宜再与其他代理商签约，敬请贵方理解原谅。我们对此深表遗憾。

如果有机会，我们愿意与贵方在其他方面进行良好合作。

  谨祝

商祺！

××××贸易公司
2015 年 11 月 12 日

(二)关于信用调查的往来函电

  信用调查是建立业务往来关系的必要前提，也是经济贸易活动的通常做法。一封关于信用调查的函件，一般涉及如下内容：对方企业资产情况、经营能力、商业信誉、可允许信贷程度等。

【信用调查】例文 1

为了解新客户致函银行

深圳工商银行：

  深圳金展银屐鞋业有限公司近日提出与我集团建立贸易合作关系，以扩大该公司在东北地区的商业影响。由于该公司是新建方两年的新公司，我方虽已从该公司寄送的相关材料中基本了解其业务规模和生产能力，但对其财务活动情况不甚了解，据该公司称，贵行是该公司的开户银行，特向贵行提出咨询，企望提供帮助。

  如蒙贵行告知其财政状况及其在贵行享有的信贷等级，以及该公司在贵地的商业信誉，不胜感谢！

  我方郑重保证，对贵行提供的一切信息绝对信任，并予以严格保密。

    此致

敬礼！

大连新兴百货集团
2015 年 9 月 30 日

【信用调查】例文 2

银行对信用调查的复函

大连新兴百货公司：

  我行接到贵方 9 月 30 日来函，询问相关公司的信用情况，根据有关法律和有关条例，现将该公司可提供的情况作如下反映。

  1. 可提供的财务状况：……

  2. 目前该公司的债权债务状况：……

  3. 该公司在我行享有的信用等级为：……

2014 年，该公司被评为"深圳市重合同守信誉企业"。

第八章　商务专用函电

以上仅供参考，我行对此后果不负任何责任。

深圳工商银行
2015年10月9日

【信用调查】例文3

为了解新客户致函相关企业

天津大劝业百货集团：

　　我集团近日收到深圳金展银屐鞋业有限公司提出与我集团建立贸易合作关系的函件，以及该公司寄送的相关宣传材料，我方虽从中基本了解其业务规模和生产能力，但因该公司毕竟远在南方，又是重组时间才两年的新公司，我方对其经营特点和经营作风多有不解。

　　由于深圳方面将贵集团作为商业伙伴的例证推荐给我方，考虑到贵集团早在该公司建立之初便与之合作，并也是其前身之一深圳金鸡童鞋厂的合作伙伴，故特来函向贵方咨询，了解该公司的信用、业务能力、工作效力、商业信誉以及其他相关事宜，请贵集团将相关情况坦诚告知，并填写所附表格，以利于我方决策。

　　对贵方提供的信息，我方表示衷心感谢，并郑重承诺予以严格保密。

　　　　此致

　　敬礼！

大连新兴百货集团
2015年9月30日

附件：表格(略)

【信用调查】例文4

企业对信用调查的复函

大连新兴百货集团：

　　贵集团2015年9月30日来函，就深圳金展银屐鞋业有限公司商业经营资信提出咨询，作为该公司的合作伙伴，又与贵集团为同行，我方愿将相关问题告知贵方。

　　该公司自重组以来，经营情况良好。2014全年与我公司达成的贸易额突破了以前的瓶颈，今年前三季度的贸易额已经超过去年全年。该公司善于在市场做文章，对各色人等的屐履需求把握准确，提供的产品都是市场畅销的抢手货。

　　该公司供货及时，对节令需求的提前量准确及时。广告宣传到位，售后服务方便，在我集团是营业员乐于销售的商品。

　　由于销售量大，周转迅速，所以该公司对付款时间要求较高，请贵集团注意。

　　其他项目已在附表中一一填写。上述情况仅供参考，我方对此不负任何责任。

天津大劝业百货集团
2015年10月9日

附件：表格(略)

二、询盘、报盘、还盘和确认

进行交易，打算订货，首先要询问相关价格以及其他与该商品有关的信息，如质量、式样、品种、规格、包装、付款方法、交货日期、运输安排等。买方就上述诸种问题向卖方提出书面的询问，即为商务函电中的"询盘"。针对询盘，卖方自然要回答，回答就叫"报盘"，把自家的价格报与对方。买家如果不接受，还可以进行商量还价，这就是"还盘"，而最后双方达成一致，确认所商定的条约，就是"确认"。

(一)询盘

询盘，就是买家想知道某件商品的价格，向卖家提出相关询问。询盘函电主要应由以下内容组成。

(1) 初次买卖应说明信息来源，并介绍自己的业务范围经营情况，表达愿意结为贸易友好关系的意愿。

(2) 老关系户说明自己的信息来源，表示对对方的货品有兴趣。

(3) 说明自己的意向，列出请报项目。包括质量、种类、规格、价格、交货期、付款方式等重要项目。

(4) 要求对方寄送样品及货品说明书。

此外，新老客户的写法、措辞都有区别，老客户就可以省略许多客套。

【询盘】例文 1

水果花茶询盘

广西土特产贸易公司：

我公司是京津冀地区最大饮品代理商，我茶叶专营部则主营各类茶叶的选择购销。京津冀地区的茶叶店和各类茶馆茶室旗舰店，均与我部订有长期销售合同。为扩大货源，丰富市场，并引领消费者健康饮茶，饮健康茶，我公司着力开发新型茶饮品种。从贵公司设在北京的京津冀商务处所发商品信息得知，贵公司根据广西长寿老人饮茶习惯，开发了新型茶饮"水果花茶"，这正是我部寻找的新型健康茶饮！特来函询问该产品的种类、价格、包装等信息，祈报最优惠实盘价，并请寄送样品。如果品种口味和价格适合我地消费群体，我部将长期大量进货。

盼早日赐复。

京津冀饮品公司茶叶专营部
2016 年 2 月 15 日

第八章　商务专用函电

【询盘】例文 2

玉米询盘

三江平原粮食公司：

　　根据你部所发的粮食价格变动趋势和粮食商品信息，特来函询问今年新玉米价格。由于健康生活理念深入人心，人们对粮食结构需求发生变化，玉米已是我地人们普遍接受的优质粮食。但是江南地区毕竟以稻米为主，玉米辅之，因此希望有各种不同加工的玉米，便于江南地区煮食习惯，并以小型包装为主。如贵公司价格合理，品种多样，包装合适，我公司将大量订货。

　　盼在 10 月 25 日前赐复，并请寄送相关样品，以利我公司迅速订货，迎合冬令销售旺季。

华东杂粮贸易公司
2015 年 10 月 10 日

【询盘】例文 3

陶瓷工艺品询盘

江西陶瓷制品进出口公司：

　　感谢惠赠贵公司《2016 年陶瓷工艺品目录》，我公司对《目录》中"仿唐三彩悟空"、"仿古青花瓷马上封侯瓶"、"仿玉蟠桃猴"以及"金猴奋起"四种陶瓷工艺品极有兴趣，故来函询问价格。猴年在即，市场对别致的应景工艺品需求量提升，盼报最优惠实价，并请告知规格、包装等信息，以利供应猴年市场。

华山工艺品批发总公司
2015 年 12 月 15 日

(二)报盘

　　报盘函电应该及时，首先应感谢对方的询盘，然后针对对方关心的事项一一作答。有时对方问得较为笼统，作答时却应该内容清晰具体，不仅回答对方所问，也要告知对方所未问，有关商品的规格、质地、品种、等第、包装、数量、交货期以及什么币种的价格、折扣几何、运输费、保险费是否一并计算等具体事项，都要一一列明，这既是生意的规矩，也是为人的诚信，还便于双方操作，不宜发生纠纷。

　　报盘可以报实盘，也可以报虚盘。对老客户，或是价格变动不大，目前市场较为稳定的商品，可以直接报实盘，实盘一旦被对方接受，便不可更改；对资信情况不明的新客户，或是对正处于价格上涨通道的商品，不妨报虚盘，文中条件可以相机变更，虚盘对卖家不形成约束力。

　　所谓虚盘，即在表述中使用"参考价"、"可考虑的价格"或"视所定数量决定"、"根据我方可供货源而定"等不确定语气，也可因主要交易条件暂不确定而不报，或注明保留条件"以我方最后确认为准"。虚盘使卖方有了更多的主动权。

【报盘】例文 1

水果花茶报盘

京津冀饮品公司茶叶专营部：

贵部 2016 年 2 月 15 日来函询问我公司新开发的水果花茶价格，我方十分高兴。贵方慧眼识珠，充分认识了水果花茶的价值，我们坚信此商品在贵地一定会大受欢迎！

我公司本季节可供销售的水果花茶共有四种口味，即酸味水果花茶、苦味水果花茶、甜味水果花茶以及洋参水果花茶。小包装每包 200 克，外包装铁盒，一盒 5 包，净重 1000 克。

各品种每盒实盘价格如下。

酸味水果花茶：人民币 380 元/盒　　　甜味水果花茶：人民币 370 元/盒
苦味水果花茶：人民币 400 元/盒　　　洋参水果花茶：人民币 480 元/盒

以上报价均含运费。装运时每 100 盒为一箱(请以"箱"为单位，1 箱起批)。

样品已由邮政特快专递寄出，谅即可收到。我方保证样品与货品绝对一致。春风已强，春天饮用水果花茶对各色人群都有补益。谨望贵部尽早订货！

　　顺颂
商祺！

广西土特产贸易公司
2016 年 2 月 15 日

【报盘】例文 2

玉米报盘

华东杂粮贸易公司：

贵公司的询盘函收悉，谢谢对我公司的关注。现根据贵公司所询，目前报盘如下：

　　黏性玉米粒　每吨　人民币……　　　黏性玉米碴　每吨　人民币……
　　大粒玉米　　每吨　人民币……　　　紫玉米粒　　每吨　人民币……
　　甲种加工玉米片　每吨　人民币……　乙种加工玉米片　每吨　人民币……
　　丰收一号玉米穗　每吨　人民币……　丰收二号紫玉米穗　每吨　人民币……

以上粮食除玉米穗外，均为 1000 克真空小包装，防潮保鲜，便于选购。一箱 100 包。玉米穗为两穗一袋真空包装，一箱 200 公斤。

以上价格不含运输费及保险费用，这两项费用以交易当天市场即时价为计，由贵方支付。

我方要求以电汇方式付款。

以上玉米之样品已由邮政特快专递发出，请查收并请鉴定品尝。我方坚信，我公司提供的玉米不仅营养丰富，而且口感软糯，适合与各种稻类粮食搭配，烧煮方便，符合江南

第八章 商务专用函电

地区人民饮食习惯，也有益于人民摄取多种营养增进健康。

岁入深秋，冬季在即，粮食价格将随市场旺季销售情况波动，盼即来函确认。

三江平原粮食公司

2015年10月20日

【报盘】例文3

陶瓷工艺品报盘

华山工艺品批发总公司：

贵方来函表示对我方"猴年"应景仿制陶瓷工艺品有兴趣，我方深感荣幸，衷心感谢。现应贵方要求，报实盘如下：

1. 仿唐三彩悟空(规格：…mm×…mm)　每尊　人民币　……(含运费及保险费，下同)
2. 仿古青花瓷马上封侯瓶(规格：…mm×…mm)　每尊　人民币　……
3. 仿玉蟠桃猴(规格：…mm×…mm)　每尊　人民币　……
4. 金猴奋起(规格：…mm×…mm)　每尊　人民币　……

以上每件工艺品独立纸盒包装，内有塑料泡沫减震模压衬垫。

付款请以第三方支付方式，我方收到付款通知后三个工作日内发货。

附上有关各件工艺品的PPT光盘，可从多角度鉴赏有关商品。

距猴年仅一月余，盼贵方订货函即到。

江西陶瓷制品进出口公司

2015年12月25日

(三) 还盘

买方接到卖方的报盘后，不完全同意报盘的内容，遂作进一步磋商，对报盘提出修改意见，这就形成了"还盘"。还盘一旦发出，原报盘即失去效力。报盘的卖方不接受还盘的买方的条件，再提出自己的意见，或是坚持自己的原报盘，这便是"反还盘"。

在写作还盘或反还盘函电时，内容要包含：表示自己已经完全明白对方还盘或反还盘的全部内容；说明自己不能接受的是哪一项；摆出不接受的理由；提出自己的修改建议。这样的函电意见要鲜明，建议要可行，而态度要委婉，留有余地。

【还盘】例文1

玉米还盘

三江平原粮食公司：

贵公司的报盘收悉，谢谢贵公司的及时报盘，使我方了解了贵方对玉米价格和粮食市场的看法。据我方的市场情报，目前由于粮食选择余地大，外国进口粮食品种繁多，市民海淘渠道通畅快捷，国内粮食市场价格竞争激烈。而贵方所报之玉米价格，远高于市场平均价，我方难以接受。考虑到我们与贵方首次合作，为开辟日后渠道，我方认为在贵方所报各类玉米价格的基础上，每吨降低人民币 1000 元，这个价格还是高于市场平均价的，对贵方而言，仍有较大盈利空间。

请贵方斟酌。若同意我方意见，我方即可发出订单。

华东杂粮贸易公司
2015 年 10 月 27 日

【还盘】例文 2

玉米反还盘

华东杂粮贸易公司：

我们收到了贵方的还盘函电，对贵方提出的市场情报我方十分重视，立刻对市场进行了新一轮的销售行情和价格的调查。根据我方的调查，今年新登场玉米价格并无较大波动，被调整的只是陈年玉米。外国进口之玉米则主要用于榨油和饲料，供居民直接食用的只是水果玉米，不属粮食产品。而且我公司销售之玉米，由于产地优势，质量远高于一般品种，无论营养和口感都属上乘，目前我公司与任何贸易伙伴交易，都是这个价格，实在没有降价的理由。

考虑到贵方的诚意，贵方又是第一次与我们合作的伙伴，我们可以稍作让步，每吨在我方原报价的基础上降低人民币 600 元，这是我们的底价。如贵方不能接受，请另觅货源，我方依然希望今后与贵方在其他方面有机会合作。

三江平原粮食公司
2015 年 11 月 4 日

(四)接受

买方同意了卖方的报盘，卖方同意了买方的还盘，或是买方同意了卖方的反还盘，明确表示接受，这是一种承诺。这种承诺既是商业行为，也是法律行为。

接受函电要明确表示自己对对方的报盘或还盘的条件全盘接受，并告知对方自己的订货数量，寄上"确认书"，或根据对方在报盘时提出的条件寄递相关文书以及款额。末尾应表示与对方长期合作的愿望。

【接受】例文 1

买方接受陶瓷工艺品的报盘

江西陶瓷制品进出口公司：

谢谢贵公司及时向我们回馈了商品信息。经研究，我公司决定订购贵公司的猴年应景仿制陶瓷工艺品，仿唐三彩悟空(规格：…mm×…mm)××尊；仿古青花瓷马上封侯瓶(规格：…mm×…mm)××尊；仿玉蟠桃猴(规格：…mm×…mm)××尊；金猴奋起(规格：…mm×…mm)××尊。这些作为贵方产品在我地的先期试销，以后根据市场情况，再行扩大订货。

第八章 商务专用函电

现寄上我公司第 21 号购货确认书一式两份,请即签退一份以备案。货到后三个工作日内一定将货款汇出。

愿我们由此开始良好愉快的合作。

华山工艺品批发总公司
2016 年 1 月 5 日

【接受】例文 2

买方接受卖方的玉米反还盘

三江平原粮食公司:

贵方对于玉米行情的介绍我方已经知悉,谢谢贵方的说明。所赠样品已经品尝,果然美味。考虑到贵方玉米的优良品质,以及修正每吨价格的诚意,我方决定接受贵方所修正的、每吨降低人民币 600 元的建议,订购如下商品:

黏性玉米粒	10 吨	人民币……	黏性玉米碴	10 吨	人民币……
大粒玉米	5 吨	人民币……	紫玉米粒	5 吨	人民币……
甲种加工玉米片	3 吨	人民币……	乙种加工玉米片	3 吨	人民币……
丰收一号玉米穗	5 吨	人民币……	丰收二号紫玉米穗	5 吨	人民币……

我方的购货确认书一式两份,收到后烦签退一份。

货款将由城市互联银行转账。我们高兴地等待贵方装运发货的消息。

愿我们合作愉快!

华东杂粮贸易公司
2015 年 11 月 9 日

【接受】例文 3

卖方接受买方的玉米还盘

华东杂粮贸易公司:

我们收到了贵方的还盘函电,谢谢贵方依然对我方的玉米有兴趣。我公司销售之玉米,由于产地优势,质量远高于一般品种,无论营养和口感都属上乘。目前市场玉米价格确有少量调整,但是所调整的玉米都是陈年玉米,而今年新登场玉米价格不降反升,外国进口之玉米则主要用于榨油和饲料,供居民直接食用的只是水果玉米,不属粮食产品。因此贵方对玉米市场的了解可能尚欠全面。

但是考虑到贵方作为第一次与我方进行贸易的诚意客户,我方决定给予贵方最优惠待遇,同意贵方还盘所提出的每吨下降人民币 1000 元的价格。新价格如下:

黏性玉米粒	每吨	人民币……	黏性玉米碴	每吨	人民币……
大粒玉米	每吨	人民币……	紫玉米粒	每吨	人民币……
甲种加工玉米片	每吨	人民币……	乙种加工玉米片	每吨	人民币……
丰收一号玉米穗	每吨	人民币……	丰收二号紫玉米穗	每吨	人民币……

以上粮食除玉米穗外，均为1000克真空小包装，防潮保鲜，便于选购。一箱100包。玉米穗为两穗一袋真空包装，一箱200公斤。

以上价格不含运输费及保险费用，这两项费用以交易当天市场即时价为计，由贵方支付。我方要求以电汇方式付款。

以上报价已是破例，盼望贵方订单早日发出。

三江平原粮食公司
2015 年 11 月 4 日

三、付款和索款

确认交易后，就会有具体的订货交货付款程序，每一个环节都会产生函电往来。如告知付款方式、告知付款已讫、索款信、催款信、延期支付要求等。一笔交易的彻底完成，每个环节都要谨慎仔细。

(一)付款

付款函电，就是买家收到货物之后，或根据合同在约定付款期内向卖家说明自己付出购物款项的函电。如果这时发生了与原来约定的付款方式不一致的新情况，也需要发出函电商榷。

这类函电的内容，要有以下信息：

(1) 相关合同的编号。
(2) 货品名称、数量。
(3) 货款名称及总额。
(4) 要协商的问题、要说明的情况、己方的要求等。

【付款】例文1

付款通知函

黄河南货批发部：

贵部 3 月 12 日的装运通知收悉。现谨告知，我公司 666 号订单，贵方 234 号合同所指的 3 吨香菇已经全数收悉。货品包装完好，质量优良，贵方的工作效率令人敬佩，我方非常满意。

现依据合同约定，已将此次 3 吨香菇的货款人民币……元整转入贵方提供的……账号，以结清 234 号合同的全部账务。请予查收。

如无差谬，请及时寄来货款收讫通知和收款发票，不胜感谢！

长江食品贸易公司
2016 年 1 月 20 日

第八章 商务专用函电

【付款】例文2

改变付款方式商洽函

铁工机械进出口公司：

　　贵公司发出的德国造H型农用液压升降机装船发运的E-mail通知已经收悉，感谢贵方的及时发货。根据合同约定，我方应向广州农商银行贵方账户转账支付货物余款8万元整。但是目前因发生一些问题，我方转账手续有困难，特向贵方发此E-mail，请求将此贷款人民币80 000元整以电汇方式汇入贵账户。如此法可行，请E-mail回复，我方当即刻将贷款汇出。

　　如蒙应允，不胜感谢！

江西农机协调中心
2016年3月5日

【付款】例文3

按改变后方式付款完成通知函

铁工机械进出口公司：

　　感谢贵方对我方目前处境的理解，同意我方电汇贷款的请求。现我方高兴地奉告贵方，我方838号订单，贵方200号合同所指的德国造H型农用液压升降机五台已安全到站，我方正在准备运货。根据合同约定及贵方135号发货票所示，五台机器的购买款除去定金2万元，尚应付人民币8万元整。我方已于今日上午将人民币80 000元电汇往广州农商银行贵方账户。

　　请查收。并祈早日收到贵方的正式收据和收讫单。

　　愿合作继续。

江西省农机协调中心
2016年3月6日

（二）索款、催款

　　索款函电，是因为交易的对方未能按约定及时足额付清货款，遂向拖欠方提出索要。索款可能并不会一次成功，有时要几次催索，这便是催款了。索款催款是交易者的正当权利，但是要注意分寸。首次索款时语气可以委婉些，以询问"为什么"的句式为主，以正面提醒为主。但是如果屡索不得，催要货款的行文语气可以强硬。

　　写作索款催款文书时要写明以下内容。

　　(1) 所索所催款项的合同号、货物品名。

　　(2) 所欠款项的币种和金额。

　　(3) 合同所约的付款期限、目前已过期的时间。

　　(4) 提出索要或催要。

【索款】例文 1

初次索款

太平洋巾被批发部:

  我方 78 号销售确认书,贵方 39 号订单所约斜纹印花 150 厘米被单十包(1000 条),我方已按合同于 2015 年 12 月 5 日发货,据运输方回馈的消息,此集装箱已在 2015 年 12 月 9 日送达贵方指定物流仓栈,我方的总价人民币 5 万元的 22 号发货票也同时发出,贵方谅已收悉。

  根据合同约定,此批斜纹印花被单的付款期为货到后五个工作日内,即 2015 年 12 月 16 日为最后付款期,由淞海工商银行转账至我方账户。但时至今日我方未曾收到贵方的货款,甚至未有一字说明。贵方此次的反常现象令我方大为不解,这与贵方一向的行事作风大相径庭。

  为尊重契约精神,维护合同的严肃性,请贵方即付清全部货款,以便我方结清 2015 年账目。

  如此电子邮件发出时,贵方款项今日已经转出,请原谅。

淞海纺织品贸易公司
2016 年 1 月 20 日

【索款】例文 2

再次催款

太平洋巾被批发部:

  我方 78 号销售确认书,贵方 39 号订单所约斜纹印花 150 厘米被单十包(1000 条),已于 2015 年 12 月 9 日运达贵方指定物流仓栈。但是这项人民币 5 万元的货款我方至今未见。按照合同,此批斜纹印花被单的最后付款期为 2015 年 12 月 16 日,至今已然逾期两个月。我方曾于 2016 年 1 月 20 日发了索款函电,但是至今音信全无,其间也曾电话联系相关人员,结果是电话手机关机,座机无人接听。而我方亟待此项款额结清以交付生产厂商的款项,并总结 2015 年全部账务。

  为此,我方重申我方立场:请按合同所约,立即交付该笔账款人民币五万元,并按合同"违约处罚"条款约定的比例,赔偿我方因不能按时收到此笔款项所蒙受的损失。我方在收到货款和罚款之前,保留就此向有关部门提起仲裁的权利。

淞海纺织品贸易公司
2016 年 2 月 22 日

(三)延期支付、对延期支付的反馈

  拖欠付款是交易大忌,人人不愿如此。但是实践中会有许多不得已或意外,使得一方暂时无法履行付款义务。此时接到索款催款函电,拖欠方应该如实回答,商量解决办法,

第八章 商务专用函电

并应承担因己方问题而造成的一切后果。货款催索和延期支付的相商是一个考验交易伙伴信誉和容忍度的过程。

要求延期付款的函电，语气应该是谦恭的商量性的，内容包括：
(1) 说明拖延的原因并表示歉意。
(2) 提出己方的付款方式、付款时间。
(3) 承担因自己的过错而给对方造成的损失。
(4) 表示继续友好协作的意愿。

交易的另一方如果接受对方延期支付的要求，可以发出函电，表示同意；如果不接受，可以坚持原来意见；也可以有条件地接受对方意见，提出某种折中做法。

【延期支付】例文

要求延期支付款项函电

淞海纺织品贸易公司：

贵公司的索款和催款电子邮件，我方目前均已收悉。我方2015年39号订单所订购的斜纹印花150厘米被单十包(1000条)，确实已于2015年12月9日运达我方指定物流仓栈。但是我们十分抱歉的是，我们批发部不幸遭窃，同时又发生财会人员带走所有商业机密不知去向的重大事故，电脑和文件备份都遭破坏，致使我部陷入瘫痪，工作停顿。春节后勉强恢复工作常态，但是因元气大伤而一蹶不振。

此事警方正在进一步调查并缉拿逃离的财会人员。我部除配合警方的工作，也正整理各兄弟单位、合作伙伴的业务联系情况，电脑已然修复，贵公司的两次来函都已明确。我方目前虽已恢复工作，但是各贸易伙伴的欠款一时凑不足，只能分批交付。实在对不起！

我方拟在3月31日先行支付这笔款项的60%，即人民币30 000元；余款和违约罚款容我方在2016年8月31日全额支付。对此给贵方造成的损失，我方再次表示抱歉！

我部与贵公司的合作已不是一次，我方十分重视和珍惜与贵公司的良好合作关系。此次困难如得贵方谅解，十分感谢！

太平洋巾被批发部
2016年2月25日

【对延期支付的反馈】例文1

有条件同意延期支付款项复函

太平洋巾被批发部：

贵部来函，说明因发生意外而致贵部损失惨重，我方十分同情。我方能够理解贵方目前的困难处境，对贵方在如此困难之下，能竭力先行支付我公司60%的款额，我方十分感谢。

对贵方提出的分两次付款的方法，我公司颇觉为难：这是去年的账务，拖到8月份实在不妥，因此我方希望第二次付款的日期在6月20日之前。今天尚在2月底，贵方尚有

较充裕的筹款时间,这个时间点应该问题不大;而对我方来说,至少在今年上半年,终于可以结清去年全年的账务了。

另外,由于贵方遭到奸人破坏,影响了正常的工作程序,我方可以考虑将罚款金额缩减一半,即从合同约定的罚款比例×%,××元而为×%,××元,作为我公司对贵部的一点帮助。

但愿贵部及早重新振作,希望尽快恢复正常工作状态。

淞海纺织品贸易公司
2016 年 2 月 26 日

【对延期支付的反馈】例文 2

不同意延期支付款项复函

太平洋巾被批发部:

贵部来函,说明因发生意外而致贵部损失惨重,我方深表同情。由于贵方遭奸人破坏,影响了正常的工作程序,我方对贵方目前的困难处境,也表示理解。

但是,贵方提出拟在 3 月 31 日先行支付拖欠货款的 60%,即人民币 30 000 元;余款和违约罚款在 2016 年 8 月 31 日全额支付的支付方法,我方实难认同。这是去年的账务,我方也需向生产厂方支付,由于贵部的拖欠,我公司不得已垫付了生产厂方的款项,但是自己的周转资金告急,影响 2016 年的计划,实在不能再听任贵方拖延付款了。

考虑到贵部目前确实有困难,我方认为先将全部货款 5 万元在 3 月 4 日之前打入我方账户,违约罚金可缓至今年 6 月 15 日之前,以便我方在上半年结清去年的全部账务。

我们深知贵部目前处境,但是我公司实在爱莫能助,敬请贵部谅解。祈愿贵部早日摆脱困境,我们期盼有机会再次合作。

淞海纺织品贸易公司
2016 年 2 月 26 日

(四)收讫

收讫,指在收到贸易伙伴支付的款项后,发出正式收据(发票)时所写的函电。收讫可能是全部货款的收讫,也可能是部分货款的收讫。

收讫函电要有这几项内容:

(1) 收到的是什么货物的什么货款。

(2) 收到的具体币种和金额。

(3) 还有多少没有付讫。

(4) 表示己方可与他方合作愿望。

第八章 商务专用函电

【收讫】例文 1

收讫通知函

长江食品贸易公司：

  我方 234 号合同，贵方 666 号订单所指 3 吨香菇，货款人民币……元整现已收到，谢谢！正式收据请查收。

  此次与贵方合作十分顺利愉快，贵方办事效率高，处理环节规范，令我方欣赏而钦佩。我方愿与贵方长期合作。

   此致

敬礼！

黄河南货批发部
2016 年 1 月 22 日

【收讫】例文 2

收讫通知函

务通危险品专业运输公司：

  据双方签订的补充协议，第 22 号合同货款之第一期欠款人民币……元整已于 2 月 22 日汇入我方工行账户，网上的电子签收单已于 22 日即时发出，现将正式收据发往贵方，请查收。

  我方相信第二、第三期欠款能与第一期一样，及时到账。

   顺祝

生意昌兴！

晶显生化研究所
2016 年 2 月 23 日

四、索赔、理赔和拒赔

  买卖合同一旦签订，对买卖双方就同时产生制约。如果一方未能履行合同约定的义务、责任，受损方有权根据合同的约定条款，向责任方提出赔偿要求，这就是所谓"索赔"。索赔是受损方提出的，责任方如果接受索赔，进行处理，便是"理赔"。当然，也有拒赔的。

(一)索赔

  索赔函电应实事求是，证据清楚明白，向卖方或责任的一方明确提出自己的索赔要求，有时因有连带责任，可以向相关方面提出连带索赔。

  索赔行为必须在合同约定的索赔有效期内进行，一旦过期，索赔无效。一封合格的索赔函电要有如下内容。

(1) 明确完整地提出索赔的要求。自己的受损要正确评估，不能提起索赔后又追加索赔。数量、价钱等应准确无误。

(2) 阐明索赔的理由。提供证据，使事实清楚呈现，可引述相关法规、条例等增强理由，也可引述所签订合同中的某些条款。写作时要注意逻辑清楚，说理性强。

(3) 语气把握分寸。索赔是不愉快的事，但是它维护了己方的合法正当的权利。写作时既要说清事实，也要客气委婉，不失礼节。

【索赔】例文1

质量问题索赔

伊犁畜产品贸易公司：

我方购货订单第362号，贵方确认书第638号所指新疆一级甲等长纤绵羊毛50公斤装100包，已于2015年9月12日运抵我方指定物流货场。但是经我方检查发现，此批羊毛纤维粗短，色泽暗淡，完全不是合同约定的一级甲等长纤绵羊毛，根本不能用于我方产品的生产原料，不知贵方因何出此差错？

我方生产线正等着这批羊毛原料，由于贵方的差错，致使我方不得不停工待料，损失严重。

据此，我方提出索赔条件如下：

1. 立刻重新按合同商定之质量品种加急发货。
2. 由贵方负责收回这100包劣质羊毛。
3. 贵方赔偿我方停工待料造成的损失(清单附后)。
4. 我方在收到合格羊毛货品之前，不按原合同约定日期付款。

原材料是生产的源头，请贵方体谅我方的困难，速发正品货为盼。

朗星羊毛制品厂
2015年9月13日

【索赔】例文2

短重问题索赔

丰收农产品贸易公司：

我方于4月24日收到贵方发出的第247号合同所指泰国香米200 kg装25包，但是我方复磅时，发现实际只有20包，总计4000 kg。这与合同标的数少了5包共1000 kg，也与贵方的发货票标明数量5000 kg不符。具体请查所附龙珠港衡器服务所"重量证明书"。我方对这批泰国香米的预销售已经开始，根据合同约定，决定提出如下索赔：

1. 不再补充所短重的泰国香米。在付款时扣去短重部分。
2. 衡器服务费用、短重损失补偿共美元……元，在我方付款时自动扣除。
3. 贵方需向我方就这次短重问题做出解释。

第八章 商务专用函电

切切此盼!

民生粮食批发部
2016 年 4 月 25 日

(二)理赔和拒赔

并非所有的索赔都是要受理的,应该分析事实厘清关系,该受理的绝不推诿,不是自己的责任也要给索赔方明确交代。无论理赔拒赔,都要写清这几个方面:

(1) 已知对方的索赔要求,表示理解。
(2) 对事实的查核结果。
(3) 对索赔要求的回应。如果同意理赔,要说明全额理赔还是部分理赔,根据是什么,理赔的金额、数量和时间安排等。

如果不同意理赔,要说明拒赔的理由,并对索赔方提出解决问题的建议。

(4) 行文要有理有利有节。理赔要承认事实,尽快修正相关差错,变不利为有利;拒赔要态度谦和,设身处地为对方着想,帮助对方解决问题。

(5) 要表示对以后继续合作的期望。

【理赔】例文 1

对质量问题索赔的受理

朗星羊毛制品厂:

贵方来函索赔,我方十分重视,立即指定专门人员进行仔细核查。今日事情已查清,实为我方工作人员粗疏,未按查、核、报、复的工作程序操作,遂将一级羊毛错发为三级羊毛,造成贵方损失,我方深深自责,十分抱歉。

我方即与铁路部门联系,已将合同所指优质一级甲等长纤绵羊毛加急发货,估计最晚 9 月 18 日即可运抵贵处。

由于我方错发,致使贵方停工待料,造成一定损失。我方已研究了贵方的《损失清单》,并认同这张清单。具体理赔步骤当与贵方进一步商谈约定。

我方已对相关人员进行处分并调离,并以此事为鉴,在全公司上下重申生产规范操作程序,我方保证此类错误绝不重犯。愿此次差错不影响双方良好的贸易关系。

伊犁畜产品贸易公司
2015 年 9 月 14 日

【理赔】例文 2

对短重问题索赔的受理

民生粮食批发部:

贵方 4 月 25 日通过电子邮件来函,对 247 号合同标的泰国香米短重 5 包共 1000 kg 提出索赔,我方对此十分重视。4 月 25 日当天即与龙珠港衡器服务所联系,确认此事属实。

我方又立即对装运环节进行核查，终于发现，此次短重为起舱时装卸队差错所致。造成贵方麻烦，我方十分抱歉。

贵方决定不再补充短重部分，我方尊重贵方的决定，同意将合同标的 5000 kg 修正为 4000 kg。贵方提出的衡器服务费用和短重损失补偿费用，虽不是我方责任，但是考虑到贵方的麻烦，我方可以酌情在修订合同时予以一定的优惠考虑。

希望本周能完成合同修订商谈。愿此次第三方的差错不影响贵我双方继续合作。

丰收农产品贸易公司
2016 年 4 月 27 日

【拒赔】例文 1

对质量问题索赔的拒赔

朗星羊毛制品厂：

昨天上午接到贵方索赔的电子邮件，我方十分重视，即着有关人员仔细核查，并与铁路部门联系。现已查清，此批羊毛错在铁路承运部门，将发往连云港的短纤粗毛错发至贵方，造成贵方损失。我方对此深表遗憾，也十分理解贵方处境。

但是既然问题不由我方造成，我方不承担任何责任，损失自不应由我方理赔，请贵方与铁路承运部门交涉。考虑到贵方目前困难处境。我方可同意贵方比原合同约定付款期延迟一个月，作为我方对贵方困难的帮助。此外，在贵方与铁路承运部门联系交涉时，我方可协助调查。

愿问题早日解决。

伊犁畜产品贸易公司
2015 年 9 月 14 日

【拒赔】例文 2

对短重问题索赔的拒赔

民生粮食批发部：

我方十分遗憾地收到贵方 4 月 25 日电子邮件，对 247 号合同标的泰国香米短重 5 包共 1000 kg 提出索赔。经查，此次短重为港口装卸公司起舱时差错所致，实非我方责任。

此次造成贵方麻烦，我们深表关切。但是所短 1000 kg 泰国香米已由龙珠港装卸方负责运送至对方仓库，并不影响市场销售，贵方所订 247 号合同的履约并无障碍，因此我方不能接受贵方要求退还所短 1000 kg 泰国香米的要求。而衡器服务费用和短重损失也不应由我方承担，请贵方径向龙珠港口装卸公司交涉索赔。

这种差错是任何公司都不愿发生的，我们再一次向贵方表示同情。

愿问题早日解决，我们继续愉快合作！

丰收农产品贸易公司
2016 年 4 月 27 日

思考与练习

一、理解以下词语

商务专用信函　建立业务关系　信用调查　询盘　报盘　还盘　反还盘　确认　索款　催款　收讫　索赔　理赔　拒赔

二、简答以下问题

1. 商务专用信函有哪些常见种类？它们的特点是什么？
2. 商务专用信函有哪些写作要求？

三、写作实践

1. 根据近日社会经济新闻案例，分别练习拟写本章各类商务专用信函。
2. 两位同学互为甲乙双方，自拟案例。练习拟写本章各类商务专用信函。

第九章 诉讼文书

本章学习目标：

- 理解诉讼文书的概念和特点。
- 了解诉讼文书写作的一般要求和格式。
- 掌握基层组织常用诉讼文书的基本写法。

第一节 诉讼文书概述

一、诉讼文书的概念和特点

(一)诉讼文书的概念

诉讼，是人民群众在自身正当合法的利益受到伤害时，以法律为武器保护自己，维护自己的正当权益的一种手段，由此便产生了诉讼文书。诉讼文书就是案件的当事人或其他诉讼参与者为保护和实现自身的合法权益，在诉讼过程中依照法定诉讼程序，向司法机关递交的请求或答辩性的文件。

在一个法治社会，诉讼是社会的正常合理现象，说明社会有法可依，在"法"的制约下，行为有了是非标准。而对诉讼文书的写作把握，也就是公民善于利用法律武器来保护自己的体现。

(二)诉讼文书的特点

1. 客观性

诉讼文书是诉讼行为的体现，诉讼又是法律行为，因此诉讼文书的写作首先必须做到"以事实为依据，以法律为准绳"，即客观地反映所发生的事实。涉事的人员、时间、地点、金额、细节等一应事实都必须客观真实，决不能有丝毫主观随意性。只有这样才能保证裁决的客观公正。

2. 合法性

诉讼是法律行为，因此诉讼文书的写作自然也就是要负法律责任的写作。"以事实为依据，以法律为准绳"，说明法律是诉讼过程的唯一评判标准。在写作诉讼文书时，首先必须了解法律，了解本案适用哪一部及哪一条法律；其次要了解诉讼过程的法律程序，在法律的范围和法律的程序内依法提起诉讼请求，并回答相关问题；此外在诉讼过程中，还应遵守法律规定的时间要求，只有在法律规定的时间节点上，才能做某些事情。诉讼过程中必须以此来筹划自己的诉讼写作。

3. 规范性

法律是强调规范的，诉讼文书的写作也必须强调规范。规范性体现在诉讼文书的方方面面：选择文本要规范，程式项目要规范，书写格式要规范，遣词造句要规范，此外字迹要端正工整，句子词组都不能有歧义。规范保证了诉讼文书的严肃性和有效性。

二、诉讼文书的作用和种类

(一)诉讼文书的作用

1. 依据作用

诉讼文书是诉讼行为的重要依据。当事人因某些权益受到损害，依法向有关人民法院递交自己的诉讼状，从而引起了诉讼活动。在整个诉讼过程中，人民法院会仔细分析当事人的相关文书，从中了解事实经过，发现问题或漏洞，将之视为重要的审理依据。

2. 保护作用

诉讼文书在引起诉讼程序开启的同时，也是当事人保护自己的重要工具。提起诉讼、积极应诉、行使答辩权、利用机会上诉申诉，都要写有相关的诉讼文书，对事实的陈述、辩解、反映，对自己权益的维护、争取都要以诉讼文书的写作来体现。

(二)诉讼文书的种类

诉讼行为有多种多样，相应的诉讼文书也就多种多样。如民事诉讼活动有民事诉讼书、刑事诉讼活动有刑事诉讼文书、行政诉讼活动有行政诉讼文书等。而在一个诉讼案件中，根据诉讼程序的展开，诉讼文书又可分为起诉状、答辩状、上诉状、申诉状几种。

在经济活动领域，自然人、法人也可以为解决合同纠纷、解决其他财产权益纠纷而形成的递交给相关仲裁机构的仲裁申请书、仲裁答辩状等。

种类繁多说明了法律的细致和严密，在使用时必须严格区分种类，恰当使用。

第二节　起诉状的写作

一、起诉状的概念

起诉状是指公民或法人因自身合法权益遭受侵害，或因当事人与另一方对有关权利义务问题发生纠纷而不能协商解决时，依法向人民法院提起诉讼请求的文书。根据诉讼的性质和目的不同，起诉状可以分为民事起诉状、行政起诉状和刑事自诉状三类。在诉讼活动中，提起诉讼的一方为"原告"，而应诉的一方为"被告"。起诉状不仅引起了诉讼程序的开启，又是被告答辩的依据，相关法院在做出裁决时，起诉状是最重要的参考依据。

在社会经济活动领域，财产权益纠纷、合同纠纷、知识产权争议等都会引起相关民事诉讼。而若是公民、法人、其他组织认为行政机关或其工作人员所实施的行政行为侵害了自己的合法权益，亦可通过行政诉讼，请求人民法院依照法定程序审理裁定，从而维护自己的合法权益。这时书写的诉状便是"行政起诉状"。

二、起诉状的写作要求

作为法律诉讼文书，起诉状在写作时必须注意以下几个方面。

(1) 以事实为依据，以法律为准绳。写作的事实经过、人员关系、数量日期一定要真实准确。提出的要求必须清楚明确、合理可行。论述逻辑要严密入理，分析举证要确凿可靠。

(2) 要抓住主要矛盾，不可横生枝节。叙述要突出主线，不要在枝节上侧重过程性的无关宏旨的问题。

(3) 正确运用相关法律、法规、政策。不能不了解相关法律法规政策就匆匆忙忙提起诉讼，不能对被告无限上纲，又不能用错法律条文。所以，诉讼之前先要学习法律。

(4) 规范操作。不仅提起诉讼要符合司法程序，写作诉状要符合司法规矩，遣词造句相关术语也要符合司法习惯，如应称"××区人民法院"而不该称"贵院"。此外书写格式、递呈手续等都要规范。

三、起诉状的结构

一份完整的起诉状，由标题、当事人基本情况、请求事项、事实与理由、递呈法院、附项、落款、日期等要素组成。总体可分为首部、主体和尾项三部分。

(一)首部

首先要将标题写明白，如《经济纠纷起诉状》、《行政起诉状》。标题的明白无误是写作起诉状的必要前提。标题居中书写。

当事人的基本情况，是指此案件有关的当事双方的基本信息。包括：原告与被告的姓名、性别、出生年月、民族、籍贯、职业(工作单位)、住址等七项。先写原告再写被告，如果有几个原告或几个被告，要根据其在案件中的关系主次、利害或责任大小排列一一写清。写基本情况的时候，不能秩序颠倒，也不可随意增删。当事人无行为能力或因故不能直接参与诉讼，应委托代理人或代理律师，代理人的基本情况也应一一写明，代理律师则应写明其所在律师事务所的名称和所担任的职务。

倘诉讼当事人为法人或其他组织，则需写明单位或组织名称、注册地址、法人代表姓名职务、企业性质、工商登记核准号、经营范围和方式、开户银行及账号等。

(二)主体

(1) 首先要写明案由。如"原告×××为……合同争议，提起诉讼如下："作为引领全文的始端。在实践中，这个案由在起诉状中也常有略去不写的。

(2) 请求事项是诉讼的主要目的，原告将自己的民事权益争议的具体诉求目标写清楚。如请求法院判决对方归还财产、要求对方偿还债务、要求对方履行合同、要求对方停止侵权并赔偿等。请求事项必须一次性写完整，请求不完全，未请求部分便可能得不到法律的保护。也不能在事后反悔，要求追加。

(3) 事实与理由是诉状的核心部分，是围绕自己的请求摆事实讲道理的过程。事实是请求事项的基础，要充分展开事情的经过，交代当事人之间的法律关系，突出矛盾的症结，双方争议的焦点。行政起诉状还要说明被告的行政行为在认定事实或适用法律等方面的错误之处。

理由则是请求事项的支撑，由此认定案件性质或确认法律根据。要正确引用相关法律、法规、政策，恰当地用立论的写法对自己陈述的事实进行理论的强化。由此可见，进入诉讼文书的写作环节，首先要懂法。

(4) 最后，可以"综上所述，原告请求人民法院依法判决(裁定)被告……"为结语，也可以"据此，原告提出上述请求事项"为结语。

(5) 证据及其来源是为了证明事实的真实可靠，不仅要提供证据，还应说明证据的来源，以此帮助案件的裁决；在向法院提供证人之前，先要征得证人同意，然后才能将证人的相关联系信息交与法院。但是行政诉讼采取的是"被告负举证责任"的做法，行政起诉状可以不列诸种证据，而由被告自己举证辩护。

(三)尾项

主体写完之后，一些格式化的程序和一些附加说明的东西，一一写在这里。

首先是递呈法院的全称，要另起一行，前空两格写"此致"，再另起一行顶格写"××区(县)人民法院"；第二是具状人签名盖章，如果是单位组织，要加盖公章，还要有法人代表的姓名和印章；如果由代理人出面，则在具状人下面由代理人签名盖章；接着写具状的完整时间；最后是附项说明。一要说明有几个副本，二要说明书证物证的名称与数量。

如果起诉状是由他人代笔，则应在日期下面注明代笔者的身份、姓名。

【起诉状】例文 1

<h3 style="text-align:center">经济纠纷起诉状</h3>

原告：广州 XY 物业管理公司

住所：……

法定代表人：张三，总经理，电话：……

被告：广州 MN 房地产发展有限公司

住所：……

法定代表人：李四，总经理，电话：……

诉讼请求：

1. 判令被告给付拖欠的物业管理费10万元人民币。
2. 判令被告给付违约金及迟延付款的银行利息。
3. 判令被告赔偿原告提起诉讼而产生的一切损失，包括诉讼费、请律师费等。

事实与理由：

原告广州XY物业管理公司与被告广州MN房地产发展有限公司于2007年4月28日签订物业管理合同，由被告委托原告对天河小区进行长期管理。合同约定：

1. 物业管理费每月3万元人民币，一年共36万元人民币；
2. 合同有效期3年，自2007年5月1日至2010年4月30日止；
3. 被告每月15日前付款，如被告违约或延期，赔偿物业管理费的30%。2007年7月5日，原告与被告双方又签订了一份补充协议，增加了物业管理内容及对原告物业管理工作量化考核办法。

原告严格执行该合同及补充协议，按时按质完成保洁工作，在服务期间被告也未对原告的服务质量等做出任何处罚，也没有书面材料。但被告于2008年8月到2009年5月每月只付了2万元人民币，无故拖欠物业管理费共10万元人民币。2009年6月起，原告即与被告协商给付拖欠的物业管理费一事，未见结果。经协商，被告同意原告于2008年5月1日从天河小区撤出物业管理人员，终止了与被告的物业管理合同。但是，被告并未给付拖欠的保洁费。综上所述，双方签订的物业管理合同，是双方各自真实的意思表示，符合法律规定，双方理应履行各自的义务。按照《中华人民共和国合同法》第二十条规定，当事人应当按照规定约定全面履行自己的义务。被告接受了原告的劳动成果，却不足额给付物业管理费，实属违约行为。根据《中华人民共和国合民事诉讼法》第一百零九条规定，特向天河区人民法院起诉，请求保护原告的合法权益。

证据和证据的来源：

1. 合同1份，……
2. 补充合同1份，……

   此致
天河区人民法院

             起诉人：广州XY物业管理公司(盖公章)
             法定代表人：张三(签名或盖私章)
                 二〇〇九年五月五日

附件：

1. 本起诉状副本1份
2. 证据材料3份(……)

                 (资料来源：百度文库)

【起诉状】例文2

行政起诉状

原告：黄××，男，一九三七年四月出生，汉族。辽宁抚顺人，系辽宁省××市××厂干部，现住××省××市××区××街××号。

被告：××省××市土地管理局，地址：××市××区××街××号，

电话总机：××××××，邮政编码：××××××。

诉讼请求事项：

一、撤销××市土地管理局的(2010)行处字第××号行政处罚决定；

二、根据事实和法律，正确裁决。

事实和理由：

××市土地管理局做出的(2010)行处字第××号行政处罚决定(以下简称《决定》)是错误决定。这个《决定》不尊重客观事实，并且错误地援引了法律条款，因此应予撤销。理由如下。

一、《决定》认为，原告"没办土地审批划拨手续就施工是违法的。触犯了土地管理法第 11 条之规定，"并据此作为处罚决定的主要理由。原告认为，这种认定是虚假的、不客观的。原告于 2009 年九月—十九日开始逐级向各级政府主管部门申请翻建住宅楼(见附件1)，面积为 300 平方米。2009 年 10 月 17 日，×街道办事处已签批(见附件2)。2010 年 3 月 1 日，×市城建规划处签发建房通知单(见附件3)。据此，原告动工翻建住宅楼，并于同年 8 月竣工。竣工后，由城规划处按建房通知单验收。验收合格后，于同月 15 日发放了第×号建筑许可证(见附件4)。

原告认为，上述审批手续合法。城建规划处代表政府行使权利。其审批是有效的、合法的。据查，原告建房期间以及建房之前的审批工作，都由城建规划处负责。这是政府赋予的权力，其他单位和部门，无权干预。原告手持城建规划处的合法批文，并按建房通知单划定的范围施工建房，怎么会被认为"没有土地审批划拨手续"呢？违法又从何谈起呢？是城建规划处的批文违法，还是原告没按批文施工而违法？

二、《决定》本身自相矛盾，适用法律条款不当。《决定》第一自然段，清楚地说明了原告经×市城建规划处批准，翻建 300 平方米住宅，并且发给了第×号建筑许可证。而在第二自然段，又认为没办土地审批划拨手续，多占地 112.6 平方米。《决定》既然承认城建规划处的×号批文，原告按该批文建房就是合法的，应当受到法律保护。如果否定规划处的批文，那么，否定的依据是什么？如果批文无效，应依土地管理法第 48 条规定，由规划处承担相应的民事责任，而不应当处罚原告。《决定》援引土地管理法第 43 条之规定也是不恰当的，此条款是针对全民所有制单位和集体所有制单位而言的，对个人建房并未做出具体规定。此外，土地管理法第 53 条明确规定："当事人对行政处罚决定不服的，可在接到处罚通知之日起 30 日内，向人民法院起诉"。而土地管理局却擅自将诉讼时效改为15 日。因此，原告认为，《决定》并非依法成立。

综上所述，原告认为，《决定》认定的事实与实际不符，其裁决结果，与法律相悖。

因此，请法院详查，依法撤销《决定》，尽快公正裁判。

　　　　此致
××省×市××区人民法院

起诉人：黄×
××年×月×日

　　附：1. 建房申请书1份；
　　　　2. ×街道办事处的批文；
　　　　3. ××市城建处签发的建房通知单；
　　　　4. 第×号建筑许可证；
　　　　5. ××市土地管理局处罚决定书1份；
　　　　6. 本起诉状副本1份。

（资料来源：中国法院网）

第三节　上诉状的写作

一、上诉状的概念

　　诉讼当事人因对人民法院的一审判决或裁定的结果不服，遂在法律规定的时限内，依照法律程序，向上级人民法院提出自己要求重审、改判、撤销等要求，是为上诉。依法上诉是法律保障公民合法权益的一种重要的法律手段。在上诉过程中，上诉人所递交的引起二审程序的文件，叫作"上诉状"。

　　上诉状就是诉讼当事人或其法定代理人，不服一审法院的裁定或判决，按照法定的诉讼程序，在法定时间内向上一级人民法院提出撤销、改判等重审的请求而写就的诉讼文书。上诉状一般也有民事上诉状、刑事上诉状、行政上诉状等。

二、上诉状的写作要求

　　上诉状引起了二审程序的发生。写作时除了与起诉状相同的几个注意点外，还要注意以下几点。

　　(1) 内容上：上诉状的内容不能是起诉状或一审答辩状内容的简单重复，要针对一审判决裁定的不服部分具体展开。如指出一审认定事实有误、一审所依法律有误、一审审判程序不合法等，对一审判决裁定并无异议的部分不必重复。尤其不能一味喊冤而拿不出事实证据或理论依据。

　　(2) 时限上：诉讼是法律行为，必须依法进行，上诉的期限一定要掌握准确。逾期一审判决裁定生效，便不可再上诉。

　　(3) 程序上：原告被告都可因不服而上诉，法律上称为"上诉人"，当事的另一方则称为"被上诉人"。上诉状可向原审法院递交，也可向上一级法院递交。

三、上诉状的结构

上诉状也可分为首部、主体和尾项三部分。

(一)首部

首部的标题根据案件的性质,可写作《经济纠纷上诉状》《行政上诉状》等。居中书写。

当事人的基本情况,即指二审程序中的当事人,法律上称作"上诉人"和"被上诉人"。基本情况不但要写明与起诉状要求相同的基本信息,还要说明在一审中的法律地位,即是一审中的原告还是被告。同样,代理人也要写明相关基本信息。

(二)主体

(1) 在上诉状的案由一栏,要写明所上诉的案件信息,包括人民法院的名称、审判时间、文书编号等。一般规范为如下表述:

上诉人因……一案,不服××××人民法院××年×月×日第×字××号判决(裁定),现提起上诉。上诉理由与请求如下:……

(2) 上诉请求针对一审法院的判决不当,向二审法院提出自己重审、撤销、全部或部分改判、变更的诉讼主张。要完整明确,言简意赅,直截了当。

(3) 上诉理由要充分摆事实讲道理,在写作环节用的是"驳论"手段。针对原审过程中的事实认定、法律运用、定性尺度、诉讼程序等方面出现的错误,一一进行驳斥论辩,在驳论中阐明自己不服原审结论的理由,有理有据地提出自己的主张。

结句应该写成"综上所述,原审判决(裁定)有误,为此,特向××人民法院提起上诉,请求对该案依法改判(撤销、重审)。"

(三)尾项

上诉状尾项的各部分和基本格式,都与起诉状相同。即要写明递呈法院的全称、具状人签名盖章、具状的完整时间;最后是副本说明和书证物证的说明。其中单位、代理人代笔者的写法要求都与起诉状一致。

【上诉状】例文 1

民事上诉状

上诉人:李×,……(一审×告)

上诉人:薛××,……(一审×告)

被上诉人:丁××,……(一审×告)

被上诉人:沈阳××有限公司,法定代表人:丁××(系该公司经理),住所地:……

上诉人诉被上诉人买卖合同纠纷一案,不服辽宁省××市人民法院的(2011)新民民(三)初字第283号民事判决书,现依法提起上诉,请求依法改判。

上诉请求：

1. 请求二审法院依法撤销辽宁省××市人民法院的(2011)新民民(三)初字第283号民事判决。

2. 请求二审法院在查清事实的基础上，依法改判。

3. 请求二审法院判决被上诉人承担本案的全部诉讼费用。

事实及理由：

一、一审法院查明事实错误

1. 一审法院在查明事实中称"被上诉人丁××于2010年10月15日开始供应的熟棒，截至2010年11月18日供熟棒12万余棒，价值人民币30余万元"，与事实不符。丁××在庭审中确实提供了部分养菇户签字的收条，因为上诉人不知道此事，于是庭审后原告要求签字的养菇户到法院把事情说清，可是一审主审法官态度蛮横，不接待养菇户，养菇户只好向法院提交了说明，即大部分养菇户出具的收条是2010年7月3日签订菌棒购销合同，因菌棒的质量原因(当时丁××和康××口头约定成活率必保95%以上)，丁××的合伙人康××根据每户的成活率情况答应给种菇户补的菌棒。而不是一审法院认定的12万棒都是被上诉人丁××履行合同供应的菌棒数量。

2. 一审法院在查明事实中称"做生棒协议签订后，原告的用户从2010年12月2日至12月7日拉走14万棒的原料(含部分欠料，有欠条)，价值35万元"，与事实不符。根据丁××供应的原料及其提供的配方来算，上诉人只能够生产63 013棒菌棒，而不是14万棒。……

3. 被上诉人只供应了部分平菇菌棒，合同约定的姬菇50万棒至今一棒也没有供应。造成广大养菇户品种单一，无法适应市场的需求，导致部分平菇销售困难，价格偏低。

二、一审法院认定事实错误

1. 上诉人不存在违约行为。上诉人之所以没有在2010年10月5日前交齐180万购货款，是因为被上诉人丁××没有按照合同的约定在2010年9月23日开始供货，并且在2010年10月5日前丁××一棒菌棒也没有供给上诉人的养菇户，更有甚者至今丁××也没有供齐70万元的菌棒。因此，上诉人依据"《合同法》第六十七条当事人互负债务，有先后履行顺序，先履行一方未履行的，后履行一方有权拒绝其履行要求。先履行一方履行债务不符合约定的，后履行一方有权拒绝其相应的履行要求"的规定，没有继续支付购买菌棒款，即上诉人不继续支付菌棒款是依据合同法规定的"先履行抗辩权"维护自己的合法权益，而不是一审法院认定的违约。

2. 被上诉人已供货近70万元是错误的。上面上诉人已经对丁××实际交货数量做了清楚说明，在这里不再赘述。

3. 一审法院认为"原告所诉被告违约，请求赔偿证据不足"是错误的。一审法院在"本院认为"中已经认定"丁××未按照约定的时间供应第一批货，已构成违约"，可是在同一段的论述中又称"原告诉丁××违约赔偿证据不足"。上诉人认为……，应予纠正。

4. 一审法院认为"双方第一次供货数量未明确约定，到2010年10月15日供货数量也未约定"。但是依据合同法第 62 条第五款规定:"履行方式不明确的,按照有利于实现合同目的的方式履行。"因此,虽然没有详细说明第一次供货数量及每日供货数量,但是被上诉人丁××应当按照总供货量和供货时间均衡地供货。而不能以第一批货物供货数量约定不清,就可以不供货,而逃避违约责任。

5. 一审法院认为"2010 年 10 月 9 日丁××与康××及二原告为公证人签订的合作协议看,是在未供货及货款未全部付清的情况下签订的,此协议可视为供货时间准许延期,给付货款时间准许顺延"是错误的。上诉人在丁××与康××合作协议上签字,明明是公证人身份,只是对该份协议见证。而且该份协议的内容只是丁××与康××合作事宜,根本没有涉及丁××与二上诉人之间的合同内容。……请求二审法官认真阅读并调查研究 2010 年 10 月 9 日丁××与康××签订的合作协议内容,该协议是否真的能证明供货时间准许延期,给付货款时间准许顺延。

三、一审法院适用法律错误

一审法院适用《民事诉讼法》第六十四条认为上诉人没有提供有效证据证明被上诉人违约,继而驳回了上诉人的诉讼请求。可是,一审法院在论述中已经认定了丁××没有按照约定履行合同的行为构成违约,因此本案适用法律与认定事实是相互矛盾的。上诉人认为本案应当适用《合同法》第六十七条、第六十二条、第一百一十四条等法律依法进行判决。

四、一审法院审理程序违法

1. 一审判决中称"本院认为双方应进行结算,被告欠原告的料应给付或退款,如合同不能履行,双方可协商终止合同。如被告给付货物不足 70 万元,原告可另行诉讼"这种推卸审理责任的做法是错误的。上诉人如能与对方进行结算,协商解除合同,还花一万八千多元的诉讼费找法院解决?丁××给付货物不足 70 万元在该判决书中已经认定,而且在诉讼请求中也要求被上诉人退还购买菌棒款,为啥还要求上诉人另诉?……

2. 一审法院在庭审过程中,对因有事晚来的当事人薛××大声呵斥,不让其发表质证意见和辩论意见,并强行将薛××撵到旁听席。可见,一审法官剥夺上诉人质证权、辩论权的行为已经严重地违反了民事诉讼法的规定,即一审法院审理程序,已经构成严重违法。

综上所述,一审法院在审理本案时,没有依法查清事实,导致认定事实错误,适用法律错误,而且存在严重的程序违法。因此,恳请××法院在依法查清本案事实的情况下,严厉惩罚坑农害农的违法和违约行为。

此致

××市中级人民法院

上诉人:……

××年×月×日

附项(略)

(资料来源:公文网)

【上诉状】例文 2

行政上诉状

上诉人：……

被上诉人：……

原审被告：××县人民政府　　法定代表人：×××，代县长

上诉请求：

1. 判令撤销××县人民法院(2010)×行初字第 14 号行政判决书。

2. 判决驳回被上诉人的原诉讼请求。

上诉理由：

一、原审判决对本案所涉及的法律关系性质认定错误

原审被告给上诉人颁发的××证地(籍)发(2010)15 号《关于××镇居民××转让国有土地使用权的批复》，其性质不是建设用地批复，而是国有土地使用权转让批复，即同意土地使用权由原××县城区商品房开发公司转让给本案上诉人，根本就不是原审认定的建设项目批准或者建设用地批准文件。原审被告颁发的×国用(2010)第 47 号《国有土地使用证》，性质上是一种物权登记行为，物权登记是不动产物权的公示方式，而非行政行为。

二、原审判决适用法律错误

原审判决引用《城乡规划法》第三十八条规定的"在城市、镇规划区内以出让方式提供国有土地使用权的，在国有土地使用权出让前，城市、县人民政府城乡规划主管部门应当依据控制性详细规划，提出出让地块的位置、使用性质、开发强度等规划条件，作为国有土地使用权出让合同的组成部分。未确定规划条件的地块，不得出让国有土地使用权"。该条款的适用条件是国家"以出让方式提供国有土地使用权"。而本案所涉地块是转让国有土地使用权，即从原××县城区商品房开发公司转让给本案的上诉人，并非国家以出让方式提供国有土地使用权。本案所涉地块的国有土地使用权，早在……年 6 月 8 日自×政土发(88)033 号《关于县城区商品房开发公司征用土地的批复》批准之日就已形成。本案是国有土地使用权转让、过户及物权登记性质，被上诉人不服，只能依据《物权法》第 19 条规定的异议登记制度寻求救济途径。所以，原审判决适用《城乡规划法》第三十八条之撤销国有土地使用权转让批复和《国有土地使用权证》是明显错误。

三、原审判决程序错误

原审被上诉人起诉认为上诉人将来建房和其房屋相毗邻，可能影响其通风采光，此乃民事法律关系中的相邻权纠纷，并且在……年 8 月 26 日上诉人与被上诉人所签的《协议书》中已解决，非属行政法律关系，原审法院通过行政诉讼干预和否定民事协议行为显属不当，是程序错误。

综上，上诉人认为，原审判决认定法律关系错误，适用法律和程序错误，导致判决错误，请二审法院依法撤销原判，驳回被上诉人的原诉讼请求。

此致

××市中级人民法院

上诉人：××
××年×月×日

（资料来源：百度文库）

第四节　答辩状的写作

一、答辩状的概念

答辩，是法律赋予诉讼的被告或被上诉一方当事人的权利。诉讼活动中，被告针对原告的起诉请求内容，以及原告所举事实所引理由；被上诉人针对上诉人的上诉请求内容，以及上诉人所举事实所引理由，以答辩人自己认定的事实、掌握的证据、引证的理由进行答复和辩解，据此写成的诉讼文书，即称"答辩状"。人民法院应当在立案之日起五日内将起诉状副本发送被告，上诉状副本也应在接收后五日内发送被上诉人。被告或被上诉人则应在收到之日起十五日内提出答辩状。法律规定，不提出答辩状的，不影响人民法院审理。人民法院应当在收到答辩状之日起五日内，将答辩状副本发送原告或上诉人。根据不同性质的分类，答辩状也可分成民事答辩状、刑事答辩状和行政答辩状。

二、答辩状的写作要求

答辩状是诉讼当事人诉讼权利平等的体现。写作上除前节所述诉讼文书的一般要点之外，也应该做到：

(1) 明确性。无论承认还是反对对方的诉讼请求，答辩人所具答辩状一定要对此回答明确。要清楚地表明自己对哪些事实是认可的，哪些是不予认可的；哪些是可以接受的，哪些是不予接受的。答辩是答辩者在诉讼活动中自己对法律责任承担的确认。

(2) 针对性。答辩必须针对对方诉讼的具体请求进行，甚至在文章布局上也针对对方的文章顺序逐条展开。不要游离其外空发议论，却忽略了对对方观点意见的反驳，这将于事无补；也不要自己横生枝节，挑起对方并未追究并不诉求的事情，使自己陷于莫名被动。

(3) 客观性。明确针对的前提是客观性，答辩不是狡辩，技巧不是耍赖。要在真实的事实依据、证人证物基础上，维护自己的权益，论证严密，剖析深刻。要正确引用相关法律为自己辩解，义正词严。对自己的错失也要勇于承认，却不必为息事宁人或只求诉讼速决而无谓担当。

三、答辩状的结构

答辩状的总体结构与诉状基本一致，只因出现在诉讼过程的不同时间节点，又因使用者在诉讼中的地位不同，而有些许差异。

(一)首部

首部的标题可不必说明是什么诉讼过程，无论起诉答辩还是上诉答辩，都只要写明《经济纠纷答辩状》《行政答辩状》等即可。居中书写。

当事人的基本情况,就是答辩人的基本情况,与起诉状和上诉状的写法一样,根据法院要求一一写明基本七项。代理人同样应写明相关基本信息。但是答辩状一般不必写诉讼对方的基本信息。

(二)主体

1. 案由

要写明所答辩的案件信息,包括答辩所针对的是什么人、什么事、什么诉讼过程。常用的基本表述如下。

"答辩人于××年×月×日接到××人民法院发送的因××诉××……一案的《应诉通知书》和《民事起诉状》副本及有关材料,现就原告诉讼请求事项提出答辩如下:"

也可更为简单,如"答辩人因××不服……人民法院××年×月×日字第×号判决(裁定),提起上诉一案,现做出如下答辩:"

2. 答辩理由

针对对方的起诉或上诉,逐条一一答复及辩驳。一般答辩人认为需要答辩的,都是对诉讼对方的诉讼请求持有异议,需要驳斥申辩。因此在写作答辩状时,一可以从对方所控事实不符或证据不足入手,陈述事实真相,并举出充分证据,证明自己行为的合法性;二可以从对方在适用法律上的问题入手,据法论理,证明对方由于所引法律失当而导致了诉讼理由或诉讼请求失当;三可以从诉讼程序是否规范上入手,找出原告或上诉人并不具备或已经失去诉讼发生或继续进行诉讼的条件,证明诉讼并不能成立;四可以准备大量又充分的事实和证据来证明答辩人自己对诉讼对方的义务已经履行或已经不存在,从而推出对方的诉讼请求无意义的结论,否定对方的诉讼请求。

这是答辩状的核心关键,甚至可以说"成败在此一举"。要依据对方的起诉状或上诉状中提到的问题,据理驳倒对方,"破字当头,立也就在其中了",驳的同时,自己的观点也应同步明确。根据我国法律,行政诉讼中,答辩人自己负有举证责任,因此行政诉讼的被告、被上诉人一定要提供自己的行政行为的政策依据,以及相关的正式文件。虽然都是答辩,但是一审答辩着重点在针对起诉状的内容,而二审答辩者往往是一审中胜诉的一方,因此着重点在维护一审的原判,所以要以充分证据和理由支持一审的事实认定和法律适用,争取二审法院支持自己维持一审原判的主张。

3. 答辩意见

答辩状具状者的意见在上文的逐一驳斥中已经展现,此处只是再最后归纳强调一下,证明自己陈述的事实真实准确,说明自己对本案的处理意见合法合理,强调自己的答辩理由充分有据,揭示对方的要求错误无理,请求人民法院依法裁定。

(三)尾项

答辩状尾项的各部分和基本格式,也都与起诉状相同。即要写明递呈法院的全称、具状人签名盖章、具状的完整时间;最后是副本说明和书证物证的说明。其中单位、代理人

代笔者的写法要求都与起诉状一致。

【答辩状】例文 1

民事答辩状

答辩人：李××，男，……，……，……，……，……

答辩人就与原告交通事故人身损害赔偿纠纷一案，为澄清事实，分清责任，特提出以下答辩意见供审判庭参考：

一、答辩人对原告在起诉状中所陈述的事实部分基本没有异议，但对定残日的确定存在疑问，希望原告在关于时过七个多月之后才进行定残鉴定问题上给出合理解释，以期让人信服，法庭明鉴。

二、在赔偿金的确定问题上，我存在较大疑问。在残疾赔偿金和受害人店内财产损失问题上，我基本认可。但是总的来说，赔偿清单列举的赔偿项目和金额过于粗略简单，难以使人确定其真实性和合法性。

其一，属于需要正式凭单票据、意见书或鉴定书的加以佐证的项目，没有事实和法律依据，我方无法认可。如《最高人民法院关于审理人身损害赔偿案件适用法律若干问题的解释》(以下简称《最高法解释》)第十九条规定医疗费根据医疗机构出具的医药费、住院费等收款凭证，结合病历和诊断证明等相关证据确定。第二十二条规定交通费根据受害人及其必要的陪护人员因就医或者转院治疗实际发生的费用计算。交通费应当以正式票据为凭；有关凭据应当与就医地点、时间、人数、次数相符合。第二十四条规定营养费根据受害人伤残情况参照医疗机构的意见确定。第二十六条规定按照普通适用器具的合理费用标准计算。伤情有特殊需要的，可以参照辅助器具配置机构的意见确定相应的合理费用标准。辅助器具的更换周期和赔偿期限参照配置机构的意见确定。

其二，对某些项目的赔偿金计算标准和计算方法上存在疑问，原告应当依法计算准确数额，而不能扩大赔偿要求。关于误工费的计算，根据《最高法解释》第二十条规定，受害人应属于有固定收入的情形，按照实际减少的收入计算。对此受害人无法提出收入状况的证据，应当按照××省道路交通事故人身损害 2008—2009 年度赔偿标准中规定的受诉法院所在地相同或者相近行业上一年度职工平均工资计算，……本案正属于此种情形，因此在计算时应当将赔偿设计最长年限的 20 年分开计算，才合理合法；关于 24 万元的护理费，答辩人认为明显过高。《最高法解释》第二十一条有规定，护理费用根据护理人员的收入状况和护理人数、护理期限确定，对于收入状况和人数我没有异议，然而将护理期限定为最高的 20 年并不尽合理，没有充足理由支撑。

其三，原告存在明显不合理的请求项目。根据《最高人民法院关于确定民事侵权精神损害责任若干问题的解释》第九条规定，在致人残疾情况下，精神损害抚慰金即为残疾赔偿金。受害人在已经要求了残疾赔偿金后，不能再重复要求精神损失费，希望法庭依法评判。在司法鉴定费的承担问题上，答辩人保留辩论和质疑的权利。

三、关于责任分配问题，为维护答辩人的合法权益和法律尊严，我有几点意见。首先，根据××交通警察支队滨江大队于××年×月×日做出的道路交通事故认定书，认定我承担事故的全部过错责任,即对受害人承担赔偿责任。而实际上我认为××公司与我在赔偿问题上脱离不了干系是有据可查的,最高人民法院在《关于实际车主肇事后其挂靠单位应否承担责任的复函》(2001)民一他字第 23 号中曾明示:"实际车主肇事后其挂靠的从挂靠车辆的运营中取得了利益的被挂靠单位应承担适当地民事责任。"因此,恳请法庭仔细考量,适当地认定我与××公司之间的责任分配关系。其次,根据保险有关规定,车辆在有交强制险的情形下,首先应由保险公司在医疗费 10 000 元,死亡或残疾 110 000 万限额内承担赔偿责任,超出部分另行由其他责任方承担。

综上所述,答辩人对原告因交通事故造成的损失只能依据法律的规定在相应的赔偿限额范围内对其合理部分费用进行赔偿,对超过赔偿限额的部分不承担赔偿义务,请求人民法院依法驳回原告不合理的诉讼请求。

此致
××市××区人民法院

答辩人:李××
××年×月×日

附件:答辩书副本一份

(资料来源:百度文库)

【答辩状】例文 2

行政答辩状

答辩人:××市建设局 住所地:××市××路××号
法定代表人:××   职务:局长

为×××、×××不服××市××区人民法院做出的(2009)×行初字第 0010 号行政判决书提起上诉一案,答辩人现根据上诉人的上诉理由,作以下答辩。

1. 省发改委对《××市轨道交通一号线工程初步设计》做出的批复,根据有关规定属于建设项目批准文件。其理由是:

其一,为了改变计划经济体制下高度集中的投资管理模式,进一步深化投资体制改革,国务院于 2004 年 7 月 16 日颁发了《关于投资体制改革的决定》。根据该文件的规定,建设项目的审批制度从原来单一的政府审批制改变为政府审批制、核准制和备案制三种形式。并且对属于政府审批范围内的建设项目无论在程序上和内容上都进一步简化。属政府审批的建设项目,根据项目内容的不同只是对可行性研究报告或是在此基础上需要的项目初步设计进行审批。因此,政府主管部门对初步设计的批复也是建设项目批准形式之一。

其二,国务院办公厅颁发的《关于加强和规范新开工项目管理的通知》(国办发〔2007〕64 号)中对各类投资项目开工建设必须符合的条件做出了具体规定。其中第一条第(二)项明确规定了开工建设项目必须符合:"完成审批、核准或备案手续。实行审批制的政府投资项目已经批准可行性研究报告,其中需审批初步设计及概算的已经批准初步设计及概算。"该规定也是对建设项目是否已完成政府审批手续的具体认定。因此地初步设计的批复按照上述文件的规定应当属于建设项目批准文件。上诉人引自国家计委〔1983〕116号文件以及教科书的内容对本案所涉的建设项目批准文件的形式提出质疑，并推定省发改委对《××市轨道交通一号线一期工程初步设计》做出的批复不是法定的建设项目批准文件，属引证不当。

2. ×地拨复〔……〕第16号文件系国有土地使用权批准文件的具体形式。其理由是：

(1) ×地拨复〔……〕第16号文件系××市国土主管部门报请市政府批准后向本案第三人下达的使用国有土地使用权的批准文件，该文件系国土主管部门依职权做出的具体行政行为，也是答辩人核发拆迁许可证的依据之一。

(2) ×地拨复〔……〕第16号文件也是国土主管部门核发《建设用地批准书》和《划拨国有土地划拨决定书》的有效依据。这在《建设用地批准书》和《国有土地划拨决定书》上均已载明，足以证明。

因此，答辩人认为：上诉人提出的×地拨复〔……〕第16号文件不是法定的国有土地使用权批准文件的观点不能成立。

3. 本案第三人提交的《拆迁计划和方案》符合拆迁条例规定的内容。

(1) 根据《拆迁计划和方案》中载明的安置房源情况可以认定：本次拆迁项目所配置的房源是定销商品房和由本案第三人订购的、××地产有限公司开发的××路×号地块商品房(期房)，并有相应的证明材料所证明，不存在凭空之说。并且，近阶段的拆迁实践也可证明上述房源是客观存在的。

(2) 安置房源落实和支付是两个不同的阶段，在核发拆迁许可证时答辩人所要审查的是安置房源是否落实。至于安置房源要符合国家质量标准这是安置房的建设单位应承担的法定义务，假如安置房交付时不能达到国家质量标准的，除了建设单位要承担法定责任外，对产权交换的安置房本案第三人也要承担法律责任。

(3) 国务院《城市房屋拆迁管理条例》第28条规定的内容是针对拆迁人用安置房对被拆迁人进行安置时所作出的具体要求，而不是答辩人核发拆迁许可证时审查的依据。

因此，上诉人诉称《拆迁计划和方案》不符合法律强制性规定没有客观依据。

综上所述，答辩人认为：一审法院所做出的判决并无不当，上诉人上诉的理由不能成立应予驳回。以上答辩意见恳请二审法院予以采纳。

此致
××市中级人民法院

答辩人：××市建设局(盖章)
××年×月×日

(资料来源：百度知道)

第五节　申诉状的写作

一、申诉状的概念

申诉，是指案件当事人对已经发生法律效力的判决、裁定、调解，认为确有错误，表示不服，遂依法向人民法院和人民检察院提出要求重新处理的诉讼请求。在申诉期间，原判决、裁定不停止执行。而申诉人对已经生效的法院判决或裁定提出申述时所撰写的书状文件，便是"申诉状"。

二、申诉状与上诉状的区别

申诉和上诉都是因不服判决(裁定)而提出要求重新审理的诉讼文书，但是二者有很大不同，必须予以区分。

(1) 效果不同。上诉必然引起二审程序，从而导致一审判决、裁定不能生效。但申诉仅是提起审判监督程序的重要材料来源，是否能够引起审判监督程序，则必须由司法机关对申诉材料进行审查，确认原已生效的裁判确有错误，并符合法律规定的重新审判的条件，才能开始审判监督程序。因此申诉不能停止判决、裁定的执行。经过两级人民法院审理后的案件当事人仍然不服的按申诉处理，对当事人申诉的案件经过两级人民法院处理后，当事人仍坚持申诉，但没有新证据的，人民法院不再受理。

(2) 主体范围不同。上诉的主体是被告人、自诉人、附带民事诉讼当事人及其法定代理人、经被告人同意的被告人的辩护人及近亲属。申诉的主体是当事人及其法定代理人、近亲属。亦即申诉的主体范围小于上诉的主体范围。

(3) 受理机关不同。上诉的受理机关只能是原审人民法院及其上一级人民法院，而申诉的受理机关则既包括原审人民法院及其上级人民法院，也包括与上述各级人民法院对应的人民检察院。

(4) 受理期限不同。上诉有明确的时间限定，过了这个时限，一审判决裁定便已生效。而申诉则没有严格的时间限制，一般为判决书生效之日起两年内提出申请。但是刑事案件的重大突破后申诉，可以不受两年时间的限制。

三、申诉状的写作要求

给予申诉的权利，是纠正原判可能出现的错误的司法制度。申诉状的写作除前节所述诉讼文书的一般要点之外，还需做到：

(1) 要有新的证据。判决或裁定已经认定的事实，不必一再重复，因为判决裁定就是依据了这些事实，只是在老材料上做文章已经毫无意义，而且这样的文件也不会被受理。所以，申诉的内容一定要有新的证据、新的证人等新的材料，这才可能引起有关方面的注意。写作时,要强调这些新材料,对旧有的事实只需稍加陈述即可。

(2) 要有严密逻辑。申诉固然是因为不服,但是不能全文喊冤,大叫不服,更不能泄愤咒骂。必须针对案件的疑难处,本着实事求是的原则,利用新的材料充分举证,严谨论证,引用法律法规的具体条文,为自己辩护,反驳原判决对事实的错误认定。注意要抓住新材料攻其一点,而不要全面出击,分散全文的雄辩说服力。

四、申诉状的结构

申诉状的总体结构与上诉状基本一致,全文也由首部、主体和尾项三大部件构成。

(一)首部

首部的标题可简单写成《申诉状》或《申诉书》。案件的定语可不加。

当事人的基本情况,与起诉状和上诉状的写法一样,根据法院要求一一写明基本七项。合法代理人同样应写明相关基本信息。如当事人正在服刑,应写明服刑地点。

(二)主体

1. 案由

案由就是写明自己要申诉的哪一桩案件,最基本的表述为:"申诉人××对××××人民法院××年×月×日×字第×号判决提出申诉,请求再审。"

2. 请求事项

请求事项就是自己的目的,在这里不能写得太啰唆。原判决已然生效,此处要针对原判的不妥不当不对之处,说明有了新材料,要求有关方面复查或重审,并明确提出自己的主张。

3. 事实与理由

不要,也不能重复已经为法院熟知、掌握的旧信息,而要拿出新的证据、新的证人、新的材料,或依据对法律的认识想到的新的论点论据来进行阐述,指出原审的错误之处。但是如果相关法律有了新的改动,不能依据新法,而只能依据事发时及原审时的法律进行申诉。内容安排上可分条详述,但是一定要围绕新的材料,要有新的理由。否则是不予受理的。末句仍可以常用句型结句:"综上所述,原审判决确有错误,特向××××提出申诉,请求予以重新审理(改判)。"

(三)尾项

申诉状尾项的各部分和基本格式,与一般诉讼文书相同,但必须附上原审的裁决文件如判决书等的复印件。具体要写明递呈法院或检察院的全称,申诉人应签名盖章,写清具状的完整时间,附件说明写清"××××人民法院判决书复印件×份",并说明其他附件和副本名称及份数。单位组织或代理人的写法要求都与上诉状一致。

【申诉状】例文1

申 诉 状

申诉人×××，……………………………

申诉人×××因不服××省××市中级人民法院于××年×月×日作出的(……)×行×字第×号行政裁定，依据《中华人民共和国行政诉讼法》第六十二条之规定，向××省高级人民法院申诉。

一、申诉请求

请求撤销××市中级人民法院的(……)×行×字第×号行政裁定书。

二、申诉事由

依据《中华人民共和国行政诉讼法》第六十二条"当事人对已经发生法律效力的裁定，认为确有错误的，可以向上一级人民法院提起申诉"之规定，特向××省高级人民法院申诉。

三、具体事实和理由

1. 申诉事由一：符合《最高人民法院关于规范人民法院再审立案的若干意见》第九条第一款"对终审行政裁判的申诉，具备下列情形之一的，人民法院应当裁定再审：有新的证据可能改变原裁判的。"具体理由如下。

申诉人向××县人民法院提起行政诉讼的是明显的行政侵权经济赔偿纠纷案件。其纠纷因申诉人父亲××生前于××年秋，公开承包了××村集体竹园××亩，承包期为20年，并一次性买断竹园内几百棵小残竹子。××年×月×日，申诉人的父亲又续包了20年，共40年，直至20××年12月31日满期。××年×月×日，被申诉人××县政府为修复××社诞生地，竟然强占了申诉人继承父亲的特色风景园林，并未支付分文赔偿费。迫于无奈，申诉人向法院提起行政诉讼，一审驳回起诉。申诉人不服，遂上诉至××市中级法院。上诉以后，申诉人才通过互联网搜集到新的证据，但××市中级法院以书面审理本案，维持原判，致使申诉人获取的新证据无法向××市中级法院提供。

申诉人在互联网上搜集的新证据：第1份至第5份，证明了××县政府拨专款××万元或总投资××万元，于……年开工修复××社旧址；第6份至第11份，证明了××镇政府拨专款××万元或总投资××万元、置地×亩，于……年6月，开始修复××社旧址。

申诉人搜集的11份新证据，皆证明了××社旧址，不是××村民委员会或村民自治而投资、出力等修复。同时，11份新证据，足以证实××社旧址，属××县政府或××镇政府修复。申诉人于一审诉讼主体并不失格，只是一审法院没有按照《中华人民共和国行政诉讼法》第27条的规定，通知××镇政府参加本案诉讼，或者依法告知申诉人变更一审诉讼主体，即××镇政府作为被告，再或者增加被告。

2. 申诉事由二：符合《最高人民法院关于规范人民法院再审立案的若干意见》第九条第一款"对终审行政裁判的申诉，具备下列情形之一的，人民法院应当裁定再审：主要证据不充分或不具有证明力的。"具体理由如下。

根据村务公开以及××村民联名证实,××村委从未收到任何单位款项或以村民自治的形式而投资修复××社旧址。一、二审法院裁定,××社旧址工程属××村委修复,没有充分的证据加以证明。

3. 申诉事由三:符合《最高人民法院关于规范人民法院再审立案的若干意见》第九条第一款"对终审行政裁判的申诉,具备下列情形之一的,人民法院应当裁定再审,审判程序不合法,影响案件公正裁判的。"具体理由如下。

××省××县法院审判员在庭审时,以下次开庭让申诉人质问本村委,以及……的做法与行为,变相剥夺了申诉人的诉权,违反审判程序,影响本案公正裁判。

综上所述,申诉人搜集的11份新证据,既相互完全证实了××社旧址,属××县政府或××镇政府修复,又能改变原裁定,更能证明原一、二审法院裁定确有错误。故根据《中华人民共和国行政诉讼法》第六十二条的规定,向××省高级人民法院提起申诉,请依照《最高人民法院关于规范人民法院再审立案的若干意见》第九条第一款第(二、三、八)项的规定,给予依法立案、裁定再审,查清事实真相,依法做出公正裁定。

此致
××省高级人民法院

申诉人:×××
××年×月×日

(资料来源:应届毕业生公文网)

【申诉状】例文2

行政申诉书

申诉人:……
委托代理人:×××,……
被申诉人:××县人民政府　　法定代表人:×××,县长
第三人:××县××镇乙社区　　代表人:×××,乙社区主任

案由:甲小区诉××县人民政府林地权属争议纠纷
终审法院:××省××市中级人民法院
申请再审的生效法律文书:××省××市中级人民法院(20××)×市法行终字第×号判决书。

申诉事由
××省××县人民法院(20××)×行初字第9号行政判决书、××省××市中级人民法院(20××)×市法行终字第×号行政判决书认定基本事实不清,适用法律确有错误;根据《中华人民共和国民事诉讼法》第一百七十九条第一款第(二)、(六)项的规定申请再审。

申诉请求
一、请求依法撤销××省××县人民法院(20××)×行初字第9号行政判决书、××

省××市中级人民法院(20××)×市法行终字第×号行政判决书。

二、请求××省高级人民法院判决申诉人与被申诉人在一、二审法院庭审中争议的林地所有权和林木所有权归甲小区所有。

三、本案一、二审以及此次再审诉讼费全部由被申诉人承担。

事实及理由

一、被申诉人做出的《行政处理决定书》(×府行处字〔20××〕第×号)存在认定事实不明。

1. 被申诉人做出的《行政处理决定书》(××府行处字〔20××〕第×号)第1页引述："申请人称水田和高碑山林是土改后某甲、某乙、某丙、某丁、某戊从××县的××迁居到××落户时带来的。"这一事实，被申诉人没有把事实调查清楚，而且歪曲了事实的真相。申诉人所称……是土改时改给甲乙丙丁戊等户的山林，土改后某甲等几户从××(官地，距争议地垭坳200米左右)搬到××落户的，这两幅山林就随之归××村所有。"四固定"时××县人民政府将此两幅山林固定给申诉人所有。……作为县人民政府，本案所指的"××"在哪里都没有搞清楚，怎能擅自作出处理决定。

2. 被申诉人做出的《行政处理决定书》(×府行处字〔20××〕第×号)第2页在查明事实中认定："1964年××人民将25 000余亩的塔坡林地进行植树造林，并一直由集体管护至林权制度改革，期间申诉人与被申诉人未发生林权争议。"1964年后，××人民包括县机关、学校、街道居民、武警官兵在塔坡林地造林是事实，但造的是"官地"坡，是公地，根本不可能造到申诉人的高碑山上。再说，……就管理事实而言，第三人也只管塔坡林地，无权管申诉人的高碑林地，也根本找不出管申诉人高碑林地的事实。在看管山林的过程中，双方无侵权，固然未发生林权争议。

3. 被申诉人做出的《行政处理决定书》(×府行处字〔20××〕第×号)第2页在查明事实中认定："双方无高碑、塔坡山林的'土地改革'、'四固定'、'合作社'及'林业三定'时期的权属凭证。"在行政处理程序中，申诉人的申请和陈述都言及：……是有权属凭证。只因时间过长，换届过多，申诉人一时找不到林权证，请示政府的相关部门查找，但政府的相关部门在未查到争议地权属凭证的情况下，认定申诉人无权属凭证是没有道理的。

4. 被申诉人做出的《行政处理决定书》(×府行处字〔20××〕第×号)第3、4页在查明事实中认定："申诉人提供了××村三组的……号《村民自留山林证》，该证于……年12月20日填发，证中记载的高碑林地四至……"这一事实的认定，应该说与申诉人提供的……号《村民自留山林证》，四至与高碑林地实地相符，四至清楚，同时包括了争议地。第三人……包括不了争议地，本应无林权争议。

5. 被申诉人做出的《行政处理决定书》(×府行处字〔20××〕第×号)第3页认定："争议地内有被申诉人修建的护林路、看山房和使用的采石场。"这些认定与事实不符合。……

6. 被申诉人做出的《行政处理决定书》(×府行处字〔20××〕第×号)第3页认定："1984年至今，被申诉人为了管理塔坡山林，先后聘请了A、B、C、D、E等人为专职护林员，……第三人在塔坡林地割松脂油有这回事，但他们割超界到再审申请人高碑林地内，申诉人村民发现后，由村民组长××带领村民F、G、H等人出面制止而停止割松脂油。……但根本没有在争议地内采伐过林木。

二、被申诉人做出的《行政处理决定书》(×府行处字〔20××〕第×号)存在证据不足。

1. 申诉人提供了……年12月20日填发的……号《村民自留山山林证》，其四至界线已完全包括争议地，而第三人××社区提供的……年12月30日填发的塔坡(官地坡)林权证的四至界线没有包括争议林地。因此，申诉人持有的书证，才是争议地的唯一合法凭证。……所以被申诉人瑕疵说法错误。

2. 被申诉人认定第三人对争议林地中有修路这一证据是假的，因该路不是第三人修建用于管理争议山林，而是第三人因采伐塔坡林木时将采伐工程承包给××县W，W为便于运输伐木才修的，但占用申诉人的林地、土地费是W协商补偿的，××县林业局政府工作人员Y、Z到××县调查了W，在县法制局有卷可查。

3. 决定以第三人割油为据是不真实的，因第三人割油超界时被申诉人当场制止。

4. 决定又用第三人聘用的专职护林员A、B、C、D的证词为证，但这四证人的证词也是假的，因为这四人护林的范围不在争议地，……在县法制局有卷可查。

5. 决定以第三人村民在责任地内建"土墙房"为定案依据是错误的，因该村民修建的土墙房其目的是堆放农具杂物等，并不是看山房，而第三人的真正看山房是建在××公路边，这一事实众所周知。

6. 决定中错误地采用了清朝、道光十年公元1830年的高碑文字记载为证据加以处理，是极其错误的。

7. 县林业局组织调查第三人原村、组老干部R、L、S、D时，这些老干部均证实第三人在管理中从未到争议地植树造林看山管理。也即这几个人的证词反证明了争议地属于申诉人，而不是第三人。……

就证据而言，申诉人无论是提出的林木林地的权属争议处理申请、申诉人的陈述、证人的证言，或者是提供各个时期的权属凭证，都可以形成证据锁链，是符合证据"三性"原则的。而第三人所提供的证人证言相互矛盾，与本案争议林地无关，提供的林权证没有权属来源，是一份孤证，不符合证据"三性"原则。……

三、一二审判决同样存在证据不足。

1. 一审诉讼过程中，申诉人的队长……于20××年×月因拆房建房中才找到"四固定"时××县人民政府填发的(63)×林字第×号山林所有权证，当申诉人向一审法院再提交时，均被一、二审法院以该证未在作出行政决定和行政复议前提供，而依照《最高人民法院关于行政诉讼证据若干问题的规定》第59条而不予采纳。一、二审法院这一观点是错误的，规定中第59条"被告在行政程序中依照法定程序要求原告提供的证据，原告依法不提供，人民法院一般不予采纳"。本案中，申诉人并不是拒不提供1963年的林权证，而是因为客观原因未能提供。但……没有人采纳。同时按照一审法院通知的举证时间在庭审前提供了1963年×林字第×号山林所有权证，而一、二审同样不予采纳是错

误的。

2. 一二审法院在审理中，明知申诉人持有强而有力的 1963 年林权证为充分书证而足以推翻被申诉人做出的《行政处理决定书》(×府行处字〔20××〕第×号)，也明知被申诉人做出的《行政处理决定书》(×府行处字〔20××〕第×号)是错误的，可不知为何一、二审法院却视而不见，枉法裁判，同时一、二审不采纳申诉人的 1963 年《山林所有权证》，违反了《中华人民共和国森林法》第三条和《林木林地权属争议处理办法》第十条之规定。

综上所述，一、二审法院认定的事实错误，损害了申诉人的合法权益，恳请××省高级人民法院依法予以撤销，并依申诉人的诉讼请求予以裁判。

此　致

××省高级人民法院

申诉人：××县××镇××社区甲小区

代表人：××

委托代理人：×××

20××年×月×日

本案的新证据：

1. 19××年××县人民委员会山林所有证
2. 19××年××县××区××乡××村×组村集体山林林权证

（资料来源：百度文库）

第六节　仲裁申请书的写作

一、仲裁申请书的概念

我国《仲裁法》规定："平等主体的公民、法人和其他组织之间发生的合同纠纷和其他财产权益纠纷，可以仲裁。"社会经济活动中，人们一旦发生纠纷，除了可以进行诉讼以解决纠纷外，还可以"申请仲裁"的方式解决纠纷，诉讼和申请仲裁都是解决问题的合法途径。仲裁委员会收到仲裁申请书之日起五日内，认为符合受理条件的，应当受理，并通知当事人；认为不符合受理条件的，应当书面通知当事人不予受理，并说明理由。

仲裁申请书就是当事人向仲裁机构提交的要求进行仲裁审理的书面文件。根据我国仲裁法的规定，当事人申请仲裁应当向仲裁委员会递交仲裁协议、仲裁申请书及副本。常见的仲裁申请主要为合同纠纷仲裁和劳动纠纷仲裁，在经济合同和劳动用工协议的条款里，本应有关于如何解决纠纷的约定，约定为仲裁的，就应向相关仲裁部门提出仲裁申请。仲裁是当事人自愿选择的解决问题的途径，仲裁实行一裁终局的制度，程序简便快捷。仲裁生效后，一方不服，向法院提起诉讼，法院将不予受理。仲裁申请书促使仲裁机构立案，开启仲裁程序，也是被申请一方答辩的依据。

二、仲裁申请书的写作要求

申请仲裁是法律行为，仲裁也具有法律效果，因此仲裁申请书的写作是一桩严肃的事。

(1) 合法。仲裁申请不能随便提出，首先要有关于仲裁的约定。如在经济合同的相关条款中写明"发生纠纷，向……仲裁机构申请仲裁"；在劳动用工合同中注明"仲裁机构为……仲裁委员会"等，这种约定保证了当事人可以申请仲裁。其次，申请仲裁要有明确的目的，如追讨欠薪、要求履行合同、进行赔偿等。再次是递呈的仲裁委员会必须是能够受理，有权仲裁的机构，否则是无意义的。如不能向"家庭暴力仲裁委员会"递交劳动仲裁。

(2) 合理。申请仲裁的事项，必须是合理的诉求。要本着"以事实为依据，以法律为准绳"的实事求是原则，如实反映，细加分析，严密论证，正确引用相关法律政策条文来为自己的诉求寻找强有力的法律支撑。

(3) 合规。写作的形式要合乎规范，时限、要点应烂熟于心，正确表述，词义应明确完整。并按照仲裁法规定的要求备齐一切必要材料、副本。

三、仲裁申请书的结构

按照《仲裁法》，仲裁申请书应当载明下列事项：一是当事人的姓名、性别、年龄、职业、工作单位和住所，法人或者其他组织的名称、住所和法定代表人或者主要负责人的姓名、职务；二是仲裁请求和所根据的事实、理由；三是证据和证据来源、证人姓名和住所。可见，仲裁申请也是分成首部、主体、尾项三大块来写作的。

(一)首部

首部的标题可直接写"仲裁申请书"，也可带上定语"合同纠纷仲裁申请书"。

当事人的基本情况，是当事人，包括申请人、被申请人当事双方的姓名、性别、年龄、职业、工作单位和住所，法人或者其他组织的名称、住所和法定代表人或者主要负责人的姓名、职务。这是仲裁申请书的基本信息，一定要写完整。有时申请的事实涉及的是外商、外资、外国企业，写作时还应该考虑这些企业或相关人员的外文名称。所有的信息都要以规范的全称写出。

(二)主体

主体包括申请人的仲裁请求和申请人所根据的事实和理由。

1. 仲裁请求

仲裁请求一定要具体明确，说清楚申请人有几项要求，每项要求的具体数字、具体时间、具体做法等。如果内容较多，可分条列出。所有的条款都要有可操作性，利于实施。

2. 事实与理由

事实,就是要梗概而清晰地说明事情发生的经过,说清申请人所蒙受的合法权益正当利益的侵害。叙述时不要枝蔓太多,不必罗列所有细节。如合同违约问题,只谈违约部分情况,交代合同订立的内容约定,对方如何违约,造成的损失如何,双方分歧何在;如劳动争议,交代合同如何约定,事实上劳动者或用人方怎么做的,造成什么侵害损失,双方分歧何在。在叙述中,要利用相关证据如合同、文件、传真等作为对事实的支撑。

理由,就是在阐明申请人希望通过仲裁解决什么问题达到什么目的的同时,要正确援引相关法律、法规、政策原则,分析事情的症结和对方错误的性质,说明自己权益的被侵害程度,论证所申请的要求合法合理。跟所有诉讼类文书一样,这一部分是摆事实讲道理的过程。写作时要充分说理,万不能攻击对方,万不能恶语相伤。

结句可写成"综上所述,为维护合同的严肃性,保护……正当权益,特向××仲裁委员会提出申请,对……依法裁决。"

(三)尾项

仲裁申请的尾项部分,要包含证据证人信息和申请人署名及日期。格式上应先写明所致送的仲裁机构,接着申请人落款。如果是单位,要有公章和代表人的签名盖章。递交日期要完整写明年月日,不可以小黑点代之。附项部分应说明副本份数、列清书证物证名称及件数,证人基本信息等。

【仲裁申请书】例文 1

劳动仲裁申请书

申请人:×××,男,汉族,××年×月×日出生,住××市××区××路××号。联系电话……

被申请人:××有限公司,住所地:××市××区××路××号。电话:……

法定代表人:××× 职务:×××

请求事项:

一、裁决被申请人向申请人支付解除劳动合同经济补偿金……元(月平均工资……元×2)。

二、裁决被诉人向申请人支付……年×月至……年×月加班费共……元。

其中:1. 延时工作时间加班费……元及 25%的经济补偿金……元;

2. 休息日加班费……元及 25%的经济补偿金……元。

以上二项合计:……元。

事实与理由:

申请人于……年×月进入被诉人单位工作,任司机一职至今。……年×月×日,双方签订了无固定期限劳动合同,约定申请人为总务部司机,约定申请人正常工作时间月工资为 700 元、每日工作 8 小时、每周工作 5 天。但事实上,被申请人要求申请人除每周正常工作5天外，星期六、日还要求申请人随时出车，平均每月星期六、日3天以上(公司出车均有打卡记录，由公司保管，请仲裁庭要求被申请人提供申请人的……年×月至……年×月间的考勤记录)。另外，休息日也是随时出车加班，申请人早上6时30分出车接送公司员工上班，直到18时10分接公司员工下班，送完员工需要到20时，除去中午吃饭和休息时间1个小时，平均每日延长工作3个小时以上，同时，非星期一至五晚上随时候命出车加班，具体时间以公司保管的打卡记录为准。申请人为被申请人加班，但被申请人却没有按《劳动法》的规定给予安排补休，也没有按规定支付加班费。从被申请人发给的工资条可以看出，申请人的加班时数、加班工资均为零，按照双方劳动合同约定的月工资……元(……年×月1日双方协商将合同工资变更为……元)为基数计算，……年6月至……年6月间，被申请人拖欠延时工作时间加班费……元(计算公式略)未付，拖欠休息日工作时间加班费……元(计算公式略)未付。为此，申请人多次找被申请人领导协商要求支付，被申请人均予以拒绝。被申请人的行为严重违反了《劳动法》和《劳动合同法》的规定，根据《中华人民共和国劳动合同法》第38条第2项和46条第1项的规定，我于××年×月×日以被申请人"未及时足额支付劳动报酬"为由向被申请人提出解除劳动合同关系，由于被申请人拒绝支付加班费和经济补偿金，为维护申请人的合法权益，特向贵会申请仲裁，请求仲裁委在查明事实的基础上支持申请人的仲裁请求，依法裁决。

　　此致
　　××市劳动争议仲裁委员会

申请人：×××
××年×月×日

(资料来源：散文网论坛)

【仲裁申请书】例文2

合同纠纷仲裁申请书

申请人：……　法定代表人：……　住所：……　委托代理人：……　联系电话：……

被申请人：……　法定代表人：……　住所：……　联系电话：……

仲裁请求：

1. 裁决被申请人向申请人支付合同价款人民币……元。
2. 支付违约金人民币……元。
3. 由被申请人承担本案的全部仲裁费用。

事实与理由：

被申请人于××年×月×日向申请人采购了总金额为……万元的起重吊装设备。申请人已经履行了全部合同义务，被申请人已支付了……元，此后再未付款，至今共欠申请人……元(大写……元整)，虽经申请人多次催要，被申请人仍然拖欠至今不予支付。

依据销售合同第十五条之约定，上述未付款之逾期违约金，按计算共计……元，应由被申请人支付于申请人。

基于上述事实,申请人依据《销售合同》第十六条之约定,向……市仲裁委员会提起仲裁。恳请仲裁委员会查明事实真相,依法维护申请人合法权益。

此致

××市仲裁委员会

××××有限公司

法定代表人:×××

××年×月×日

附件:1.《销售合同》一份
   2. 被申请人已付款凭证一份

(资料来源:书通网)

思考与练习

一、理解以下词语

诉讼文书 起诉状 上诉状 答辩状 申诉状 仲裁申请书 案由

二、简答以下问题

1. 什么是诉讼文书?诉讼文书有什么特点?
2. 诉讼文书有哪些常见种类?它们的作用是什么?
3. 起诉状的写作要求是什么?
4. 上诉状的写作要求是什么?
5. 申诉状的写作要求是什么?
6. 答辩状的写作要求是什么?
7. 仲裁申请书的写作要求是什么?
8. 上诉状和申诉状有什么区别?
9. 诉讼文书写作的基本格式如何安排?

三、写作实践

1. 根据近日社会经济新闻案例,分别练习拟写本章各类诉讼文书。
2. 几位同学互为案件当事各方,自拟案例。练习拟写本章各类诉讼文书。

参 考 文 献

[1] 向国敏. 会展文案. 上海：立信会计出版社，2006
[2] 汪祥云，蒋瑞松. 应用文写作. 第3版. 上海：上海交通大学出版社，2007
[3] 陈少夫，丘国新. 应用写作教程. 第5版. 广州：中山大学出版社，2005
[4] 杨文丰. 现代应用文书写作. 北京：中国人民大学出版社，2001
[5] 胡明扬，叶子雄. 财经专业写作. 北京：中国人民大学出版社，2003
[6] 罗昌宏，敖亚萍，罗金沙. 商务文书写作新论. 武汉：武汉大学出版社，2003
[7] 张进军，黄星南. 当代财经应用文写作. 长沙：湖南大学出版社，2004
[8] 阳晴. 新编实用文体大全. 第4版. 北京：气象出版社，2007
[9] 盛明华. 常用经济应用文写作教程. 上海：立信会计出版社，2005
[10] 李昌宗，周益华. 公关与礼仪文书规范写作. 重庆：重庆出版社，2002
[11] 周裕新. 公关写作艺术. 上海：同济大学出版社，2004
[12] 蒲永川. 公关写作艺术. 成都：四川大学出版社，1992
[13] 程大荣，潘水根. 商务写作. 杭州：浙江大学出版社，1998
[14] 倪宁. 广告学教程. 第2版. 北京：中国人民大学出版社，2004
[15] 唐占蕴. 起诉与诉状. 北京：科学普及出版社，1993
[16] 阎善明. 现代商业英语书信. 北京：对外经济贸易大学出版社，1998
[17] 王萍. 英汉对照外贸应用文大全. 北京：现代出版社，1991
[18] 张洁. 新编涉外文书完全范本. 北京：光明日报出版社，2003
[19] 黄霜林，梁媛媛，吴永平. 国际商务函电实用教程. 武汉：武汉理工大学出版社，2006
[20] 刘金同等. 应用文写作教程. 第3版. 北京：清华大学出版社，2014
[21] 耿云巧等. 现代应用文写作. 第3版. 北京：清华大学出版社，2013